제4판

경제학원론

SECRET NOTE

이원형 · 한종수 공저

pnc
publishing and culture
피앤씨미디어

제4판 머리말

경제학원론 Secret Note는 경제학을 처음 접하는 학생들을 위해 만들어졌다. 2014년 초판이 출간되고 신판을 준비하면서 부족한 부분을 조금씩 보강하였다. 학생들이 너무 많은 설명에 기겁하지 않고, 잘 요약 정리된 주요 이론을 동영상 강의와 함께 익히고, 연습문제에서 스스로 자신의 이해도를 확인할 수 있도록 하였다. 이번 4판에서는 이론을 이해하는 데 도움이 되도록 일상에서 접하는 이슈들을 정리하였다. 최대한 학생들의 이해를 돕기 위해 교재를 집필하려고 고민하지만, 학생들에게 쉽고 편안한 경제학 교재는 존재하지 않을 것으로 확신한다. 단지 학생들의 요구를 최대한 반영한 교재가 될 수 있도록 수정하고 보완하고 있다.

가르치는 사람이 달라도 경제원론에서 다루는 이론은 크게 다르지 않다. 경제학 기본 이론은 대부분 이상적인 사회상태를 다룬다. 효율적인 자원배분 또는 안정적인 경제성장이라는 목표를 달성할 수 있는 논리적 전개의 이해는 이론적인 부분에서 학생들이 극복할 과제이다. 이론과 현실을 구분하고 이상적인 상태에서 멀어져 있는 현실을 이상적인 상태로 조정하는 방안은 정책입안자의 몫이다. 어떠한 방법으로 이상적인 사회와 가까이 다가갈 수 있는지에 대한 선택은 사회구성원의 시각과 선택에 달려있다.

4판에서 추가한 경제 사례는 다양한 시각을 담으려 노력하였다. 각 단원 말미에 담고 있는 다양한 사례를 통하여 학생들이 스스로 자신들의 시각을 찾아갈 수 있기를 바란다.

이 책을 공부하는 방법은 다음과 같다.

1. 간략하게 축약된 이론을 정독한다. 아주 천천히 읽어라. 한 문장에 담긴 의미를 깊게 생각해야 한다. 한 단원이 끝나면, 이론에서 찾고자 하는 목표가 무엇인지 스스로 정리하라. 그리고 그 목표를 제시하기 위한 논리적인 전개방법을 익혀라.
2. 이론을 이해하기 어려운 학생에게는 동영상 강의 시청을 권한다. 유튜브에 'Plan B' 또는 '경제학원론'이라고 검색하면 저자 이원형의 강의, 총33강을 무료로 시청할 수 있다. 최대한 쉽게 설명하려고 하였다. 교재에 담지 못한 이론 설명이 들어있다.

3. 연습문제를 풀어라. 연습문제는 요약된 이론부분에서 담지 못한 설명들이 있고 문제 아래에 있는 답을 확인할 수 있기 때문에 문제라기보다 추가 설명에 가깝다. 문제를 풀면서 자신의 이해도가 어느 정도인지 파악할 수 있다.
4. 사례를 편안하게 읽어라. 이론과 다른 다양한 이야기가 이론을 보다 심층적으로 이해할 수 있도록 도울 것이다. 사례를 읽으면서 이야기와 다른 시각을 마음껏 상상하라. 자신의 시각과 주변 사람들의 시각은 항상 같을 수 없는 사실을 인지하고, 나와 다른 사고를 존중할 수 있는 넓은 시각을 갖도록 노력하라. (각 장의 마지막 부분에 추가한 경제현실과 관련된 짧은 사례는 이원형, 김영모의 '아는 듯하지만 사실은 잘 모르는 경제현실'이라는 제목으로 2019년 11월 출간된 도서의 일부를 발췌하여 본 교재의 내용과 적합하게 수정하고 보완하였다. 여기에 도움을 주신 인사이트브리즈 출판사 대표님께 감사드린다.)

이 책을 접하는 독자들이 위에서 제시하는 방법으로 경제학을 익히고 보다 여유로운 시각으로 세상을 바라보며 살아갈 수 있다면, 갈등이 최소화된 조화로운 사회를 경험할 것이다. 경제학은 인간이 어떻게 살아가야 하는지 경제활동에서 그 방법을 찾고자 노력하는 학문이다. 독자들이 경제학에 대한 이해를 높이면 자신의 삶, 사회, 국가, 세계에 대한 이해를 높일 것으로 확신한다. 음악을 알면 음악이 들리고 그림을 알면 그림이 보인다. 경제도 마찬가지다. 경제의 이론과 현실 세계를 이해하는 범위만큼 세상이 보인다. 본 교재를 접하는 모든 독자들이 다양한 경제활동을 이해하고 보다 자유로운 사고를 기반으로 자신의 꿈을 펼치기 바란다.

모든 업무에 최선의 노력을 다하는 출판사 임직원의 모습에 놀란 저자는 보다 나은 원고를 만들겠다는 다짐을 한다. 경제학원론 교재를 4판에 걸쳐 꾸준히 집필하도록 지원해주신 피앤씨미디어 출판사 임직원에게 감사의 마음을 전한다.

2020년 1월

이원형, 한종수

차 례

MICRO ECONOMICS 미시경제

MACRO ECONOMICS
거시경제

저자 이원형 교수의 동영상 강의

'경제학원론 Secret Note'는 경제학을 처음 접하는 학생들이 쉽게 공부할 수 있도록 동영상 강의를 제공하고 있다. 간략하게 정리된 경제학 교재를 이해하기 어렵다면 저자 이원형 교수의 친절한 동영상 강의를 통해서 해결할 수 있다. 동영상 강의는 이원형 교수의 경제학입문 강의(연세대학교)를 촬영하여 맨트립(mantrip.co)에서 제작하였으며, 유튜브(YouTube)에서 무료로 시청할 수 있다(되도록이면 광고는 시청해주시길…).

동영상 강의 목차 및 주요 내용은 다음과 같다.

1 경제학 희소성 기회비용 (46분 43초)	https://youtu.be/Wh6jqMsQV6w
경제학원론 첫 시간, 경제학을 소개하는 시간이다. 아담 스미스, 경제학의 출발점 그리고 희소성 및 기회비용의 개념을 설명한다.	
2. 경제학의 과제 및 분석방법 (20분 19초)	http://youtu.be/ITu9pq7XPuc
희소한 자원을 효율적으로 배분할 수 있는 방안은 무엇인가? 그리고 인간의 경제행위를 설명하는 경제학의 분석방법은 어떠한 것이 있는가? 이러한 문제를 설명한다. 큰 틀에서 경제학의 분석방법을 설명하고 있다. 또한 시장경제의 기본적인 개념들을 설명한다.	
3. 생산가능곡선 (41분 18초)	http://youtu.be/4cBYroqhtTU
경제학의 기본모형 생산가능곡선을 설명한다. 생산가능곡선 등 경제모형을 이용하여 기회비용 및 비교우위 등 교역을 통하여 상호 이익을 확대할 수 있는 것을 보여준다.	
4. 시장의 수요 (46분 43초)	http://youtu.be/Nj4wjJvpDVA
수요곡선의 의미를 설명하고 수요곡선의 이동 요인 등에 대하여 다룬다. 대체재 및 보완재의 가격 변화에 대한 수요곡선의 반응을 설명한다.	

5. 수요탄력성 공급탄력성 (35분 46초)	http://youtu.be/qy7uQEF4zRU
가격의 변화에 대한 수요곡선의 반응의 정도, 가격탄력성 등을 설명한다. 탄력성은 수요곡선이 얼마나 민감하게 반응하느냐를 보여준다. 그리고 공급곡선의 의미를 설명하고 공급곡선의 변화 및 공급곡선의 탄력성에 대하여 설명한다. 어떠한 공급자들이 탄력적인 공급곡선을 갖게 되는지 알아본다.	

6. 시장의 균형 및 사회적 편익 (22분 37초)	http://youtu.be/NHeoKudEwYc
수요와 공급이 일치하여 더 이상 변화하지 않는 시장의 균형상태를 설명한다. 소비자의 지불의도와 가격의 차이 그리고 공급자의 비용과 가격의 차이 등으로 발생하는 사회적 편익이란 무엇인지 설명한다.	

7. 정부의 시장개입 (42분 27초)	http://youtu.be/LvlD8f4CTXw
시장가격이 너무 높아서 소비자들이 힘들거나, 시장가격이 너무 낮아서 공급자들이 생존하기 어렵다고 판단되면 정부에서 개입하는 경우가 있다. 정부의 시장개입 방법과 그 영향에 대하여 살펴본다. 과연 정부의 시장개입에 의한 부작용은 없을까?	

8. 세금 부과 (28분 29초)	http://youtu.be/-Bm_PpCadls
세금 부과는 정부의 시장개입 방법 중 하나이다. 판매자나 소비자에게 판매세 또는 소비세를 부과할 수 있다. 하지만 시장에서는 정부가 판매자에게 판매세를 소비자가 일부 부담하거나, 소비자에게 소비세를 부과하여도 판매자가 일부 소비세를 일부 부담하는 경우를 보기도 한다. 수요와 공급 탄력성의 개념을 이용하여 그 이유를 설명한다.	

9. 소비자의 선택 효용극대화 (56분 09초)	http://youtu.be/dltT-mH3H00
소비자는 소비활동 등을 통해서 자신의 만족을 높이려 한다. 소비자의 효용극대화 행위는 어떻게 결정되는가? 경제학적 접근방법을 소개한다. 따라서 소비자의 만족 정도를 보여주는 효용의 개념 및 예산선 내에서의 소비점 결정에 대하여 이론적으로 설명한다.	

10. 가격효과 (30분 23초)	https://youtu.be/63dcmZtFZbM
가격의 변화에 소비자들은 어떻게 반응하는가? 소비자의 선택을 어떻게 변화하는가에 대한 내용이다. 한 상품의 가격변화는 대체효과 및 소득효과를 발생시킨다. 가격효과를 둘로 구분하여 분석한다. 소득효과로부터 정상재, 열등재 또는 기펜재를 구분한다. 또한 노동공급의 후방굴절 현상을 설명한다.	

11. 생산자의 비용 이윤극대화 (40분 41초)	https://youtu.be/Y2asL0gDzPM
생산자의 선택을 다룬다. 총비용, 한계비용 평균비용 등 비용의 개념을 설명하고 생산자의 이윤극대화는 어떠한 과정을 거쳐서 이루어지는지 설명한다. 또한 장기평균비용과 단기평균비용의 개념을 통하여 규모의 경제 등을 설명한다.	

12. 시장이론, 완전경쟁 & 독점시장 (59분 12초) https://youtu.be/3O_4USsmk-8

시장의 분류 기준을 통하여 완전경쟁부터 독점시장까지 그 특성을 설명한다. 그리고 완전경쟁시장에 속한 기업의 손익분기점 및 이윤극대화 과정을 살펴본다. 장기균형상태에서 완전경쟁시장은 어떠한 장점을 갖고 있는지 설명하고 독점기업이 당면한 이윤극대화 문제를 설명한다. 또한 독점기업이 가격을 차별할 수 있는 여건 및 가격차별의 종류에 대하여 간략하게 설명한다.

13. 시장이론, 독점적 경쟁 및 과점시장 (45분 12초) https://youtu.be/QHQ5DIzzluo

독점적 경쟁시장에 속한 기업들의 행위를 설명한다. 독점적 경쟁시장의 장기균형상태의 문제점 등을 다룬다. 과점시장은 수요 공급 그래프를 이용하여 분석하기 어렵다. 굴절수요곡선으로 설명하기에는 한계가 있다. 따라서 게임이론을 활용하여 과점시장을 설명한다. 죄수의 딜레마, 내시균형 등 게임의 균형에 대하여 설명한다.

14. 시장실패 (46분 39초) https://youtu.be/UkPSwJ9ip4o

시장에서 결정된 균형점이 사회적으로 바람직한 상태에서 벗어나는 경우를 시장실패라 한다. 시장실패가 발생할 수 있는 원인들을 설명하고 시장실패를 줄이기 위해서는 어떠한 방안이 필요한지에 대하여 설명한다.

15. 코즈의 정리 & 생산요소시장 소득불평등 (38분 14초) https://youtu.be/5H-7dfhv7t0

외부성의 민간해결책인 코즈의 정리를 설명한다. 그리고 생산요소시장에서 결정된 생산요소의 균형가격의 의미를 살펴본다. 노동자의 임금은 모두 동일하지 않다. 따라서 소득의 불균형이 발생할 수 있다. 소득불평등의 측정방법에 대하여 알아본다.

16. 일반균형 & 애로우의 불가능성 정리 (44분 41초) https://youtu.be/0jQGAPd7S-I

미시경제학을 총정리할 수 있는 일반균형을 설명한다. 에지워드상자, 파레토최적, 파레토 개선 등을 통해서 효율적 자원배분상태를 알아본다. 또한 효용가능경계로부터 얻을 수 있는 사회상태 및 바람직한 사회상태를 민주적인 투표방식으로 찾을 수 있는지에 대하여 알아본다.

17. 거시경제학 소개 (24분 25초) https://youtu.be/sGKfpsfo-Eg

고전학파, 케인즈경제학, 신고전학파 등 거시경제학의 흐름을 알아본다. 거시경제학은 어떻게 변화하여 왔는가? 어떠한 사건들에 의해서 변화하였는지 등에 대하여 살펴본다. 고전학파와 케인즈학파의 경제학을 거시경제학에서 주로 다루는 이유를 설명한다.

18. 경제지표 GDP & 물가 (53분 02초) https://youtu.be/FXOqv_ziCAQ

거시경제학에서 경제지표를 접하는 이유를 경제의 순환모형을 통해서 간략하게 설명한다. 그리고 주로 접하게 되는 국민생산의 개념을 알아본다. 또한 물가수준 측정 방법을 통해서 실질과 명목 지표의 의미를 설명한다.

19. 인플레이션 & 실업 & 경기지수 (32분 37초) https://youtu.be/CUWh6Cfdl0s

인플레이션은 지속적인 물가의 상승을 의미한다. 인플레이션의 문제를 설명한다. 실업의 의미 종류 등을 살펴보고 자연실업률의 개념을 파악한다. 또한 경제생활 속에서 늘 접하게 되는 지표들을 알아본다. 경기선행-동행-후행 지수에는 어떠한 항목들이 있는지 그리고 왜 이들을 통해서 경기상황을 파악하려는지 등을 설명한다.

20. 총수요곡선 & 총공급곡선 (42분 18초) https://youtu.be/D2KCk0MrjL4

거시경제에서 분석할 수 있는 총수요 및 총공급 곡선에 대하여 공부한다. 총수요 및 총공급 곡선은 어떠한 기울기를 갖게 되는지 그리고 어떠한 요인에 의해서 이동하는지 등을 살펴본다.

21. 고전학파 & 케인즈학파 (44분 03초) https://youtu.be/7lQTdPqLB84

고전학파와 케인즈학파는 세상을 바라보는 관점이 다르다. 분석대상은 국가경제로 같지만 시장의 움직임 및 분석 기간 등이 다르기 때문에 경제를 안정적으로 유지하기 위한 방안으로 제시하고 있는 이들의 주장은 다르게 나타난다. 따라서 이들의 시각차이는 어디에서 출발하는지 등을 살펴본다.

22. 소비함수 (36분 01초) https://youtu.be/WXojeeqSikc

고전학파와 케인즈학파의 시각차이를 소비함수를 통하여 알아본다. 고전학파는 소비함수가 안정적이라고 주장하는 반면 케인즈학파는 소비함수가 불안정적이라고 주장한다. 이러한 주장들이 가능한 이유를 알아본다.

23. 투자함수 (38분 32초) https://youtu.be/akZzVgv0cpQ

고전학파와 케인즈학파의 투자함수를 설명한다. 고전학파의 현재가치법 그리고 케인즈의 내부수익률을 통한 투자의 결정에 대한 설명은 유사해 보이지만 그 의미는 많이 다르다. 또한 케인즈가 바라보는 기업의 투자 결정 행위는 동물적 감각에 의해서 이루어진다는 점에서 더욱 그렇다. 이렇게 투자함수에 대한 설명이 다를 때 거시경제는 어떻게 설명되는지를 알아본다.

24. 국민소득 결정모형 (32분 49초) https://youtu.be/NCX2m0q_MQg

고전학파와 케인즈학파의 국민소득 결정에 대한 설명을 살펴본다. 균형점에서 벗어날 때 다시 완전고용상태의 국민소득으로 되돌아 올 수 있는가? 이것에 대한 설명을 두 학파는 다르게 하고 있다. 케인즈학파는 케인즈의 소비함수 등을 이용하여 국민소득의 결정은 유효수요에 의해서 이루어진다고 설명하고 있다. 이에 대한 자세한 설명이다.

25. 재정정책 & 재정정책의 효과 (32분 49초) https://youtu.be/lDczxbPtRJA

케인즈는 불안정한 수요를 관리할 수 있는 방안으로 재정정책을 제시한다. 절약의 역설 및 케인즈의 소득결정모형으로 분석한 재정정책의 효과는 유휴자원이 존재하거나 물가의 변화가 없을 경우 크게 나타난다. 재정정책의 효과가 크게 나타나지 않을 수 있다고 주장하는 근거는 무엇인지 알아본다.

26. 화폐 통화량 & 본원통화 (37분 0초)	https://youtu.be/kWSFjQyNbjs
화폐 금융 첫시간이다. 먼저 화폐의 기능 및 통화량의 측정 방법 및 본원통화의 개념을 공부한다. 화폐는 어떻게 발전하여 왔는가를 보면서 현재 사용되고 있는 법화의 개념을 설명한다. 또한 통화량의 변화를 어떻게 측정할 수 있는지 그리고 본원통화의 변화는 어떻게 알 수 있는지 설명한다.	

27. 통화정책의 수단 & 금융시장 (47분 10초)	https://youtu.be/1Niz4WquMx0
본원통화의 변화에 의한 신용승수 & 통화승수의 계산방법에 대하여 설명한다. 이를 기반으로 통화량의 변화를 통한 수요관리 정책에 대한 논의로 넘어간다. 통화정책의 세 가지 수단의 장단점에 대하여 알아보고 금융시장에서 볼 수 있는 기준금리 및 주택담보대출금리 등과 연계된 주요 금융상품에 대하여 설명한다.	

28. 화폐수요 (25분 26초)	https://youtu.be/4qQ1cxBPVM8
사람들은 왜 화폐를 갖고 있으려 하는가? 화폐수요를 결정하는 요인은 무엇인지 알아본다. 케인즈의 유동성 선호설과 통화주의자의 화폐수량설에 대하여 설명한다.	

29. 통화정책의 효과 (30분 18초)	https://youtu.be/mx4W6ifOBUw
통화정책으로부터 통화량 및 금리의 변화를 통하여 물가 및 국민소득은 안정을 찾는다. 즉 통화정책의 수단, 조작목표, 중간목표 그리고 물가 및 국민소득 등 최종목표로의 정책효과가 발생하는 과정을 설명한다. 그리고 통화정책의 유효성에 대하여 설명한다. 과연 시차의 문제는 없는지 등이 있다.	

30. 통화정책 유효성의 조건 (22분 20초)	https://youtu.be/apbo_o8lYq4
과연 통화정책은 재정정책과는 달리 그 효과가 우월한가? 통화정책의 효과에 대한 문제점을 제기한다면 어떠한 이유들이 있을지에 대하여 생각해본다. 그리고 통화정책이 효과를 가지려면 어떠한 조건이 만족되어야 하는지 알아본다.	

31. 인플레이션 & 기대이론 (30분 33초)	https://youtu.be/bUsMfj9_lgE
인플레이션의 문제점 등을 설명하고 합리적 기대가설과 적응적 기대가설을 설명한다. 예상치 못한 인플레이션과 예상된 인플레이션에 의하여 다르게 나타나는 국민소득의 변화에 미치는 결과에 대하여 알아본다. 또한 인플레이션과 실업률의 관계를 보여주는 필립스곡선을 보여준다. 모든 정보를 활용하여 수요의 변화 및 인플레이션이 예상되었을 때와 그렇지 못할 때 나타나는 정책효과를 설명한다.	

32. 행동주의자 비행동주의자 (15분 07초)	https://youtu.be/kCsA2dsl5Kc
수요 및 인플레이션이 예상된 경우 정책결과는 어떠한가? 정책의 효과를 고려할 때 수요관리정책의 유효성에 대한 논란이 발생할 수 있다. 정책의 효과가 나타나지 않을 경우 비행동주의자의 부류에 속하게 된다. 그렇다면 비행동주의자는 어떠한 가정을 기반으로 하고 있으며 이들이 추구하는 정책은 어떠한 것들이 있는지 알아본다.	

33. 국제무역 (57분 36초)	https://youtu.be/1PWHvwgVKYc
무역이론은 무역이 발생하는 원인에 대하여 설명한다. 고전적 무역이론과 현대적 무역이론은 어떻게 변화하였는지 살펴본다. 따라서 비교우위, 헥셔-올린 정리, 산업간 무역, 산업 내 무역 등에 대하여 설명한다. 또한 국제무역의 현장에서 볼 수 있는 무역장벽 그리고 교역조건 등에 대하여 설명한다.	

34. 환율제도 및 환율 결정요인 (58분 47초)	https://youtu.be/8aKTqo9aAVQ
금본위제도부터 변동환율제도까지 환율제도의 변화를 알아본다. 또한 변동환율제도에서 환율의 결정요인은 무엇인지도 살펴본다. 물가 및 이자율에 의해서 환율이 변화할 수 있음을 설명한다. 빅맥지수로 알려져 있는 구매력 평가설 및 이자율 평가설에 대하여 설명한다. 그리고 마지막으로 환율의 상승과 무역수지의 변화를 보여주는 J-커브에 대하여 설명한다.	

MICRO ECONOMICS

미시경제

Part 1. 경제학 기본개념 & 미시경제학

경제학을 몇 줄로 간추려 소개하기는 어렵다. 철학, 역사, 이론, 정책 등 경제학에서 다루고 있는 연구범위는 넓다. 인간의 경제 행위를 연구대상으로 하고 있는 경제학은 단순화된 가상의 세상에서 자원을 효율적으로 배분하는 경제체제 또는 방법 등 논리적 전개방법을 보인다. 보다 나은 세상을 만들어가려는 추상적인 개념들이 포함되어 있기에 경제학이 어렵게 느껴지기도 한다.

미시경제학에서는 가계, 기업 등 각 경제주체들의 경제행위를 각각 나누어 분석하고서 경제 전체의 효율적인 자원배분 상태를 보여준다. 개별 주체의 경제행위를 보면 학생들이 주변에서 경험하였던 행위들과 그리 많이 다르지 않다는 생각에 쉽게 이해할 수 있다. 각 경제주체의 행위에 대한 분석을 마치고 일반균형으로 넘어가면 기업의 생산과 가계의 소비를 동시에 분석하는 시각으로 현실경제를 바라볼 수 있어야 받아들이기 편하다.

중급단계의 미시경제학에서는 수학적인 증명이 필요하기도 하다. 간혹 입문단계의 미시경제학에서도 수식을 사용하지만 경제행위를 설명하는 수준에 그치게 된다. 이러한 경제학 교육과정이 훌륭하다고 생각하지는 않지만 현재 대부분의 학교 그리고 한국은행 등 국공립 교육기관에서 보급하고 있는 교육과정이기 때문에 거스르긴 부담스럽다. '경제학원론 Secret Note'에서 보여주는 '경제 수식'은 가장 최소화된 상태라고 생각한다.

경제학은 실증적으로 분석할 수 있는 부분과 바람직한 사회에 대한 가치관을 구분할 수 있어야 한다. 시장경제체제는 자원을 효율적으로 배분한다고 주장하는 기초이론에는 이론을 증명하는 설명으로 가득하다. 시장 및 정부 실패 그리고 소득재분배 등 바람직한 사회상태에 대한 설명은 다양한 가치관을 소개한다. 경제학의 기본적인 개념에서 익힌 논리적인 전개방법은 후반부의 가치관에 대한 다양한 설명을 이해하는 데 도움이 될 것이다.

MICRO ECONOMICS

Section 1

경제학의 출발

아담 스미스(Adam Smith)

- 아담 스미스(1723~1790)는 도덕철학자였다. 18세기의 도덕철학은 정치, 법, 경제, 윤리 등을 다루었다.
- 아담 스미스가 살아온 시대는 중상주의에서 산업혁명으로 전환되면서 생산능력이 확대되는 시기였다.
- 그의 대표적인 저술로는 도덕감정론(*The theory of Moral Sentiments*, 1759년)과 국부론(*An inquiry into the Nature and Causes of the Wealth of Nations*, 1776년) 등이 있다.
- 국부론에서 일정기간 동안의 생산능력에 의해서 국가의 부가 결정된다고 주장한다. 그리고 분업과 자본축적에 의해서 국가경제의 생산능력이 향상된다고 하였다.
- 인간의 이기적인 행위, 사적이익을 추구하는 인간의 이익추구는 '보이지 않는 손'에 의한 경제적 질서의 실현 및 자유방임주의 철학의 기반이 된다.

아담 스미스의 역지사지 '동감론'

- 아담 스미스는 도덕감정론에서 사회적 조화와 발전의 기반은 '역지사지' 동감론(이타심)에 있다고 주장한다.

- 아담 스미스가 말하는 '사익추구'의 의미는 상대에게 해를 끼치지 않는 상태에서 자신의 이득을 추구하는 행위이다. 상대의 즐거움을 경감시키지 않고 자신의 이익을 극대화하는 것이다.
- 상대를 해하면 자신도 동일한 감정을 느끼기 때문에 자신의 행복(만족) 수준을 높일 수 없다. 아담 스미스는 역지사지 '동감론' 기반의 사익추구 행위를 주장하고 있다.
- 이와 같은 동감론 기반으로 바라본다면, 시장경제의 사익추구에 의한 효율적 자원배분을 의심하거나 비난할 수 없다. 상대를 해치거나 무시하면서 자신의 이득만을 추구하는 행위는 사회전체의 효율성을 저하시킬 것이다.

1 희소성과 기회비용

(1) 희소성(scarcity)

- 희소성이란 인간의 욕망이 사용가능한 자원의 양을 초과하는 상태를 말한다. 대부분 인간의 욕망은 끝이 없다.
- 경제의 모든 문제는 희소성(scarcity)에 의해서 발생한다.
- 희소성에 근거하여 인간의 경제행위가 이루어진다. 희소성 문제가 없다면 효율적 자원배분 등 경제학적 고민은 더 이상 필요없다. 인간의 욕망보다 자원이 더 많다면 원하는 만큼 자원을 사용하면 된다.
- 하지만 자원은 사회 구성원들의 욕망을 충족시켜 줄 만큼 충분하지 않다. 인간의 욕망이 사라지지 않는다면 희소성의 문제는 존재한다.
- 제한된 자원으로 경제주체들은 생산·소비 등 경제행위를 한다. 경제학에서 인간의 행위는 합리적이라고 가정한다.

- 가계는 제한된 예산을 가지고 최대한의 효용을 얻기 위해 어떤 재화와 서비스를 소비할 것인지 선택하며, 기업은 동일한 생산요소의 투입으로 최대한의 생산량을 달성할 수 있는 생산방법을 선택해야 한다.

인간의 욕망이 감소해서 희소성의 문제가 사라진다면?

템플스테이에서는 최소한의 소비량으로 생존이 가능함을 경험한다. 남을 해하지 않고 자신을 수양하는 평화로운 생활이다. 다시 말하면 욕망을 최소화하여 희소성의 문제를 극복하는 템플스테이는 아담 스미스의 동감론에서 벗어나지 않는다. 만일 모두의 욕망이 감소하여 자원의 희소성 문제가 사라진다면 효율적인 자원배분의 문제를 고민할 이유가 없다. 그렇다면 경제학은 철학의 일부분을 담당할 것이다.

(2) 기회비용(opportunity cost)

- 경제주체가 보유하고 있는 자원은 유한하기 때문에 여러 가지 선택의 대안들 중에서 어느 하나를 선택하게 되면 다른 대안은 포기할 수밖에 없다.
- 기회비용(opportunity cost)은 어느 하나를 선택함으로써 포기해야만 하는 다른 대안의 가치를 의미한다.
- 예를 들어, 취직을 하는 대신 자영업을 하기로 결정했을 때, 자영업을 위하여 포기한 직장 월급이 기회비용이다.
- 또한 여러 대안 중 가장 높은 가치를 기회비용으로 계산한다.
- 기회비용은 희소성으로부터 파생되는 개념이다.
- 자원의 희소성 때문에 우리는 무엇인가를 선택해야 한다. 기회비용은 무엇인가를 선택하면서 발생하는 모든 비용이다.
- 선택하면서 돈을 지불하였다면 명시적 비용, 선택하면서 돈을 지불하지 않았지만 포기한 것이 있다면 암묵적 비용이다.
- 기회비용은 명시적 비용과 암묵적 비용의 합이다.

- 경제학에서 찾는 모든 비용은 기회비용이다.

(3) 기회비용 측정

기회비용 측정 방법

- 무엇을 선택하면서 포기한 것들 중에서 가장 가치가 높은 것, 이것이 기회비용으로 측정된다.
- 예를 들면, 저녁에 콘서트 관람을 선택하면서 포기한 대안들은 산책, 독서, 영화관람 등 다양하다. 그중에서 산책이 가장 높은 가치를 지녔다면 콘서트관람의 기회비용은 산책으로부터 얻을 수 있었던 만족이다.
- 또는 점심식사 메뉴를 선택할 때, 짜장면, 볶음밥, 우동 중 짜장면을 선택했다면, 볶음밥, 우동 중 가치가 가장 높은 메뉴로부터 얻을 수 있었던 만족이 암묵적 비용이다.여기에서 짜장면, 볶음밥, 우동의 가격은 명시적 비용이다. 명시적 비용과 암묵적 비용의 합이 짜장면 선택의 기회비용이다.

첫째: 명시적 비용과 암묵적 비용이 모두 발생하는 경우

- 기회비용은 명시적 비용과 암묵적 비용의 합으로 측정된다.
- 회사원 A씨가 커피숍으로 창업할 경우, 회사에서 받던 월급이 암묵적 비용이다. 그리고 커피숍을 창업하면서 창업 초기에 발생하는 비용 중에는 수요조사, 창업컨설팅 등 매몰비용이 포함될 수 있다. 매몰비용은 기회비용에 포함되지 않는다.
- 또한 창업 초기에 투입되는 자금은 암묵적 비용을 발생시킨다. 또한 투입된 자금을 외부에서 융통하였을 경우에는 대출이자 지급비용, 명시적 비용도 발생한다.
- 창업을 선택하면서 필요한 투입요소들은 창업을 선택하지 않았을 때 다른 곳에서 생산성을 발휘할 수 있다. 생산설비뿐만이 아니라 투입된 자금도 다른 곳에서 발휘할 수 있었던 생산성은 암묵적 비용에 포함된다.

둘째: 암묵적 비용만 발생하는 경우

- 명시적 비용이 없는 경우, 선택의 암묵적 비용만이 기회비용이 된다.
- 예를 들면, 현재 회사를 다니고 있는 A씨가 아르바이트를 하면서 월 50만원의 수익을 추가로 받거나, 친구와 즐거운 시간을 보내는 선택의 경우에는 명시적인 비용이 발생하지 않는다.
- 아르바이트 또는 친구와 보내는 시간의 선택에는 명시적인 비용이 없다.
- 따라서 친구와 시간을 보내기로 결정하면, 기회비용은 50만원이다. 아르바이트를 선택하는 경우, 친구와 보내는 시간의 즐거움이 기회비용이다.
- 아르바이트를 선택하면, 기회비용은 친구와 보내는 시간의 즐거움이다.

(4) 매몰비용과 '승자의 저주'

매몰비용(sunk cost):

- 매몰비용은 이미 지출한, 회수할 수 없는 비용이며, 경제적 의사결정에 영향을 미치지 않고 기회비용을 계산할 때에는 제외된다.
- 과도한 매몰비용이 발생할 경우, 기업은 심각한 어려움에 처하기도 한다.
- 예를 들면, 제약산업의 경우 신약물질 개발부터 신약이 출시되기까지 15~20년 이상의 기간이 소요된다. 연구개발 과정에서 투입된 연구개발 비용은 신약개발을 포기하여도 회수할 수 없다. 과도한 매몰비용은 회사의 존립 자체에 영향을 미칠 수 있다.

승자의 저주:

- '승자의 저주'란 경쟁에서는 이겼지만 승리를 위하여 과도한 비용을 치름으로써 오히려 위험에 빠지게 되거나 커다란 후유증을 겪는 상황을 뜻한다. 승자의 저주는 주로 경쟁입찰에서 발생한다.
- 예를 들어, 경쟁입찰에서 기업들의 경쟁이 과열되어, 너무 비싼 가격에 구조조정 기업을 인수하여 모기업이 자금부족으로 인한 경영난에 빠지게 되는 경우 등이다.

- 과도한 입찰가격을 제시하여 발생한 기업 인수 비용은 매몰비용에 해당하기 때문에 이후의 조업(생산) 결정 요인으로 포함시킬 수 없고, 조업 결정에 영향을 주면 안된다. 만약 매몰비용이 경제활동의 판단 근거에 포함되면 비합리적인 의사결정에 의한 비효율적인 결과를 갖게 된다.

(5) 경제학의 과제

효율성 그리고 형평성

- 경제학에서는 희소한 자원을 효율적으로 배분할 수 있는 방안에 대하여 모색한다. 특히 시장경제는 효율성을 강조한다.
- 생산자는 최소한의 비용으로 가장 높은 생산량을 달성하고, 소비자는 자신이 갖고 있는 자원으로 가장 높은 만족감을 누리기 위한 방안을 찾고자 노력한다.
- 그러나 자원의 효율적인 배분은 형평성을 보장하지 않는다. 가장 능력 있는 사람들이 보다 많은 생산을 담당하는 경제사회이다.
- 능력의 차이에 따라서 얻을 수 있는 소득의 차이가 발생할 수 있다. 따라서 효율성이 형평성을 보장하지 않는다. 또한 효율성을 극도로 추구하는 사회에서는 형평성이 악화되는 경향을 볼 수 있다.
- 타고난 배경, 유산 등을 제외하여도 효율성 추구는 형평성을 악화시킬 수 있다.
- 경제학에서는 소득불균형의 문제를 해결하기 위한 방안도 연구한다. 사회전체의 후생상태를 개선하기 위한 방안을 고려하고 소득불평등에 의한 사회적 갈등이 최소화될 수 있는 정책방안을 모색한다.
- 문제는 효율성과 형평성을 동시에 달성하기 어렵다는 것이다. 효율성을 추구하면서 악화된 불평등 정도를 개선하던가, 아니면 형평성을 최우선 정책목표로 삼으면서 생산능력을 향상시키는 효율성을 고민한다.

경제학의 3대 과제

- 경제학에서는 자원을 낭비하지 않고 가장 효율적인 생산과 소비를 달성할 수 있는 방법을 찾고자 한다.
- 이것을 다시 생각하면 '무엇을 생산할 것인가?' '어떻게 생산할 것인가?' '누구를 위해서 생산할 것인가?' 이에 대한 답을 찾아야 한다.

우리는 (과제 1)무엇을, (과제 2)어떻게 생산할 것인가?

- 이에 대한 해답은 효율성과 형평성에 있다.
- 한 국가에서 무엇을 생산할 것인가? 자동차·반도체·선박 등 다양한 상품을 생산할 수 있는 국가에서 생산물 선택은 어떻게 결정하는 것이 옳은가? 시장에 모든 것을 맡기는 것이 옳은가? 아니면 국가 중심의 생산계획으로 결정하는 것이 옳은가? 이 질문은 '어떠한 경제사회체제를 선택할 것인가'와 같다.
- 과거에는 '무엇을 어떻게 생산할 것인가'라는 질문에 대한 답을 하면서 계획경제와 시장경제를 비교하고 시장경제체제의 우월성을 보였다.
- 1990년대 이후 대부분의 국가는 혼합경제체제로 전환하여 자유주의 체제에서 시장개방 및 자유무역의 이로운 점을 설명하면서 효율적 자원배분에 대한 논의로 이어진다.
- 어떻게 생산할 것인가에 대한 질문은 생산요소, 노동 또는 자본의 비율을 어떻게 결정하는가에 대한 질문이다.
- 노동을 더 많이 선택하면 노동자에게 더 많은 대가를 지불하고, 자본을 더 많이 사용하면 자본가에게 더 많은 대가를 준다. 이것은 소득과 연결되어 형평성 문제의 해결 방안을 찾게 된다.

(과제 3)누구를 위하여 생산할 것인가?

- 한 국가에서 생산할 수 있는 상품이 고급자동차, 고급시계, 농산물 등이 있을 때, 누구를 위하여 생산할 것인가를 고민한다면, 형평성에 대한 고민을 하는 것이다.

- 생계를 유지하기 어려울 정도로 소득수준이 낮은 사람에게 고급자동차 또는 고급시계보다는 농산물을 제공하는 편이 나을 수 있다.
- 또한 생산에 필요한 노동자를 고려할 때, 노동자의 기술 및 교육 수준이 높은 산업이 있고, 수준이 낮은 산업도 있다. 이에 따라서 노동자의 임금 및 노동량이 결정된다.
- 따라서 무엇을 생산할 것인가를 결정하면 노동자의 소득에도 영향을 준다. 결국 소득의 형평성을 고려한 생산을 찾게 된다.

(과제 4)효율적인 자원사용

- 자원은 효율적으로 사용되고 있는가? 희소한 자원이 효율적으로 사용되고 있는가? 경제학에서는 이에 대한 답을 찾고자 노력한다.
- 효율적인 자원사용 문제의 해결은 후생극대화의 문제해결과 연결된다. 자원을 낭비하지 않고 필요한 사람들에게 배분한다면 사회 전체의 후생은 높아질 수 있다.

(과제 5)자원과 노동의 완전고용

- 자원과 노동은 완전 고용되었는가? 모든 노동력이 일자리를 갖고 있다면, 모두에게 소득이 발생한다.
- 자원의 효율적 사용과 함께 자원과 노동력이 모두 고용된 상황이라면 그 국가 경제의 생산은 최상의 상태이다.

(과제 6)경제성장

- 어떻게 경제를 성장시킬 것인가? 경제학에서는 국가경제가 보다 빠르고 안정적으로 성장할 수 있는 방안을 모색한다.
- 한 국가의 성장 방안 또는 저개발국에서 선진국으로 도약할 수 있는 방안을 찾는다. 기술, 자본 또는 산업구조의 변화를 경험하면서 경제의 성장을 기대할 수 있다. 따라서 경제성장을 논할 때는 시간의 변화를 감안하여 분석한다.

- 경제성장은 국가의 생산능력 증대 및 1인당 국민소득 증가를 의미한다.

경제 패러다임과 경제학 과제의 변화

- 1990년대 이전에는 교과서에서 '무엇을 어떻게 누구를 위해서 생산할 것인가'라는 질문에 대한 답을 하면서 계획경제와 시장경제를 비교하고 시장경제체제의 우월성을 설명하였다.
- 1990년대 후반 사회주의 경제에서 시장경제 도입이 진행되었고, 경제학의 3대과제에 대한 고민이 줄어들었다. 하지만 어떠한 경제시스템을 적용할 것인가에 대한 고민은 필요하다. 경제행위는 계속 변화하고 있다. 새로운 경제시스템의 도입에 대한 고민이 필요한 시기가 언제 다가올지 모른다.
- 완전한 시장경제도 완전한 계획경제도 존재하지 않는다. 최근에는 경제학 교재에서 혼합경제 및 자유주의체제에서 시장개방 및 자유무역의 이로운 점을 설명한다. 이와 같이 경제학을 소개하면서 생산가능곡선과 기회비용의 개념을 활용하는 추세이다.
- 만일 로봇이 노동력을 완전히 대체하는 시대가 온다면 경제학의 과제는 달라질 것이다. 노동생산성만큼 소득이 발생하는 시장경제의 원리는 로봇 세상에 더 이상 적용될 수 없을 것이다. 새로운 경제학 패러다임이 요구될 것이다. 노동자의 생존이 가능한 방향으로 변화할 것이라고 추측한다. 결국 노동자의 생존을 보장하는 해법은 찾을 수 있겠지만, 새로운 패러다임으로 전환되는 과도기의 혼란은 피할 수 없다. 과도기의 문제 해결은 정책입안자의 능력에 달려있다.

(6) 기본모형: 생산가능곡선

생산가능곡선

- 한 경제가 갖고 있는 자원을 모두 효율적으로 사용하여 생산할 수 있는 상품의 조합을 찾을 수 있다. 이러한 조합을 모두 연결하면 생산가능곡

그림 1 생산가능곡선과 기회비용

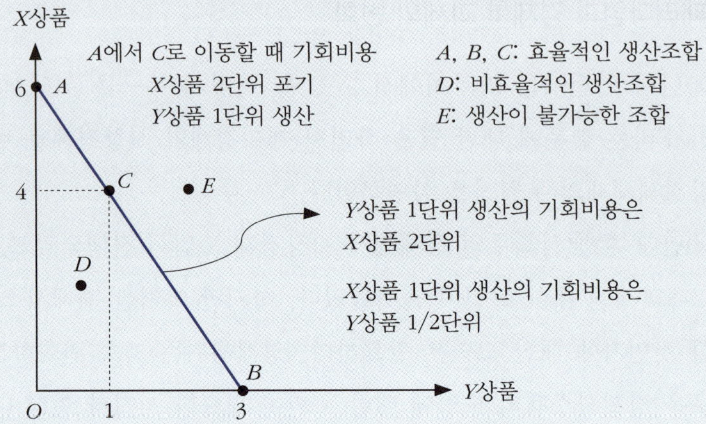

선이 된다.

- 생산가능곡선 내에서 생산할 상품의 조합을 찾으면 비효율적인 생산점에 있는 것이고, 생산가능곡선을 초과하는 상품 조합의 생산은 불가능하다.
- 만일 시간이 흐르면서 기술이 발전하거나 노동·자원 등 생산요소 부존량이 늘어나면 국가의 생산능력이 향상되고, 생산가능곡선이 원점으로부터 멀리 이동한다.

생산가능곡선에서의 기회비용

- 한 경제에서 2개 상품을 생산하고 있다면, 하나의 상품 생산에 대한 기회비용을 표현할 수 있다.
- 갖고 있는 자원을 모두 효율적으로 사용하기 때문에 기회비용을 찾을 수 있다.
- 일정한 노동량을 보유하고 있는 국가가 *X*상품, *Y*상품을 생산하고 있다고 가정하자. 이 경제에서 *Y*상품 1단위 생산을 위해서는 *X*상품 생산을 포기해야 한다. 따라서 *Y*상품 생산의 기회비용은 포기한 *X*상품의 가치가 된다.

- 두 국가에서 상품을 교환한다면, 각 국가는 기회비용이 낮은 상품 생산에 특화하여 교환하게 된다.

교역이 가능한 구간

- 교역이 이루어지는 과정을 현실적으로 생각하면 상대방의 비용체계를 알고 있는 국가는 유리한 조건으로 교역을 성사시킬 수 있다.
- 예를 들어 상품 A 1단위 생산의 기회비용이 국가 1에서 상품 B 1/2단위 국가 2에서 상품 B 1단위라고 가정하자(국가 1, 2는 기회비용이 낮은 상품에 비교우위를 갖고, 국가 1은 상품 A를 국가 2는 상품 B를 특화한다).
- 이러한 비용체계에서 국가 1은 상품 A를 1단위를 주고 상품 B 1/2단위 이상 받으면 이익이 발생한다.
- 국가 2는 상품 B 1/2 단위 주고 상품 A 1/2단위 이상 받으면 교역이 가능하다.
- 만일 국가 1에서 국가 2의 기회비용을 알고 있다면, 상품 A 1단위를 주고 상품 B 1단위 가까이 요구할 수 있고, 국가 2에서는 그 상태에서도 이득이 발생하기 때문에 교역이 성사될 수 있다.
- 아무도 자신의 비용체계를 공개하지 않는다. 원가를 공개하라는 요구는 시장에서 수익을 포기하라는 요구와 동일하다.

(7) 경제학의 분석 방법

인간의 경제행동

- 경제학은 인간의 경제행동을 분석한다. 인간의 행동은 예측하기 어렵다. 실험도 불가능하다.
- 그리고 각 개인은 모두 다른 방식으로 살아간다. 따라서 개인을 대상으로 일반적인 경제학을 분석하기는 더욱 어렵다.
- 그러나 집단의 행위는 개인의 행위보다 분석하기 쉽다. 경제환경 변화에 대한 개인의 경제적인 반응에는 상당한 차이가 발생하지만, 집단의

행위는 안정적인 반응을 보일 수 있다.

- 개인의 비합리적인 선택이 발생할 수 있지만 집단으로 보면 합리적인 선택으로 나타날 수 있다.

인간의 합리성

- 인간 행위의 합리성에 대한 의문은 계속된다. 비합리적인 인간의 행위를 종종 볼 수 있다. 하지만 비합리적인 행위보다는 합리적인 행위가 우세할 것이라는 의견에는 대다수가 동의할 것이다.
- **참고:** 인간의 비합리성을 가정하고 분석하는 경우 행동경제학의 범주에 포함된다. 많은 학자들은 2008년 미국의 경제위기를 비합리적인 경제행위의 결과라고 여겼다. 과거 1960년대에도 행동주의 경제학자들이 주목을 받았다. 이와 같이 경제행위의 합리성에 대한 논의는 과거 그리고 현재에도 계속되고 있다.

변수의 관계

- 이자율, 물가, 환율, 임금, 상품의 가격 등 경제활동과 관련된 변수는 무수히 많다.
- 경제학에서는 이러한 변수의 인과관계에 대하여 분석한다. 경제의 변화 원인과 결과에 대한 분석이다.
- 따라서 상관관계에 대한 분석은 고려하지 않는다. 예를 들면, '닭이 울면 해가 뜬다.' 이러한 사실에서 상관관계는 찾을 수 있으나, 인과관계는 없다.
- **참고:** 최근에는 경제학에서 상관관계 분석도 활발하게 진행하고 있다. 경제현상을 이론적으로 증명하고 설명하기 어려운 변수의 관계를 분석하는 데 사용한다. 예를 들면, 국가 A의 민간부채 증가가 국가 B의 투자 및 환율 불안정성에 미치는 영향 등이 있다. 이론적으로 체계적인 증명과정을 거친 변수 간의 인과관계 분석이 아닌 추론적인 상태에서 증명과정을 생략하고 변수 간의 관계를 분석하는 경우도 있다.

연구방법

- 경제학은 현실을 단순화하고 추상화하여 이론적인 체계를 구축한다. 복잡한 현실을 모두 다룰 수 없다. 하지만 경제학에서는 경제 현상을 체계적으로 이해하려고 이론을 찾는다.
- 경제이론은 이상적인 사회상태 또는 인간들의 바람직한 경제행위를 제시하기도 한다. 이러한 주장을 체계적으로 제시하기 위해서 실증 또는 규범경제학적 연구방법을 사용한다.
- 실증경제학은 경제에 나타난 증거를 바탕으로 경제현실이 어떠하다는 주장을 한다. 데이터를 필요로 하고 그 분석을 기반으로 경제학적 해석 및 방안을 모색하는 실증경제학의 분석방법은 수학, 물리 등 기초학문의 발전과 함께 보다 정교해지고 있다.
- 규범경제학에는 가치관이 개입된다. 이상적인 경제상태로 움직이는 방향이 논의된다. 데이터보다는 당위성을 기반으로 하고 있다. 예를 들면, 저소득층 보호는 국가의 성장 및 발전에 기여할 것이라는 주장이다. 데이터 분석 방법을 사용하지 않고 철학적 접근 또는 자신의 가치관 및 신념을 경제학의 논리적 측면으로 강화하여 체계적으로 자신의 생각을 전달한다.
- 참고: 대부분 논문을 작성할 때, 실증경제학과 규범경제학을 동시에 적용한다. 실증경제학에 치우치지도 규범경제학에 치우치지도 않으려 한다. 간혹 논문집의 특성이 규범경제학에 치우친 경우를 보기도 하지만 최근의 경제학 추세는 실증경제학 기반의 논문이 대다수를 차지하고 있다. 어느 정도인지 불분명하지만 미국에서는 실증경제학, 유럽에서는 규범경제학 학자를 만나기 쉽다고 한다.

욕망

끝없는 욕망으로 가득한 인간은 하나를 얻으면 다른 하나를 욕심낸다. 노동에 필요한 에너지 보충을 위해 음식을 섭취하던 노동자가 배고픈 시절을 극복하면 보다 나은 상품에 눈길을 돌린다. 삶이 보다 풍족해지면 좋은 상품이 시장에 즐비해도 남들이 갖지 못한 상품을 찾는 인간이 된다. 필요 이상의 소비 행위는 사치라고 한다. 사치를 즐기는 평범한 인간에게 사용할 수 있는 자원은 유한하지만 그들의 욕망은 커져만 간다. 넘치는 욕망이 가용한 자원을 초과하는 '자원의 희소성'은 인간 세계의 본성이며 영원하다.

인간뿐만 아니라 동식물도 '자원의 희소성' 문제에서 벗어날 수 없다. 개미도 다른 구역의 개미와 먹이 쟁탈전을 벌인다. 꿀벌은 안전하고 꿀 채집이 가능한 곳을 찾아다닌다. 한 곳에 머물며 꿀을 채집하고 더는 주변에서 꿀 채집이 어려우면 새로운 지역으로 거주지를 옮긴다. 반려견이 증가하면서 공원에 영역 표시하는 강아지들이 쉽게 보인다. 숲속 나무들은 더 많은 햇빛을 받기 위해 높이 솟아오른다. 영역이나 먹이 쟁탈전에서 밀려난 허약한 동식물은 세상에서 점차 사라진다. 동식물은 자연에서 살아남기 위해 경쟁한다. 인간 세계도 크게 다르지 않지만 인간은 자신의 한없는 욕망을 채우려고 상대의 생명을 앗아가기도 한다. 인간 세계를 약육강식(弱肉强食)의 원리로 표현하는 것은 부적절하지 않다.

인간은 한정된 자원을 서로 차지하고자 쟁탈전을 벌여왔다. 차츰 방법은 진화해 나간다. 인명을 직접 해치는 과정은 줄이면서 자원을 확보하고 희소성 문제를 해결하려 한다. 무력을 사용하는 전쟁은 줄어들고 경제력을 이용한 자원 확보 방법이 발전하고 있다. 복잡하게 얽혀 있는 경제 시스템에서 자본력이 강한 인간의 승리를 정당화한다.

합리적인 인간은 희소한 자원을 낭비하지 않는다. 이상적인 자원 배분 방법을 찾고자 노력하고 꼭 필요한 분야에 자원이 배분된다. 생산, 소비 방식이 다르면 자원 배분 방식도 달라진다. 생산 소비 분배의 형태, 즉 경제시스템이 자원 배분의 효율성을 결정한다. 합리적인 인간은 효율적인 자원배분 방식을 찾을 수 있지만, 세상에는 합리적인 인간이 대다수가 아니다.

우리는 희소한 자원을 어떻게 배분하고 있는지 살펴보면, 인간의 사회 규칙은 개미 사회보다 자원 배분에 효율적이라고 장담할 수 없다. 우리가 살아가고 있는 사회 경제 시스템이 효율적으로 작동하고, 미래의 경제 사회 변화가 삶의 방식과 소득분배를 균등하게 개선할지 의문이다. 모두 승려처럼 최소의 생산과 소비로 살아가라고 권장하거나 강요한다면, 인간의 욕망 문제는 해결되지 않고 오히려 폭동이 일어날 수 있다. 현실적인 시각은 잠시 접어두고, 이상적인 시각으로 희소성의 문제를 해결할 수 있는 방안은 존재하는가? 때로는 이렇게 정답 없는 질문을 파고드는 습관이 자신의 내면을 마주하면서 삶의 방향을 설정하는 데 도움이 되기도 한다.

경제 사회는 계속 변화한다. 세상살이가 힘들다는 점에 평범한 인간들은 공감한다. 만일 더 이상 고달픈 세상을 참을 수 없다는 사람들이 엄청나게 늘어나서 대다수가 되면, 그들은 혁명의 주체로 일어서게 된다. 혁명에 성공하면 경제사회가 공평하고 효율적으로 변화될 것이라고 기대한다. 그러다 그 혁명의 결과에 실망하면 또 다른 혁명을 요구한다. 실패한 혁명의 주체는 퇴출되는 과정이 반복되면서 점차 나아질 것이라는 낙관적인 기대는 커져간다. 현실이 기대에 미치지 못하면 그들은 보다 강력한 변화를 요구한다.

앞으로 변화하는 경제 사회 시스템의 결과물은 우리 후손이 체험한다. '후손들에게 혁명이라는 단어가 필요 없는 경제 사회를 물려줘야 한다.' 이 문장에서도 인간의 엄청난 욕망이 들여다보인다.

선택

'삶은 선택의 연속이다.'

사회 참여 사상으로 유명한 사르트르의 말이다. '인간은 자유 선택의 권리를 가진다'는 철학적인 측면의 '선택'이다.

경제학에서 선택은 희소한 자원에서 시작된다. 자원이 희소하지 않다면 욕망이 요구하는 만큼 자원을 사용할 수 있기 때문에 선택의 이유가 없다. 모든 사람들이 공감하는 희소한 자원은 시간이다. 하루 24시간은 늘 부족하다. 하루

24시간 중에서 잠자고, 밥 먹고, 씻고, 쉬는 시간은 기본이고 나머지 시간은 노동과 여가 시간을 갖는다. 일반적으로 하루 6~8시간 수면, 밥 먹는 시간 1~2시간, 씻고 쉬는 시간은 1~2시간 보낸다. 일하는 시간이 8시간, 통근 시간이 2시간 정도 소요되면 여가 시간은 2시간 정도 남는다. 만일 일이 많아서 8시간 이상 일하면, 여가 시간은 더 줄어든다. 주말에도 여유 있는 삶을 포기한 많은 자영업자들은 '목숨 걸고' '치열하게' 일한다. 소득 수준이 높아지면 시간 선택도 달라진다. 소득이 높을수록 일반적으로 여가 시간이 늘어난다.

우리는 살아가면서 선택을 피할 수 없다. 아침에 잠자리에서 나오는 것부터, 식사, 노동, 외출, 친구와의 만남, 운동 기타 등등 모든 일상생활은 자신의 선택으로 이어진다. 우리는 하루 시간을 스스로 결정한다. 먼 미래의 자신을 생각하면서 하루의 일과를 결정하기도 한다. 모든 선택은 오로지 자신만을 고려하여 결정되지 않는다. 사회적인 관계를 고려하고 상대를 배려하거나 상대의 움직임을 예상하고 자신의 행보를 결정한다.

사회에서 격리되어 무인도에 혼자 사는 사람을 제외하면 자신만을 위한 자신만의 선택을 찾기 어렵다. 사회적인 관계 또는 가족의 생계를 위한 결정이나 가족의 권유에 따르는 결정이 있고, 친구들의 삶으로부터 직간접적인 영향을 받는 경우도 있다. 때로는 신문 사회면 또는 정치면을 읽고, 정치권 진출을 결심하거나 자연인으로 살아가는 사람도 있다.

자신의 삶은 선택의 결과로 만들어진다. 대부분의 사람들은 주변 환경에 구속되기를 바라지 않는다. 주어진 상황, 즉 물려받은 인맥, 재산, 소득 수준 등은 모두 동등하지 않다. 모두 다른 상황에서 자신의 삶을 선택한다. 소득 수준, 사회적 지위 등은 선택의 자유를 제한한다. 우리 모두가 동등한 위치에서 선택할 수 있는 자유란 존재하지 않는다. 때로는 소득격차라는 단어가 사라진 상태에서, 선택의 자유가 주어진다면 나는 무엇을 하고 있을지 행복한 상상을 해 본다. 진정 자신이 좋아하는 것이 무엇인지 찾고 성취하기 위해 노력하는 모습은 아름답다.

선택의 자유가 보장된다면, 먼저 자신이 무엇을 좋아하는지 알아야 한다. 그러려면 자신의 모습을 정확하게 바라볼 수 있어야 한다. 자신의 내면을 제대로 바라보는 사람은 성인에 가깝다고 한다. 자신이 무엇을 좋아하는지 아는 것은 어려운 일이다. 많은 연습과 평생에 걸친 노력이 필요하다. 자신의 모습을 찾아가는 과정에는 인간의 삶에 대한 고뇌와 많은 경험이 동반된다. 많은 시간과 정성을 들여서 세상이 어떻게 움직이는지 깨닫고, 무엇이 좋고 싫은지 판단하면서 자신을 찾게 될 것이다.

우리는 선택의 자유가 보장되지 않는 사회에서 선택의 자유를 갖기 위한 방법을 찾으려고 노력한다. 우리에게 주어진 선택의 자유는 완전하지 않다. 어떤 이들은 보다 많은 자유를 갖기 위해 재력을 쌓고 권력을 추구한다. 정상적인 방법으로 자유를 취하기 어려우면 편법도 마다하지 않는다. 상대를 궁지에 몰고 자신의 이익을 취하고, 잘난 인간에게 흠집을 내고 끌어내린다. 그들 앞에 선과 악이 없다. 그들은 선택의 자유를 결정하는 재력과 권력만을 바라본다. 우리가 살아가는 이러한 사회 질서는 인간들의 선택으로 만들어졌다.

잘못된 선택

선택이 잘못되었다는 것은 스스로 알아차리기 쉽다. 어떠한 선택을 하고 난 뒤에 차분한 마음으로 다시 생각하면서 지난 결정을 후회했던 경험은 누구나 있을 것이다. 감정적인 선택은 대부분 잘못된 선택이다. 얼마나 감정적이었는지 헤아려 보기는 어렵고, 어떠한 선택이 잘됐는지, 잘못됐는지 판단하려면 경제학의 기회비용 개념을 적용할 수 있다.

예를 들어, 변호사 김 씨가 있다. 늘 훌륭하다는 얘기를 듣고 1등이 일상이던 김 변호사는 다재다능하다. 김 변호사의 수임료 또는 시간당 상담비용은 상당한 수준이다. 시간당 20만원을 받는다. 변호사 사무실에는 잡무가 많다. 때로는 상담 내용을 타이핑해서 정리해야 한다. 업무가 비교적 단순하다. 아르바이트나 파트타임 직원을 고용해도 충분히 처리할 수 있다. 시간당 2만원을 지급하고 직원을 고용했다.

김 변호사는 그리 바쁘지 않다. 고객들을 하루 한두 명 정도 만나면 된다. 고객 상담 내용이 담긴 녹취파일을 직원에게 건네면 직원은 열심히 타이핑하지만, 김 변호사 눈높이에는 충분한 실력이 아니었다. 하루 3~4시간 상담한 내용을 타이핑하는 데 7~8시간 소요하는 것 같았다. 김 변호사는 답답하고 화도 났다. 하루 8시간, 16만원을 지급하는 인건비가 아까웠다. 직원보다 김 변호사의 타이핑 속도가 훨씬 빨랐기 때문이다.

김 변호사는 직원을 해고하고 그 일을 스스로 처리했다. 김 변호사의 타이핑 소요 시간은 하루에 4시간이다. 김 변호사는 하루에 8시간 일하던 직원을 해고하기 잘했다고 생각했다. 하지만 사실은 그렇지 않다. 김 변호사는 직접 타이핑하면서 4시간 동안 상담으로 벌어들일 수 있는 80만원을 포기한 것이다. 타이핑이 느리고 능력 없는 직원에게 하루에 16만원 지급하는 것이 아까워서 최대 80만원의 수입을 포기한 김 변호사는 잘못된 선택을 했다. 감정적으로 결정하면 대부분 실패한다. 답답한 직원을 계속 고용하는 것이 더 나은 선택이었다. 능력 없는 직원을 해고하면서 비용을 높였다. 답답한 업무처리를 보기 싫어도 참아야 했다. 감정적인 의사결정으로 손실이 발생한 사례이다.

정부가 정책을 추진하는 과정도 마찬가지다. 정치권의 이견과 감정적인 대립 때문에 정책 추진이 무산되는 경우를 자주 본다. 세계무역전쟁 위험성이 확대되고 경기침체와 주력산업 쇠퇴를 바라보면서 필요한 정책을 적극적으로 추진하지 못하면 피해는 국민에게 돌아간다. 경기 활성화를 위한 정책을 찾아야 한다. 기본적인 정책 방향은 대부분 알고 있다. 세부적인 정책을 선택하고 추진하려면 서로 다른 생각을 갖고 있는 사람들의 동의가 필요하다.

의견수렴 및 정책합의 과정에서 서로 다른 생각을 하는 사람들이 감정적으로 대립하면 적절한 정책시기를 놓치거나 잘못된 선택을 하게 된다. 이런 문제가 반복되면 희망이 없다. 생업에 지친 노동자들이 험한 모습으로 나서지 않기를 원한다면 사회지도층은 감정을 버리고 합리적인 이성으로 움직여야 한다.

Section 2

시장의 수요 및 공급

1 시장경제의 원칙

시장경제에서는 시장에 참여하는 경제주체들의 경제행위에 의하여 재화와 서비스의 매매가 이루어진다. 누구의 지시에 따르지 않고 개개인의 사익추구행위에 의해 시장질서가 유지된다.

소비자는 자신의 만족을 극대화하고 생산자는 이윤을 극대화한다. 경제주체의 사익추구행위의 결과, 시장가격이 형성된다. 경제주체는 시장가격을 보면서 시장참여 여부를 결정한다. 이렇게 시장경제는 스스로 질서를 찾아간다.

시장경제는 자원을 효율적으로 배분할 수 있다는 장점이 있다. 형평성 측면에서 시장경제는 소득격차를 발생시키는 단점이 있다. 생산능력이 다르면 소득 차이가 나타나는 시스템이다. 시장경제에서는 형평성보다 효율성이 강조된다.

(1) 시 장

시장은 경제행위가 이루어지는 장소, 즉 공급자와 수요자 간에 재화와 서비스의 매매가 이루어지는 곳이며, 물리적 장소(할인점, 재래시장, 인터넷 쇼핑몰 등)뿐만 아니라 추상적 장소(공급자와 수요자 간의 관계)까지 포함한다. 또한 시장은 상품 종류나 경쟁 형태 등에 따라 여러 가지 유형으로 구분된다.

- 상품 종류에 따른 구분: 생산물시장(최종재)과 요소시장(노동, 자본)으로 구분된다.
- 경쟁 형태에 따른 구분: 완전경쟁시장, 독점적 경쟁시장, 과점시장, 독점시장으로 나뉜다.
- 거래수단에 따른 구분: 오프라인 시장과 온라인 시장으로 나눌 수 있다
- 거래 상대방 또는 지리적인 구분: 국내 시장과 해외 시장으로 나눌 수 있다.

(2) 경제행위

경제행위란 재화와 서비스를 취득하고 처분하는 데 관련된 모든 행위를 말한다. 따라서 재화와 서비스는 경제적 가치가 있는 것만을 포함한다. 경제적 가치가 있는 재화와 서비스에는 자유재와 경제재가 있다.

- 자유재: 경제적 가치가 있음에도 불구하고 공급이 무한정으로 많아서 거래의 대상이 되지 못하는 재화와 서비스를 말한다(햇빛 등).
- 경제재: 공급이 수요보다 적어서 대가를 지불해야 하는 재화와 서비스를 말한다(자동차 등).
- 경제적 가치가 없는 재화는 아무도 소비하지 않는다. 예를 들면 쓰레기, 폐기물 등이다.

(3) 경제주체

경제주체는 경제행위를 하는 주체를 말하며, 가계, 기업, 정부, 외국 등으로 구분한다.

- 가계: 요소시장(노동시장, 자본시장)에 생산요소(노동, 자본)를 공급하고, 그 소득을 활용하여 소비를 하는 경제의 기초단위이다.
- 기업: 기업의 존재 목적은 이윤극대화에 있으며, 이와 같은 목적의 달성을 위하여 생산설비에 투자를 하고 요소시장(노동시장, 자본시장)에서 생

산요소를 구매하여 제품을 생산하고 이것을 시장에 판매한다. 이와 같은 활동을 통하여 기업은 가계에는 일자리와 근로소득을 제공하고, 자본투자자(주주와 채권단)에게는 이윤을 배분한다.

- 정부: 조세를 거둬들이고 그 대신 행정서비스 등 공공재의 배분이나 민간 경제의 조정 및 규제 역할을 담당한다.
- 외국: 다른 나라의 가계, 기업, 정부를 포함하며, 교역의 상대방이 된다.

(4) 경제적 이윤

- 회계적 이윤=총수입－회계적 비용
- 경제적 이윤=총수입－회계적 비용－암묵적 비용
- 경제적 이윤=총수입－명시적 비용－암묵적 비용
- 경제적 이윤=총수입－기회비용(회계적 비용을 포함한 비용)

(5) 시장경제의 작동원리

시장경제는 희소성의 원칙하에서 경제주체들의 교환, 이익, 경쟁의 세 가지 원리에 기초해 작동한다.

- 교환: 시장에서는 거래당사자들의 자유로운 의지에 따라 재화와 용역이 교환된다. 이와 같은 교환은 경쟁적 우위를 가질 수 있는 분야로의 분업이나 특화를 초래한다.
- 이익: 각 경제주체들이 시장에 참여하는 이유는 경제적 이익을 추구하기 위한 것이다. 따라서 기업은 최대 이윤을 추구하고, 가계는 제한된 예산 범위 내에서 최대 효용가치를 추구한다.
- 경쟁: 시장에 참여하는 경제주체들은 다른 참여자들과 경쟁한다.
- 따라서 기업은 다른 기업보다 품질이 좋은 제품을 좀 더 저렴한 가격에 공급하기 위하여 경쟁하고, 소비자는 다른 소비자보다 더 많은 경제적 효용가치를 얻기 위해 경쟁한다.

- 경쟁은 재화와 서비스를 가장 저렴한 가격에 가장 필요로 하는 사람에게 공급되도록 하여 궁극적으로 자원의 효율적 분배가 이루어지게 한다.

(6) 시장가격

시장가격의 의미

시장 참여자들의 다양한 능력, 욕구, 이해관계 등이 합의를 이루어 결정된 재화나 서비스의 한 단위와 교환되는 화폐의 수량이 가격이다.

- 단위: 가격은 화폐단위로 표시된다. 가장 원시적인 시장인 물물교환 시장에서는 서로 다른 두 재화를 서로의 필요에 의하여 교환했고, 이때 화폐단위의 가격이라는 것은 존재하지 않았다. 그러나 물물교환 시장에서도 소금과 같은 재화가 유사 화폐로서의 기능을 담당하게 되면서 화폐단위의 가격 개념이 생겨나기 시작했다.
- 1물1가의 원칙: 동일한 제품에는 하나의 가격만 존재한다. 동일한 제품에 서로 다른 두 개의 가격이 존재할 경우 비싼 곳에는 더 많은 제품이 공급되고 싼 곳에는 적은 수량이 공급되어 결국 하나의 가격으로 수렴된다.

시장가격의 자원배분 기능

시장가격이 결정되는 과정에서 자원은 가장 효율적으로 배분된다.

- 공급측면: 무수히 많은 생산자 중에서 동일한 품질의 제품 중 가장 저렴한 비용으로 생산하는 기업의 제품부터 판매가 이루어진다. 즉, 생산방식의 효율성이 가장 높은 기업부터 판매가 가능한 것이다. 그리고 가격의 상승은 기업들에게 생산량을 높이려는 유인(incentive)을 제공한다.
- 수요 측면: 무수히 많은 소비자 중에서 동일한 제품에 가장 많은 가격을 지불할 의사가 있는 사람부터 소비가 가능하다. 즉, 동일한 제품의 소비로 인하여 가장 큰 효용을 얻을 수 있는 사람부터 재화가 배분되는 것이다.

- **시장가격의 결정:** 시장가격은 생산자의 공급능력과 소비자의 지불의사가 균형을 이루는 점에서 결정되며, 이 가격은 가장 효율적인 생산방식을 가진 생산자들만 제품의 판매가 가능하게 하고, 소비의 효용가치가 높은(즉, 소비의 필요성이 큰) 소비자들만 제품 소비를 가능하게 하여 자원의 효율적 배분이 이루어지도록 해준다.
- **신호기능(signaling):** 효율적 자원배분 기능은 시장가격의 신호기능(signaling)으로 달성된다. 시장가격은 경제주체들에게 어떤 경제활동을 해야 하는지를 알려주는데, 예를 들어 시장가격이 올라가면 생산자에게는 생산량을 늘리도록, 수요자에게는 해당 상품의 소비를 줄이거나 대체상품을 찾도록 신호를 보내주는 것이다.
- **자동조절기능:** 시장가격의 자동조절 기능을 아담 스미스(A. Smith)는 '보이지 않는 손(The Invisible Hand)'이라고 표현했다. 노동·자원 등 생산요소 가격은 시장의 원활한 상호작용 및 소득분배 역할을 한다.

2 수요와 수요곡선

(1) 수 요

수요(demand)는 재화와 서비스를 구입하고자 하는 욕구를 뜻한다. 여기서 수요는 단순한 희망사항이 아닌 구매력을 가진 욕구를 의미한다. 따라서 수요를 상품 소비에 대한 소비자의 만족도 또는 효용이라고 해석할 수 있다.

어떠한 상품을 구입하면서 만족도 이상의 가격을 지불하는 소비자는 없다. 소비자들은 냉정하다. 100원을 지불하면 최소한 그 이상의 만족을 얻으려 한다. 수요는 소비자 자신의 효용을 극대화하는 지불의도이다. 소비자들은 보다 높은 효용을 찾을 수 있는 방법을 찾을 수 있다면 그 방법을 선택한다.

수요량(demand quantity)

소비자가 일정기간 동안 일정한 가격 수준에서 구입하고자 의도하는 재화와 서비스의 양을 의미한다.

- 일정기간 동안 발생한 수요량을 찾는다. 예를 들어, '우리 집은 쌀 한 가마니를 먹는다'라고 했을 때 쌀 한 가마니를 소비하는 기간이 한 달인지, 1년인지, 10년인지에 따라서 수요량은 달라진다.
- 일정한 가격 수준에서 수요량을 찾는다. 일정가격에서 소비자들의 구매량이다. 예를 들어, 우리집은 100만원에 한 가마니를 구매할 의도가 있고, 옆집은 50만원에 한 가마니를 구매할 의도가 있을 경우 단순합산으로 쌀 두 가마니의 수요량이 있다고 할 수 없다.
- 다른 모든 조건이 변하지 않는다는 가정(ceteris paribus)을 전제로 수요량을 찾는다. 다른 조건들이 변화하면 수요량도 변하여 그 결과를 알 수 없게 된다.

참고: 유량(Flow)과 저량(Stock)

경제변수는 일정기간 동안에 측정되는 유량 변수와 일정 시점에 측정되는 저량 변수로 구분할 수 있다. 수요량을 저량으로 측정하면 때로는 수요량이 전혀 없는 경우도 발생할 것이다. 지금 이 순간 어떠한 상품에 대한 구입의도를 측정한다면 아무런 의미가 없다. 일정기간 동안 수요량의 측정이 합리적이다. 반면에 당신의 재산을 측정할 때 일정기간의 재산으로 측정한다면 의미가 없다. 현재 당신이 갖고 있는 재산을 측정해야 합리적일 것이다. 통화량도 일정시점의 저량으로 측정한다.

유량과 저량의 개념을 기억하기 좋은 사례가 있다. 만일 사랑의 크기를 측정할 수 있고 측정한다고 하자. 사랑은 과연 어떻게 측정해야 하는가? 일정기간 동안의 사랑, 유량으로 측정할 것인가? 아니면 현재 이 순간 사랑의 크기인 저량으로 측정할 것인가? 이 질문에 대한 답을 스스로 찾아보기 바란다. 그리고 유량과 저량의 개념을 기억하자.

(2) 수요곡선

수요곡선(demand curve)

- 가격 수준의 변화에 대응하는 수요량을 표시하는 곡선이다.
- 수요곡선은 가격과 수요량의 관계를 나타낸다. 가격이 상승하면 수요량은 감소한다.

시장수요곡선(market demand curve):

- 개별 수요자의 수요곡선의 합으로, 동일한 가격 수준에서 개별 수요자들의 수요 총량이다.

수요의 법칙(law of demand)

- 상품의 가격과 시장의 수요량 간의 관계는 역(逆)의 관계이다.
- 가격이 상승(하락)하면 수요량은 감소(증가)한다.
- 따라서 수요곡선은 우하향한다.

그림 2 수요곡선

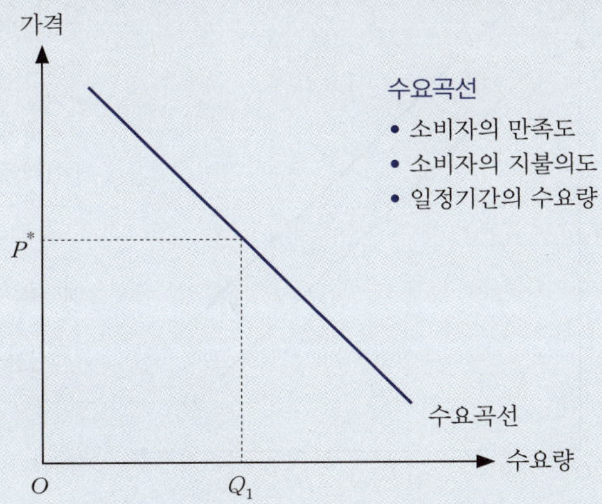

- 수요의 법칙의 예외 사항은 '기펜재', '과시소비' 등이 있다. 이러한 예외 상품들은 가격이 상승할 때 소비량이 증가하는 모습을 보인다.
- 기펜재는 열등재이면서 소득효과가 대체효과보다 높은 상품이다. 소비자선택이론에서 다루게 된다.

수요곡선의 결정요인

- 수요곡선은 해당 재화의 가격, 다른 재화의 가격, 소비자의 소득, 기호, 인구 수, 금리 등 다양한 요인에 의하여 결정된다. 따라서 이와 같은 결정요인이 변화할 경우 수요곡선이 변화(이동)한다.

(3) 수요량의 변화와 수요의 변화

수요량의 변화

- 해당 재화의 가격변동에 따라 수요량이 증감하는 것을 말한다. 즉, 수요량의 변화는 수요곡선상에서의 이동을 의미한다.

그림 3 수요곡선의 이동

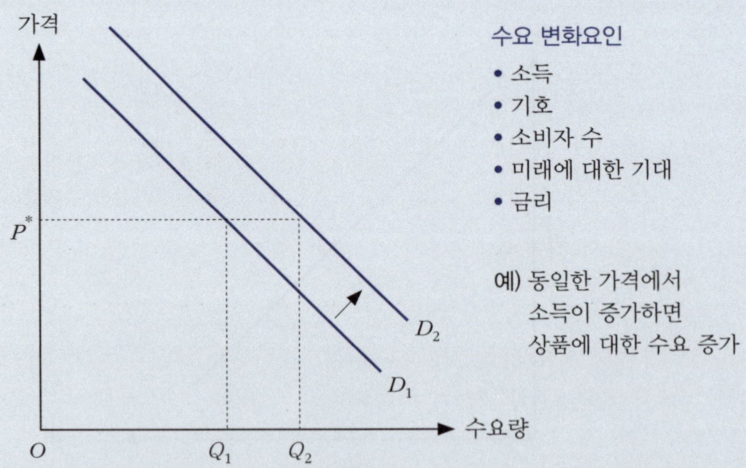

수요의 변화

- 가격은 변화하지 않았는데 소비자의 소득이나 다른 재화의 가격 변화, 기호 변화, 인구 증가 등의 이유로 수요가 변동하는 경우를 말한다.
- 예를 들어, 자동차의 가격은 한 대에 2천만원으로 동일하더라도 국민소득이 2만 달러에서 4만 달러로 증가하게 되면 자동차의 수요도 증가하게 될 것이다.
- 이런 경우 수요의 변동이라고 하며, 수요곡선 자체가 이동한다. 수요곡선의 결정요인이 변화하는 경우 수요곡선은 이동한다.

(4) 수요의 탄력성(elasticity)

- 탄력성(elasticity): 독립변수의 변화에 대응한 종속변수의 민감도이다.

$$\begin{aligned} Y\text{의 }\%\text{변화} \div X\text{의 }\%\text{변화} &= (Y_1 - Y_2)/Y_2 \div (X_1 - X_2)/X_2 \\ &= (Y_1 - Y_2)/(X_1 - X_2) \times X_2/Y_2 = \frac{\Delta Y}{\Delta X} \cdot \frac{X}{Y} \\ &= \text{곡선의 기울기} \times \text{좌표} \end{aligned}$$

수요의 가격탄력성(price elasticity of demand, e_p)

수요의 가격탄력성 정의

- 재화의 가격변동에 대한 수요량 변동의 민감도를 나타내는 것이다. 수요와 가격은 역의 관계(수요의 법칙)에 있으므로 수요의 가격탄력성을 구하면 음(−)의 값으로 나타나게 되지만 편의상 절댓값을 씌워 양(+)의 수로 바꿔서 사용한다.
- 가격이 변화할 때 수요량의 변화가 급격하게 나타난다면, 가격변화에 민감한 수요량의 변화를 보이는 상품이다. 이러한 상품들은 그 상품 이외의 다른 상품에서도 동일한 만족을 얻을 수 있는 경우를 생각할 수 있다. 즉 대체 가능한 상품이 많은 경우이다.
- 반대로 대체하기 어려운 상품들은 비탄력적이 된다. 어쩔수 없이 그 상

그림 4 수요의 가격탄력성

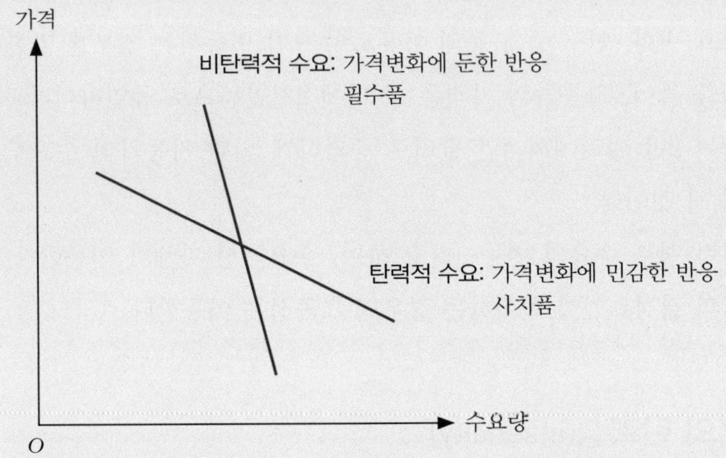

품만을 소비해야 하는 경우를 생각하면 전기와 같은 필수품이 있다.

- 상품 가격이 소비지출에서 큰 비중을 차지한다면 가격 변화에 비교적 민감하게 반응할 수 있다. 예를 들면, 50만원 용돈으로 한 달을 생활하는데 헬스장 등록 비용이 30만원에서 32만원으로 상승할 때와 커피가격이 1,000원에서 1,200원으로 오를 때 수요량의 변화를 가정해보자. 커피 가격은 20퍼센트 변화해도 소비량을 유지하고 헬스장 등록은 고민하는 경우를 생각할 수 있다.
- 수요는 일정기간 동안의 수요량, 유량으로 측정한다. 따라서 측정 기간을 장기간으로 설정하면 수요곡선은 탄력적으로 보일 수 있다. 장기에서는 대체재를 찾을 수 있기 때문이다. 예를 들면 원유 등이 있다. 원유의 대체재인 태양광 발전 등은 10년 기간 동안 대체재로 성장할 수 있다.

수요의 가격탄력성 결정요인

- 재화의 성격(필수재 또는 사치재), 대체재의 존재 여부, 소비지출에서 차지하는 비중, 측정 기간(장기 또는 단기) 등에 따라 결정된다.

수요의 가격 탄력성(e_p)=절댓값{수요량의 %변화÷가격의 %변화}

$e_p = 1$

- 단위탄력적이라고 한다.
- 가격이 1% 상승하면 수요는 1% 감소하는 반응을 보인다.
- 가격변동 시 판매수입(매출액)이 변하지 않는다.

$e_p > 1$

- 탄력적이라고 한다.
- 수요가 가격의 변화에 민감하게 반응하는 경우로써 일반적으로 사치재가 여기에 포함된다.
- 가격 상승(하락) 시 판매수입이 감소(증가)한다.

$e_p < 1$

- 비탄력적이라고 한다.
- 수요가 가격변화에 둔감하게 반응하는 경우로써 생필품이 여기에 포함된다.
- 식료품, 의료, 교육 등은 탄력성이 매우 낮은 재화 및 서비스이다.
- 가격 상승(하락) 시 판매수입이 증가(감소)한다.

참고: 탄력성과 판매수입의 관계

판매수입은 판매량(수요량) 곱하기 가격이다. 탄력적인 수요는 가격이 하락할 때 판매수입이 증가하고 비탄력적인 수요는 가격을 인상할 때 판매수입이 증가한다.

담배의 경우 필수품이라 말하기 어려운 중독 상품이다. 담배의 수요는 비탄력적이다. 따라서 가격을 인상하면 판매수입이 증가한다. 국민들의 건강을 위해서 가격을 인상한다는 얘기보다 판매수입을 늘리기 위해 담배가격을 인상한다는 얘기를 더욱 신뢰하게 된다.

전자책 등은 대체재가 무수히 많은 상품이다. 국내 전자책 사이트에서 가격을 검색해 보면 상당히 낮은 가격을 보게 된다. 전자책으로 출간된 도서의 대체재는 무수히 많다. 전자책 시장은 탄력적인 수요를 갖고 있다. 따라서 전자책 공급자들은 판매수입을 높이기 위해 가격을 낮춘다.

수요의 교차탄력성 정의

수요의 교차탄력성(cross elasticity of demand, e_c): 한 재화(x)의 가격 변화가 다른 재화(y)의 수요에 미치는 영향을 측정하는 것이다.

수요의 교차탄력성(e_c) = Y재 수요량 %변화÷X재 가격 %변화

$e_c = 0$

- 독립재(independent goods)이다.
- 빵과 스포츠카와 같이 어느 한 재화의 가격변동이 다른 재화의 수요에 영향을 미치지 않는다. 전혀 관련없는 상품들이다.

$e_c < 0$

- 보완재(complement goods)이다.
- 빵과 버터, 커피와 설탕 같이 어느 한 재화의 수요량이 증가(감소)하면 다른 재화의 수요도 함께 증가(감소)하는 경우이다. X재 가격이 상승하면 X재 수요량 감소 그리고 보완재 Y의 수요량도 감소한다.

$e_c > 0$

- 대체재(substitute goods)이다.
- 두 개의 재화가 유사한 유용성을 가지고 있어서 서로 대체하는 효과를 가지는 경우를 말한다. 쌀과 밀가루의 예를 들면, 쌀의 가격이 상승하면 쌀의 소비는 감소하고 밀가루 소비는 증가하는 효과를 가져온다.
- 한 재화의 가격변동이 해당 재화의 보완재와 대체재의 수요에 영향을 미치는 경우도 있다.
- 예를 들어, 휘발유 가격이 상승하면 보완재인 승용차 수요가 감소하고 승용차의 대체재인 지하철이나 버스의 수요가 증가하는 것이 이와 같은 사례이다.

※ 수요의 교차탄력성의 개념에서는 부호가 중요한 의미를 갖는다. 보완재의 교차탄력성은 음의 값이고, 대체재의 교차탄력성은 양의 값을 갖는다.

수요의 소득탄력성 정의

- 수요의 소득탄력성(income elasticity of demand, e_m): 소득의 변화에 따라 수요가 얼마나 민감하게 반응하는지를 나타내는 것이다.
- 수요의 소득탄력성(e_m)=수요량의 %변화÷소득의 %변화

수요의 소득탄력성과 상품 구분

- 정상재: 소득탄력성>0, 소득 증가하면 수요 증가
- 사치재: 소득탄력성>1, 소득 증가하면 수요 더 많이 증가
- 필수재: 1>소득탄력성>0, 소득 증가하면 수요 더 적게 증가
- 열등재: 소득탄력성<0, 소득 증가하면 수요 감소
- 기펜재: 열등재 중에서 가격이 하락할 때 수요량 감소

3 공급과 공급곡선

(1) 공급과 공급량

공급(supply)

- 생산자들이 재화와 서비스를 판매하고자 하는 욕구를 의미한다. 단, 공급은 단순한 희망사항이 아닌 공급능력을 가진 욕구를 의미한다.

공급량(supply quantity)

생산자가 일정기간 동안 일정한 가격 수준에서 공급하고자 의도하는 재화와 서비스의 양을 의미한다.

- 공급량 역시 수요량과 마찬가지로 일정기간 동안 발생량 및 일정한 가격 수준에서 생산자들이 공급하고자 하는 양을 찾는다.
- 또한 다른 모든 조건이 변하지 않는다는 가정(ceteris paribus)을 전제로 공급량을 찾는다.

(2) 공급곡선

공급곡선(supply curve): 여러 가지 가격 수준에 대응하는 공급량을 표시하는 곡선이다.

시장공급곡선(market supply curve)

- 시장공급곡선은 개별 공급자의 공급곡선의 합으로 동일한 가격 수준에서 개별 공급자의 공급 총량이다.
- 공급곡선은 생산자의 생산비용 수준을 나타낸다.
- 공급자의 생산능력에 따라 공급능력이 다르게 나타난다.
- 높은 비용에서 생산 가능한 공급자가 낮은 비용에서 생산 가능한 공급자보다 많다. 공급자들이 제시하는 가격은 공급자별로 다를 수 있다. 자신들의 비용에 적합한 판매가격을 제시하기 때문이다.

공급의 법칙(law of supply)

- 상품의 가격과 시장의 공급량 간의 관계는 정(正)의 관계이다. 가격이 상승(하락)하면 공급량은 증가(감소)한다. 따라서 공급곡선은 우상향한다.
- 공급곡선의 결정요인: 공급곡선은 해당 재화의 가격, 다른 재화의 가격, 생산요소의 가격, 기술수준, 기업의 정책, 금리, 환율 등 다양한 요인에 의하여 결정된다.

(3) 공급량의 변동과 공급의 변동

공급량의 변동

- 해당 재화의 가격변동에 따라 공급량이 증감하는 것을 말한다. 즉, 공급량의 변동은 공급곡선상에서의 이동을 의미한다.

공급의 변동

- 가격은 변화가 없는데 다른 재화의 가격 변화, 생산요소의 가격 변화, 기술 발달에 따른 생산성 증가 등으로 공급이 변동하는 경우를 말한다.
- 예를 들어, 쌀의 시장가격은 변화가 없는데 비료의 가격이 상승해서 공급이 줄어드는 경우이다. 이런 경우 공급의 변동이라고 하며, 공급곡선 자체가 이동을 하게 된다.

공급법칙의 예외현상

- 시장가격과 공급량의 관계가 공급법칙에 어긋나는 것들도 있다. 매점매

그림 5 공급곡선의 이동

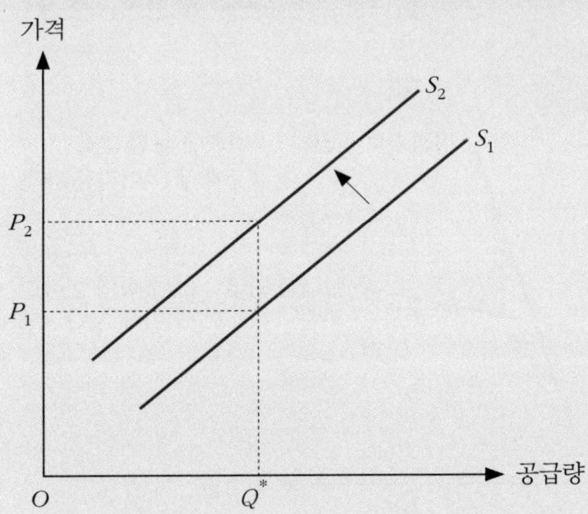

공급 변화요인
- 생산요소 가격 변화 (원자재 가격, 임금)
- 기술 변화
- 생산성 변화
- 미래에 대한 기대

예) 생산비용 증가하면 공급곡선 왼쪽으로 이동 ($S_1 \rightarrow S_2$)

석, 덤핑, 후방굴절 노동공급곡선, 한정된 공급 수량 등이 그 예이다.

- 임금이 상승하면서 일정 수준 이상의 임금이 되면 노동시간을 줄이는 현상이 나타날 수 있다(대부분 노동시간을 줄일 수 있을 정도의 높은 임금을 받지 못하지만 이론상으로는 가능하다).
- 부동산 골동품의 경우 공급량이 한정되어 있기 때문에 가격이 상승해도 공급량이 증가하지 않는다.

(4) 공급의 가격탄력성(price elasticity of supply)

공급의 가격탄력성은 재화의 가격변동에 대한 공급 변동의 민감도를 나타낸다.

공급의 가격탄력성은 단기보다는 장기에 더 탄력적이다.
즉, 가격 변화에 대규모 생산시설, 고정비용 등의 이유로 단기적으로는 대응하기 어려워도 장기적으로는 생산요소의 변동, 기술혁신 등으로 대응할 수 있다.

공급자가 갖고 있는 생산요소를 다른 상품 생산에 사용할 수 있는 경우 공급의 가격탄력성은 탄력적으로 나타난다. 예를 들면 IT 서비스의 경우이다. IT

그림 6 공급의 가격탄력성

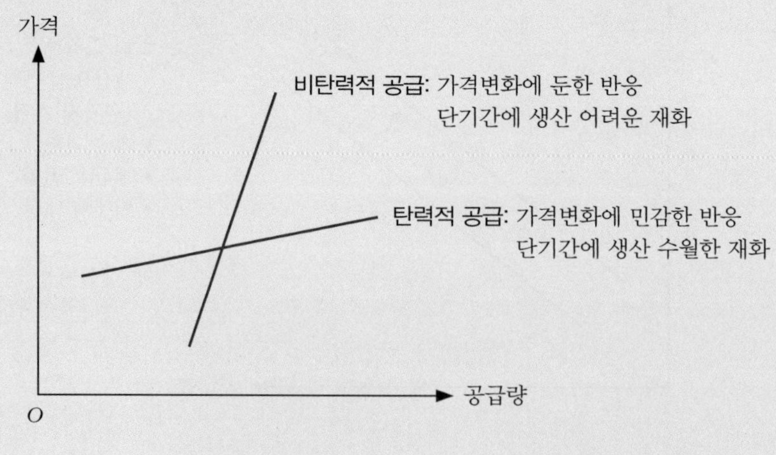

서비스 생산요소는 공급자의 코딩 지식 또는 기술이다. 이들은 다양한 서비스를 제공할 수 있다. 시장 여건이 변화하면 웹서비스를 제공하던 기업이 모바일 플랫폼 업체로 서비스 분야를 변경할 수 있다. 반면 농업의 경우 토지 및 농업기술을 생산요소로 사용하고 있다. 이들은 다른 상품으로 생산을 전환하기 어렵다. 농업 관련 재화 공급곡선의 가격탄력성은 비탄력적이라 예상할 수 있다.

완전비탄력적인 공급곡선을 갖고 있는 생산자는 가격이 어떠한 상태에 있어도 공급량을 변화시킬 수 없다. 그들은 죽으나 사나 해당 상품만을 생산해야 한다.

공급의 가격탄력성(e_p) = 공급량의 %변화 ÷ 가격의 %변화

$e_p = 0$

- 완전비탄력적이라고 한다.
- 토지, 골동품과 같이 추가적인 생산이 불가능할 경우가 해당된다.
- 주택이나 상업용 건물도 단기간 내에 추가 공급이 어렵다는 점을 감안하면 탄력성이 0에 가까운 재화이다.

$e_p < 1$

- 비탄력적이다.
- 단기간 내에 생산하기 어려운 재화(부동산)나 저장이 어려운 재화(농산물) 등이 포함된다.
- 보유하고 있는 생산기술 및 생산요소를 다른 재화의 생산을 위해 사용하기 어려운 경우이다.

$e_p = 1$

- 단위탄력적이다.

$e_p > 1$

- 탄력적이다.
- 비교적 단기간에 생산이 가능하고 저장이 쉬운 재화가 포함되는데 주로

공산품이 이에 해당한다.

- 보유하고 있는 생산기술 및 생산요소를 투입하여 다양한 재화를 생산할 수 있는 경우이다. 예를 들면, IT서비스 등이 있다.

$e_p = \infty$

- 완전탄력적이다.
- 사례를 찾기 어렵지만, 시간을 장기적으로 보면 탄력적인 공급곡선이 완전탄력적으로 보일 수 있다.

4 시장균형과 변동

시장균형과 균형가격

- 시장균형(market equilibrium): 시장에서 수요와 공급이 일치하여 초과수요나 초과공급이 없는 상태를 의미한다.
- 균형가격: 수요곡선과 공급곡선이 교차하는 점에서 균형이 달성되는데 이때 형성되는 가격이 균형가격이다.
- 초과수요(수요>공급)나 초과공급(수요<공급) 상태에서는 시장가격이 변동하여 수요와 공급을 조절함으로써 균형을 달성한다.(아담 스미스의 '보이지 않는 손', 시장가격의 수요·공급 자동조절)
- 시장은 항상 균형상태를 유지하지 못한다. 초과수요나 초과공급이 존재하는 상태가 지속되기도 하고, 수요와 공급의 결정요인들이 변화하는 경우나 정부의 가격 규제 등이 원인이 되어 일시적으로 또는 장기적으로 불균형상태가 발생한다.

균형가격의 변동

- 시장의 수요나 공급의 변동은 균형가격의 변동을 초래한다.
- 즉, 수요의 증가 또는 감소(수요 곡선의 이동), 공급의 증가 또는 감소(공

급곡선의 이동), 그리고 수요와 공급이 동시에 변화하는 경우가 있다.(수요곡선과 공급곡선의 동시에 이동한다.)

- 이 경우 이동한 수요곡선과 공급곡선이 교차하는 점에서 새로운 균형이 달성된다.

그림 7 공급곡선의 이동(변화)

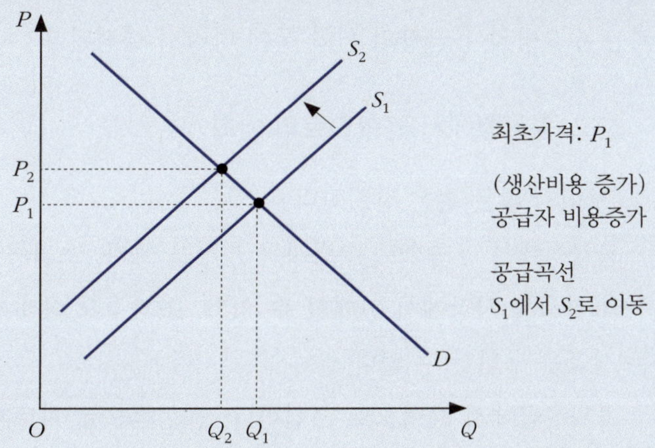

그림 8 수요·공급의 변화와 균형 변화

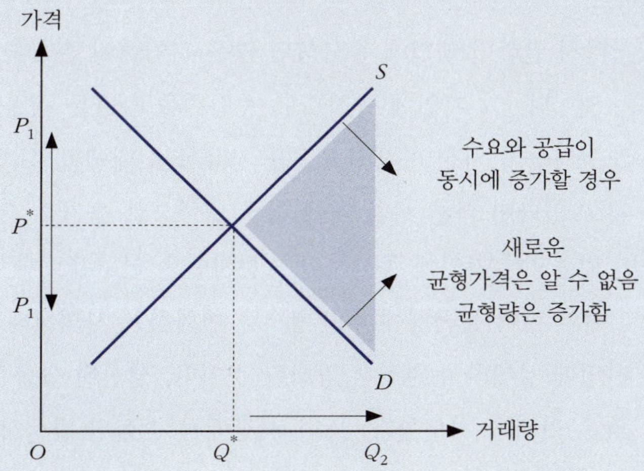

- 수요와 공급이 동시에 증가할 경우, 균형 거래량이 증가하지만, 균형 가격의 변화 방향은 알 수 없다.

균형가격 변동의 예

수요의 변동: 소득, 기호, 인구, 미래에 대한 기대 등의 변화
공급의 변동: 공급자의 비용과 관련된 요소 가격의 변화
수요와 공급이 동시에 변화하면 거래량 또는 가격이 동시에 변화하며, 그 결과는 수요량과 공급량의 변화 폭에 따라서 결정된다.

참고: 불균형에서 균형으로의 변화

"보이지 않는 손은 잔인하다."

불균형에서 균형으로 수렴하는 과정을 보자. 초과공급 상태에서 공급자는 자신의 상품을 시장에서 판매할 수 없고, 초과수요 상태에서 수요자 자신이 원하는 상품을 구입할 수 없다.

초과공급에서 균형으로 수렴한다. 균형점으로 이르게 하는 수요와 공급의 움직임 그리고 가격의 역할을 '보이지 않는 손'이라고 한다. 그 과정을 현실적으로 살펴보자. 초과공급의 상태에서 시장의 공급량은 서서히 감소한다. 무수히 많은 기업이 존재하는 완전경쟁시장에서 생산하던 기업들이 퇴출당하는 것이다.

다시 말하면 생업에 종사하던 많은 기업들이 손실을 감당하지 못하고 폐업하는 것이다. 그 기업에 종사하던 종업원들도 다른 직장을 찾아야 한다. 그 많은 노동자들이 자신의 생산요소를 자유롭게 대체할 수 있고 완전한 시장 정보를 갖고 있다면 빠른 시일 내에 다른 업종으로 옮겨갈 수 있다. 만일 그렇지 않다면 퇴출당한 기업에 종사하던 노동자들은 인구감소에 기여하게 될 것이다.

이와 같이 불균형에서 균형으로 변화하는 사회상태는 혼란스럽다. 누군가는 사업에 실패하여 완전히 망하는 것이다. 생산된 상품은 재고로 남아 있고 이를 낮은 가격에 처분한다. 또한 시장에서 손실이 발생하여 퇴출되고 생산자가 갖고 있던 재산을 모두 잃게 된다. 이러한 혼란한 상태를 지나서 시장의 불균형

에서 균형상태에 도달한다. 균형상태에서 시장은 자원을 효율적으로 배분한다. 하지만 시간의 변화와 함께 보면 효율적인 시장은 잔인하다. 창업하려면 용감해야 한다.

정부는 시장에 개입하여 죽어가는 기업을 살리고 그들의 소득을 보존해줘야 하는가? 아니면 시장의 기능에 모든 것을 맡겨야 하는가? 만일 퇴출되는 기업에 종사하는 사람들을 돕는다면 누구의 소득을 얼마나 이전해야 하는가? 이 문제에 대하여 각자 자신의 의견을 정리할 필요가 있다.

정태(Static)와 동태(Dynamic)

일반적으로 경제학원론에서는 정태(Static) 균형상태를 설명한다. 시간의 변화에 따른 변화과정은 생략한다. 시장의 불균형에서 균형으로 수렴하는 과정에서 나타날 수 있는 상황은 생략하고 더 이상 변화없는 균형상태에 도달하는 것을 설명한다. 일반적으로 학부 수준의 미시경제학에서는 정태분석을 사용한다.

동태(Dynamic)경제학은 경제변수의 인과관계를 시간의 변화를 포함하여 분석한다. 주로 경제성장이론 등에서 동태분석을 활용한다. 노동, 자본, 기술 등 생산요소의 변화와 국민소득의 성장과정이 가장 빠르고 효율적으로 나타날 수 있는 방법을 찾기 위해 동태분석을 사용한다. 생산요소의 투입량을 조절하면서 경제성장률이 목표치에 가장 빠르고 안정적으로 진입할 수 있는 방법을 찾기 위해서는 시간의 변화를 고려해야만 한다.

부분균형 분석과 일반균형 분석

부분균형(partial equilibrium)

- 시장의 균형이란 개별시장 내에서 수요와 공급이 균형을 이루는 것을 말한다. 이때에 개별시장 하나만의 균형을 보는 것을 부분균형이라고 한다.
- 일반적으로 '다른 모든 조건이 동일하다면(ceteris paribus)'이라는 단서가 붙어 있는 경우는 부분균형 분석이다.

일반균형(general equilibrium)

- 여러 시장에서 동시에 균형을 달성하는 것을 말한다.
- 시장 간의 상호작용까지도 분석에 포함하기 때문에 '다른 모든 조건이 동일하다면'이라는 단서가 붙지 않는다.
- 일반균형이론(General Equilibrium Theory)은 왈라스(Marie Esprit Leon Warlas)가 제창했다. 왈라스의 법칙은 n개의 시장에서$(n-1)$개의 시장이 균형이면, 나머지 n번째 시장도 자동으로 균형을 이룬다는 것이다.
- 일반균형이론이 갖는 의의는 사적인 이익 추구가 시장의 힘에 의해 조화된다는 점과 시장기능이 사적 이익과 공적 이익 간의 조화를 달성한다는 점이다.

다양한 시장과 가격

- 일반적으로 통칭되는 가격은 재화나 서비스의 가격이다.
- 국내 금융시장에서 '돈'의 거래 가격은 금리(이자율)이고, 국제 금융시장에서 국가 화폐 간의 거래 가격은 환율이다.
- 노동시장에서의 노동에 대한 대가인 노동의 가격은 임금이고, 부동산시장에서의 부동산 사용에 대한 가격은 임대료이다.

소비자잉여와 생산자잉여

- 소비자잉여(consumer surplus): 소비자가 지불하고자 하는 의사가 있는 가격과 실제 지불한 가격의 차액이다. 즉 소비자가 갖고 있는 상품에 대한 가치와 실제 지불하는 시장가격의 차이이다.
- 생산자잉여(Producer surplus): 시장가격은 모든 기업에게 동일 적용되며, 생산자들의 기술, 숙련도 등에 따라 이들의 생산비용은 다르다. 생산자가 실제로 받은 금액과 생산비용과의 차액이다.
- 사회적 총잉여: 소비자잉여와 생산자잉여를 합한 금액이다. 사회적 편익(총잉여)은 완전경쟁시장에서 가장 크게 나타난다.

그림 9 사회적 편익=소비자잉여+생산자잉여

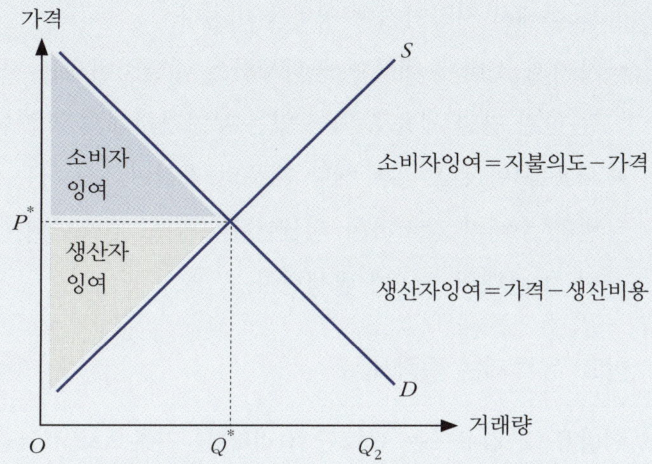

5 정부의 시장 개입

(1) 정부의 시장 개입

정부는 시장가격 조정과정에 개입하여 다양한 정책목표를 달성하고, 시장에 의한 자원배분에 변화를 줌으로써 해당 제품의 소비를 억제 또는 촉진한다. 정부가 시장에 개입하는 형태는 다양하다. 가장 일반적인 형태는 조세를 통해서 개입하고, 가격 규제라는 직접적인 형태의 개입도 있다.

조세를 통한 개입: 물품세를 부과하는 것으로 유류세(휘발유), 개별소비세(사치품) 등을 부과함으로써 소비를 억제한다. 반대로 경기가 급격히 침체되었을 때에는 개별소비세를 인하하여 소비를 진작하고 이를 통해서 경기를 부양하기도 한다.

- 정부는 개별소비세, 부가가치세, 유류세, 교육세 등 재화와 서비스의 가격에 정량(종량세) 또는 정액으로 부과되는 세금의 세율이나 세액 조정을 통해서 시장가격에 영향을 미친다.
- 사치재 소비에 대하여 중과세하는 개별소비세는 사치재 소비를 억제하는 한편 단일 세율로 되어 있는 부가가치세의 역진성을 보완한다.
- 세율을 인상할 경우 해당 제품의 가격이 상승하는 효과를 가져오고 그만큼 소비가 감소하여 생산이나 수입도 감소한다. 반면 세율을 인하하면 그 반대의 효과가 발생한다.

참고: 유류세는 종량세

휘발유 및 경유에는 판매단위(리터)를 기준으로 세금을 부과한다. 원유 가격이 하락하여도 휘발유 가격은 하락하지 않는 것처럼 보이는 이유가 여기에 있다. 1리터당 휘발유 대략 700원, 경유 대략 500원의 세금이 부과된다. 정유사에서 만일 리터당 1원에 판매하면 휘발유 가격은 701원, 경유는 501원이 된다.

종량세는 주로 저가에 국내로 대량 유입되는 수입품을 제한하기 위해서 적용한다. 유류세는 종량세를 도입하여 교통 에너지 환경세로 휘발유 및 경유의 세액기준을 정하고, 주행세 및 교육세 그리고 부가가치세도 부과되는 복잡한 구조이다. 2017년 경유세 인상 등 유류세 개편을 추진하였으나, 서민 세금인상이라는 여론에 부딪혀 중단되었다. 정부의 입장에서 유류세는 간편하고 안정적인 세금수입원이다.

직접 통제: 가격의 상한이나 하한을 설정하는 것으로, 가격에 대해 직접적으로 통제를 가하는 최저가격이나 최고가격 제도를 사용함으로써 경제적 약자를 보호하기도 한다. 직접적인 가격 규제는 상품 가격 이외에도 금리, 임대료, 공공요금, 임금 등 모든 가격이 대상이 된다.

최고가격제(가격상한제): 시장에서 형성된 가격보다 낮은 가격으로 규제하는 것으로, 시장가격이 지나치게 높다고 판단될 경우 소비자 보호를 위해서 이용된다.

그림 10 가격상한제

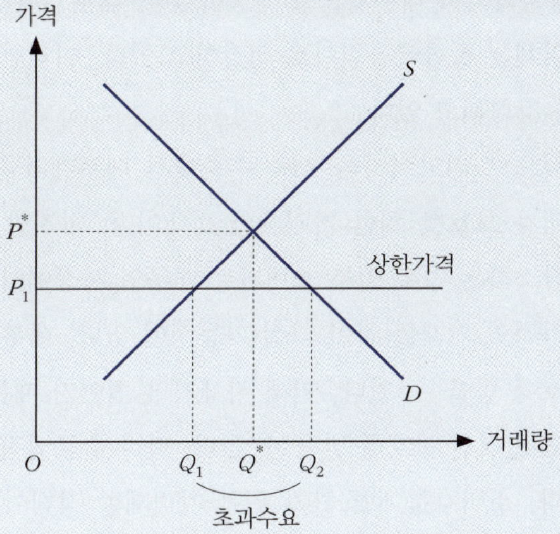

초과수요 발생,
암시장 형성

균형가격보다
높은 가격 형성

예) 분양가 상한제

- 법정이자율 상한제는 금리에 대한 최고가격제의 일종이다.
- 공기업이나 정부투자 사업의 수익률 상한선 규제도 가격 규제의 일종인데, 이것은 대체로 공공 서비스업이 자연독점 특성을 가지고 있어서 독점 가격정책을 사용하지 못하게 하기 위함이다.
- 선진국에서는 임대료 상한제(rent control)를 사용하여 세입자의 부담을 줄여주기도 한다.
- 최고가격제를 실시할 경우 수요가 공급을 초과하는 상황이 발생하여 정부의 배급제(rationing)나 선착순 공급과 같은 수요통제가 필요할 때도 있다.
- 최고가격제의 부작용으로는 암시장 형성 등이 있다.
- 수요량이 공급량을 초과하는 초과수요 상태에서 공급자는 높은 가격을 지불할 의도가 있는 소비자에게 정상가격 이상으로 판매한다.

참고: 이자율 상한제

대부업법상 최고이자율은 2000년 66%, 2007년 49%, 2011년 44%, 2014년 34.9%, 2016년 27.9%, 2018년 24%로 하향 조정되었다. 향후 대부업법상 최고

이자율을 20% 수준으로 낮추려는 법개정을 추진하고 있다.

사채시장이 양성화되어 대부업으로 성장하였다. 대부업체가 급성장하면서 일부 대규모 대부업체는 종합금융회사로 성장하고 있다. 이러한 과정에서 최고이자율제한이 더욱 강화되고 있다.

소비자는 법적으로 최고이자율 24% 수준에서 대부계약을 맺을 수 있다(2018년 기준). 소비자 보호를 위한 가격제한 정책이다. 하지만 만일 대부업계의 자금공급자가 감소하는 경우 일부 소비자는 대부업 시장에서 소외될 것이고 시장거래 이외의 사적인 거래를 찾아 나설 가능성이 있다. 대부업 암시장 참여자들은 법적인 보호를 받을 수 없다. 거래 자체가 불법이기 때문이다. 돈을 빌려주고 회수 못해도 법적인 보호를 받을 수 없다. 따라서 불법적인 자금 회수에 나설 가능성이 높다. 소비자를 보호하기 위한 가격제한 정책이 오히려 시장질서를 어지럽게 한다. 이에 대한 또 다른 법적인 장치를 구상해야 하며, 새로운 규제에 필요한 법제도 및 인력이 요구된다. 때로는 정부의 가격제한 정책이 경제사회를 더욱 복잡하게 만들 가능성이 있다.

복잡한 사회의 비효율성보다 낮은 이자율이 가져올 사회적 편익이 더 크다면 최고이자율 인하를 지지할 수 있다. 하지만 그 손실과 편익을 추정하는 것이 그리 쉽지 않다.

최저가격제(가격하한제): 시장에서 형성된 가격보다 높은 수준으로 가격을 규제하는 것으로, 가격의 급격한 저하로부터 생산자를 보호하기 위해 사용된다.

- 쌀에 대한 추곡수매제도가 대표적이다. 쌀 가격을 시장가격보다 높게 형성함으로써 발생하는 수요 부족은 정부 수매로 해소한다.
- 최저임금제는 노동공급자들에게 인간다운 생활에 필요한 최소한의 임금을 보장해주기 위해서 사용한다. 최저임금제로 발생하는 노동의 초과공급은 해소되기 어렵기 때문에 주로 단순노동자의 실업이 발생한다.
- 최저가격제의 부작용으로 정부가 상품을 구입하는 등 초과공급분을 해결해야 하는 사태가 발생하기도 하고, 최저임금제에서는 저소득층의 실업자 문제가 발생한다.

그림 11 가격하한제

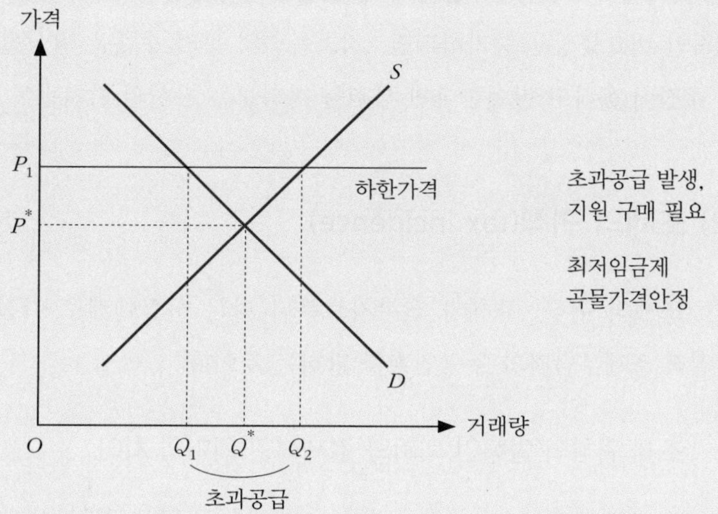

참고: 최저시급 1만원

최저시급 1만원, 가능할까? 계속되는 주요 논란거리 중 하나이다. 한편에서는 노동자 보호를 위한 방안으로 최저시급이 1만원은 되어야 생계를 유지할 수 있다고 주장한다. 다른 한편에서는 최저시급 1만원이면 사업을 유지할 수 없다고 주장한다. 어떠한 선택이 옳은가? 다양한 의견을 제시할 수 있다. 정답은 없다.

일반적으로 최저임금 대상자들은 단순 노동을 제공하는 저소득층에 속하는 경우가 더 많다. 과연 어떠한 결과가 나타날까? 수요공급의 원리로 설명하면 저소득층의 실업률이 높아질 것이라는 것은 자명하다. 최저임금이 상승하면 노동 고용에 대한 수요가 줄어들고 초과공급 상태에 이르게 된다. 노동력 투입보다 자본의 투입을 늘리는 결과가 나타날 수 있다. 기업가들은 무인판매, 셀프주유소 등 자동화 도입으로 문제를 해결할 가능성이 높다. 결국 저소득층의 일자리는 감소한다.

최저임금 인상에 대한 사회적 요구는 강하다. 그렇다고 기업에게 강제적으로 고용을 확대하도록 요구할 수는 없다. 또 다른 추가 정책이 필요할 것이다. 여기에서도 정부의 간섭이 나타나면 추가적인 보완 정책들이 요구된다. 사회적인 비효율성은 증가하지만, 저소득층의 복지 수준은 향상될 수 있다. 어떠한 주장이 옳다고 단언한다면 사회를 바라보는 자신의 가치관이 확립된 것이다.

(2) 조세의 귀착(tax incidence)

조세의 귀착: 조세가 납부자로부터 다른 사람에게로 이전되는 것으로서 실질적 조세부담자가 누구인지를 밝히는 것이다.

조세 귀착의 법적인 의미와 경제적인 의미의 차이

- 법적 귀착(statutory incidence): 세법상의 납세의무자에게 조세부담이 귀착된다고 본다.
- 경제적 귀착(economic incidence): 실질적으로 부담하는 경제주체에게 귀착된다고 본다.

미시적으로는 조세가 부과되면 경제주체들 간에 조세 전가(tax transfer)가 이루어지면서 공급자와 수요자 간의 부담 규모가 결정되며, 이때 누가 얼마나 부담하게 되는지는 해당 시장의 수요와 공급곡선의 형태에 의하여 결정된다. 과세는 수요자 과세와 공급자 과세가 있으나 결과적으로는 동일한 효과가 나오게 된다.

조세 귀착의 배분과 상대적 탄력성

- 조세가 부과되었을 때 수요자와 공급자에게 부담되는 세금의 크기는 수요와 공급곡선의 탄력성에 의해서 결정된다.
- 수요자 또는 공급자 중에서 상대적으로 탄력성이 작은(비탄력적인) 쪽이 더 많은 부담을 하게 된다.
- 즉, 소비 또는 공급을 대체할 상품이 부족한 측에서 세금 부과로 인한

가격 상승의 부담을 더 많이 감당한다. 어떠한 가격에서도 그 상품을 소비/공급해야 하는 완전비탄력적인 경우, 완전비탄력적인 측에서 모든 세금을 부담한다.

- 예를 들면 농업의 경우 토지 및 종자를 활용하여 다른 상품으로 전환하기 쉽지 않다. 생산자들이 갖고 있는 기술 및 생산요소를 다른 상품생산으로 전환하기 어려운 상태를 말한다.
- 소비자의 경우 휘발유를 대체할 수 있는 상품을 찾기 쉽지 않다. 휘발유 가격이 상승해도 그 상품을 그대로 소비한다.
- 소비세 또는 판매세, 어떠한 세금이 부과되어도 비탄력적인 수요 또는 공급을 갖고 있는 사람들이 세금을 부담하게 된다.

조세와 가격중립성

판매세: 상대가격체계를 왜곡한다.

- 유류세(휘발유), 개별소비세(사치품) 등은 상대가격체계를 왜곡시킨다. 여기에서 상대가격체계의 왜곡이란, 상대적으로 가격이 더 상승 또는 하락하는 상품이 나타나는 것을 의미한다.
- 소비자들에게 동일한 가치를 갖고 있던 상품에 각기 다른 세율이 적용되면 소비자들은 동일한 가치를 갖고 있는 상품에 각기 다른 가격을 지불하게 된다. 이것이 상대가격체계의 왜곡이다.
- 부가가치세는 모든 상품에 동일한 세율을 적용할 경우 가격중립적이다. 그러나 현실적으로는 부가가치세 면세 업종, 영세율 적용 등이 있어서 상대가격체계를 왜곡하게 된다.

소득세: 소득에 대하여 세금을 부과할 경우, 상품의 가격에는 변화가 없다. 상대가격체계를 왜곡하지 않으므로 가격중립적인 조세이다.

그림 12 판매세 부과

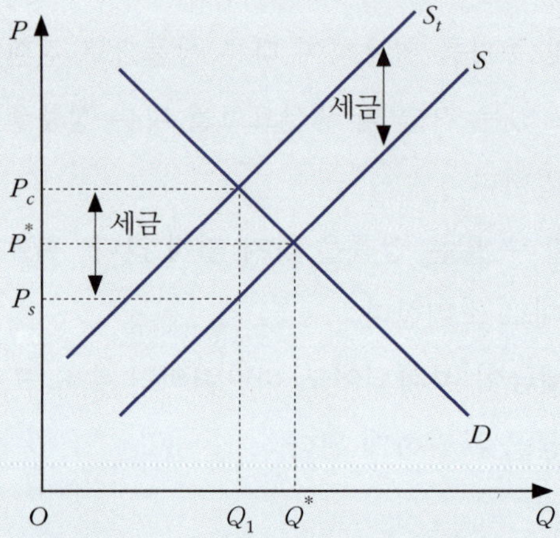

최초가격: P^*

공급자 세금부과: $P^* - P_s$

소비자 세금부과: $P_c - P^*$

공급자 받는가격: P_s

소비자 지불가격: P_c

세금을 소비자와 나누어 납부함

공급자에게 세금을 부과하여도
소비자와 나누어 납부함

그림 13 판매세 부과 및 탄력성(조세의 귀착)

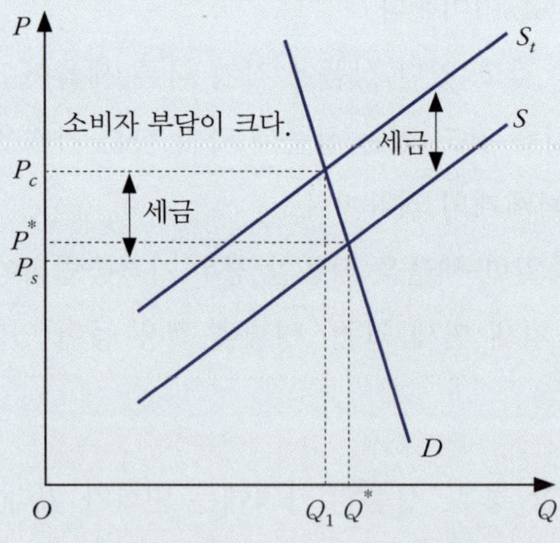

최초가격: P^*

공급자 세금부과: $P^* - P_s$

소비자 세금부과: $P_c - P^*$

공급자 받는가격: P_s

소비자 지불가격: P_c

공급자에게 부과한 세금이
비탄력적 수요를 가진
소비자에게 전가됨

그림 14 소비세 부과

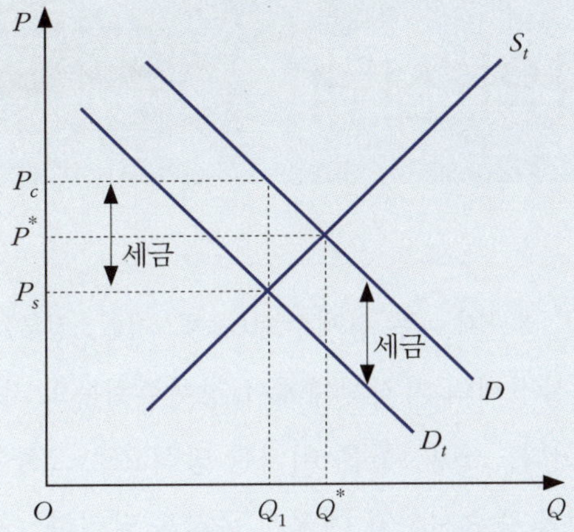

최초가격: P^*
소비자 세금 부과
소비자의 수요곡선은 D_t로 이동

세금을 공급자와 나누어 납부함

소비자에게 세금을 부과하여도
공급자와 나누어 납부함

그림 15 소비세 부과 및 탄력성(조세의 귀착)

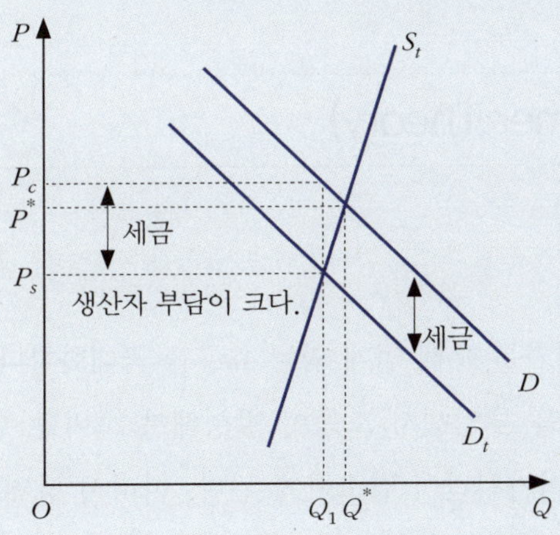

최초가격: P^*
소비자 지불가격: P_c
공급자 받는가격: P_s
소비자 세금부과: P_c-P^*
공급자 세금부과: P^*-P_s

소비자에게 부과한 세금이
비탄력적 공급체계를 가진
공급자에게 전가됨

Section 3

소비자 및 생산자의 선택

3장에서는 소비자 및 생산자, 즉 경제주체(가계, 기업, 정부)의 경제행위에 대하여 분석한다. 주로 시장경제의 가격체제에서 경제주체들의 자원배분 방식을 증명하고 그 의미를 설명한다. 소비자들은 어떠한 방식으로 그들이 원하는 바를 달성하고 생산자들은 무엇을 중요시하고 어떻게 목적을 달성하는지 살펴본다.

시장에서 개별 경제주체들은 시장경제 가격체계에서 효용극대화 및 이윤극대화 등 각자 사익을 추구하고 있으며, 그 결과는 자원의 효율적 배분 상태임을 보게 된다. 효율성 측면에서 시장경제 가격체계의 우수성을 입증한다.

1 소비자이론(Consumer Theory)

효용극대화

- 소비자는 소비와 여가를 통해 얻게 되는 효용을 극대화한다.
- 소비자는 노동시간을 투입해서 소득이 발생해야 소비할 수 있고, 노동시간을 갖게 되면 여가시간이 감소하게 된다. 따라서 당연히 자신이 갖고 있는 노동소득 등 예산의 한계에 적합한 수준에서 소비와 여가시간을 결정한다.
- 어느 상점 입구에 '적당히 벌고, 아주 잘살자'라는 글귀가 붙어 있다. 적당한 노동시간으로 여가와 소비를 잘 즐기자는 생각이다. 기본적으로

모든 소비자들은 효용을 극대화하기 위해 노동과 여가 그리고 소비를 선택한다.

효용(utility): 여가 또는 재화 및 서비스의 소비를 통해서 얻게 되는 주관적인 만족의 정도를 의미한다.

- 사람들은 제각기 다른 만족도를 갖고 있다. 예를 들어 짜장면을 싫어하고, 냉면을 좋아하는 사람들이 있고, 그 반대의 사람들도 있다. 재화 서비스에 대한 모든 사람들의 취향은 다르기 때문이다.
- 모든 사람들이 동일한 취향을 가질 수 없다. 자라온 환경과 접하던 문화가 다르다. 다른 삶을 살았기 때문에 세상에 자신과 생각 또는 취향이 같은 사람은 존재하지 않는다. 따라서 나와 다른 생각을 하여도 이상하지 않다. 비슷한 생각을 하고 있는 사람들의 모임에서도 그들과 다른 생각과 행동을 하는 집단을 이상하게 생각하지 않는다. 만일 우리 모두 다양성과 서로 다름을 인정하면 사회갈등이 감소하고 보다 나은 사회가 유지될 것이다.

그림 16 총효용 & 한계효용

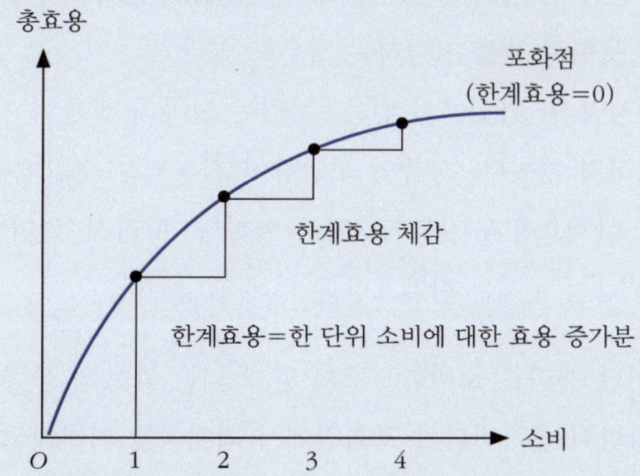

- 일반적으로 상품의 소비가 증가하면 총효용은 증가한다. 즉 더 많이 소비할수록 더 높은 만족 수준에 오른다. 많으면 많을수록 좋다는 것이다.
- 예외적인 상황이 있다. 최소한의 소비를 추구하는 생활을 보기도 한다. 예를 들면 승려들의 삶이다. 과도한 소비 또는 욕망을 죄악으로 취급한다. 자신에게 필요한 만큼 스스로 생산하고 소비하는 것이 기본이다.

포화점(saturation point): 재화의 소비를 지속적으로 늘려가다 보면 어느 순간 한계효용이 0의 값을 갖는 지점에 도달하게 되는데, 이 지점을 포화점이라고 한다.

- 포화점을 지나면 한계효용은 부(−)의 값을 갖게 된다. 스스로 자신의 만족을 감소시키는 소비점을 찾는 것은 자해행위와 다름없다. 포화점을 넘어서는 소비 행위는 비합리적이다.

한계효용(marginal utility): 재화나 서비스의 추가 1단위 소비당 얻게 되는 효용의 증가분을 의미한다(한계효용이 재화의 교환가치를 결정한다).

- 한계효용체감의 법칙(law of diminishing utility): 재화의 소비량이 증가할수록 한계효용은 감소한다는 법칙이다. 모든 상품의 경우에 해당된다.
- 심지어 화폐의 소유에 대한 한계효용도 체감하는 형태를 보이는 것이 일반적이다. 하지만 한번도 한계효용이 감소하는 수준의 화폐를 보유하지 못하고 생을 마감하는 경우도 있다.
- 마지막 한 단위에서 얻을 수 있는 만족이 상품의 가격보다 낮아지면 구입하지 않는다. 상품의 구입량이 결정되는 순간에는 그 상품 소비에 대한 한계효용과 지불의도가 동일하다. 따라서 '얼마나 많이' 구입할 것인가?라는 문제는 한계효용에 의해 결정된다.

총효용: 어떤 재화를 소비함으로써 얻게 되는 효용의 총량으로, 재화를 소비함에 따라서 증가하다가 포화점에서 최대치를 기록하고 이후에는 점차 감소한다.

- 예산제약이 없는 상태에서 단일 재화의 소비를 가정할 때 총효용을 극대화하기 위해선 해당 재화의 마지막 한 단위 소비에 대한 한계효용이 0이 될 때까지 소비하는 것이다(한계효용이 영(0)이면, 총효용의 기울기가 영(0)이다).
- 예산의 제약이 있는 상태에서 두 개 이상의 재화를 소비할 때에는 각각의 재화들의 한계효용이 동일해질 때 총효용이 극대화된다.
- 효용극대점에서 각 소비자의 소비량 및 총효용의 크기는 각기 다른 형태를 보일 수 있다.

무차별곡선(indifference curve)

무차별곡선: 영국의 경제학자 에지워스(F. Y. Edgeworth)가 고안한 것으로 두 개의 또는 그 이상의 재화를 소비하면서 얻는 효용의 합계(총효용)가 동일한 소비점의 조합이다.

- 무차별곡선은 일정한 수준의 효용을 나타내는 두 개의 상품에 대한 소비점들의 조합이다.

그림 17 무차별곡선

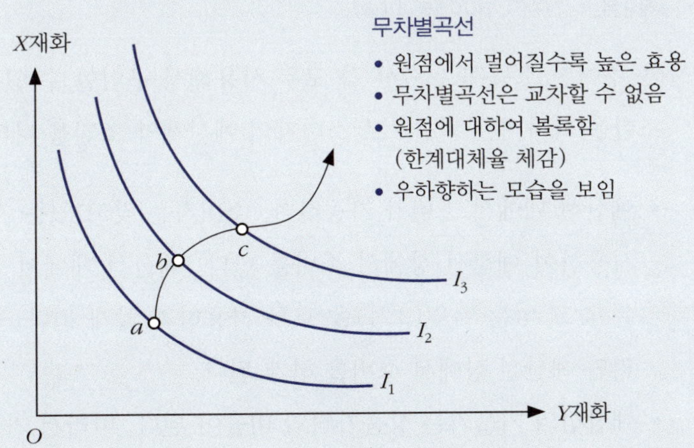

- 두 개 이상의 재화를 소비할 때 나타나는 3차원 공간의 효용을 2차원 공간에서 등고선과 같은 형태로 보여주고 있다.
- 무차별곡선은 원점에서 멀리 떨어질수록 효용 수준이 높다.
- 무차별곡선은 서로 교차하지 않는다(이행성).
- 한계효용이 감소하기 때문에 무차별곡선은 원점에서 바라볼 때, 볼록하다(한계대체율 체감).
- 두 상품이 정상적인 소비재이고, 두 상품의 소비를 대체할 수 있으면, 무차별곡선은 우하향곡선의 모습을 가진다.
- 완전보완재의 무차별곡선은 직각으로 나타나고, 완전대체재의 무차별곡선은 직선으로 나타난다.

참고: 소비는 사회적인 행위의 영향을 받는다. 네트워크 효과(망외부성)란 한 개인의 선호체계가 다른 사람에 의해서 영향을 받는 경우를 말한다.

- 긍정적인 망외부효과로는 편승효과(밴드웨건 효과; bandwagon effect)가 있다. 다른 사람들의 소비를 모방하여 소비하는 경우이다.
- 부정적 망외부효과로는 속물효과(또는 백로효과; snob effect)가 있다. 다른 사람들과 같은 소비행위를 하지 않는 경우를 말한다.

예산선(가격선, budget line)

예산선: 주어진 소득(또는 예산)을 모두 사용해서 구입할 수 있는 상품의 다양한 조합을 나타내는 직선으로 소비자의 예산제약 조건을 나타낸다.

- 예산선 내에서 소비가 가능하다. 소비자는 갖고 있는 자원(예산)을 모두 사용하여 예산선 상에서 소비를 한다. 예산선 내에서 소비를 하는 경우는 갖고 있는 자원(소득)을 모두 사용하지 않게 된다. 높은 효용을 찾으려면 예산선 상에서 소비를 하게 된다.
- 예산선의 기울기는 상품가격의 비율이 된다. 따라서 가격이 변화하면 예산선의 기울기가 달라지고, 소득이 변화하면 예산선은 수평 이동한다.

그림 18 예산선

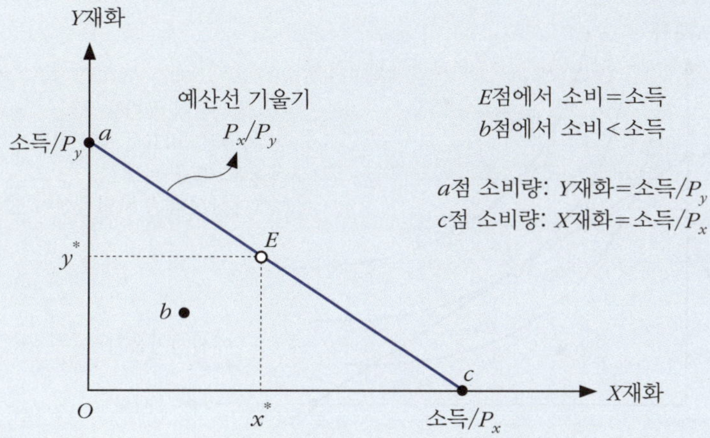

예산선: $I=P_x \times X+P_y \times Y$

여기에서, I=소득, P_x=X재 가격, P_y=Y재 가격

소비자의 효용극대화

- 소비자 균형은 무차별곡선과 예산선이 만나는 접점에서 이루어진다.
- 원점에서 가장 멀리 떨어져 있는 무차별곡선과 예산선이 만나는 한 점을 말한다. 원점에서 멀리 있는 무차별곡선, 즉 높은 총효용을 찾는다.
- 소비자는 주어진 소득(또는 예산) 내에서 소비로부터 얻게 되는 총효용을 극대화한다.
- 소비자 균형은 소비하는 재화의 특정 조합이 효용극대화를 달성하는 상태를 말한다.
- 소득제약 조건을 만족하는 효용극대화 상태에서 각 재화의 단위당 한계효용은 동일해진다.
- 이때 어느 재화의 가격이 변화하면 실질소득이 변화하는 효과가 발생하여 효용극대화를 달성하는 재화의 조합도 달라진다.

그림 19 효용 극대화

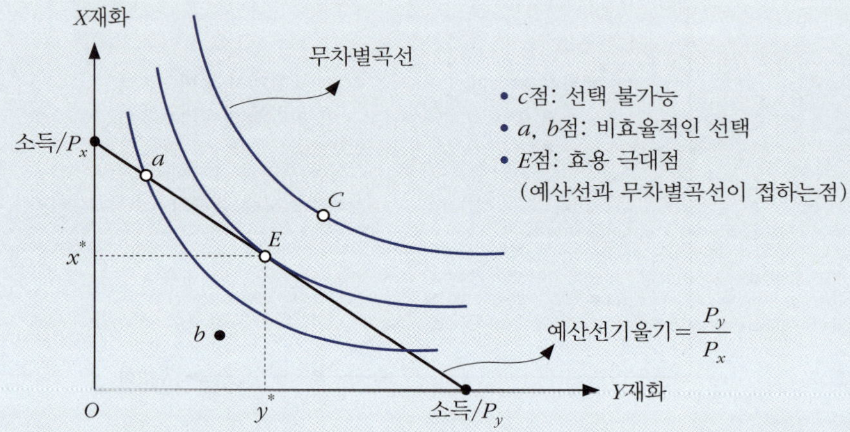

- 시장의 수요곡선은 소비자의 효용을 극대화하는 소비점들이다.

소비자효용 극대화 조건

- 무차별곡선의 기울기(한계대체율)와 예산선의 기울기(상품가격의 비율)의 일치점이 효용극대화 조건이 된다.
- 상품의 가격은 사회적으로 시장에서 결정된 것이고, 한계효용은 주관적인 만족도에 의해서 결정된 것이다. 따라서 상품에 대한 사회적인 가치의 비율과 주관적인 가치의 비율이 일치할 때 소비자의 효용은 극대화된다.
- 각 재화들의 상대적인 가격 비율과 한계효용의 비율이 동일할 때 총효용이 극대화된다.
- 예를 들면, 좋아하는 상품을 더 많이 소비할 때 마지막 한 단위 소비의 한계효용과, 덜 좋아하는 상품에 대한 마지막 한 단위 소비의 한계효용이 동일한 수준에 이르는 것이다. 이때 두 상품의 가격이 동일하다는 가정이 필요하다.

- 즉 자신의 예산을 모두 사용하면서, 각 상품의 마지막 한 단위 소비에 동일한 비용(1원)을 지불하고 얻는 만족의 정도가 동일한 수준에 이르게 되면 효용이 극대화될 수 있다.
- 소비자의 효용극대화 조건이 모든 소비자들의 소비량은 동일하다는 것을 의미하지 않는다. 소득수준과 상품에 대한 주관적인 가치가 다르기 때문에 서로 다른 소비량에서 효용을 극대화한다.
- 때로는 효용극대화 조건을 만족시키지 못하는 상황에서 효용극대점을 찾기도 한다. 사회적인 가치와 주관적인 가치의 비율이 같은 점에 도달할 수 없는 경우이다. 사회적으로 상품의 가치를 인정하고 있으나 주관적으로 상품의 가치를 인정하지 않는 경우 효용극대화 조건을 만족시키지 못하고 효용극대점에 도달한다('모서리 해'라고 부른다).

가격효과, 대체효과, 소득효과

가격효과: 가격의 변화에 따라서 나타나는 소비의 변화는 '대체효과'와 '소득효과'로 구분할 수 있다.

- 두 개의 상품을 소비하는 상태에서 하나의 상품 가격이 변화하면 (대체효과) 상대가격의 변화에 따른 소비의 변화와 (소득효과) 가격 변화로 발생하는 소득 변화 효과의 결과로 발생하는 소비 변화가 동시에 나타나게 된다.
- X재, Y재 중에서 X재 가격만 변화하면 Y재 가격이 상대적으로 상승한 것과 같은 결과가 나타난다. 이러한 경우 상품소비의 대체가 가능하다면 비싼 상품 대신에 저렴한 상품으로 소비를 대체한다. 이와 같이 대체효과는 가격변화에 상품소비 대체가 얼마나 나타날 것인가를 찾는다.
- 한 상품의 가격이 하락할 때, 이전에는 소득이 상승하지 않으면 소비할 수 없던 수량의 소비가 가능해진다. 가격이 변화하였으나 소득이 변화한 것과 동일한 효과가 나타난다. 이를 소득효과라 부른다.
- 대체효과와 소득효과는 가상의 소비점을 찾는 것이다. 상품의 성격을 파

그림 20 대체효과와 소득효과

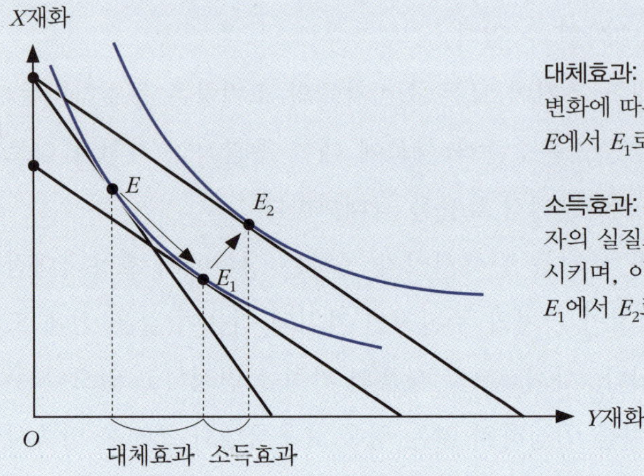

대체효과: 상품의 상대가격 변화에 따른 소비량 변화 E에서 E_1로 이동

소득효과: 상품가격 변화는 소비자의 실질소득 변화 효과를 발생시키며, 이에 따른 소비량 변화 E_1에서 E_2로 이동

악하기 위한 방법 중 하나이다. 두 상품의 대체관계는 어느 정도이고 소득이 변화할 때 상품소비의 변화는 어떻게 나타나는지 알아볼 수 있다.

- 가격효과는 대체효과와 소득효과의 합이다.

대체효과: 소비자가 대체재로 수요를 옮겨감으로 해서 해당 재화의 소비가 감소하는 효과이다.

- 동일한 효용을 유지하면서 가격변화 이후 소비점을 찾는다. 위 그림에서 E에서 E_1으로 소비점 변화를 대체효과라고 한다.
- 상대가격의 변화로 발생하는 대체효과는 항상 역(−)의 관계이다.
- 일반적으로 어떤 재화의 상대(相對)가격이 상승(하락)하면 소비는 감소(증가)한다.

소득효과: 재화의 가격 상승(하락)으로 인하여 소비자의 실질소득이 감소(증가)하고 그에 따라서 소비점이 변화하는 것이다.

- 대체효과의 소비점에서부터 가격하락에 의한 소득증가의 효과를 찾는다. 위 그림에서 E_1에서 E_2로 소비점이 변화하는 것을 소득효과라고 한다.

- 소득효과는 재화에 따라서 역(−)의 효과와 정(+)의 효과가 모두 발생할 수 있다.
- 소득효과가 정(+)의 관계이면 정상재, 역(−)의 관계이면 열등재이다. 즉 소득이 증가할 때 소비가 증가하면 정상재이고, 소득이 증가할 때 소비가 감소하면 열등재이다.
- 가격변화가 소득의 변화와 동일한 효과를 보인다. 따라서 소득효과는 가격변화로 발생하는 소득 변화효과에 의한 소비의 변화만을 찾는다.

기펜재(Giffen goods): 열등재 중에서 소득효과가 대체효과보다 큰 재화이다. 가격이 상승(하락)할 때 재화의 소비가 증가(감소)한다. 기펜재는 가격이 하락할 때 소비가 감소하는 결과가 발생한다. 대체효과의 크기와 소득효과의 크기를 비교한다. 가격하락에 의한 소비증가(대체효과)와 소득증가에 의한 소비감소(소득효과)를 비교하여 소득효과가 더 크게 나타나면 기펜재이다.

가격의 변화와 수요곡선

- 어느 한 재화의 가격변화는 예산선(두 재화의 상대가격체계)에 변화를 가져오고, 이에 따라서 최적 소비의 조합이 달라지게 된다.

그림 21 수요곡선의 도출

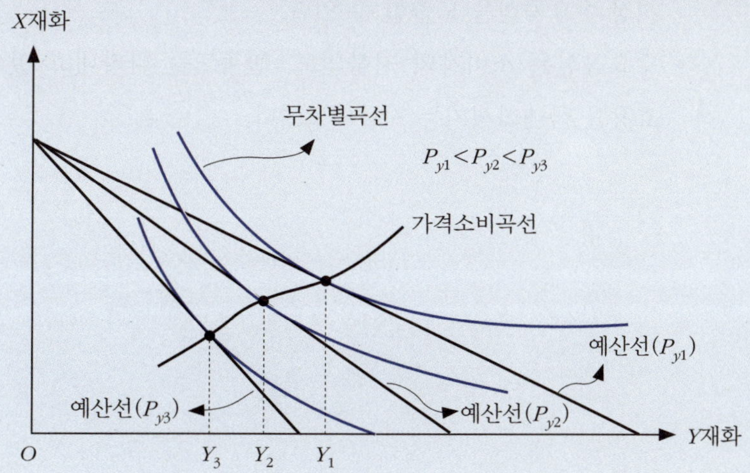

그림 22 수요곡선의 도출

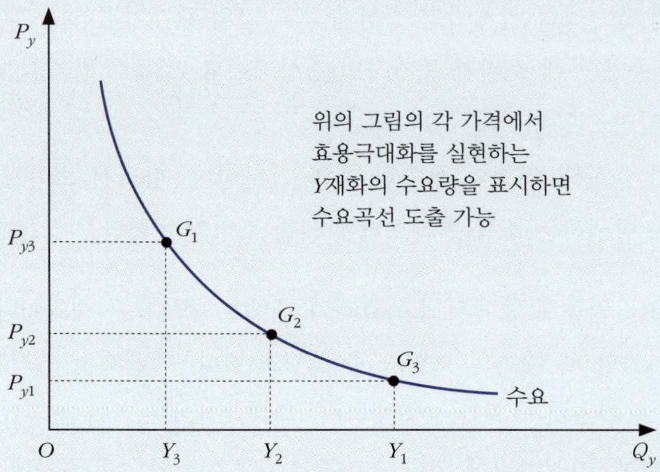

- 이와 같은 가격의 변화에 따른 소비량의 변화를 연결한 것이 가격－소비곡선이며, 이것을 가격과 소비의 관계식으로 바꿔놓은 것이 수요곡선이다.
- 상품의 가격변화와 소비량의 관계를 나타내면 그 상품에 대한 수요곡선이 도출된다. 즉 한 상품에 대한 소비자 효용 극대화 과정에서 상품의 시장 수요곡선을 도출할 수 있다.
- 수요곡선은 소비자의 지불의도, 만족도를 나타내고 있으며, 소비자의 효용을 극대화시키는 지불의도이다.

중독

한 번 피우기 시작하면 끊기 어려운 '백해무익'하다는 담배는 암을 유발한다고 지목 받고 있다. 중독성 강한 담배가 갑자기 생산되지 않으면 애연가는 담배와 유사한 대체할 수 있는 상품을 찾을 수 없다. 정부에서 담배 생산을 금지한다면 불법적인 거래가 나타날 가능성이 높다. 담배에 대한 수요가 있다면 어떻게든 담배는 공급된다. 공급자는 위법행위에 대한 위험수당을 포함하여 높은 가격을 제시하고, 담배에 대한 가치를 높게 평가하는 '골초' 소비자는 위험수당을 포함한 높은 가격을 수용할 것이다. 담배 암시장이 나타나기 때문에 정부는 담배 생산을 금지하지 못한다.

담배에 부과되는 세금은 과연 국민들의 건강을 위한 정책이 아니다. 정부의 세금수입을 높이기 위한 정책으로 평가 된다. 가격이 높아져도 담배 소비량은 많이 줄지 않는다.* 담배에 높은 세금을 부과하여도 소비자는 다른 상품으로 대체할 수 없고, 정부가 홍보하는 대로 건강을 위해서 중독된 담배를 끊기도 어렵다. 소비자는 높은 세금을 지불하고 담배를 소비한다. 정부의 세금수입은 증가하고, 담배에 중독된 소비자 건강은 변하지 않는다. 이와 유사한 현상이 다른 상품에서도 나타난다. 소비자에게 꼭 필요한 필수품의 경우, 생산자는 가격을 인상하여 판매수입을 높이려 한다.

담배 소비를 줄이려면 수요를 줄여야 한다. 어렸을 때부터 마약과 유사한 담배의 유해성 교육이 강화되면 담배 수요를 줄일 수 있다. 이러한 교육은 유치원부터 성인이 될 때까지 계속되어야 한다. 국민의 건강을 위해서 담배소비량을 낮추려면 오랜 시간이 필요하다.

카페인이 많이 함유된 음료는 중독성이 있다. 자주 마시면 마실수록 더 소비하게 된다. 늘 같은 장소에서 비슷한 시간에 소비를 반복하면 중독될 가능성이 크다. 습관성인지 중독성인지 구분하기 어려울 정도로 소비하게 된다. 만일 누군가 콜라에 중독되었다고 하자. 콜라에 중독된 소비자가 콜라를 찾을 수 없다면, 콜라와 유사한 상품을 소비한다. 만일 카페인이 필요하면 카페인 성분이

---

* 경제학에서 가격이 변화할 때 수요량의 변화가 둔감하게 나타나는 수요를 가격 비탄력적 수요라고 부른다.

포함된 음료로 대체할 수 있다. 콜라와 유사해서 대체 가능한 상품이 다양하게 있을 때, 콜라에 세금을 추가로 부과하여 콜라의 가격이 상승하면, 소비자들은 다른 상품을 소비할 수 있다. 가격의 변화에 따라 콜라의 수요량은 민감하게 변화한다. 아무리 중독성이 강한 상품도 대체할 수 있는 상품이 존재하면, 공급자는 가격을 올리기 어렵다. 대체할 수 있는 상품이 많으면 가격 변화에 수요량이 민감하게 반응하기 때문이다.

대체할 수 있는 상품이 무수히 많다면, 오히려 가격을 내리는 편이 판매수입을 높이는 전략이 된다. 대중음악, 도서 등은 대체할 수 있는 상품이 무수히 많다. 음악도 알 수 없을 정도로 다양한 곡이 있고, 책도 너무 많아서 어떠한 책이 새로 나왔는지 모른다. 이러한 상품은 다른 상품보다 조금만 가격이 높아도 소비량이 급락한다. 반대로 가격이 조금만 낮아도 소비량이 증가한다. 가격을 낮춰야 판매수입이 증가하는 상품은 최저가격 근처에서 상품가격이 형성된다. 음악, 도서 등 대체재가 많은 재화는 최대한 가격을 낮추게 된다. 그래서 그 분야 생산자들은 대부분 낮은 수익으로 힘들게 살아간다.

중독성은 없고 대체재가 많은 상품의 소비자 편익은 크다. 반면에 중독성이 강하고 대체재가 없는 상품은 공급자의 수익이 크다. 중독성이 강한 상품은 소비를 줄일 수 있도록 유도하는 교육 등의 정책을 추진하고 대체재가 많은 상품은 소비자의 편익을 보호하고 생산자의 생존을 유지할 수 있는 시장 질서를 만들어 가는 편이 나을 것이다.

담배에 중독된 소비자에게 세금을 부과하면 담배소비량이 줄고 건강도 증진시킬 수 있다는 정책 홍보는 선량해 보이지 않는다. 그 목적이 세금 수입 증대에 있다고 밝히면 흡연자들은 국가재정에 기여하는 자부심을 일부 느낄 것이다.

다양한 취향

대부분 사람들은 짜장면을 좋아한다. 짜장면이 인기를 끌었던 시기는 1970년대 이후라고 본다. 1970년대 초반에는 주식이던 쌀이 부족하여 국가에서 혼/분식을 장려하였고, 육류 섭취량이 부족하던 시기이다. 돼지기름을 사용하고 달콤 짭짤한 짜장면이 사람들의 입맛을 사로잡았다. 외식문화가 발전하지 못하였던 70년대에는 초등학교 졸업식 등 특별한 날에 중국 식당에서 짜장면을 먹었다. 그들에게는 짜장면이 추억의 음식이다. 나이 들어서도 그 시절에 즐겼던 짜장면을 찾는다.

2018년 판문점 남북정상회담의 만찬음식으로 평양냉면이 선정되었다. 그리고서 냉면을 찾는 사람들이 늘었다. 평양냉면을 처음 먹는 사람들은 맛이 밍밍하고 특별히 맛있다고 느끼지 못했다. 남북정상회담의 음식으로 알려지면서 냉면에 대한 인식이 달라졌다. 이제는 냉면이 오랜 갈등을 해소하는 평화의 음식이 되고 있다.

사람들의 취향은 다양한 과정으로 형성된다. 스트레스를 많이 받는 사람들은 초콜릿이나 설탕 같이 단 음식을 찾고, 늘 입이 마르도록 땀 흘려 일하는 사람들은 국물이 많은 음식을 찾게 된다. 집밥에 익숙한 사람들은 부모님의 입맛을 따라가고, 자취하는 사람들은 간편식에 빠진다. 살아온 환경에 영향을 받는 것이 취향이다. 그냥 좋은, 우연히 좋아진, 친구들 때문에 좋아진, 부모 잘 만나 좋아하는, 다이어트 관련 보고서 때문에 의식적으로 좋아하는 상품들이 있다. 개인의 취향은 다양한 경로를 통해 형성된다.

어떤 이는 냉면을 좋아하고, 다른 이는 자장면을 즐긴다. 내가 좋아하는 상품을 다른 사람들이 싫어한다고 이상하게 생각할 수 없다. 그 반대도 마찬가지다. 대부분의 사람들은 음식이나 기본적인 상품에 대해서 서로 '다른 취향을 갖고 있음'을 인정한다. 모든 이들이 서로 취향과 생각이 다름을 인정하지 않으면 서로를 이해할 수 없다. 상대의 취향과 생각을 이해하지 못하면 모든 사람이 상대방을 이상한 사람으로 여기게 된다. 정치·경제·사회 등 모든 부분에서 서로의 생각이 다름을 인정하면 사회적 갈등은 감소할 것이다.

소비자의 수요가 다양하면 그에 적합한 상품이 생산된다. 소비자들이 선택할 수 있도록 기업은 특화된 상품을 생산하려 한다. 새로운 기술을 적용하여 보다 나은 상품을 만들기 위해 노력한다. 유사한 상품을 생산하는 경쟁 기업보다 앞서기 위해 효율적인 생산방식을 찾으려고 고민하고 노력한다. 경쟁이 치열하다. 소비자의 취향이 변화하면 기업의 생존에 영향을 미친다. 충성 고객을 확보해야 하고, 새로운 상품과 소비자를 발굴해야 한다. 경쟁 시장에서 기업들은 성공도 하고 실패도 한다. 기업의 생로병사는 피할 수 없다. 기업들은 늘 힘들다고 한다. 반면에 소비자는 다양한 상품 중에서 자신의 취향에 맞는 상품을 선택하면서 만족도를 높인다.

취향과 생각이 자신과 완전히 동일한 사람은 세상에 존재하지 않는다. 세상 모든 사람은 다르다. 상품 소비, 여가, 독서, 운동, 노동, 무엇을 하더라도 사람들은 대부분 조화롭게 선택한다. 자신만의 규칙이 있다. 한쪽으로 완전히 치우친 선택은 보기 어렵다. 그렇다고 다양한 상품 소비 또는 여가 생활의 조화를 의식적으로 계산하거나 맞추지 않는다. 사람들은 만족도를 높이는 과정에서 자연스럽게 조화로운 선택을 한다.

학교, 회사 등 조직사회에서도 조화를 중요시한다. 회사, 대학의 동아리, 교회 등 사람들이 모인 집단에서 조화의 중요성이 늘 따른다. 집단 내 동일한 사고 또는 동일한 부류의 행동을 하는 사람들만 모여 있으면 위험하다. 사고의 방향이 극단으로 진행될 수 있다. 결국 극단에 도달하면 이들은 외딴섬에 모여 살아야 평온한 사회를 유지할 수 있을 것이다. 사회, 직장 그리고 학교에서 다양한 부류의 사람들이 서로 다름을 보고 배우고 느끼면 발전할 가능성이 훨씬 높다. 주변의 서로 다른 행위와 선택에서 뭔가를 배우려면 자신과 주변을 바라볼 수 있는 여유가 있어야 할 것이다.

세상을 바라보는 시각은 다양하다. 하나의 사건을 해석하는 시각이 어디를 향하고 있는지에 따라서 세상을 이해하는 방향과 범위가 달라진다. 세상을 바라보는 시각을 넓혀야 서로 다른 시각의 차이를 이해할 수 있다. 서로를 이해할 수 있는 시각은 대립과 갈등을 해소하는 역할을 한다.

사랑

사랑, 뭐라고 정확히 표현할 수 없다. 사랑을 말이나 글로 표현하는 순간, 더 이상 사랑이 아니라고 얘기하는 그 '사랑'. 그 어려운 사랑의 감정을 감히 측정할 수 있다고 가정하자. 그리고 그 사랑의 변화도 측정할 수 있고, 연인들이 상대에게 이벤트로 기쁨을 전해준다고 하자. 매일, 매주, 매월에 동일한 이벤트로 상대를 기쁘게 해주고 있다면, 처음의 그 느낌을 그대로 유지할 수 있을까?

매일 다른 이벤트를 준비하면 결과가 다를까? 어떻게 한다고 해도 매번 같은 느낌을 갖기는 어려울 것이다. 다른 조건이 모두 일정하다고 하자. 예를 들면, 학교나 회사 생활은 원만하고, 부모·형제·가족 간의 갈등도 없고, 주식투자 또는 도박으로 재산을 날리지도 않은 순탄한 나날을 보내고 있어도 사랑의 이벤트가 계속될 때 처음과 같은 느낌을 갖기 어렵다.

계속되는 이벤트의 만족도는 매번 감소한다. 사랑의 한계효용도 체감한다. 늘 비슷한 수준의 좋은 감정을 유지하려면 많은 노력이 필요하다. 서로에 대한 관심을 높이고, 상대가 원하는 바를 정확하게 파악하고, 보다 섬세하게 접근해야 한다. 많은 시간, 정열, 자본, 노력이 필요하다. 만일 누군가 계속되는 사랑의 이벤트로 큰 기쁨을 전해주고 있다면, 아마도 상대를 위한 엄청난 노력이 지속된 것이다. 어제와 다른 나를 만들었기에 지속된 사랑이 가능했을지도 모른다. 자신의 감정이 성장, 성숙, 발전하지 않고서는 불가능하다.

사랑과 빈곤은 감출 수 없다고 한다. 사랑하는 사람들의 눈은 다르다. 뭔가를 바라보아도 눈빛과 눈매가 아름답다. 사랑하는 연인들의 떨리는 심장소리가 그윽한 눈동자를 흔들기도 한다. 그 모습이 아름답다. 사랑은 마음과 함께 모든 것을 전해준다. 정말 그런지는 모르겠다면, 아직 '진정한' 사랑을 못 해 본 것일 수 있다.

사랑하는 사람들은 서로 뭔가를 주고받는다. 사랑하는 사람이 원하는 바를 들어주고 싶어 한다. 자신을 희생하는 부모의 사랑과는 다르다. 사랑하는 상대를 위해 뭐든 할 수 있는 사람, 사랑하는 사람은 상대의 즐거움에 관심을 갖고 행동한다.

'널 위해 뭘 못 하겠니!' 이렇게 다가오는 사람을 기다리는가? 이런 사람이 되고 싶은가? 세상 사람들의 반은 기다리고 반은 다가가려 하고 서로의 짝을 잘 찾을 수 있다면 사랑의 문제는 해결될 것 같다. 하지만 사랑하는 사람들로 넘치는 사회는 기대하기 어렵다. 계급 사회에서 살아가는 인간의 '욕망', '경쟁 본능', '공격 본능', '이기적인 쟁취 습성' 등을 보면 인간의 과제는 사랑보다 '생존'이 우선이다. 생존능력이 부족한 저소득층에게 사랑을 위한 노력은 '사치'로 느껴진다.

자본가와 노동자, 고용주와 고용인, 건물주와 세입자, 대기업과 하청기업 등 모든 갑, 을, 병, 정은 각자 이익을 위해 계산하고 움직인다. 각자의 행위가 만들어내는 관계는 자본주의 시장경제 시스템 안에서 형성된다. 만약에 사회 모든 곳이 평등하다면 사람들의 태도 그리고 계층 간 관계도 변화할 것이고, 평등한 사회는 사랑으로 가득할 듯하다.

2 생산자이론

생산자이론을 생산자의 선택으로 이해하여도 좋다. 생산자가 이윤을 극대화하기 위한 방안을 모색한다. 생산요소 투입량을 결정해야 하고, 비용 및 판매수입을 고려하여 생산량을 결정한다.

생산자들이 당면한 과제를 이해하기 위해서는 다음과 같은 기본적인 개념들을 이해하고 있어야 한다.

생산에서 장기와 단기

- 생산요소 투입의 가변성에 따라 생산의 단기와 장기로 구분한다. 생산의 기간을 장기로 하면 토지구입부터 공장신설 과정까지 포함할 수 있다. 고정자본을 변화시킬 수 있는 정도의 기간을 장기로 한다. 반면 단기는 지금 당장이라도 생산요소 투입량을 변화시킬 수 있는 기간을 말한다. 예를 들면 원자재 또는 노동 등이다.
- 단기: 고정비용이 존재하며, 노동만이 변동비용이다.
- 장기: 모든 생산요소가 가변적이다. 따라서 모든 비용이 변동비용이다.

비용함수

비용함수(cost function): 주어진 생산에 소요되는 비용을 표시한 것이다.

- 단기비용함수: 노동만이 가변적인 상황에서 주어진 생산량을 생산하는 데 소요되는 비용함수이다.
- 장기비용함수: 자본투자도 가변적인 상황에서 주어진 생산량을 생산하는 데 소요되는 비용함수이다.

총비용, 평균비용, 한계비용

- 총비용(TC)＝총고정비용(TFC)＋총가변비용(TVC)
- 평균비용(AC)＝평균고정비용(AFC)＋평균변동비용(AVC)
- 한계비용(MC)＝Δ총비용÷Δ생산량
- 한계비용(MC)＝생산량 1단위 증가당 총비용 증가분
- 평균비용은 생산량이 증가하면서 평균고정비용이 감소하고 평균변동비용은 증가하는 형태를 보이기 때문에 U자 형태를 보인다.
- 한계비용은 생산량이 증가하면서 체증하는 형태를 보인다.
- 평균비용(AC)＝총비용(TC)/생산량(Q)이며 평균비용을 생산량으로 미분하면 $\frac{d\left(\frac{TC}{Q}\right)}{dQ}=\frac{1}{Q}\left[TC(Q)'-\frac{TC}{Q}\right]=\frac{1}{Q}[MC-AC]$이다. 그러므로 U자 형태의 평균비용의 최저점은 $MC=AC$이다. 한계비용은 항상 평균비용의 최저점을 통과한다.

생산물

- 총생산물: 주어진 생산요소를 투입하여 생산한 생산물의 합계이다.
- 평균생산물: 투입된 생산요소 1단위당 생산량이다$\left(\frac{\text{총생산물}}{\text{생산요소 투입량}}\right)$.
- 한계생산물: 생산요소 1단위 추가 투입당 생산물 증가분이다$\left(\frac{\Delta\text{생산물}}{\Delta\text{투입량}}\right)$.
- 한계생산물체감의 법칙(law of diminishing production, 수확체감의 법칙): 노동 투입량이 일정 수준을 넘어서면 한계생산물이 감소하기 시작하는 현상을 말한다.

생산함수와 등량곡선

생산함수(production function): 단위 기간당 투입하는 생산요소의 수량과 그로 인하여 생산되는 제품 수량 사이에 존재하는 관계를 나타내는 함수이다.

단기생산함수

- 단기적으로는 노동만이 가변적인 생산요소이다.
- 자본투자는 투자를 결정하여 제품 생산에 투입되기까지 장기간이 소요되기 때문에 단기적으로는 투입량을 쉽게 늘리거나 줄일 수가 없다.
- 단기생산함수는 이와 같은 조건하에 주어진 생산요소들을 결합하여 생산할 수 있는 산출량을 표시한 것이다.

장기생산함수

- 장기적으로는 자본투자도 투입량을 조절할 수 있기 때문에 모든 생산요소가 가변적인 상황이 된다.
- 장기생산함수는 이와 같은 여건하에서 모든 생산요소들을 투입하여 생산할 수 있는 산출량을 표시한 것이다.

그림 23 총생산 & 한계생산

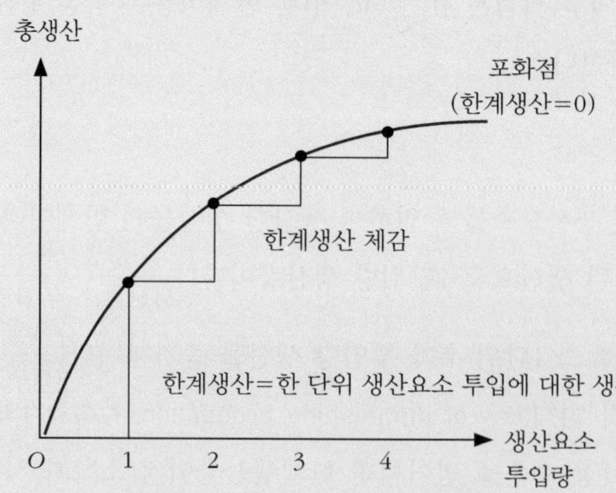

그림 24 총비용 & 한계비용

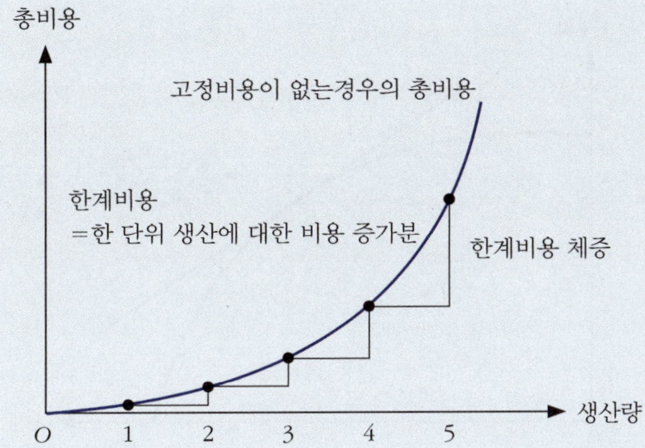

한계생산체감은 한계비용체증을 의미한다.

- 한계생산이란 생산요소 투입과 생산량의 관계, 그리고 한계생산이 체감한다는 것은 동일한 단위의 생산요소를 투입할 때, 생산량이 감소한다는 것이다.
- 따라서 생산량이 증가할수록 동일한 단위의 추가 생산에 필요한 생산요소 투입량이 점차 증가한다.
- 생산요소 투입량이 점차 증가한다는 것은 비용의 증가를 의미한다. 따라서 동일한 단위의 추가 생산을 위해서는 투입되는 비용이 증가한다. 생산량이 증가하면서 마지막 한 단위에 대한 한계비용이 체증한다.

생산가능곡선(production possibility curve): 정해진 수량의 생산요소를 사용하여 생산할 때 기술적으로 가능한 여러 가지 생산량의 조합으로 이루어진 곡선이다.(생산가능곡선의 접선의 기울기는 한계변환율이라 한다.)

- 즉 생산가능곡선은 갖고 있는 자원을 모두 효율적으로 사용하여 생산할 수 있는 생산물의 조합을 나타낸다.

그림 25 생산가능곡선

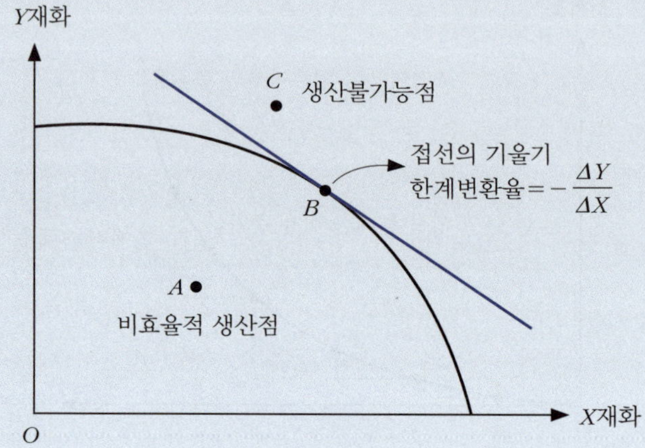

- 생산가능곡선 내에서 생산하면, 비효율적인 생산점을 선택한 것이고, 생산가능곡선을 초과하는 생산점은 생산 불가능한 점이다.
- 생산가능곡선상에서 생산할 때, 경제는 자원을 효율적으로 배분하여 생산한다.

등량곡선(isoquant curve): 동일한 수준의 산출량을 생산하기 위한 서로 다른 생산요소의 조합을 연결한 곡선이다.

- 등량곡선은 효용에서 보았던 무차별곡선과 동일한 형태이다.
- 노동과 자본을 사용한 일정한 수준의 생산량이다. 2차원 공간에 표현하면 등고선과 같은 형태가 된다.

한계기술대체율

- 동일한 생산량을 유지하기 위한 노동과 자본의 기술적 교환비율을 말하며, 등량곡선상에서의 접선의 기울기이다.

한계기술대체율 체감의 법칙

- 생산요소 A와 B가 있을 때, A 생산요소의 투입이 늘어난 상태일수록, B 생산요소를 대체하기 위한 A 생산요소의 투입량이 증가하는 것을 말한다.
- 등량곡선이 원점에 대해 볼록한 모습은 생산요소의 대체가 점점 더 어려워지는 것을 의미한다.

참고: 비용최소화 vs. 생산극대화

기업은 재화의 생산비용의 최소화를 달성할 수 있는 노동 및 자본의 투입량을 결정한다. 또는 투입가능한 비용한도 내에서 생산을 극대화 한다.

- 생산비용 최소화의 과정은 소비자 선택이론의 효용극대화 원리와 동일하다.
- 생산자는 일정수준의 생산량(등량곡선)을 달성할 수 있는 최소비용을 찾는다. 다양한 등비용곡선(동일한 생산비용) 중에서 비용 최소화를 달성하는 노동 및 자본의 투입량을 결정한다.
- 기업이 사용할 수 있는 최대한의 비용에서 생산량을 극대화할 수 있는

그림 26 생산비용 최소화

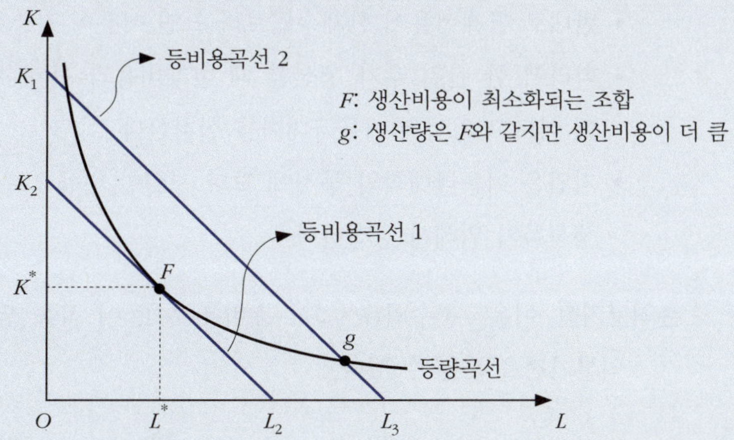

자본과 노동의 투입량을 결정한다.

- 만일 주어진 비용규모에서 기업이 생산점을 선택한다면, 주어진 비용선에서 등량곡선이 원점에서 가장 멀리 있는 생산을 위해 자본과 노동투입량을 선택할 것이다. 생산극대화이다.

(1) 기업의 이윤극대화(profit maximization)

이윤극대화 조건은 한계수입=한계비용이다

- 생산자는 요소시장에서 생산요소를 구매하여 제품을 생산하고, 시장에 판내하는 과정에서 이윤극대화를 추구한다.
- 한계수입과 한계비용은 생산량이 증가하면서 변화한다. 생산량이 증가하면서 한계비용은 점차 증가하는 모습을 보인다.
- 일반적으로 한계생산체감의 법칙이 적용되기 때문에 추가되는 생산량에 대한 한계비용은 점차 증가한다.
- 생산량이 증가하면서 한계비용은 증가하고 한계수입은 감소 또는 동일한 수준을 유지할 수 있다.
- 생산량이 한 단위 증가할 때, 한계수입이 한계비용보다 크면 이윤이 증가한다.
- 반대로 한계비용이 한계수입보다 크면 이윤이 감소한다.
- 따라서 한 단위 추가 생산할 때 한계비용과 한계수입이 일치하는 수준에 이르고 기업은 이윤극대화를 실현한다.
- 기업은 이윤극대화와 동시에 보다 저렴한 비용으로 보다 양질의 제품을 생산하기 위해서 경쟁한다.

손익분기점: 이윤=총수입$(P\times Q)$−총비용(TC), 이 식을 생산량으로 나누면 손익분기점을 찾을 수 있다.

- 가격(P)=평균비용(ATC), 이 식을 만족하는 생산량이 손익분기 생산량이다.

그림 27 손익분기점

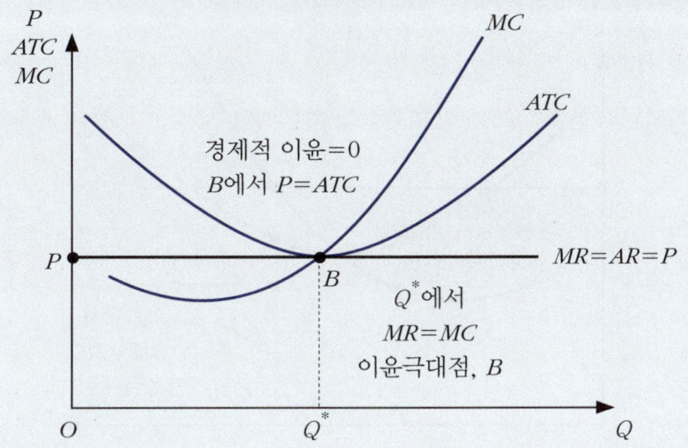

- $P=ATC$인 생산점에서 경제적 이윤은 영(0)이다.
- $P>ATC$인 생산 구간에서는 경제적 이윤이 발생하고,
- $P<ATC$인 생산 구간에서는 경제적 손실이 발생한다.

조업중단 가격과 장기공급곡선

- 단기적으로 $P<AVC$ 이면, 단기에서는 조업(생산)을 중단한다. 한 단위 판매수입인 가격으로 한 단위 생산에 필요한 인건비 등의 평균가변비용을 감당하지 못하는 실정이다. 폐업을 결정하면 대부분의 고정비용은 매몰 비용으로 변하게 된다. 따라서 $P<AVC$ 에서 폐업을 선택하면 매몰 비용만큼 자금을 회수할 수 없다. 따라서 단기적으로 조업을 중단하고 가격이 회복될 때까지 기다린다.
- 장기적으로 $P<AVC$인 점에서 조업을 중단, 시장에서 퇴출된다. 이 경우는 폐업을 선택하는 것이다.
- 장기적으로 한 단위의 판매 가격이 단위당 생산비용을 감당하지 못하면 손실이 발생하고, 기업은 시장에서 퇴출된다.

그림 28 이윤극대점

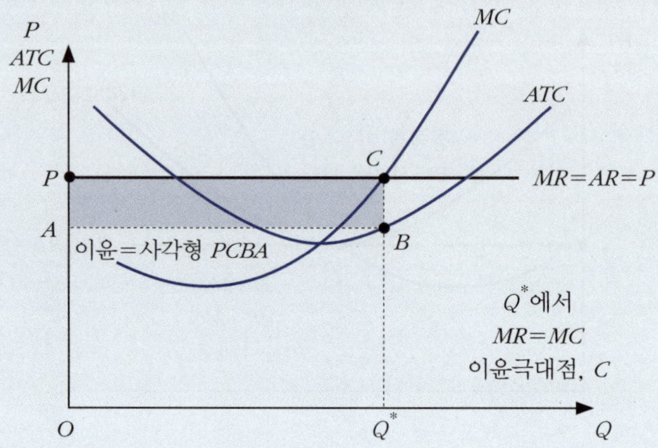

규모의 경제와 범위의 경제

규모의 경제(economy of scale): 생산요소의 투입량을 증가시킴으로써, 즉 생산량이 늘어남에 따라 평균비용이 낮아지는 현상으로 자연독점의 발생원인을 설명한다.

- 규모의 경제는 장기평균비용곡선(*LRAC*)이 우하향하는 구간이다.
- 규모의 보수불변은 장기평균비용이 일정한 수평 구간이다.
- 규모의 비경제는 수확이 체감하는 것을 말하며, 장기평균비용곡선이 우상향하는 구간이다.

참고: 기업은 규모의 경제를 알고 있다.

생산규모를 확대하는 것은 자본이 허락되면 가능하다. 하지만 자신의 고객을 만들어내는 일은 자본의 규모 또는 규모의 경제와는 관련이 없다. 기업인의 영업능력 또는 세계경제의 흐름 등의 영향을 받는다. 함부로 금융권의 자본을 끌어들여 사업확장을 위한 규모확대를 하지 않는다. 돌다리도 두들겨 보는 심정으로 시장의 상황을 파악하고 시장확보를 위해 노력한다. 기업인들이 규모

그림 29 규모의 경제

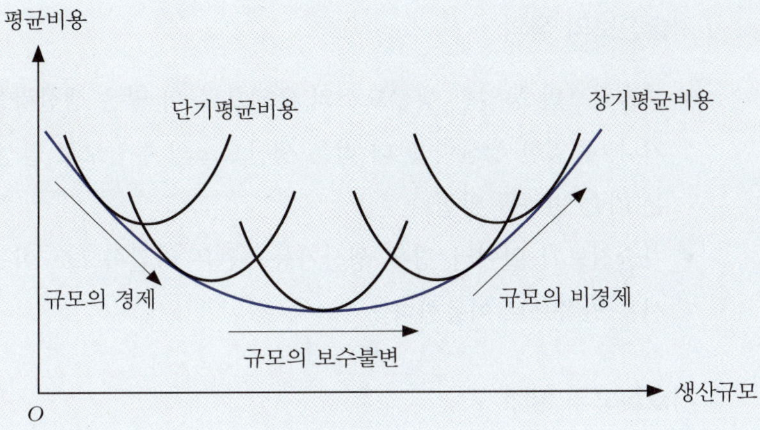

의 경제를 모르는 것이 아니라 시장상황을 확신할 수 없기 때문에 투자 확대 결정을 쉽게 하지 못하는 경우가 많다.

범위의 경제(economies of scope): 한 기업이 공정상 필요한 투입요소를 여러 분야에서 공동으로 활용함으로써 평균비용이 낮아지는 현상을 말한다. 예를 들면, 유제품 생산분야(우유, 치즈), 방카슈랑스(은행업, 보험업) 등이 있다.

- 규모의 경제를 실현하기 위한 시설규모 확장이 아니다. 최소의 투자로 최대의 효과를 발휘하려는 노력이다.
- 생산요소를 공동으로 활용하여 여러 가지 상품을 생산한다. 만일 한 분야에서 사회적 문제가 발생하면 빠르게 생산을 다른 상품으로 전환할 수 있다. 예를 들어 우유시장에 문제가 있으면 치즈 생산으로 전환하는 것이다.
- 생산의 범위를 넓히면서 리스크를 최소화하고 대량의 생산요소 구입 등으로 생산비용을 절감한다.

(2) 기술진보

기술진보의 정의

- 기술진보란 동일한 생산요소의 투입으로 더 많은 생산량을 가능하게 하거나, 동일한 생산량을 더 적은 생산요소의 투입으로 달성할 수 있게 하는 기술 변화를 말한다.
- 기술진보가 일어날 경우 생산가능곡선은 바깥쪽으로 이동하고, 등량곡선은 안쪽으로 이동한다.

기술진보의 형태

- 노동절약형(자본집약형) 기술진보: 동일한 생산량을 생산하는 데 투입되는 노동을 절약하는 기술진보를 말한다.
- 자본절약형(노동집약형) 기술진보: 동일한 생산량을 적은 자본으로 생산할 수 있는 기술진보이다.
- 중립적 기술진보: 노동과 자본이 같은 비율로 절약되는 기술진보를 말한다.

참고: 인공지능과 저출산

최근 인공지능 등 ICT 융합기술은 대부분 노동절약형 기술진보이다. 최근에는 미국 언론사에서 컴퓨터가 작성한 뉴스 기사와 기자가 작성한 뉴스 기사를 보여주고 누구의 기사인가 맞춰보라 하면 구분하기 어렵다고 한다. 앞으로 간단한 기사는 컴퓨터가 스스로 작성하는 시대가 다가오고 있다. 디행인지 불행인지 모르겠지만 한국은 저출산 문제로 노동력이 줄어들 것이라는 걱정도 하고 있다. 인공지능으로 일자리를 잃게 될 잉여노동력 발생가능성이 낮아지는 것이다. 따라서 저출산이 급속히 진행되는 국가에서는 인공지능 등에 대한 투자 확대가 필요하다. 노동절약형 기술진보가 필요하다.

청년 창업

창업을 꿈꾸는 학생들, 창업이 필요한 은퇴자, 직장생활이 적성에 맞지 않아서 창업을 계획하는 사람들, 사람마다 창업의 이유와 과정은 다르다. 성공했다는 창업가라고 평가되는 사례들은 각기 다른 분야의 창의적인 아이디어에 있지만, 성공한 창업가는 직원 월급 등 사업운영 비용을 제외한 이윤 극대화에 목표를 두고 있다.

이윤이 발생하지 않으면 기업의 존재가치가 없다. 창업자는 취업자로 분류된다. 창업은 실업률 감소라는 측면으로 국가 '통계'에 기여를 한다. 만일 많은 청년들이 창업하면 청년실업을 감소시킨다. 또한 청년창업은 종업원 또는 동업자로 같이 일할 사람들도 필요로 한다. 따라서 청년창업은 청년실업 감소 효과를 부수적으로 가져온다.

창업지원 프로그램과 이를 활용하는 사람들이 늘었다. 대부분 창업지원프로그램은 창업 후 5년 차까지 지원받을 수 있다. 지원을 받기 위해서는 많은 서류작업이 필요하다. 아무런 행정 경험이 없던 사람들이 창업지원프로그램에 신청하고 선정되려면 많은 노력을 기울여야 한다. 자신의 사업 아이디어를 잘 '포장'해야 한다. 지원프로그램 평가위원에게 좋은 인상을 남기려면 갖고 있는 기술과 상품성을 확실하게 보여야 한다. 때로는 상품성 등을 과장하는 지원자도 있다. 정부의 창업 지원은 '신규 사업자'에게 많은 도움이 된다. 지원받는 운영비용 외의 부수적인 도움도 많다. 사업방향이나 마케팅 등에서 나타날 수 있는 시행착오를 줄일 수 있다. 일명 창업의 '수업료'를 정부가 부담하는 것이다. 그래서 창업 프로그램에 지원하는 문서작업 등 행정 업무가 어렵지만 그 대가는 크다.

중소벤처기업부에 따르면 2017년 7월~2018년 6월 기준, 41만 3,782개 중소기업이 정부 지원을 받았고, 지원금은 69조 5,625억원이었다고 한다. 기업당 평균 지원금은 법인기업이 4억 8,600만원, 개인기업이 5,700만원이라고 한다. 지원을 받은 금액을 보면 규모가 크게 보이지만, 모든 중소기업이 이런 규모의 지원을 받지 못한다. 지원에서 탈락한 기업의 수는 혜택을 받은 기업의 10배 이상으로 추측된다.

창업 성공 가능성은 그리 높지 않다. 창업 후 5년 이상 생존가능성이 매년 감소한다고 한다. 통계청 발표에 따르면 창업가 10명 가운데 7명 이상이 창업 후 5년 이내에 폐업하는 것으로 나타났다. 여기에서 7명 이상의 폐업을 조금 더 생각해 봐야 한다. 단 한 번의 손실이 발생했다고 당장 폐업을 결정하지 않는다. 손실이 누적되고, 부채가 늘어나고, 도저히 사업을 유지할 수 없다는 판단을 하기까지 시간이 소요된다. 창업 후 5년 내에 폐업을 결정하는 70%의 사람들은 이윤을 가져보지 못한 경우가 대부분일 수 있다. 그리고 기업을 유지하는 30% 중에서 낮은 이윤으로 어려움을 겪고 있는 기업이 존재할 것이라고 추론된다.

창업을 권장하는 사람들에게 '당신이 직접 창업해서 성공사례를 보여주면 어떠냐'고 묻고 싶다. 청년창업은 보다 어려운 과정을 겪어야 한다. 교과서같이 움직이지 않는 험한 세상을 경험하지 못한 청년들이 야생에서 생존능력을 키우기란 쉽지 않다. 일부 필요한 경제경영 상식 등 학교에서 배운 내용은 시장에서 활용하기 어렵다. '이상과 현실의 차이' 그리고 '험한 세상 물정'을 남들보다 일찍 경험할 수 있는 기회가 청년창업이다.

페이스북의 마크 저커버그, 애플의 스티브 잡스 등을 떠올리며 성공 시나리오를 상상하는 청년들은 국내외 경제동향, 시장규모, 경쟁기업, 기술수준, 원천기술, 가격정책, 유통구조, 지적재산권, 법제도 등을 보다 자세히 살피고 시작하기 바란다. 그래도 결과가 긍정적으로 보이면 창업을 해도 좋다. 물론 여러 가지 여건을 살피느라 창업 시기를 놓치면 안 된다. 그러기 위해서는 시장 트렌드, 경제를 읽는 방법 등을 익혀야 한다. 국내외 정치경제의 움직임을 파악할 수 있어야 한다. 청년창업은 청년들에게 기업을 유지하기 위한 노력이 학업보다 어렵다는 사실을 일찍 깨달을 수 있다. 청년은 실패를 두려워하지 않아도 되는 나이이다. 뭐든 일찍 배우면 비교적 쉽게 익히고 오래 남는다.

기업의 존재이유

기업은 이윤을 추구한다. 전문적인 기술이나 지식 등을 활용해서 상품 및 서비스를 효율적으로 생산한다. 가장 효율적인 생산자가 시장에서 살아남는다. 조금만 틈을 주면 다른 누군가가 어느 순간 자신의 자리를 차지한다. 조직을 효율적으로 개편하고 자동화시스템을 도입하는 등 기업은 경영 효율성을 개선하고 또 개선한다. 급변하는 경영환경에서 살아남기 위해 기업은 매년 새로운 사업을 구상한다. 시장을 개척하고 이윤을 확보하기 위해 기업은 최선을 다한다.

기업 이윤은 생존을 유지시키는 동력이다. 이윤이 없으면 기업을 움직일 이유가 없다. 인건비, 원자재 구입대금, 임대료 등 비용을 지불하고 남는 이윤은 기업 생명을 유지시킨다. 지속경영을 위해선 이윤이 꾸준히 발생해야 한다. 급속히 변화하는 경제 환경에서 세계 순위에 올라 있는 기업의 능력은 대단하다. 기업은 오래 살아남기 위해 때로는 다른 기업의 소비자를 빼앗고, 신기술을 개발하거나 노동자를 해고하고, 새로운 사업모델을 찾아다닌다. 이윤 추구를 위한 행동이 계속된다.

예를 들어 최저임금이 상승하여 변화된 경영환경을 생각해보자. 최저임금 상승으로 인건비가 증가하면 기업의 이윤이 감소한다. 만일 기업 경영인 자신의 인건비도 확보하지 못하거나 손실이 발생한다면 그 기업은 폐업해야 한다. 기업은 생존력을 향상시키려고 자동화 설비 투자를 고민 중이다. 설비투자는 장기적으로 임금 인상에 대비할 수 있는 방안이다. 기업은 비용을 낮추거나, 가격을 높이거나, 어떠한 방법이라도 이윤 확보를 위한 방안을 선택한다.

기업은 시장의 변화를 살펴본다. 기술변화 및 소비 행위의 변화를 간파한 기업은 스마트 팩토리, 무인 판매기, 드론 배달 등 노동을 자본으로 대체한 생산 및 판매 시스템 도입을 검토한다. 기업의 규모와 관련 없이 자동화 시스템이 확대되고 있으며, 빅데이터, 인공지능 등 관련 기술이 급속도로 발전하고 있다. 소비자는 근무시간이 줄어들면서 워라밸을 외치며 저녁의 휴식을 즐기려 한다. 기업의 회식문화도 변화하여 회식은 간단한 저녁식사로 마친다. 소비자의 소비 행태가 변하는 과정에서 기업들의 희비가 교차한다. 기술과 소비행태의 변화는 수요와 공급이 동시에 움직이는 시장상황이다. 새로운 균형이 언제 어디에서 이루어질지 불확실하다. 시장상황의 불안정성을 극복하고 기업은 이윤을 확보해야 한다.

기업은 상품가치를 창출하여 생존한다. 세상이 변하면, 기업은 환경에 적합한 상품을 개발하고 소비자 욕구를 충족시키는 상품을 만들어야 한다. 그러려면 기업가는 국내외 경제 환경 변화를 파악하고, 그 결과도 예상해야 한다. 흔히 말하는 기업가 정신은 '외부환경에 민감하게 대응하면서 사업 기회를 잡기 위한 행동으로 새로운 가치를 창조하는 활동 과정'이라고 한다. 아무나 할 수 없는 어려운 일이다. 충분한 자본, 돈 냄새를 맡는 '촉', 결단력과 추진력 등은 기업가들이 갖추어야 할 기본적인 능력이다.

기술변화를 인지하려면 기업가는 최신 기술동향을 이해해야 하고, 소비자 취향의 변화를 파악하려면 인간에 대한 이해가 필요하다. 기술과 인간행동의 변화에 대비하고 정글 같은 시장에서 생존하는 경쟁력 있는 기업이 되고, 새로운 가치를 창출하는 '기업가 능력'을 배양하기 위한 '지식의 범위'는 넓다. 학문과 기술을 배우고 익히는 것이 공부(工夫)라고 한다면, 기업의 공부는 '생존 공부'다. 여기에서 '생존'이란 삶과 죽음을 가르는 '생존'이다. '생존'은 일상적인 '생활'보다 절실하다. 예를 들면, 생활영어는 여행 다니고 돈을 쓸 수 있을 정도의 영어공부를 말하고, 생존영어는 회사생활 또는 비즈니스에서 돈을 벌 수 있을 정도의 영어공부를 말한다. 이런 의미에서 기업가의 '생존 공부'는 계속된다.

기업의 의무

기업이 이윤만을 쫓으면 장사꾼이라 손가락질 받는다. 기업의 사회 공헌이 중요하게 여겨진다. '사회적 공헌'에 대해 생각해보자. 빌 게이츠는 기부재단을 설립하고 저개발국의 질병과 빈곤 퇴치를 위해 지원하고 있다. 빌 게이츠는 세금 등의 이유로 기부재단을 설립하였고, 그 재단의 규모가 커지면서 전 세계로 기부활동을 하게 되었다. 결과적으로 좋은 공헌 활동이 확대되었다. 애플의 창업자 스티브 잡스는 전 세계에 새로운 IT기술을 활용할 수 있는 상품을 개발하고 제공하고 있다. 많은 사람들이 핸드폰으로 이메일, 웹검색, 문서작업 등 과거에는 상상하기 어려웠던 일을 할 수 있도록 만들었다. 인간의 일상생활에 많은 도움이 되고 있다. 이 또한 사회적 공헌이라 할 수 있다.

빌 게이츠와 스티브 잡스의 성공 사례는 기업인의 덕목을 보여준다. 글로벌 소비자로부터 얻었던 수익을 저개발국의 빈곤층에게 돌려주는 글로벌 독점적 지위를 갖고 있는 기업 그리고 인간의 삶에 대해 고민하고 그들이 편하게 살아갈 수 있는 기술을 개발하고 상품화하였던 기업은 모두 우리에게 필요하다. 두 기업의 공통점은 전 세계를 대상으로 상품을 판매하여 성장하였고, 높은 글로벌 시장지배력을 갖고 있다는 것이다. 이들은 기업의 존재 이유인 이윤추구에 성공한 기업이다.

한국의 일부 대기업들도 사회적 공헌 활동을 한다. 노숙자에게 무료급식 행사, 요양원이나 양로원의 주변정리 및 1일 도우미 행사 등 사회공헌의 종류는 다양하다. 대기업들이 사회공헌 재단을 설립하고 운영하는 모습도 본다. 부담스러운 정경유착의 눈초리를 의식하면서 때로는 정부에서 주관하는 행사에 기부하는 경우도 있다. 왠지 어색해 보이는 사회적 공헌도 있을 듯하다.

사회공헌을 목적으로 설립되는 기업도 있다. 사회적기업이라고 한다. 사회적기업은 이윤을 추구하는 전통적인 기업과는 다르다. 사회적기업은 취약계층을 고용하여 상품을 생산 판매한다. 정부가 사회적기업을 지원하고 있으며, 일부 대기업도 사회적기업의 상품을 구입하여 이들의 수익을 일부 보조하고 있다. 사회적기업의 존재 이유는 사회적 공헌에 있다. 공기업도 아니고 사기업도 아니며 영리기업과 비영리기업의 중간 형태이다. 사회적기업의 유형은 일자리 제공형, 사회서비스 제공형, 지역사회 공헌형, 일자리와 사회서비스 혼합형 등으로 구분한다. 기업의 존재이유가 이윤추구에서 사회공헌으로 옮겨가고 있는 모습이다. 사회적기업은 새로운 경제 경영 사례다. 생산, 판매, 소비 등 경제활동의 기본원리가 변화하는 것으로 해석하고 분석해야 한다. 미래의 사회적기업은 어떠한 모습일까? 만일 사회적기업이 대세가 된다면 '기업의 존재 이유는 사회적 공헌이 반드시 포함된다'라고 설명할 수 있을 것이다.

효율성을 강조할 것인가, 형평성을 강조할 것인가. 자신의 가치관은 언제나 그대로 있는가, 변화하는가. 대다수의 사람들이 갖는 가치관이 사회 변화의 물결과 함께 어느 방향으로 움직이고 있는가. 사회 가치관의 변화속도는 생각보다 빠를 수 있다. 변화의 물결을 놓치면 뒤처진다. 만일 글로벌 상품으로 성공하고 글로벌 기부재단을 운영하는 기업이 한국에서도 나온다면, 기업의 존재이유와 기업의 사회공헌에 대한 가치관은 현재와 다른 방향으로 움직일 것이다.

글로벌 경제 환경이 상호 호의적인 환경에서 상호불신과 자국이익 우선주의로 변화하고 있다. 미국과 중국의 갈등, 미국과 중국의 무역 분쟁 등 기업은 불확실성 확대라는 어려운 경영환경에 노출되어있다. 이러한 글로벌 경제 환경에서 기업이 사회공헌과 이윤확보를 동시에 달성하기 버겁다. 먼저 기업이 글로벌 경쟁력을 확보할 수 있는 환경을 조성하고, 세계적인 기업으로 올라서 국가경제에 기여하고 이윤을 배분하는 과정에서 사회적으로 공헌하도록 경제시스템을 설계하는 국가의 역할이 절실하다.

최근의 치열한 경쟁과 불안정한 글로벌 환경에서 기업은 생산의 효율성을 높이는 방안을 찾아야 한다. 그 과정에서 노동자들의 희생을 요구할 수 없는 시대이다. 기업은 노동자들의 희생을 위로하는 수준에서 성장을 멈추지 말고, 단 1개 기업의 세금으로 모든 국가 살림이 가능한 수준까지 성장할 수 있는 효율성을 찾아야 한다. 정부의 정책은 효율성과 공평성을 동시에 만족시킬 수 없다. 기업은 어떠한 조건과 환경에서도 효율성을 높여야 하는 어려움을 안고 생존한다.

생존 선택

사업을 하다보면 욕심이 생긴다. 더 많은 돈을 벌 수 있을 것 같은 생각에 생산설비를 확대하고 무리한 투자를 한다. 그러다 투자금을 회수하지 못하면 망한다. 망하기 쉬운 방법은 아무런 대책 없이 투자를 대폭 늘리는 것이다. 망하기 참 쉽다. 성공하는 방법은 그 반대이다. 투자 대비 수익을 엄청나게 발생시키면 된다. 말이 쉽지 한 번 해봐라. 치열한 경쟁 속에서 사업 수익을 발생시키는 일이 얼마나 어려운 일인지 금방 알게 된다. 당신만 갖고 있는 특별한 능력이 있어도 쉽지 않다.

1960년대 급성장하는 경제에서는 평범한 능력을 갖고 있는 사람들도 사업에 성공할 수 있었다. 그 당시 주요 수출 품목이었던 가발, 신발, 장난감 등 단순 가공 제조업으로 성공할 수 있었다. 1980년대 미국의 레이건 대통령과 영국의 대처 수상이 이끌었던 글로벌 자유무역 확대의 영향으로 수출경기가 좋았다. 1990년대 아시아의 네 마리 '용'이 '이무기'로 전락하는 어려움이 1997년에 찾아왔고, 전문 지식 없이는 살아가기 어려운 시대로 변화했다. 그때만 해도 전문지식만 있으면 살아가는 데 큰 어려움 없이 성공할 수 있다는 희망이 있었다.

2000년대 이후에는 글로벌 다국적기업들이 늘어나면서, 국내로 한정된 경쟁의 범위가 세계로 넓어졌다. 국내 1위 기업의 의미는 전혀 없다. 경쟁자가 세계 어느 곳에서 언제 나올지 모르는 경제 환경이다. 소규모 사업자가 글로벌 경제에서 성공하기 어려운 구조이다. 세계 시장에서 성공할 수 있는 기술과 대규모 투자로 생산단가를 낮춰야 글로벌 진출 성공 가능성이 높아지는 시대이다. 전문지식만이 아니라 생산규모, 인력, 글로벌 마케팅 등 다양한 능력을 고루 갖춰야 간신히 글로벌 진출을 꿈꿀 수 있고 생존할 수 있다.

국내 경쟁에서 생존한 기업이 글로벌 기업의 공격으로 언제 생을 마감할지 알 수 없다. 그래도 국내에서의 경쟁은 계속된다. 글로벌 경쟁에 필요한 규모의 경제*를 실현해 보고 싶어 한다. 이런 생각이 있다면 조심해야 한다. 기술력을 바탕으로 막대한 자금을 생산 시설에 투자하고도 쉽게 망하는 경우를 볼 수 있기 때문이다.

나름 기술력을 인정받고 공장 가동률이 높은 중소기업이 있다. 상품 판매는 지속적인 성장추세를 보이고 있었고, 경쟁 상대가 나오기까지는 수년 남았다. 세계 경기도 회복되고, 국내 경기도 살아났다. 지금 시장을 선점하지 않으면 더 힘들어질 수 있는 투자 적기라고 판단했다. 살면서 기회는 몇 번 찾아오지 않는다는 생각에 생산규모를 3배로 늘리기로 했다. 생산규모를 확대하면 평균비용이 낮아진다. 공장장 한 사람이 여러 공장을 관리할 수 있다. 생산라인을 운영하는 노하우가 있기 때문에 시행착오도 없다. 생산시설의 효율성이 높아진다. 게다가 원자재 구입이 늘면서 거래조건이 개선된다. 더 낮은 가격으로 원자재를 구입할 수 있기 때문에 생산 단가의 하락으로 제품 생산의 평균비용이 낮아지는 규모의 경제가 실현된다.

이러한 상황에 돌다리도 두드려보고 건너가라는 얘기, 심사숙고하고 또

---

* 생산량 또는 생산 규모 증가에 따라 생산비용이 감소하는 현상을 규모 경제라고 한다. 생산량을 늘리면서 대규모 관리 이익, 대량판매 이익, 대량구입 이익이 발생하는 경우 규모 경제 현상을 볼 수 있다. 규모 경제가 발생하는 일정 수준 이상 생산량을 초과하면 생산비용이 증가할 수 있다.

해도 부족하지 않다는 충고는 답답하게 들린다. 그러다가 사업기회를 놓친다고 생각한다. 하지만 미래는 누구도 알 수 없다. 변덕스런 세계 지도자들이 모여 있다면 얘기는 달라진다. 언제 무역 분쟁이 일어날지, 중동 화약고에서 국지전이 발생할지, 아니면 정말 무시무시한 세계 전쟁이 발발할지 예측할 수 없다. 자금 이동 또한 위험요인이다. 글로벌 금융시장 자금이동 변동성이 크다. 환율, 금리 등이 요동치면, 사전에 추정한 수출 단가는 쓸모없다. 사업가는 모험을 해야만 한다.

투자에 성공하면 훌륭한 사업가가 되지만 실패하면 문제가 심각해진다. 100% 남의 돈으로 모험하느냐, 자기 자본으로 하느냐에 따라서 실패하는 정도가 달라지긴 한다. 남의 돈으로 사업을 추진하다가 돈을 갚지 못하면 사기범이 된다. 자기자본으로 사업을 추진하다가 망하면 길거리에 보금자리를 마련해야 한다. 이러한 위험성을 늘 안고 살아가는 사람들이 많다. 국가 경제는 어려운데 기업은 현금 보유만 늘리고 있다고 비난하지만, 자신의 재산을 지키려는 그들의 선택은 합리적으로 보인다. 망하기 쉬운 세상이라서 그렇다. 불안정성이 높고, 경쟁이 치열하고, 기술 변화가 심하게 빠른 속도로 나타나는 시기이기 때문이다.

불안정성이 높아서 기업들이 보수적인 생산 계획을 실행하면 경제는 순환되지 못하고 정체된다. 모든 생산이 멈추기까지 오랜 시간이 걸리지 않을 수 있다. 기업가에게 불확실성은 위기로 인식된다. 늘 경제의 불확실성은 존재한다. 세계 경기가 불안정하고 위험성이 높아지면 정부가 해야 할 일들이 늘어난다. 정부는 공공기관의 규모 확대보다 정부의 능력 향상에 집중해야 한다. 투자, 생산, 소비의 순환을 원활하게 할 수 있는 정책이 효율적으로 마련되어 '위기'를 극복해야 한다.

Section 4

시장이론

1 시장의 분류 및 형태

(1) 시장의 경쟁 형태

시장의 경쟁 형태는 거래 참여자의 수, 상품의 질, 진입장벽, 담합의 존재 여부 등에 의해서 결정된다.

- 공급자 수: 공급자 수가 다수이면 완전경쟁, 소수이면 과점, 1개이면 독점이다.
- 가격 결정: 완전경쟁시장에서 개별기업은 시장에서 정해진 가격을 수용(price taker)해야 하며, 독점기업은 가격을 결정(price maker)한다.
- 상품의 동질성: 완전경쟁시장과 독점시장에서는 동질적인 상품이 거래되고, 독점적 경쟁시장은 상품 차별화가 가능하며, 과점은 동질적일 수도 있고 차별적일 수도 있다.
- 진입장벽: 완전경쟁시장에서는 진입장벽이 없고, 독점시장으로 갈수록 진입장벽이 높아진다.
- 비가격 경쟁: 완전경쟁시장에서 과점시장으로 갈수록 비가격 경쟁이 심해진다.

시장의 분류 및 형태

시장 경쟁형태 / 결정요인	완전경쟁	독점적 경쟁	과점	독점
공급자 수	무수히 많음	무수히 많음	소수	유일
가격 결정	가격수용자	가격결정자	상호의존성	가격결정자
상품의 동질성	동일	차별	동일/차별	유일
진입장벽	낮음	낮음	높음	높음
비가격 경쟁	없음	있음	많음	없음

(2) 완전경쟁시장(perfect competition)

- 무수히 많은 공급자와 수요자가 동질의 상품을 거래하는 시장에서 결정된 가격에는 어느 한 공급자나 수요자의 어떤 행위도 아무런 영향을 줄 수 없는 시장이다.
- 수요자와 공급자 모두 가격 수용자(price taker)이며, 개별기업의 수요곡선은 수평이다.
- 공급자는 시장가격이 평균비용에 일치하는 수준에서 공급량을 결정함으로써 이익극대화를 달성한다.
- 진입장벽이 없으므로 경제적 이윤이 존재할 경우 신규진입자가 생겨난다. 공급자의 수가 증가하면 시장가격이 하락하면서 경제적 이윤이 0이 될 때까지 신규진입은 계속된다.
- 진입자가 너무 많아서 낮아진 시장가격이 평균비용보다 낮은 기업에서는 경제적 손실이 발생한다. 이때는 가장 비효율적인 기업(비용구조가 나쁜 기업)부터 퇴출된다.
- 완전경쟁시장의 기업들은 경제적 이윤을 발생시키지 못한다. 회계적 이윤은 발생시키고 있다는 의미이다. 이들의 회계적 이윤의 크기는 암묵적 비용과 동일하기 때문에 경제적 이윤이 전혀 발생하지 않는다. 이들의 암묵적 비용은 시장에 참여하지 않고 회사 월급 등 다른 분야에서 발생시킬 수 있었던 포기한 수입이다.

그림 30 완전경쟁시장의 단기균형

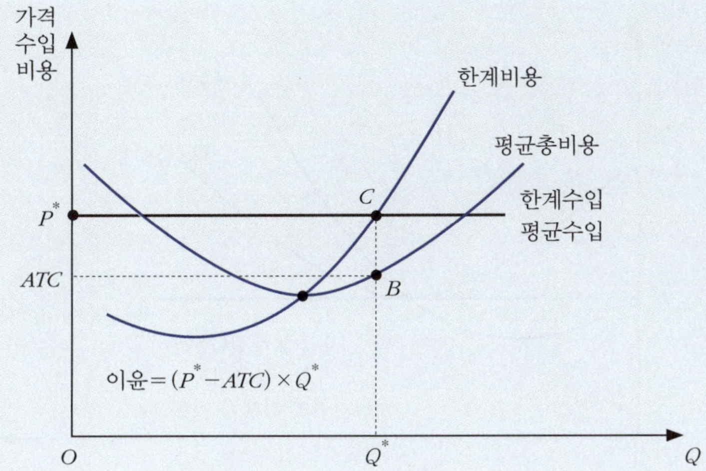

- 완전경쟁시장에서 기업의 경제적 이윤이 발생하지 않는다는 것은 그 시장에 참여한 기업의 경제적 생산능력이 다른 분야에서 발생시킬 수 있는 능력과 동일하다는 것을 의미한다. 다시 간단히 말하면 그 사람의 능력만큼 수입이 발생한다는 말이다. 즉 자신의 능력만큼 돈을 벌 수 있는 시장이다.
- 완전경쟁시장에서 발생시키는 수입은 시장참여자의 능력에 의해 결정된다. 능력에 따라 소득의 차이가 나타나고 빈부격차의 문제가 발생할 수 있는 시장이다. 좀 더 극단적으로 말하면, 능력이 없으면 수입도 없다. 생산능력이 없는 사람은 사회의 도움을 받거나 굶어야 한다.

완전경쟁시장의 효율성

- 완전경쟁시장의 균형에서 자원이 가장 효율적으로 배분된다. 완전경쟁시장에서 한 기업이 생산량을 늘려도 시장 균형가격은 일정한 수준에 고정되어 있다. 그리고 그 기업의 한계비용은 생산량이 증가하면서 증가한다.

그림 31 완전경쟁시장의 장기균형

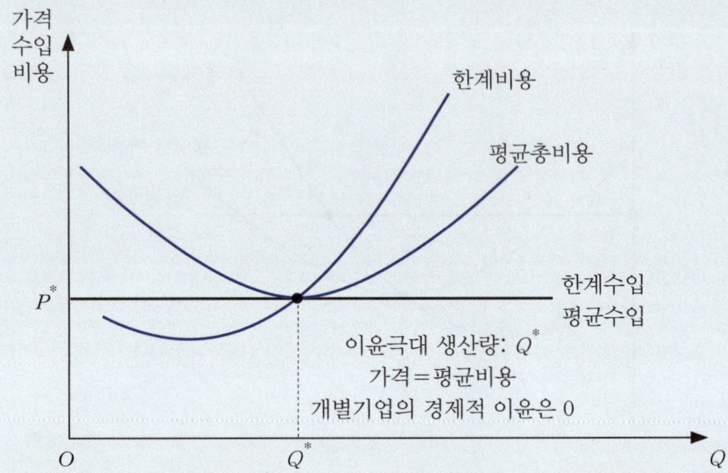

- 이러한 완전경쟁시장의 기업들은 가격(P)과 한계비용(MC)이 같은 점에 이를 때까지 생산한다.
- 또한 가격(P)과 단위당 생산비용(ATC)이 같고, 단위당 생산비용(ATC)이 가장 낮은 점에서 생산한다.
- 완전경쟁의 균형은 단위당 생산비용이 가장 낮은 효율적인 그리고 사회적으로 바람직한 생산점이다.
- 가장 효율성이 높은(생산비용이 적게 드는) 기업부터 재화의 판매가 가능하고 가장 많은 효용을 얻는(높은 가격을 지불할 의사가 있는) 수요자부터 소비하게 된다.
- 결과적으로 완전경쟁시장에서 사회적 총잉여가 극대화된다.
- 완전경쟁시장에 참여하고 있는 기업들은 자신의 비용을 낮추기 위해 노력한다. 생산성을 높일 수 있는 모든 방법을 찾는다. 다른 기업들과 동일한 가격으로 상품을 판매하면서 자신의 비용을 낮추어 보다 많은 이윤을 확보하려 노력한다. 완전경쟁시장의 기업들은 기술발전, 경영효율성 등 새로운 기법을 개발하고 사회의 효율성을 향상시키는 데 기여한다.

완전경쟁시장의 문제점

- 첫째, 모든 시장참여자들이 시장정보를 완전히 갖고 있다는 가정을 한다. 시장에 관련된 모든 정보를 갖고 있다는 말인데 현실적으로 그렇지는 않다. 시장에 관련된 모든 내용들을 모두가 알고 있으려면 판매자와 소비자들이 갖고 있는 정보가 동일하고, 정보의 비대칭성 문제도 없어야 하지만 현실은 그렇지 못하다.
- 둘째, 상품의 동질성을 가정한다. 모든 상품의 모양·재질·서비스 등이 동일하다면 소비자들은 모두 동일한 상품을 사용한다는 것이다. 소비자가 상품을 선택할 이유가 없다. 그리고 만일 모든 상품이 동일하다면 엄청나게 지루한 광경이 연출될 것이다.
- 셋째, 자신의 능력만큼 소득을 올릴 수 있는 시장이라 좋아보이지만, 능력의 차이만큼 소득불균형이 발생하고 소득계층 간의 갈등이 발생하는 문제가 있다.
- 넷째, 시장에 모든 것을 맡겨두었으나 때로는 사회적으로 바람직한 생산점에 도달하지 못하는 시장실패가 발생할 수 있다. 시장실패는 7장에서 다룬다.
- 완전경쟁시장은 현실에서 찾을 수 없다. 현실적으로 불가능한 효율성측면에서 이상적인 시장이다.

(3) 독점시장(monopoly)

독점시장의 의미

- 하나의 기업이 산업 전체를 지배하는 시장 형태를 말한다.
- 독점이 발생하는 원인: 정부의 진입규제, 막대한 초기 기반투자 비용, 원재료 독점, 특허권, 지적재산권 등이 원인이다. 철도, 가스, 전기 등 공공서비스 영역에서 발생하는 경우가 많다. 과거 전매청(현 담배인삼공사)의 담배시장 독점은 정부의 진입규제로 인한 독점의 사례이다.

- 완벽한 진입장벽으로 초과이윤이 가능하다.
- 독점시장의 수요곡선은 우하향하며, $P>MR=MC$ 점에서 공급량을 결정한다.

독점의 이윤극대 생산점

- 독점기업의 이윤극대화 조건도 한계비용(MR)=한계비용(MC)이다.
- 독점기업의 한계수입곡선(MR)은 수요곡선 기울기의 2 배이다.
- 한계비용은 독점기업의 비용체계에서 찾는다. 일반적으로 체증하는 형태의 한계비용과 한계수입이 동일한 수준의 생산량에서 이윤이 극대화된다.
- 가격이 한계비용을 초과하는 생산점에서 독점기업의 이윤이 극대화된다. 일반적으로 독점기업은 사회적 최적 생산량이 미치지 못하는 비효율적인 생산점을 선택한다.
- 독점기업이 늘 이윤을 발생시키지 못하는 경우도 있다. 초기 투자비용이 높은 경우에는 한계비용이 거의 발생하지 않아도 평균총비용이 가격을 초과하여 손실이 발생하기도 한다.

그림 32 독점기업의 이윤 극대

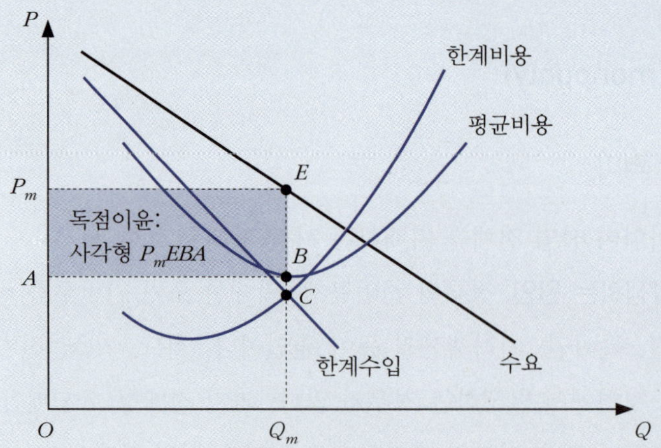

- 대부분 손실이 발생하는 독점은 정부에 의한 독점시장에서 나타난다. 손실이 예상되어 아무도 막대한 투자를 실행하지 못하는 경우 재화 서비스의 필요성을 인식하고 있는 정부가 투자하게 된다.

독점의 장점 및 단점

- 독점은 중복 투자의 폐해를 줄이고, 규모의 경제를 달성할 수 있는 장점이 있다.
- 높은 독점가격, 사회적 최적 생산량에 미치지 못하는 생산량, 자중손실이 발생하는 등 사회적 후생 손실과 같은 폐해가 있다.
- 높은 독점가격을 $P=MC$ 수준에서 규제할 경우, 생산량이 증가하지만 제품의 품질이 낮아지는 문제가 발생할 수 있다. 독점기업은 품질개선을 위한 노력이 필요 없기 때문이다.

독점시장에서 사회적 최적 생산량에 도달하지 못하는 X-비효율성이 나타난다.

- X-비효율성: 독점의 상황에서 기술적으로 가능한 최소 비용을 달성하지 못하는 것을 의미한다.
- 여기서의 X는 'extra'로서 덤으로 얻어낼 수 있음을 의미한다. 그러나 독점기업은 추가로 확보할 수 있는 효율성을 얻어내지 못하는 비효율성이 발생한다.
- 효율성을 높이려고 노력하지 않는다. 독점기업에 대한 세율이 높아지면 비용을 늘리는 행위를 보일 수 있다. 비효율성이 덤으로 나타나기도 한다.

독점시장에서는 가격차별(price discrimination)이 가능하다.

- 가격차별: 동일한 재화를 수요자에 따라 각기 다른 가격으로 판매하는 것을 말한다.
- 가격차별은 독점력을 가질 때에만 가능하다.

- 시장이 분리되어 있어서 소비자들 간의 차익거래가 불가능해야 가능하다.
- 또한 생산자가 소비자의 상품수요에 대한 가격탄력성을 알 수 있어야 한다.

1급 가격차별

- 생산자가 개별 수요자의 소비패턴을 알고 있어 상품을 1단위씩 나누어 각각의 소비자에게 다른 가격을 부과하는 것이다.
- 소비자잉여는 없고, 모든 잉여는 생산자에게 귀속된다.
- 예를 들면, 가격표를 붙이지 않고 판매하면서 소비자의 지불의도를 묻고 그 가격에 판매하면 생산자가 소비자의 잉여를 갖게 된다. 물론 소비자의 지불의도가 낮으면 판매하지 않는다. 그 상품에 대한 가치를 높게 갖고 있는 소비자들은 높은 지불의도를 보이기 때문에 높은 가격을 지불한다.

2급 가격차별

- 상품을 구간 단위로 나눈 후 구입량에 따라 다른 가격을 부과하는 것이다.
- 묶음판매 또는 일정 수량이 넘을 경우 할인가격을 적용하는 것 등의 사례가 있다. 2급 가격차별은 흔히 창고형 대형마트에서 경험할 수 있다.
- 예를 들면, 한 개를 구입할 때와 10개를 구입할 때, 단위당 가격이 다르게 나타나는 경우가 있다. 도넛을 구매할 때 3개 사려다가 12개 샀던 경험이 있다면 이해하기 쉬울 것이다.

3급 가격차별

- 가격탄력성에 따라 시장을 구분하여 다른 가격을 받는 것이다. 수요가 완전히 다른 구매자들에게 다른 가격을 제시하는 경우이다.
- 항공사가 동일한 이코노미 좌석의 비행기표를 판매할 때 한국에서 출발

하는 것과 미국에서 출발할 때 서로 다른 가격으로 판매하는 것, 또는 주말과 평일 출발 시간에 따라 다른 가격을 제시하는 경우 등이 있다. 목욕탕 입장권에서도 3급 가격차별을 보게 되는데 동일한 서비스에 대인과 소인 가격이 다른 것도 그 사례이다.

독점의 특수형태: 수요독점과 자연독점이 있다.

수요독점(monopsony): 공급자는 다수이나 수요자가 하나뿐인 시장이다(일반적인 독점은 하나의 공급자와 다수의 수요자).

- 완전한 수요독점은 사람의 이동이 불가능한 지역에서 오직 하나의 기업만이 존재할 경우의 노동시장을 예로 들 수 있다. 따라서 해당 기업만이 유일한 노동력의 수요자가 된다.
- 순수한 수요독점은 많지 않지만 수요자는 적고 공급자가 많은 수요독점적 상황을 볼 수 있다.
- 또는 구매자들이 불매운동 등의 단체행위를 하면서 수요독점적 위치를 확보하는 경우도 있다.

자연독점(natural monopoly)

- 공급이 늘어날수록 생산단가(평균비용)가 계속 하락하여 효율성이 더 높아지는 경우에 자연독점이 발생한다.
- 자연독점은 규모의 경제(economy of scale)가 작용하는 산업에서 나타난다.
- 상하수도, 전력 등과 같이 막대한 초기투자비용이 들어가는 산업은 상당한 생산량의 수준에 도달할 때까지 생산단가가 계속 하락한다. 따라서 막대한 초기비용이 필요한 산업에 신규기업이 진입하면, 기존 기업의 생산단가 경쟁력을 따라잡기 어렵다.
- 자연독점은 전력, 상하수도 등 공공부문에서 운영하는 경우가 일반적이다.

- 한편 제품 생산에 필수적인 원재료를 독점함으로써 자연스럽게 독점이 되는 경우도 있다.

묶어팔기, 끼워팔기

- 묶어팔기: 두 개 이상의 재화를 묶어서 판매하는 것으로 햄버거 상점의 세트메뉴가 대표적이다. 소비자들이 서로 다른 수요를 가지고 있으나 가격차별을 하기 어려울 때 묶어팔기를 통해서 매출을 늘릴 수 있다.
- 끼워팔기: 주된 재화를 구매하려면 반드시 부수적인 재화도 구매하도록 하는 것이다.

(4) 독점적 경쟁시장(monopolistic competition)

- 다수의 공급자와 수요자가 존재하지만 공급자가 차별화된 상품에 대한 독점적 지위를 누릴 수 있는 시장을 말한다. 따라서 자신의 상품에 대한 가격 결정자의 역할을 한다.
- 본질적으로는 동일한 상품이라도 다소간 이질적인 특성을 가지고 있어서 가격을 인상해도 고객의 전부를 잃지는 않는다.
- 생산자가 매출을 늘리려면 가격을 인하하거나 광고를 하는 등 경쟁적 입장에 처하게 된다.
- 독점적 경쟁시장에서 이윤이 크게 발생하면 새로운 진입자가 차별화된 상품을 갖고서 나타난다. 그러면 기존의 기업들이 보유하고 있던 수요가 감소할 수 있다(기존기업의 수요곡선이 좌측으로 이동한다).
- 차별화된 상품을 공급하는 독점적 경쟁시장에서는 소비자들의 다양한 욕구 충족이 가능하지만, 비가격경쟁이 심해지고 그것이 결국은 가격 상승으로 이어질 수 있다.
- 따라서 독점적 경쟁시장의 장기균형 상태에서 기업의 경제적 이윤은 발생하지 않는다.
- 독점적 경쟁시장의 예로는 미장원, 출판업 등이 있으며, 주변에서 쉽게 찾아 볼 수 있다.

그림 33 독점적 경쟁시장의 단기균형

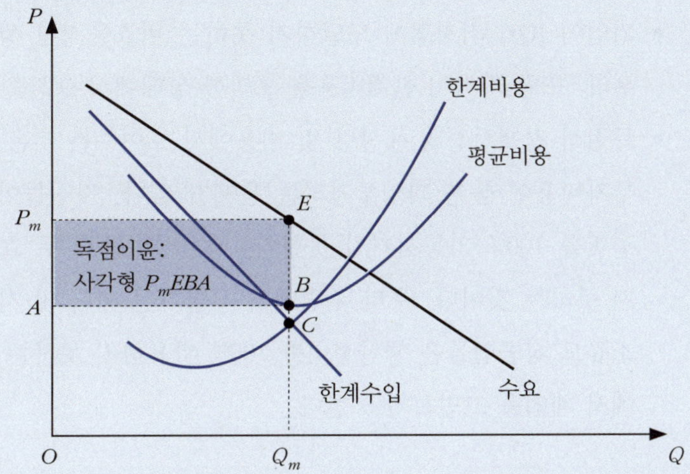

그림 34 독점적 경쟁시장의 장기균형

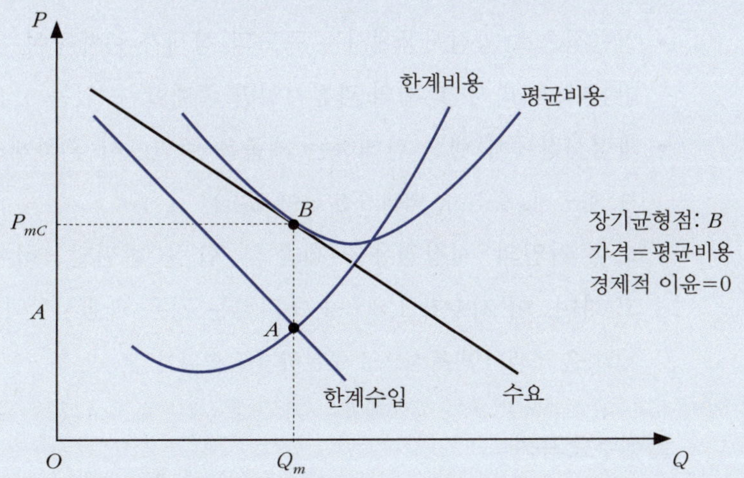

독점적 경쟁시장의 비효율성

- 독점적 경쟁시장 균형의 생산량은 $P>MC$, $P=ATC$
- 기업이 ATC 최저점에 도달하지 못하는 비효율적인 생산점을 선택하게 된다. 또한 가격이 한계비용을 초과한 상태에서 생산을 멈추고 있다.
- 독점적 경쟁시장의 생산량 및 비용에서 보여주는 것은 생산량에 비하여 투자비용이 높은 과잉투자라는 문제가 있다. 자신들이 갖고 있는 생산설비를 100% 가동시키지 못한다. 생산설비를 모두 효율적으로 사용하지 못하는 것이다. 우리 주변에서 차별화된 재화 및 서비스를 판매하는 소규모 상공인들은 생산설비를 100% 활용하지 못하는 비효율적 생산점에서 폐업을 고민하기도 한다.

(5) 과점시장(oligopoly)

소수의 기업이 전체 생산의 대부분을 차지하는 시장을 말하며, 기업이 두 개인 경우는 복점(duopoly)이라고 한다.

- 일반적으로 과점시장에서는 규모의 경제가 존재하여 대규모 투자를 수반한다. 따라서 몇 개의 과점기업만 존재할 수 있는 시장이다.
- 과점시장에서 생산 판매하는 제품은 주변에서 흔하게 볼 수 있다(자동차, 항공사, 통신사, 백색가전 등이 있다).
- 소수 기업의 '시장점유율 제곱'의 '합'을 허핀달－허쉬만지수(HHI)라고 하며, 이 지수가 1,800을 초과하는 경우 과점시장이라고 한다(HHI가 4,000을 초과하면 독점으로 구분하기도 한다).

굴절수요곡선

과점시장에서 상대편 기업이 가격을 인상하여도 가격을 따라서 올리지 않고, 상대편이 상품가격을 인하할 때에는 자신의 상품가격을 같이 인하하는 경향을 찾을 수 있다.

그림 35 과장시장의 굴절수요곡선

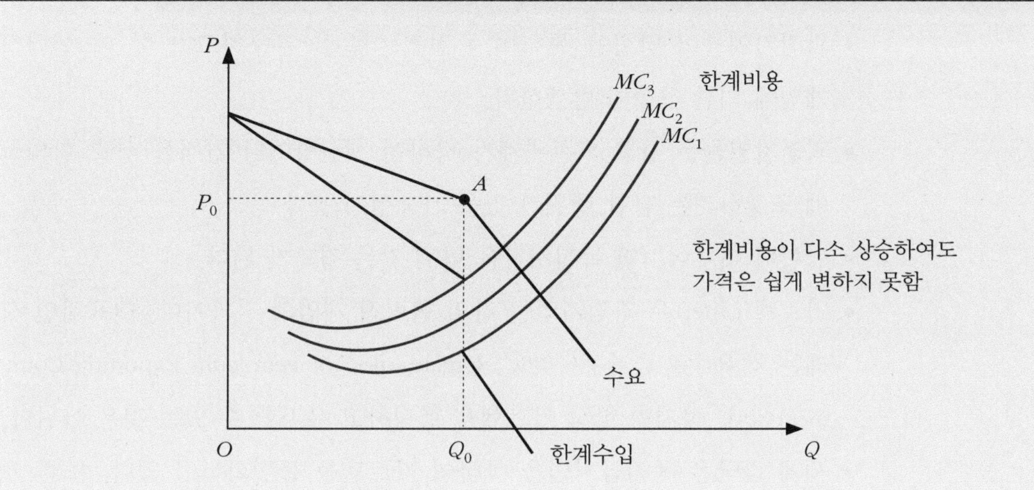

- 따라서 자신의 상품 가격을 인상하면 그 상품의 수요량 감소가 크게 나타나고
- 가격을 인하할 때 그 상품의 수요량 증가는 크지 않다.
- 따라서 일정가격 이상의 구간은 가격 탄력적인 수요를 보이지만, 일정가격 이하의 구간은 가격 비탄력적 수요를 나타낸다.
- 이와 같이 과점시장의 수요곡선이 굴절된 모양을 나타낸다.
- 굴절수요곡선에서 한계수입곡선을 찾으면 비연속구간이 발생한다.
- 그 구간에서 기업의 한계비용이 변화하여도 가격은 일정수준에 고정되는 형태이다. 굴절수요곡선을 갖게 되면 일정수준에서 가격을 쉽게 변화하기 어렵다.
- 굴절수요곡선 이론의 문제점은 최초의 가격이 어떻게 형성되는지 설명할 수 없다는 것이다.

수요와 공급 등으로 과점시장의 균형 생산점을 찾는 이론은 산업조직론 등에서 수식을 이용하여 찾는다. 경제학 입문자를 위한 원론수준에서는 과점시장의 균형상태를 게임이론을 적용하여 찾을 수 있다. 과점시장에서는 경쟁시장과 다르게 협력적 게임과 비협력적 게임에 의한 균형을 찾을 수 있다.

협력적 게임에 의한 균형

- 과점기업들이 담합을 통하여 독점적 이윤을 추구하고자 할 때 협력적 게임에 의한 균형이 발생한다.
- 과점기업들은 상호 의존관계가 강하여 생산량이나 가격을 상호 합의하에 조절하려는 담합 행위가 있을 가능성이 높다.
- 담합이 이루어지면 독점시장을 나눠 갖는 결과가 된다.
- 카르텔(cartel)은 과점기업들 간의 협력적 게임의 결과이다. 대표적인 사례는 석유수출국기구(OPEC; Organization of Petroleum Exporting Countries)이다. 하지만 항상 카르텔을 형성하고 유지할 수 있는 것은 아니다.
- 세계 각국은 독점금지법을 통하여 카르텔을 불법화하고 있다. 또한 카르텔 기업 간 이윤 배분 문제에 대한 이견으로 카르텔이 붕괴되기도 한다. OPEC도 산유량 합의에 어려움을 겪거나, 결정된 합의가 지켜지지 않는 경우를 흔치 않게 볼 수 있다.
- 협력 또는 담합이 가능한가? 이에 대한 답은 부정적이다. 특히 게임이 반복되어도 언젠가는 그 게임이 종료되는 경우에는 담합이 유지되기 어려울 것이라는 견해가 지배적이다. 서로 상대를 속이려는 기업의 특성 때문이다. 만일 게임이 무한 반복되거나, 게임 결과에 대한 구성원의 사적인 보복이 가능한 경우에 담합이 유지될 가능성도 있다.

비협력적 게임에 의한 균형

과점기업들 간의 협력이 이루어지지 않으면서 서로 경쟁을 하는 경우에 비협력적 게임에 의한 균형이 발생한다. 과점기업들 간의 경쟁을 분석하는 이론으로 쿠르노 균형, 스태클버그 균형, 베르트랑 균형이 있다.

- 쿠르노(Cournot) 복점: 두 기업이 생산량으로 경쟁을 하는 것으로 상대기업의 생산량을 주어진 것으로 보고 최적반응함수를 이용하여 이에 대한 균형생산량을 결정하지만 생산량 결정은 동시에 이루어진다. 쿠르노-내시균형이라고도 하며, 시장 생산량은 독점보다는 많고 완전경쟁보다

는 적으며, 가격은 독점 가격보다는 낮지만 완전경쟁 가격보다는 높다.

- 스태클버그(Stackelberg) 복점: 생산량으로 경쟁하는 형태는 쿠르노 복점과 같으나, 두 기업 중 하나는 지배적 사업자, 나머지는 추종자라는 관계가 설정되어 있다. 스태클버그 복점에서는 지배적 사업자가 먼저 생산량을 결정하고 추종자는 지배적 사업자의 생산량 결정 결과를 보고 자신의 생산량을 결정한다. 결과적으로 쿠르노 복점보다 시장 생산량은 더 많고, 가격은 더 하락하지만 여전히 완전경쟁시장보다는 생산량이 적고 가격은 높다.
- 베르트랑(Bertland) 복점: 베르트랑 복점은 가격으로 경쟁을 한다. 결과적으로 베르트랑 복점에서는 $P=MC$의 조건이 충족될 때까지 서로 경쟁을 하게 되고 완전경쟁시장과 같은 결과를 가져오게 된다.

효율성의 그림자

유명한 음식점 앞에 길게 줄 서 있는 모습을 보면 수익이 얼마인지 궁금하다. 너무 궁금해서 주인에게 물어보면 '남는 것 하나도 없다'고 한다. 정말 남는 게 없이 왜 이런 고생을 하는지 의문이다.

음식점은 경쟁이 심해서 가격을 최대한 낮추려 한다. 낮은 이윤으로 판매량을 늘리는 박리다매 전략을 사용한다. 치열한 가격경쟁으로 업체들은 대부분 낮은 가격을 책정한다. 따라서 생산비용을 낮춰야 생존 가능성이 높아진다. 생산단가라고 부르는 평균비용*을 낮추고, 생산단가, 평균비용이 최저점에 이르는 생산량을 찾아야 한다. 대규모 생산시설을 갖추면 평균비용을 줄일 수 있다. 대규모 업체들은 원자재를 대량 구입하는 방식 등으로 비용을 절감한다. 다른 경쟁업체도 유사한 전략을 사용하기 때문에 경쟁자는 증가하고 시장 가격이 낮

---

* 총비용을 총생산량으로 나눈 것. 생산원가를 생산수량으로 나눈 것으로 평균비용은 단위당 비용을 나타낸다. 상품 1개 단위당 비용을 가격과 비교하여 가격이 평균비용보다 높으면 수익이 발생할 것으로 예상한다. 경쟁시장의 기업은 평균비용을 낮추기 위해 노력한다. 때로는 경영방식을 바꾸면서 생산효율성은 높이고 비효율적인 요소는 제거한다.

아진다. 반면에 소비자의 상품소비 편익은 높아진다.

진입장벽이 낮은 완전경쟁시장에서 기업들은 언제든 새로운 경쟁업체를 만날 수 있다. 효율성이 떨어진 업체는 경쟁에 뒤지기 때문에 새로운 기술을 개발하거나 효율적인 경영방식을 도입하여 살아남으려고 노력한다. 그렇지 못한 경쟁력 없는 기업은 시장에서 퇴출된다. 수익이 낮은 사업을 유지하는 것보다 다른 일을 찾는 편이 나을 것이라고 판단하면, 과감하게 사업을 접고 다른 사업으로 업종을 변경해야 한다.

만일 현재 사업에서 발생하는 수익이 다른 일을 하면서 발생하는 수익과 같다면 다른 업종으로 변경할 필요가 없다. 능력만큼 수익이 발생하고 있는 것이다. 이들은 자신이 좋아하는 분야를 선택하면 된다. 선택하면서 포기한 것의 가치, 그러니까 현재 사업을 선택하면서 포기한 다른 사업 수익은 비용으로 취급한다. 이것을 경제학에서는 암묵적 비용으로 계산하고 명시적인 비용과 합하여 기회비용으로 산정한다. 회계상 이윤이 발생해도 암묵적 비용이 높으면, 경제적 이윤은 없을 수 있다. 위의 음식점 주인의 '남는 것 하나도 없다'는 얘기를 충분히 이해할 수 있다.

완전경쟁시장은 사회적으로 바람직한 생산점에 도달하는 효율적인 시장이다. 하지만 능력만큼 수입이 발생하는 이 시장은 잔인하다. 만일 능력이 부족하면 수입이 부족하고, 능력이 전혀 없으면 수입도 없다. 능력 없는 사람들은 존재의 이유가 없다. 살고 싶으면 열심히 자신의 능력을 개발해야 한다. 살기 위해서 발버둥치는, 싫어도 피할 수 없는, 그런 모습도 상상하게 된다.

잔인한 사회에 살고 있는 능력 없는 사람들을 위한 대책이 필요하다. 사업에 실패하면 거의 모든 것을 잃는다. 대형 사고를 당해도 더 이상 일을 할 수 없기 때문에 저소득층으로 추락한다. 이러한 사람들이 재기할 기회를 주는 '사회안전망'이 필요하다. 생산능력을 높일 수 있는 재교육 또는 경력 단절자의 재취업 기회를 정부가 제공해야 한다. 국가는 다양한 방법으로 능력이 부족하거나 능력을 잃게 된 사람들의 생존을 보장한다.

사회보장제도를 강화하자는 의견에 반대할 사람은 없다. 그 비용을 누가 얼마나 부담해야 하는지 논의가 시작되는 순간에 싸움이 시작된다. 나를 제외한 다른 사람들이 비용을 부담한다면 싫어할 사람은 없다. 서로 부담은 갖지 않고 혜택만 받으려 하면 재정악화 문제 때문에 사회보장제도 범위를 축소시켜야 한다는 의견이 힘을 얻는다. 결국 빈곤층의 안정적인 삶을 보장할 수 있는 사회적 안전망은 약해진다. 빈곤층의 불만이 하늘을 찌르고 표출되어 범죄 등 또 다른 사회 문제가 나타나게 된다.

중산층 비중이 높으면 정책 선택에 대한 이견 때문에 사회보장제도가 부실해지는 문제는 줄어든다. 비슷한 위치의 사람들이 자신들의 삶을 안정적으로 유지할 수 있는 방안에 반대할 이유가 없기 때문이다. 평등한 사회구조에서 사회보장 비용부담도 비슷한 수준이 되기 때문에 합의점을 찾기에 어려움은 없을 것이다. 사회보장제도 선택의 합의 과정에서 나타나는 계층 간 마찰의 수위는 소득불평등 수준을 표현한다고 판단해도 좋다.

비교정태분석

지금 이 순간, 편안한 시간을 보내고 있다면 시간을 멈추고 편안함이 지속되기를 바란다. 국가경제를 바라보는 학자들도 안정적인 상황을 갈망한다. 수요와 공급의 균형 상태가 늘 유지되면 사람들은 안정적인 생활을 한다. 판매되지 않아서 버려지는 상품이 없고, 구매자가 원하는 상품은 항상 구할 수 있다. 시장 균형은 수요자와 공급자 모두 원하는 바를 이루는 상태이다.

시장 상황이 변하면 수급의 균형 상태를 계속 유지할 수 없다. 원하는 상품을 구하지 못하거나 생산한 상품을 판매하지 못하는 경우가 발생한다. 예를 들어 수산물 시장의 물고기에서 세슘이나 방사능 물질이 발견되면, 수산물 시장은 엄청난 타격을 받게 된다. 많은 사람들이 수산물 소비에 거부감을 보인다. 세슘에 오염된 물고기 때문에 수산물에 대한 수요가 감소하고 새로운 균형점에서 시장 가격은 하락한 것으로 나타난다. 최초 균형점에서 새로운 균형점으로 옮겨진 결과만 분석하면, 낮아진 가격에서 찾은 새로운 수급의 균형상태만을 설명하게 된다. 시간이 변화하는 과정에서 나타나는 현상은 생략한다.

그 과정에서 수산물 시장 공급자는 어려운 시간을 보낸다. 수요가 감소하는 과정에서 생산자의 판매량은 위축되고 이들의 소득이 감소한다. 누군가는 시장에서 퇴출되고, 살아남은 판매자들이 낮아진 가격과 이윤으로 살아간다. 사업 실패를 겪어보았다면 이해할 것이다. 이들이 얼마나 힘든 시간을 보냈을까? 경제학원론 수준의 시장균형점 변화에 대한 설명에서는 가계와 기업이 힘들게 살아가는 과정을 건너뛴다. 수요 변화 이전과 이후의 균형가격과 균형거래량을 비교한다. 그리고 더 이상 변화가 없는 상황에서 어떠한 결과가 나타났는지 분석한다. 이러한 분석방법을 비교정태분석이라 부른다.

경제학을 처음 접하는 학생들은 비교정태분석을 받아들이기 어려워한다. 시장의 현실은 간략하게 가정하고, 시간 변화는 고려하지 않고, 시장 범위는 줄이고서, 단 하나의 사건에 대한 시장의 반응을 분석한다. 분석 결과는 명쾌하지만 현실과 동떨어진 결과라고 생각된다. 그래서 처음 경제학을 접하는 학생들이 받아들이기 힘들다.

경제학에서는 분석 가능한 수준으로 현실을 단순하게 가정하고, 논리적인 전개 과정을 익힌다. 만일 시간 변화를 포함해서 수산물 시장과 관련된 모든 변수의 움직임을 설명하고, 다른 변수들을 동시에 고려한다면, 분석은 힘들고 예측은 벗어나기 쉽다.

경제이론을 정책으로 적용하려면 많은 연구가 필요하다. 현황, 문제점, 원인을 찾고 문제 해결을 위한 정책방안을 구상하고 정책 효과의 진행 과정을 예상한다. 단순화된 이론을 현실에 적용, 확대하는 과정이 필요하다. 정책 입안자는 경제 상황을 인식하고 정책 효과를 예측하기에 정책을 실행한다. 이들의 예측 능력이 100% 정확할 수 없겠지만, 최대한 예측 능력을 높여야 국민들이 편안하다. 인간의 경제활동을 대상으로 정책을 실험할 수 없다.

정책 입안자가 이론과 현실을 구분하지 못하면 국민들이 고생한다. 학자의 이론적 주장이 훌륭해도 이상적인 이론은 모두 정책으로 반영될 수 없다. 새로운 정책 방향과 새로운 균형점이 좋다는 것을 국민들이 이해해도, 균형점 변화 과정에서 얼마나 많은 사람들이 얼마나 오랫동안 힘들게 살아야 하는지 모르면 그것은 '정책실험'이 될 뿐이다. 정책입안자가 경제이론을 현실에 적용하려면 먼저 경제현실을 명확하게 이해하고 있어야 한다. 현재의 사회상태에서 어떠한 방향을 선택하고 어떻게 이상적인 상태로 변화시켜야 국민들의 고통이 없고 가장 효율적인 정책으로 작동할지 설명할 수 있어야 한다. 또한 시장 참여자들의 선택을 예측할 수 있는 정책이 만들어져야 한다.

시장의 변화 과정에서 과잉 경쟁시장에 진입한 자영업자들을 탓하지 말고, 그들이 선택할 수 있는 삶의 수단을 다양하게 만들지 못한 정책입안자의 능력을 살펴야 한다.

기존시장이 부정적이라는 이유 때문에 시장의 변화과정에서 새로운 기술이 삶의 수단으로 자리 잡는 사람들을 막아설 수 없다. 신기술을 적용한 사업은 자유롭게 시작하고, 저물어가는 시장에는 기업의 퇴로를 마련하여 모두 새로운 균형을 찾아 생존할 수 있는 방안을 모색해야 한다.

소비자 차별대우

모든 사람은 다르다. 나와 같은 사람은 세상에 존재하지 않는다. 비슷한 환경에서 자라도 다른 모습을 한다. 비슷한 사회적 위치에 있어도 꿈꾸는 미래가 다르다. 같은 하늘을 바라보아도 떠오르는 생각이 같지 않다.

마트의 라면 값도 다르다. 동일한 상품인데 구매 수량에 따라 가격이 달라진다. 비행기 탑승권이나 영화관 입장료도 요일 또는 시간에 따라 가격이 다르다. 동일한 상품에 다른 가격을 제시하고 있다. 차별이다. 차별대우를 받으면 기분 나쁘다. 무엇 때문인가? 나이가 많아서 차별대우를 받기도 하고, 바빠서 차별대우를 받기도 한다. 어린이와 어른의 목욕탕 입장 가격이 다르다. 평일에 여행을 갈 수 없는 직장인은 주말에 동일한 좌석을 평일보다 비싼 가격으로 비행기 표를 구입한다. 한국과 미국을 오고가는 비행기 표 가격은 미국에서 출발하는 비행기 표 가격이 싸다. 그래서 미국에 자주 오가는 사람들은 미국에서 왕복 비행기 표를 구입하는 것이 유리하다.

엄청나게 목마르고 배고픈 사람이 있다고 하자. 그 사람 앞에 사과 한 개를 내밀었다. 얼마냐고 묻는 질문에 '얼마에 사겠느냐'고 되묻는다. 목마르고 배고픈 사람이 느끼는 사과의 가치는 어느 정도일까? 그리고 자신이 지불할 수 있는 능력이 되는 만큼 가격을 제시할 가능성이 크다. 판매자는 소비자의 사과에 대한 가치, 그리고 지불 의도만큼 사과 가격을 받는다. 동일한 상품에 사람마다 다른 가격이 책정된다.

다른 경우를 보자. 혼자서 달콤한 도넛을 한두 개 먹고 싶었는데, 친구들에게도 도넛을 나눠주는 선행을 베풀게 되는 경우를 생각해보자. 도넛 2개와 6개의 가격은 별 차이가 없고, 도넛 6개와 12개 그리고 24개의 가격 차이도 크지 않다. 2개만 사려다 24개 도넛을 사게 되기도 한다. 구입량에 따라서 가격이 달라진다. 많이 구입하는 사람들에겐 좋아 보이지만, 한두 개 구입하려는 사람들에겐 왠지 손해 보는 느낌이다.

한국과 미국에서 판매되는 동일한 자동차 가격이 다르다. 미국에서 구입한 자동차를 한국에서 판매하려면 운송비, 세금 등 추가비용이 발생한다. 그 세금 및 운송비용 등을 포함한 가격이 국내에서 판매되고 있는 자동차 가격보다 높으면 미국에서 구입해서 한국에 들여오지 않는다. 아주 오래전에는 미국에서 판매되는 자동차 품질이 한국에서 생산되는 자동차의 품질보다 좋고 가격도 싸다는 소문 때문에, 미국에 잠시 머물다 오는 사람들이 한국산 자동차를 미국에서 구입해서 들여오는 경우가 종종 있었다.

품질이 더 좋은 자동차를 해외 시장에서 더 낮은 가격에 판매하면 국내 소비자는 손해를 입는다. 해외에서 발생하는 기업의 손실을 국내 소비자들이 메워주는 역할을 하여 일종의 수출기업 보조금을 소비자가 기업에게 지급하는 것과 같다. 최근에는 많은 실험과 홍보 등으로 자동차 관련 품질과 가격 관련 불만은 많이 진정되었다. 해외나 국내에서 판매되는 자동차 품질이 동일하다고 한다. 동일한 상품을 다른 가격으로 판매하는 일은 시장 지배력이 강한 기업만 할 수 있는 일이다. 힘없는 소비자는 차별대우를 받아도 저항할 수 없다. 독점기업은 저항하지 못하는 소비자로부터 높은 이윤을 남긴다. 독점기업의 가격차별은 사라져야 하는 사회현상 중 하나이다.

홍보의 본질

개인이 자기 자신을 알리는 활동을 자기 PR(Public Relation)이라고 한다. 신문 독자란에 기고하거나, SNS(Social Network Service)를 활용한다. 자신의 활동을 사진으로 보이기도 하고 자신의 상태를 표현한다. 자신의 가치를 네트워크 공간에서 높이는 행위이다. 남들과 동일하고 평범한 내용은 찾기 힘들다. 높은 산이나 아름다운 배경과 함께하는 자신의 모습, 유명한 음식점, 반려동물 등 소재도 다양하다. 공통점은 남들과 뭔가 다르다는 것에 있다.

이제 상품정보가 알려지는 과정을 생각해보자. 상품은 판매되는 시장에 따라서 광고행위가 달라진다. 무수히 많은 생산자가 동일한 상품을 판매하는 시장, 내가 만드는 상품과 다른 사람이 만드는 상품의 차이가 전혀 없는 시장, 그리고 모든 상품에 대한 정보를 소비자들이 갖고 있는 시장, 이미 소비자들에게 알려진 동일한 상품을 생산하는 시장이라면 나의 상품을 홍보할 이유가 없다. SNS에 자기를 홍보하는 사람들도 남들과 동일하거나 이미 알려진 정보는 올리지 않는다. 식상하다는 댓글을 보거나 '싫어요'에 한 표가 올라간다. 이미 알고 있는 정보를 보면서 즐거워하는 사람은 드물다.

수요자는 상품을 구입하기 위해 상품 정보를 탐색한다. 인터넷 검색으로 상품 정보를 파악하고 구입을 결정한다. 재료, 원산지 및 재원 등으로 상품을 파악하고 구입을 결정한다. 예를 들어 자전거를 구입한다고 하자. 자전거 바퀴의 크기, 기어, 안장 등 다양한 요소들을 보면 자신이 원하는 상품을 결정할 수 있다. 직접 타보지 않아도 상품의 성능과 가격을 비교하고 구입을 결정할 수 있다.

상품 검색만으로 구입을 결정하지 못하는 경우도 있다. 예를 들면 완전히 새로운 소프트웨어 등이다. 새로운 소프트웨어에 대한 설명을 아무리 자세하게 해도 소비자는 한 번도 사용한 경험이 없기 때문에 상품 구입을 결정하지 못한다. 이런 경우에는 대부분 시험용 소프트웨어를 배포한다. 신제품을 일정기간 무료로 배포하여 소비자들이 직접 상품을 사용해보고 구입을 결정하도록 유도한다.

소비자들의 상품검색 또는 소비경험을 유도하는 방법을 홍보, 마케팅이라고 한다. 상품 홍보는 소비자에게 상품의 특성을 알려주고 브랜드에 친숙하게 한다. 소비자의 브랜드 충성도를 높이면 기업은 새로운 상품으로 시장을 공략하기 쉬워진다. 브랜드 충성도는 홍보만으로 확보할 수 없다. 상품의 품질과 서비스 수준 등이 높아야 한다. 또한 기업은 사회적 기여 관련 홍보에 적극적으로 나선다. 해외 빈곤층 아동 지원, 저개발국 교육시설 건립, 국내 유기견 보호, 환경보호 등 다양한 사회적 기여에 나서는 기업들이 있다. 기업의 사회적 기여는 기업 이미지를 개선하고 브랜드 충성도를 높인다. 반대로 사회적 물의를 일으킨 기업은 브랜드 충성도에 치명적인 타격을 입는다. 여기에서 '물의(物議)'란 '어떤 사람 또는 단체의 처사에 대하여 많은 사람이 이러쿵저러쿵 논평하는 상태'라고 한다. 사회적 물의를 일으켜 죄송하다는 얘기와 함께 머리를 숙이는 기업 총수 또는 기업 일가를 간혹 본다. 사회적 물의를 일으키는 기업인의 행위는 기업 전체에 엄청난 손실을 가져온다. 추락하는 브랜드 이미지를 되살리기 위해서는 엄청난 노력과 비용이 소요된다. 이와 같이 기업의 사회적 책임 활동과 제품 선호도의 연관성은 크다. 기업들이 엄청난 홍보 비용을 지불하는 이유는 브랜드 친숙도 또는 충성도를 높이는 데 있다.

기업에게 홍보의 본질은 상품정보 제공 및 시장 진입에 있다. 우리들에게 가장 익숙한 홍보는 주로 대기업이 배포한 홍보다. 가전제품, 핸드폰, 통신사, 자동차, 항공사 등 국내 과점시장*의 홍보는 전체 홍보시장에서 차지하는 비중이 크다. 과점시장에 속한 기업의 홍보 활동은 다른 기업의 시장을 빼앗거나, 자신의 시장을 빼앗기지 않기 위한 노력이다. 과점시장의 고객 확보는 기업 수익에 큰 영향을 미친다. 2018년 무선통신 서비스 국내시장 규모는 약 25조 원에 달한다. 이 시장의 1% 확보는 기업수익에 엄청난 영향을 미친다. 과점시장에서 활동하는 대기업의 홍보 전쟁은 불가피하다.

중소기업이 홍보에 성공해서 성과를 이룬 경우도 있다. '남자한테 참~~ 좋은데 말로 설명할 수가 없네.'라는 광고 카피로 빠르게 성장한 중소기업이 있었다. 이런 경우를 보면 중소기업에게도 홍보를 통한 성공의 기회가 전혀 없지 않다. 대부분 중소기업은 홍보에 치중하지 않거나 치중하지 못한다. 유사한 상품 정보를 제공하기도 부담되고, 시장규모도 그러 크지 않고, 규모의 경제를 달성하는 생산규모도 아니고, 기존 거래처와 밀접한 관계가 구축되어 있기 때문에 홍보 방식이 일반 대중을 상대로 하지 않고, 홍보에 지출할 만큼 충분한 사업수익이 발생하지 못하기도 한다. 다양한 이유로 중소기업은 홍보에 매달리기

---

* 과점시장 : 소수의 기업이 서로 경쟁하면서 시장에 상품을 생산하고 공급한다. 건설사, 항공사, 가전제품, 자동차 등 주요 상품들이 과점시장에 속한다. 시장 점유율이 조금만 높아져도 판매량의 차이가 크다. 간혹 건설시장에서 담합의혹 등으로 조사하는 경우도 있지만 대부분 경쟁관계를 유지한다.

어렵다. 그렇다고 포기할 수 없는 홍보를 어떻게 해야 좋을지 고민이다. 기업들은 남들이 하는 만큼은 홍보를 해야만 현재 상태를 유지할 수 있다는 사실을 잘 알고 있다. 경기변동 그리고 불확실성을 이겨 나가려면 기업은 상품의 품질을 향상시키고, 그 사실을 소비자에게 알려야 한다. 기업은 적정한 홍보 수준을 찾기 위해 최적의 홍보형태를 분석한다.

홍보 경쟁

특화된 상품이나 새로운 상품은 소비자에게 알려야 할 내용이 많아진다. 그러한 상품이 많은 시장은 독점적 경쟁시장과 과점시장이다. 독점적 경쟁시장에 속한 미장원, 출판사, 음식점 등 다양한 기업들은 남들과 다른 차별화한 제품 또는 서비스를 제공하는 경우가 많다. 남성 커트 전문 미장원, 두피 관리 전문 미장원, 결혼 등 행사 전문 미장원 등 다양한 서비스를 제공하고 있다. 간단한 커트를 원하는 남성이 결혼 등 행사 전문 서비스를 원하지 않고, 두피 관리를 받으려는 중년 부인에게 남성 전용 커트 서비스는 필요 없다. 서비스 제공자와 수요자 간의 정보 교환이 원활해야 한다. 홍보가 이들의 수요와 공급을 연결하는 데 도움을 준다.

독점적 경쟁시장에 속한 중소기업의 홍보 방식은 과점시장 대기업의 홍보 방식과 조금 다르다. 독점적 경쟁시장에서 수요자를 확보한 중소기업은 자신만의 상품으로 자신만의 시장을 확보하고 있다. 시장 트렌드 등 시장의 변화를 민감하게 받아들이고 차별화된 상품으로 고객을 확보하지만, 과점시장의 대기업 같은 대규모의 홍보 비용을 지출하지 않는다. 고객들의 입소문으로 고객을 충분히 유치할 수 있는 생산규모를 갖추고 있다. 생산규모를 지역단위에서 전국단위로 확대하기 위한 전략을 세우기도 하지만 그런 기업은 보기 드물다. 일단 독점적 경쟁시장에서 기업의 생존확률이 낮고, 생존에 성공하여도 새로운 경쟁자들이 밀려오기 때문에 지속 경영이 쉽지 않다.

독점적 경쟁시장에서 가장 어려운 기업은 신규 진입자다. 신규 시장 진입자의 홍보가 가장 활발하다. 차별화된 상품으로 시장에 진입하는 신규 사업자에게 홍보는 필수다. 상품의 장점 및 특징 등의 상품정보를 배포하고 고객을 확보해야 독점적 경쟁시장에서 생존할 수 있다. 아무리 자신의 상품이 우수해도 고객들이 상품정보를 접하지 못하면 상품은 판매되지 않는다. 신규 진입자는 자신의 새로운 상품의 홍보 전략을 찾는다. 무수히 많은 공급자들이 있는 시장에서 자신의 상품을 홍보하고 고객이 인식하기를 바라고 있다. 다른 기업의 상품보다 인식하기 좋은 위치에 효과적으로 상품을 진열해야 한다.

주변 지역의 고객을 대상으로 기업을 운영하는 미장원 등은 개업과 동시에 할인 행사를 펼친다. 지역 고객을 대상으로 영업하는 경우와 전국 고객을 대상으로 영업하는 경우, 기업의 홍보 전략은 달라진다. 전국의 고객을 대상으로 영업하는 업종 중 하나가 출판사다. 출판업은 하루에 100개 이상의 기업이 진입하고 100개 이상의 기업이 퇴출한다는 소문이 있다. 출판시장은 진입 퇴출이 자유롭고 차별화된 상품을 제공한다. 출판업은 미장원과 달리 전국의 고객을 대상으로 제품을 판매한다. 수많은 출판사의 셀 수 없을 정도의 도서들이 판매되고 있다. 자신의 상품이 고객의 시선을 사로잡을 수 있도록 홍보해야 한다. 출판업 신규 진입자는 수만 종의 책들이 판매되는 시장에서 경쟁한다. 자신이 제작한 한 권의 도서를 홍보하고 판매한다. 이러한 시장에서 신규 사업자들이 순조로운 성장을 기대하기 어렵다.

홍보는 진입장벽의 역할을 한다. 신규 사업자에게 홍보는 자신의 상품을 알리는 기회로 사용되지만, 기존 사업자에게 홍보는 보호막 역할을 하기도 한다. 기술이 발전하여 대량생산이 가능한 시대이다. 이미 알려진 기업 또는 성장 괘도에 오른 '전국구' 기업의 생산규모는 비교적 크다. 이들의 매출액 대비 홍보 비용 비중은 낮지만 홍보지출 규모는 신규 사업자보다 크다. 엄청난 홍보 마케팅 비용을 지출하는 기존 대형 업체와 비교하면 유사한 상품을 생산하는 신규 소규모 사업자의 홍보 지출은 거의 없는 수준이다. 출판업의 경우, 수많은 도서들이 판매되고, 독자들은 감소하고, 특화된 분야의 도서는 일부 독자층에 한정되어 있기 때문에 홍보 효과는 제한적이기 때문에 신규 기업은 홍보 효과를 기대하기 어렵다. 만일 홍보 효과를 기대하려면 대기업 수준의 홍보 지출이 지속되어야 한다. 엄청난 규모의 홍보 지출 리스크를 감당하기 어려운 신규 사업자에게 홍보는 일종의 진입장벽 역할을 한다.

2 게임이론

(1) 의 미

게임이론은 주어진 전략적 상황에서 사람들이 서로의 행위를 예상하고 자신의 전략을 결정하는 과정을 이론적으로 설명한다.

- 전략적 상황이라 함은 자신의 선택이 성공할지 여부가 그에 대응한 상대방의 선택에 의존적인 상황, 다시 말해서 상대방의 대응을 미리 감안해서 선택해야 하는 상황을 말한다.
- 초기에는 제로섬 게임(zero-sum game)의 분석으로 시작했으나 점차 이론이 발전하여 확률적 분석을 포함한 순차적 연속 게임 등 제로섬이 아닌 상황까지 확장되었다.
- 복점시장에서 기업의 의사결정을 수학적으로 이론화하였다.

게임이론은 게임에서 균형을 찾는 것이다. 게임의 균형은 게임에 참여한 각 개체들이 더 이상 전략적 선택을 바꾸지 않는 상황이다.

- 게임의 균형이 게임 참여자에게 반드시 최적의 자원배분을 보장하는 것은 아니며, 사회적으로도 최적의 선택을 보장하지 않는다. 단지 전략적 선택을 바꿀 유인이 없는 상태라는 것이다.
- 기업 A와 기업 B는 각자 전략을 선택한다고 하자. 기업 A가 전략을 선택하고 기업 B가 기업 A의 전략 선택 이후에 전략을 선택하였을 때, 기업 A가 기존의 전략을 변경하지 않으면 게임의 균형이다. 반대로도 동일하다. 기업 B가 전략을 선택하고서 기업 A가 전략을 선택하였을 때 기업 B가 전략을 변경하지 않으면 균형이다.

(2) 게임의 구성요소

모든 게임은 경기자, 전략, 보수의 3가지 요소가 갖춰져야 한다.

- 경기자: 자신의 이익을 극대화하기 위하여 합리적으로 사고해야 한다.
- 전략: 여러 가지 대안 중에서 어떤 대안을 택할 것인지에 대한 계획이다.
- 보수: 선택한 전략의 결과에 따라 얻게 되는 이익(또는 효용)이다.

(3) 게임의 종류

게임은 구분에 따라 여러 가지 종류로 나뉜다.

- 경기자들 간의 협조 여부에 따라서 협조적 게임(담합이나 카르텔)과 비협조적 게임으로 구분해볼 수 있다.
- 보수의 합이 0이면 제로섬 게임(zero-sum game), 0이 아니면 넌-제로섬 게임(non zero-sum game)으로 구분한다.
- 경기자들의 보수의 합이 항상 일정하면 정합 게임, 일정하지 않으면 비정합 게임이라고 한다.
- 상대방의 선택을 알고 있는 상태에서 선택을 하는 게임은 완전정보 게임, 어떤 선택을 했는지 모르는 상태에서 선택을 하는 경우는 불완전정보 게임이라고 한다.
- 경기자들이 동시에 선택을 하면 동시게임, 한 명씩 차례대로 선택을 하는 경우는 순차게임이다.
- 게임을 한 번만 하고 끝나면 일회 게임이고, 반복해서 여러 번 하는 경우는 반복 게임이라고 한다.

(4) 내시균형과 우월전략균형

내시균형(nash equilibrium)

- 게임이론에서 경쟁자의 대응에 따라 최선의 선택을 함으로써 서로가 자신의 선택을 바꿀 유인이 없어진 상태를 말한다.

그림 36 게임: 내시균형

<table>
<tr><td colspan="2" rowspan="2">선택
(보수: 수익, 억원)</td><td colspan="2">A의 전략</td></tr>
<tr><td>A1</td><td>A2</td></tr>
<tr><td rowspan="2">B의 전략</td><td>B1</td><td>A의 보수: 10
B의 보수: 8</td><td>A의 보수: 5
B의 보수: 5</td></tr>
<tr><td>B2</td><td>A의 보수: 5
B의 보수: 5</td><td>A의 보수: 8
B의 보수: 10</td></tr>
</table>

- 내시균형은 비협력적 게임을 전제로 한다. 비협력적 게임은 게임의 참여자들이 서로 협력하지 않고 자신의 이익을 극대화하는 선택을 하는 경우를 말한다(또는 상대가 선택한 전략을 변경하지 않는다는 전제하에 발생하는 균형이다). 2개의 균형이 나타날 수 있다.
- 1994년 노벨 경제학상 수상자 내시(John Forbes Nash Jr.)에 의해서 제창되었다.

우월전략균형(strategic dominance)

- 우월전략은 내시균형의 일종이다. 상대가 어떤 전략을 선택하더라도 본인에게 유리한 결과로 도출되는 단 하나의 전략이 있다. 상대도 같은 상황이기 때문에 게임의 균형점이 존재하는 경우이다.
- 즉, 상대방의 전략선택 변경과 상관없이 하나의 전략에서 자신의 보수가 극대화되는 것이다.
- 앞의 표에서 A의 입장에서는 B가 어떤 선택을 하던 A1의 선택이 우월하다. B역시 A가 어떤 선택을 하던 B1의 선택이 우월하다. 이에 따라서 A1, B1이 우월전략균형이 된다. 그러나 선택 결과에서 보듯이 A2, B2가 최선의 선택이 되겠지만 균형점은 A1, B1에서 이루어진다.

그림 37 게임: 우월전략

선택 (보수: 수익, 억원)		A의 전략 A1	A의 전략 A2
B의 전략	B1	A의 보수: 10 B의 보수: 10	A의 보수: 5 B의 보수: 30
	B2	A의 보수: 30 B의 보수: 5	A의 보수: 20 B의 보수: 20

(5) 게임의 균형: 용의자의 딜레마(The Prisonner's Dilemma)

범행의 공범 A와 B를 격리시켜 둘 사이의 정보교환을 차단하였을 때 각각의 범행 용의자는 자신에게 가장 합리적인 선택을 하였을지라도 오히려 그 선택이 최악이 되어버리는 상황이다.

다음과 같은 상황을 상정해보자. A와 B가 공범으로 10년형에 해당하는 범행을 저질렀다. 그러나 범행에 대한 확실한 증거가 불충분해서 2년형이 확실시되고 있다. 자백이 있을 경우 10년형도 가능하나, A와 B는 체포되더라도 끝까지 자백을 하지 않기로 범행 전에 이미 약속을 한 상태다.

두 명의 공범을 각각 독방에 감금하고 경찰은 각각에게 이렇게 말한다. 네가 자백을 하지 않고 다른 공범이 자백을 하면 너는 10년형에 처해질 것이고 다른 공범은 수사에 협조한 정상을 참작해서 무죄로 방면될 것이다. 둘 다 자백하면 5년형으로 형이 감경된다. A는 자백을 하지 않으면 2년형이고, 자백을 함으로써 B가 범행을 저지른 증거를 자백하면 무죄로 풀려날 수 있다. 최악의 경우 B도 동시에 자백을 한다해도 5년형으로 끝난다. 하지만 자백을 안했을 때에는 잘못하면 10년형을 받아야 한다. B도 똑같은 생각을 한다. 따라서 둘 다 자백을

그림 38 죄수의 딜레마

선택 (보수: 형량, 년)		A의 전략	
		A1(자백)	A2(침묵)
B의 전략	B1 (자백)	A의 보수: 5 B의 보수: 5	A의 보수: 10 B의 보수: 0
	B2 (침묵)	A의 보수: 0 B의 보수: 10	A의 보수: 2 B의 보수: 2

하고 둘 다 5년형을 받게 된다. 둘 다 처음의 약속을 지키고 자백을 안 하면 모두 2년형으로 끝날 것인데 함께 3년을 더 받은 것이다.

참고: 현실에서 죄인의 딜레마의 결과가 나타나지 않는 이유는?

범죄를 저지르는 사람들은 일명 '조직 폭력배' 일원으로 활동한다. 조직의 두목이 검거된 조직원에게 만일 조사과정에서 범죄사실을 자백하면 나중에 심한 보복(죽음)을 당할 것이라고 위협하는 경우를 생각할 수 있다. 범죄자는 경찰 조사에서 자신의 범죄사실을 모두 자백할 경우 감형받을 수 있으나, 나중에 사회에 복귀하여 조직의 두목에게 또 다른 형벌을 받게 된다. 사적인 형벌을 말한다. 이러한 형벌을 공적인 형벌의 효과를 무력화시킬 수 있다. 사회질서를 어지럽히는 행위이다. 따라서 사적인 형벌을 엄중히 처벌한다. 개인적인 원한을 사적으로 보복하는 경우 그 죄질을 악독하다고 판단하여 처벌을 강화한다.

리니언시 프로그램: 담합 자진 신고자 감면제

- 리니언시 프로그램은 용의자의 딜레마를 응용한 것이다.
- 제재 감면의 당근으로 상호간 불신을 자극하여 담합을 방지하고, 기업의 자수를 유도하는 것이다.

- 참고: 최근의 리니언시 프로그램 사례를 보면, 여러 기업들이 자수를 하여도 자수 순서와 상관없이 어느 기업이 더 자세하게 자신들의 담합사실을 고백하였는지에 따라서 벌금형량이 달라질 수 있다. 또 다른 사례를 보면 리니언시 제도를 이용하여 담합을 지속하기도 한다. 담합하고, 자진신고하고, 벌금 및 수익까지 분배하는 경우이다. 담합에 의한 범죄행위가 갈수록 발전하고 있다. 법 제도를 이용한 범죄는 계속 새로운 모습으로 나타나고 있다. 이러한 사회적인 문제들을 해결할 수 있는 방안은 무엇인가? 고민해야 한다.

(6) 카르텔

중동 산유국과 남미 산유국이 카르텔을 결성하여 감산을 통한 원유 공급량 관리에 나설 경우 두 지역에서는 모두 고유가의 이득을 취할 수 있다. 그러나 중동과 남미 산유국은 모두 자신만 증산할 경우 보수가 커지게 된다. 따라서 카르텔을 깰 유인이 존재하는 것이다.

- 카르텔은 본질적으로 불안정성을 내재하고 있는 것이며, 유지되기 위해서는 상호간의 신뢰가 밑바탕이 되어야 한다.

그림 39 카르텔의 보수 표

선택 (보수: 수익, 억 달러)		중동 산유국	
		감산(고유가)	증산(저유가)
남미 산유국	감산 (고유가)	중동의 보수: 70 남미의 보수: 70	중동의 보수: 80 남미의 보수: 60
	증산 (저유가)	중동의 보수: 60 남미의 보수: 80	중동의 보수: 50 남미의 보수: 50

- 그러나 상호 신뢰는 불안정하여 카르텔은 붕괴되기 쉽다.
- 아무도 믿지 못한다. 특히 기업을 운영하는 사람들은 더 그렇다. 돈, 이익, 이권, 시장 지배력 등을 놓고 사이 좋게 지내기는 어렵다. 내가 가지면 남이 가질 수 없다. 세상에는 나누어 갖기 어려운 것들이 많다.
- 서로 믿지 못하면 서로 상대방을 속이려 한다. 약속하고 지키지 않는다. 기업 간의 경쟁은 심화된다.

일회 게임과 반복 게임

- 게임에는 일회 게임뿐만 아니라 반복 게임(repeated game)도 있다.
- 반복 게임은 일회 게임과는 다른 전략의 구사가 가능하다.
- 일회 게임은 한 번으로 끝나므로 배신의 가능성이 높다.
- 반복 게임에는 보복 가능성이 있기 때문에 협력 가능성이 있다.
- 유한 반복 게임은 협력적 게임이 되지 않고, 무한 반복 게임은 협력적 게임이 가능하여 카르텔 형성의 기초를 제공한다.

(7) 게임의 균형이 없는 경우

- 게임의 결과, 균형이 발생하지는 않는 경우도 있다.
- 한 사람이 테니스를 선택하면, 상대는 영화를 선택한다. 또는 영화를 선택하면 상대는 테니스를 선택한다.
- 다음 그림 40의 게임과 같이 A와 B는 테니스 또는 영화를 같이 볼 수 없다. 게임의 균형이 발생하지 않는다.
- 상대의 선택이 결정되었을 때, 자신의 기존 전략을 바꾸면 균형이 아니다. 만일 자신이 계속 전략을 변경할 때, 상대도 전략을 계속 바꾸면 균형은 없다. 자신의 전략과 상대의 전략이 계속 변화한다. 균형이 아니다. 균형은 게임참가자 모두 전략의 변화가 나타나지 않는 상태이다.

그림 40 균형이 없는 경우

선택 (보수: 효용)		A의 전략	
		A1(테니스)	A2(영화)
B의 전략	B1 (테니스)	A의 보수: 1 B의 보수: 0	A의 보수: 0 B의 보수: 1
	B2 (영화)	A의 보수: 0 B의 보수: 1	A의 보수: 1 B의 보수: 0

'죄수의 딜레마'를 피하는 이유 : 사적 형벌

범죄자 2명이 분리심문을 받는다. 이들은 상대가 어떠한 진술을 했는지 알 수 없다. 상대가 모든 범죄를 자백하고 자신은 묵비권을 행사하면, 자백한 상대의 형량이 낮아지고 자신의 형량은 엄청 높아진다. 이 사실을 두 범죄자 모두 알고 있다. 상대를 믿지 못하여 범죄자들은 자백을 하게 되고, 둘 다 묵비권을 행사할 때보다 높은 형량을 받는다. 이것을 '죄수의 딜레마'라고 한다.

실제로 모든 범죄자가 '항상' 자백하지 않는다. 죄수의 딜레마를 피하는 이유는 사회적으로 규정한 형벌 이외에 다른 형벌, 사적인 형벌이 있기 때문이다. 만일 조직폭력집단에서 2명이 마약과 관련된 범죄를 저질러 잡혔다고 가정하자. 만일 이들이 모든 범죄 사실을 자백하는 순간, 그들은 조직으로부터 죽음이라는 형벌을 받게 됨을 알고 있다. 그러니까 구치소에서 나와 집으로 가는 길에 사적인 형벌로 사형을 집행당한다는 사실을 알고 있다면 이들은 자백하지 않는다. 죄수는 명확하게 형벌을 알고 있다. 이들은 법적인 형벌 기준에 '자백은 곧 죽음'이라는 사적 형벌을 추가한다. 사적인 형벌은 공공질서를 위한 형벌 기준을 완전히 무너뜨리기 때문에 사적 형벌이 자유로운 나라에서 '죄수의 딜레마'

는 나타나지 않는다.

현대 사회에서 사적 형벌은 불법이다. 공공질서를 위한 사회적 합의에 속하는 사회적 형벌을 받아들이지 않는다면, 사회 일원으로 공존할 이유가 없다. 사적 형벌은 사회질서를 훼손하는 심각한 범죄이다.

주변에서 볼 수 있는 사적 형벌의 예를 들어보자. 내부고발자라고 불리는 사람들이 있다. 내부 사람들은 알고 있던 조직의 범죄 사실 또는 사회적 물의를 검찰 또는 언론에 전달한 사람을 내부고발자라고 한다. 내부 고발은 범죄가 아니다. 보다 나은 사회를 만들기 위해 집단 내의 범죄 사실을 알리는 행위이다. 경찰이나 검찰이 하지 못한 일을 대신 하였으니 포상금을 줘야하지만, 내부고발자는 그 조직에서 순탄한 생활을 하기 어렵다. 내부고발자는 배신자 또는 가해자로 취급되기도 한다. 내부고발자는 조직에서 철저하게 격리되거나 퇴출당하는 등 피해를 입는다. 또 다른 내부고발이 나타나지 않을 정도로 완전하게 제압하기 위해 내부고발자의 비리를 파헤치거나 동료들로부터 불리한 진술 등을 확보하여 인신공격을 하기도 한다. 조직생활을 더 이상 유지할 수 없을 정도로 인격을 파괴하는 행위는 내부고발자에 대한 일종의 사적 형벌이다.

'죄수의 딜레마'를 보기 어려운 이유 또는 내부 고발이 드문 이유 그리고 사회 공공질서를 위한 형벌을 우습게 생각하는 이유는 비슷하다. 사적인 형벌 때문이다. 폭력을 행사하는 조직폭력배와 '문서위조, 횡령, 배임' 등을 저지르는 기업 등은 사적형벌을 행사하고 공공질서를 우습게 여기는 유사한 측면을 갖고 있지만, 사회는 이들을 다르게 취급하는 듯하다. 범죄도 다 같은 범죄가 아니다. 물리적인 폭력보다 지능범죄를 더 가볍게 처벌한다. 경제, 사회, 법률 등 관련 지식을 익혀야 한다고 아이들을 가르쳐야 하는 현실이다.

반칙과 속임수

축구 경기에서 상대의 공격 리듬을 끊기 위해 때로는 수비수들이 반칙을 한다. 운동경기에서 반칙은 게임의 일부다. 축구, 농구, 배구, 태권도, 유도 등 모든 종목에는 규칙이 있다. 그 규칙을 어기는 반칙에는 벌칙 또는 벌점이 부과된다.

사회에서 법과 규범을 잘 지키는 사람들이 바보 취급되던 시대가 있었다. 뇌물을 제공하고 사업 진행속도를 높이거나, 불가능한 사업도 가능하게 만드는 사람들이 있었다. 정상적인 방식으로는 사업허가를 받을 수 없지만 뇌물을 주면 모든 게 해결되는, 흔히 후진국에서 나타나는 사회현상이다. 사회지도층의 위장전입, 병역특혜, 음주운전 등 규칙 위반은 너무 평범하다. 연쇄살인 정도는 되어야 심각한 범죄로 생각한다. 도덕, 바른생활 등에서 어릴 적 배운 이야기가 모두 쓸모없어 보인다.

유치원에서부터 남에게 해를 끼치지 말아야 한다는 교육을 받는다. '바른생활'을 생활 속에서 지키지 않는 어른들 모습을 보는 어린아이는 배신감을 반복하여 익힌다. 나이 들어서 세상이 올바르고 공정하게 움직였으면 좋겠다고 생각한다. 부정부패, 매관매직 등 옛날 고전에서나 가능하다고 생각하던 일들이 신문지상에 오를 때면 화가 치밀어 오른다. 늘 존경하던 사회지도층의 부조리를 보면 그들이 높은 자리에 올라가려는 이유가 명확해진다. 그들에겐 권력과 돈이다.

믿을 것을 찾는 순진한 사람들은 세상에 많지 않다. 서로 노골적으로 믿지 않는 집단이 기업이다. 기업들은 어떠한 협의나 약정을 맺어도 서로 믿지 않는다.

예를 들어 A기업과 B기업이 세계 반도체 시장을 99% 점유하고 있다고 하자. 만일 A와 B기업이 담합을 한다면, 독점기업처럼 행동하고 사이좋게 이윤을 나눠 가질 수 있다. 담합은 법으로 금지되어 있지만, 법이 아니어도 이러한 담합은 찾아보기 힘들다. 기업이 서로 믿지 못하기 때문이다. 상대의 반칙을 예측하고 움직인다. 상대를 무너뜨리기 위해 오히려 생산량을 늘린다. 상대기업의 이윤이 감소하고 자본이 잠식되어 퇴출될 때까지 생산량을 계속 늘린다. 이른바 '치킨게임'* 이다.

기업들이 서로 약정했던 생산량을 유지해야 일정한 가격이 유지된다. 두

---

* 겁쟁이 게임이라고도 불린다. 이판사판, 너 죽고 나 죽자는 식의 경합에서 둘 중 하나가 포기하면 상대가 이익을 보게 되는 구조의 게임이다. 생산량을 계속 늘리면 가격이 하락해서 둘 중 하나는 손실을 버티지 못하고 시장에서 떠나게 된다.

기업이 하나의 독점기업처럼 행동하려면 약속을 지켜야 하지만 기업은 서로 속이고 자신의 이익을 높이려 한다. 만약 상대가 동일한 생산량을 유지하고 있을 때, 자신의 생산량을 더 늘린다면 보다 많은 매출을 올릴 수 있다. 둘 다 동시에 그렇게 생산량을 늘리면 독점 생산량을 초과하게 된다. 완전경쟁 수준의 생산량은 아니어도 독점보다 많은 상품이 시장에 공급된다. 소비자의 입장에서 그리고 효율적인 자원배분의 측면에서 독과점 시장보다 나은 결과가 도출된다. 기업들이 서로 속여야 소비자에게 더 좋아진다.

기업들의 시장 지배 게임은 계속되고 있다. 가장 어려운 상대는 변덕이 심해서 예측하기 어려운 시장점유율 높은 기업이다. 도대체 상대 기업이 어떤 일을 할지 알 수 없으면 사전에 대응할 방법을 찾기 힘들다. 사후에 수습해야 한다. 상대가 차별화된 신상품을 대대적으로 홍보하고 매우 낮은 가격(약탈가격)에 판매할 것인가. 유사한 경쟁상품으로 엄청난 물량 공세를 펼칠 것인가. 아니면 악성 댓글을 대량 유포하는 등의 악성 홍보 전략을 선택할 것인가. 상대의 공격을 예상하지 못한다면 게임의 결과는 어떻게 될까? 기업들의 게임은 연속적으로 수없이 많은 게임이 이어지기에 확률적인 결과만 간신히 예측할 수 있다.

반칙하는 자와 속이는 자의 행위를 예상하기 위해서는 상대를 알아야 한다. 그러려면 역사, 문화, 사회 등 인간의 '삶'을 이해해야 한다. 세상을 편하게 살아가기 쉽지 않다. 남들에게 속는 것, 반칙당하기를 일상으로 받아들일 수 있다면 마음이 좀 편안할지 모른다. 겉으로는 아닌척하지만 속이 까맣게 타들어간다면 반칙을 일상으로 받아들이는 것은 아니다. 상대의 수를 읽기만 하느냐, 아니면 나도 상대를 속이면서 살아야 하는지 고민한다. 마음(心)의 상(像)을 잘 가꾸면 미래의 자신을 더 나은 상황으로 만들 것으로 믿고, 늘 좋은 생각을 하고, 상대를 배려하고, 사랑하고, 자신을 낮추는 마음은 주변인을 불편하게 하지 않는다. 상대의 속임수에 평정심을 잃지 않는 강하고 부드러운 사람들은 아름다운 모습을 주변에 보이겠지만 많은 물질적인 피해를 감수해야 한다.

구성의 오류

개인의 합리적인 판단이 사회 전체에는 비합리적인 결과로 나타나는 것을 구성의 오류라고 한다. 사회 전체적으로 보면 당연히 해야 할 일이 있지만, 개인의 생각은 다른 경우를 본다. 예를 들어 경기가 침체되어 소득이 불안정하면 개인은 소비를 줄이고 저축을 늘려야 한다. 사회 전체적으로는 당장 침체되는 경기를 단기적으로 살리려면 소비지출을 늘려야 하는데 개인들은 그 반대의 행위를 하게 된다. 개인의 판단과 행동을 탓할 수 없다. 불안한 미래를 대비하여 저축을 늘리는 행위는 당연하다. 국가를 운영하는 입장에서는 소비지출이 자신의 소득으로 돌아올 것이라고 홍보한다. 개인들도 그렇게 되기를 바란다. 나만 빼고 다른 사람들이 소비를 늘려주기를 바라는 것이다.

다른 예를 들어보자. 양돈업자들이 협회를 만들었다. 양돈협회는 양돈업자 이익을 대변한다. 어느 날 갑자기 돼지 출하량이 늘었고, 가격이 폭락했다. 양돈협회는 회원들과의 회의를 통해서 돼지 출하 가격하락 문제를 해결하기 위해 사육 두수를 줄이고 돼지 출하량을 줄여야 한다고 설명한다. 출하량이 5% 감소하면 가격은 10% 상승할 것으로 예상하였고 협회 회원들은 사육 두수 및 출하량 감소에 모두 동의했다. 양돈협회는 돼지출하량 5% 감축 계획을 발표한다. 이제 협회 회원들은 시장가격이 회복될 것으로 기대한다. 모든 회원이 돌아가면서 곰곰이 생각한다. 다른 양돈업자들이 출하량을 줄인다고 하였고, 10% 이상 가격 상승을 예상하고 있다. 자신만 돼지 출하량을 조금 늘리면 티도 나지 않을 거란 생각이 든다. '다들 출하량을 줄여라, 나는 출하량을 5% 늘려야겠다.'고 마음먹는다. 모든 회원들이 동일한 생각으로 출하량을 늘렸고 결국 가격은 더 폭락했다.

개인의 합리적인 행위가 집단의 비합리적인 결과를 가져올 수 있다. 농축산업에서 그러한 사례가 있었다. 1970년대 돼지고기 가격 폭락 사태는 국내에서 발생한 '구성의 오류' 사례이다. 1960년대, 양돈업 허가는 쉬웠다. 오폐수처리 등 관련 시설이 부족해도 양돈업을 시작할 수 있었다. 양돈업 농가는 급속히 증가했고 1979년에는 돼지 가격이 폭락해서 돼지파동이라는 제목으로 신문에 실렸다(1979년 1월 도매시장 지육 경매 낙찰가격은 1,596원, 7월에 1,004원으로 하락하였다. 8월 25일 동아일보는 돼지고기 소비를 장려하는 기사를 실었다. 1979년 12월에는 지육 경매 낙찰가격이 661원으로 1월 대비 41% 가격을 기록했다. 자료: 축협중앙회, 팜 인사이트 재인용). 협회에서 공급량 조절에 대한 논의는 있었으나, 논의 이후에 돼지 가격은 더 하락했다.

농산물 시장에도 유사한 사례가 꽤 있다. 양파, 배추 가격이 하락해서 시중에 판매하지 못하고 폐기를 선택한 농부들은 양파, 배추 밭을 갈아엎는다. 인건비를 들여서 배추를 수확하고, 포장 배송 등에 소요되는 비용을 회수할 수 없는 낮은 가격 때문이다. 가격이 하락하는 이유는 공급량이 많기 때문이다. 전년도에 배추 값이 비싸서 높은 수익이 발생했다면 다음 해에 과잉생산 문제가 발생하곤 한다. 개인은 합리적으로 판단했지만, 시장에서는 비합리적인 결과가 나타난 것이다.

우리는 구성의 오류를 피할 수 있을까?

합리적인 인간은 '동일한 실수를 반복하지 않는다'고 '가정'한다. 합리적인 생산자는 생존의 문제이기 때문에 정부당국이 제공하는 관련 정보를 수집하고 분석하여 최적의 생산량을 찾으려 한다. 모두가 생산과 소비 행위에 대한 결과를 자신이 감당하면 별 문제 없겠지만, 그렇지 않다. 정부 당국에서 제공한 정보가 부실하거나, 시장가격 조절 정책에 실패하면 그 책임은 정부 당국에게 묻고, 농축산업의 피해는 국민의 세금으로 전가된다. 누구나 많은 역할을 하면, 그만큼 많은 책임이 따른다. 정책 실패는 사회적 비용을 증가시킨다. 따라서 낮은 비용으로 '구성의 오류'를 피하려면 다양하고 정확한 정보를 정부가 제공하고, 생산업체는 그 정보를 활용하여 자신의 책임하에 스스로 판단해야 한다.

Section 5

생산요소시장

1 생산요소시장

(1) 생산요소의 특성

- 생산요소는 일반적으로 노동과 자본, 두 가지로 구분된다. 이외에 토지, 인적자본, 과학기술 등도 생산요소에 포함된다.
- 상품시장에서는 수요자가 가계이고 공급자가 기업이다. 그러나 생산요소시장은 상품시장과 반대의 관계가 형성된다. 생산요소시장의 공급은 가계가 담당하고 수요는 기업이 담당한다.
- 가계는 생산요소의 공급을 효용극대화 수준에서 결정하고, 기업은 생산요소의 수요를 이윤극대화 수준에서 결정한다.
- 기업이 생산요소를 구매하는 목적은 상품 생산 및 판매에 있다. 즉, 생산요소에 대한 수요는 상품 수요가 있을 때 그로부터 유발되는 수요라는 점이다. 따라서 생산요소시장에서의 수요는 직접 수요가 아니라 유발수요(또는 파생수요, derived demand)라는 점에서 상품시장과 중요한 차이를 보인다.

(2) 이윤극대화의 조건

생산요소는 최종재가 아니고 중간재이므로 직접 수요가 아니고 유발수요이다. 따라서 생산요소의 수요곡선은 기업의 생산함수로부터 유발되어 만들어진다. 생산함수는 투입된 생산요소와 생산량 간의 관계를 보여주는 함수이다.

생산요소 수요곡선을 도출하는 이윤극대화 조건은 한계수입생산과 한계요소비용이 일치하는 점에서 달성된다.

- 한계수입생산(MRP: Marginal Revenue Product): 생산요소 1단위 추가고용 시 수입 증가분을 의미하며, 한계생산(MP)과 한계수입(MR)의 곱으로 구해진다($MRP=MP\times MR$).
- 한계요소비용(MFC: Marginal Factor Cost): 생산요소 1단위 추가고용 시 비용의 증가분을 의미하며, 한계생산(MP)과 평균비용(MC)의 곱으로 구해진다($MFC=MP\times MC$).
- 이와 같은 상황에서 한계수입생산이 한계요소비용보다 크면, 즉 $MRP>MFC$이면 생산요소를 추가로 고용하고 생산량을 높일 때 이윤을 증대시킬 수 있다.
- 반면 $MRP<MFC$의 경우에는 생산요소 투입량 및 생산량을 줄일 때 이윤을 증대시킬 수 있다. 따라서 $MRP=MFC$인 경우에 이윤이 극대화된다.
- 결국 기업이 추구하는 동일한 이윤극대화 조건($MR=MC$)과 동일하다.

노동만이 가변요소인 완전경쟁 요소시장, 완전경쟁 생산물 시장의 경우를 상정해보면, 노동의 수요곡선은 이윤극대화조건인 $MFC=MRP$로부터 노동 임금, $w=MP_L\times P$의 형태로 도출되고, 노동의 한계생산(MP_L)체감의 법칙에 따라 우하향 노동수요곡선이 도출된다.

- 노동자에게 지불하는 임금(w)과 고용된 노동자로부터 발생하는 생산물의 시장가치($MP_L\times P$)와 동일한 수준까지 노동자를 고용하는 기업은 이윤을 극대화한다.
- 즉 $w=MP_L\times P$는 기업이 이윤을 극대화시키는 조건이다.
- 이것을 다시 쓰면 $w\div MP_L=P$, 여기에서 $w\div MP_L=MC$ 이며,
- $P=MC$ 에서 이윤극대화를 실현하게 된다.

- 예를 들면 노동자 한 명의 임금(w)을 100만원 지급하고, 그 노동자가 상품을 10개 생산(MP_L)하면, 상품 한 개 추가생산에서 발생하는 비용(MC)은 10이 된다. 따라서 $w \div MP_L = MC$ 이다.
- 노동의 한계생산(MP_L)은 체감하기 때문에 노동수요곡선은 우하향한다.

생산요소가 둘 이상인 경우, 생산요소 가격의 변화는 생산요소의 상대가격체계 변화를 가져오고, 생산요소 간 대체효과가 발생하여 상대적으로 저렴해진 생산요소에 대한 수요가 증가하게 된다.

한편 요소가격의 변화는 평균비용의 변화를 초래하고 이것이 생산요소 수요변화로 연결되는 산출효과도 발생한다. 두 가지 효과를 결합하게 되면 생산요소가 정상재일 경우에만 요소가격 하락 시 수요가 증가하게 된다.

노동수요곡선의 이동: 최종 산출물의 시장가격, 기술진보, 다른 생산요소의 공급 변화 등에 의해서 이동한다.

- 최종 산출물 가격이 오르면(내려가면) 기업은 생산량을 확대하기 위해 노동투입량을 늘린다. 이에 따라서 노동수요곡선은 오른쪽(왼쪽)으로 이동한다.
- 기술진보는 일반적으로 노동의 한계생산을 증가시키기 때문에 노동수요를 늘리고, 노동수요곡선을 오른쪽으로 이동시킨다. 그러나 기술진보가 노동절약적인 경우에는 노동수요가 감소하여 노동수요곡선을 왼쪽으로 이동시킨다.
- 자본의 공급이 늘면 일반적으로 노동수요를 늘린다. 예를 들어, 생산설비 확장 투자를 하게 되면 노동력이 더 필요한 경우이다.
- 때로는 자본 공급 증가가 노동수요를 감소시키는 경우도 있다. 생산설비 투자가 확장 투자가 아니고 노동 절감형 투자, 즉 생산성 효율화 투자일 경우 자본이 노동을 대체함으로써 노동수요가 감소하게 되는 것이다.
- 결과적으로 노동과 자본(기술도 포함)은 보완재이면서 동시에 대체재이

기도 하다. 생산 능력을 확충하는 투자이거나 한계생산성을 높여주는 기술인 경우 노동수요가 늘어나지만(보완재), 반대로 노동절감형 투자나 기술진보는 노동을 대체하는 결과를 가져온다(대체재).

(3) 후방굴절 노동공급곡선

가계는 소비와 여가를 통해 자신의 효용을 극대화한다. 효용극대화를 위해서 가계는 소비와 여가를 최대한 늘려야 한다. 그러나 소비와 여가를 동시에 늘리는 것은 불가능하다. 소비를 늘리기 위해서는 소득이 늘어야 하고, 소득을 늘리기 위해서는 노동시간을 늘려야 하는데, 노동시간을 늘린다는 것은 여가시간이 줄어든다는 것을 의미한다. 따라서 가계는 주어진 시간 제약하에서 효용극대화를 위해 소비와 여가의 한계효용이 일치하는 지점에서 시간 배분을 하게 된다.

노동공급곡선

- 각 임금 수준에 대응하여 가계가 공급하고자 하는 노동량(시간)을 표시하는 곡선이다.

그림 41 후방굴절 노동공급곡선

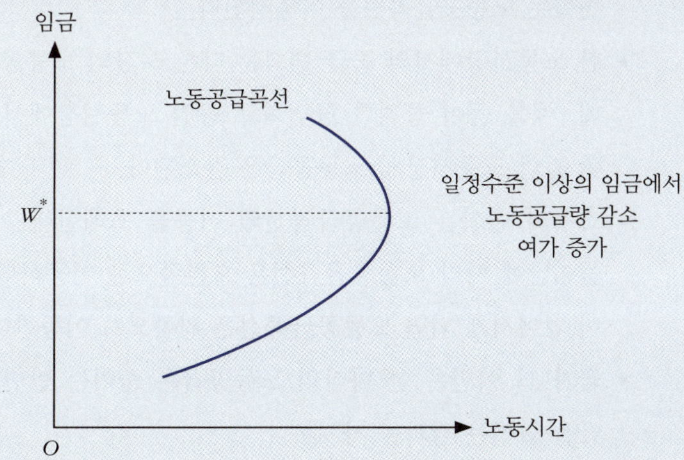

- 가계는 임금(노동의 가격)이 상승하면 노동공급을 늘린다. 그러나 임금이 일정 수준 이상으로 상승하면 소득이 충분히 늘면서 소비의 한계효용은 감소하고 여가의 한계효용이 증가한다. 여가의 한계효용이 소비의 한계효용보다 커지는 지점에 도달하게 되면 가계는 여가를 늘리기 위해 노동의 공급을 줄이게 된다. 따라서 노동공급곡선은 일정 임금 수준까지는 우상향하다가 이후부터는 다시 좌상향하는 후방굴절의 모습을 가진다.

후방굴절의 특징

가계 단위의 노동공급곡선에서 나타나는 특징이며, 노동시장 전체적으로는 일반적으로 우상향하는 모습을 가지고 있다. 국제적으로 비교해보면 후방굴절의 모습이 나타나는데 후진국에서 개발도상국(또는 중진국)으로 갈수록 근로자의 평균 근로시간이 길어지다가, 다시 선진국으로 갈수록 평균 근로시간이 줄어드는 경향이 있다.

노동공급곡선을 이동시키는 요인: 가계의 의식 변화, 다른 노동시장의 변화, 소득 수준, 이민 등이 있다.

- 여성의 사회진출 증가, 고령인력의 사회활동 지속 등 의식이나 문화의 변화는 노동공급곡선을 이동시킨다.
- 한 노동시장에서의 공급 변화는 다른 시장의 노동공급에 영향을 미치는데, 예를 들어 급격한 공업화로 공업 노동시장에서 노동공급이 증가하면 농업 노동시장의 노동공급은 감소된다.
- 소득의 변화는 노동공급곡선의 이동을 초래한다. 국가의 소득 수준이 늘어남에 따라 노동공급곡선은 오른쪽으로 이동하다가, 일정 소득 수준이 넘어서게 되면 노동공급곡선은 왼쪽으로 이동한다.
- 국가 간 이민은 한 나라의 노동공급은 줄이는 반면 상대국가의 노동공급을 늘리는 결과를 가져온다.

(4) 다른 생산요소시장

토지와 자본의 가격은 각각 시장의 수요와 공급에 의해서 결정된다.

- 토지는 공급량이 정해져 있기 때문에 사회 전체의 토지공급곡선은 수직이다. 다만 개별시장에서의 토지공급곡선은 가파르게 우상향하는(가격탄력성이 낮은) 모습을 보인다. 그 이유는 토지의 공급량이 제한적이기는 하지만 시장 간의 이동, 추가적인 개발 등으로 토지공급에 변동이 생길 여지가 있기 때문이다.
- 자본은 경제발전의 정도에 따라 공급량이 제한된다. 경제발전 초기에는 축적된 자본량이 상대적으로 부족하기 때문에 가격(이윤 또는 금리)이 높게 형성되다가, 경제가 발전할수록 축적된 자본량이 늘어나므로 가격이 낮아진다. 특히 대외적으로 개방된 경제에서 자본은 국가 간 이동이 가능하므로 세계에서 가장 낮은 수준의 가격으로 수렴하는 현상을 보이게 된다. 다만 국가별, 기업별로 위험 정도가 다르기 때문에 발생하는 리스크 프리미엄, 국가 간 거래에서 발생하는 거래비용(transaction cost) 등이 자본의 가격 결정에 반영된다.

(5) 지대와 경제적 지대

지대(일반적인 의미): 토지 사용 대가

- 토지를 구입하지 않고 빌려쓰는 대가로 지불하는 금액이다. 땅의 가치가 높으면 높은 지대를 지불한다. 과거 농경사회에서 지대는 비옥한 토지와 그렇지 못한 토지에서의 수확량 차이를 지대의 기준으로 삼았다.

차액지대설: 토지 사용 대가의 기준

- 리카르도가 주장한 이론이다.
- 토지의 생산성(비옥도, 위치 등) 차이로 동일한 생산량을 확보하면서 생

산비가 적게 드는데서 지대가 발생한다. 따라서 가장 열악한 생산성을 갖고 있는 토지에서는 지대가 발생하지 않는다.

- 비옥도가 가장 높은 토지에는 가장 열악한 지역과의 생산량을 초과분만큼의 지대가 발생한다.

이전수입(transfer earning)과 경제적 지대(economic rent)

생산요소 사용에 대한 보수의 구성은 다음과 같다.

보수=이전수입+경제적 지대

이전수입(transfer earning): '전용수입'라고도 한다. 어떤 생산요소를 현재의 고용상태에 붙잡아두기 위해 지불해야 하는 최소한의 금액이다.

- 노동자의 이전수입이라면 노동자들이 제공하는 한계생산가치이다.
- 전용수입보다 낮은 임금을 지급하면 노동자는 다른 일자리를 찾는다.

경제적 지대(economic rent): 이전수입을 초과하는 임금(생산요소가격)이다.

- 경제적 지대는 토지처럼 공급이 제한되거나 비탄력적이어서 생산요소

그림 42 이전수입과 경제적 지대

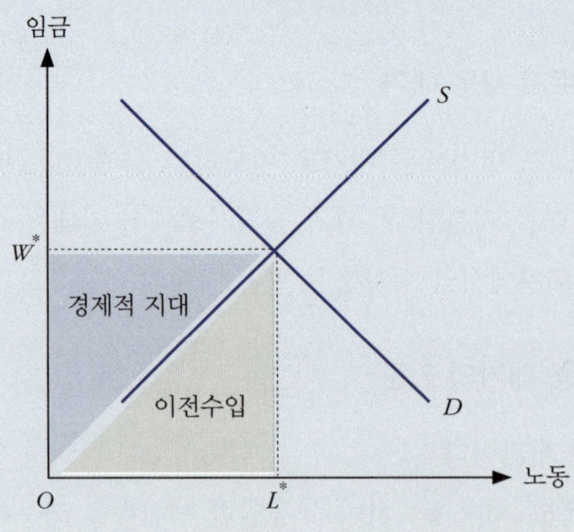

공급자가 기회비용 이상으로 얻는 몫이다.

- 예를 들면, 연봉 백억 원 축구선수가 있다. 축구선수가 받고 있는 연봉 백억 원은 그 선수의 다른 직종의 연봉, 기회비용을 초과할 것이다. 여기에서 경제적 지대는 기회비용을 초과하는 연봉이 된다.
- 경제적 지대는 생산요소의 투입규모를 변경할 수 있을 때 적용되는 개념이다.

준지대(quasi rent): 단기에 공급이 고정되어 있는 생산요소에 귀속되는 보수이다.

- 자본은 단기적으로 공급을 확대하기 어렵다. 반면, 노동량은 상대적으로 확보하기 쉽다. 단기에 노동은 가변요소, 자본은 고정요소가 된다.
- 따라서 노동을 제공하면 노동의 생산성 또는 노동 제공의 기회비용 만큼의 보수를 받지만, 노동과 함께 투입되는 고정 요소인 자본에 대한 보수는 자본 사용의 기회비용 이상을 지급하는 것을 준지대라고 한다.
- 준지대는 생산요소 투입량이 고정된 상태에서 가변요소에 지급한 보수를 제외하고 고정요소에 지급한 보수를 말한다.

지대추구행위(rent seeking activities)

- 더 많은 지대를 얻고자 공급을 제한하거나 비탄력적으로 만들려는 행위를 말한다.
- 예를 들면, 의사, 변호사 등 자신의 직종에 진입장벽을 높이는 행위 등이 있다.
- 지대추구행위는 자신의 생산능력 또는 노력 이상의 대가를 얻는 것으로 형평성과 효율성 문제를 발생시킨다.

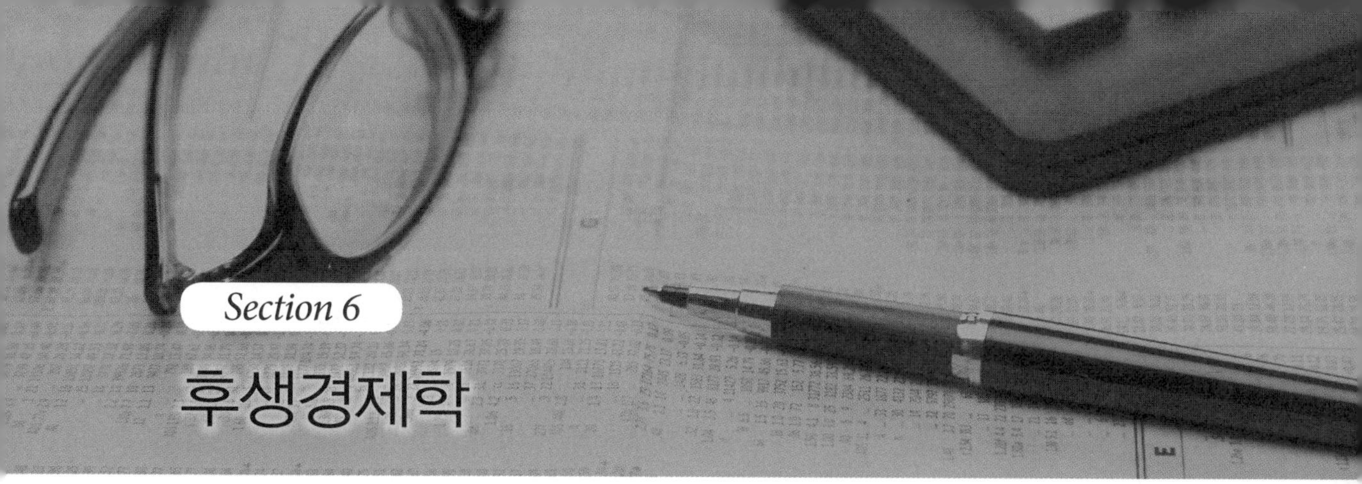

Section 6

후생경제학

앞에서 시장경제는 생산과 소비의 효율성을 달성할 수 있음을 보았다. 하지만 소득불평등, 형평성의 문제가 남아 있다. 소득불평등의 문제를 해결하기 위한 정부의 노력이 필요하다. 정부는 '사회안전망'을 구축하여 빈곤층을 보호하려는 정책을 추진하고 있다. 중산층에서 저소득층으로 추락하지 않고, 저소득층에서 중산층으로 계층 이동할 수 있는 방안을 마련한다. 저소득층의 생산성을 높이고 노동공급을 확대할 수 있는 유인 방안도 찾는다.

(1) 소득 불평등 정도의 측정

로렌츠곡선(Lorentz Curve)

- 인구 누적비율과 소득 누적비율 간의 관계를 보여주는 도수곡선이며, 소득분포의 불평등 정도를 보여주기 위하여 미국의 경제학자 로렌츠(M. Lorentz)가 만들었다.
- 로렌츠곡선이 대각선에 가까울수록 소득분배가 평등한 상태이며, 대각선에서 멀어질수록 불평등한 상태를 의미한다.
- 로렌츠곡선으로 국가간 소득 불균형을 비교하려면 어려움이 있다. 대각선에서 멀어지는 정도 또는 범위가 각기 다르지만 그 차이를 비교하기 어렵다.

지니계수(Gini's coefficient)

- 이탈리아의 통계학자 지니(C. Gini)가 발견한 소득분포에 대한 법칙에서

그림 43 로렌트곡선/지니계수

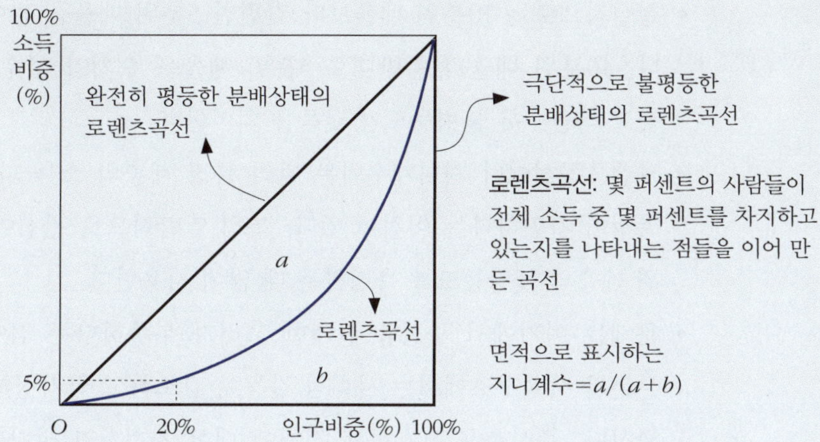

나온 개념이다.

- 로렌츠곡선과 대각선 사이의 면적을 대각선 아래 삼각형의 면적으로 나누어준 값으로, 0과 1 사이의 값을 갖는다. 그 값이 0에 가까울수록 소득분배가 평등함을, 1에 가까울수록 불평등함을 의미한다.
- 지니계수는 사회나 국가 전체의 소득분배 상태를 알아보는 데는 탁월한 효과가 있으나, 특정 계층(소득 하위 계층)의 소득분배 상태는 알 수 없다는 단점이 있다.

소득 10분위 배율과 5분위 배율

- 소득 10분위 배율은 모든 가구를 소득의 크기를 기준으로 배열하고, 가구 수를 기준으로 10등급으로 분류하여, 소득 상위 2개 등급(9, 10등급)의 합계소득으로 하위 4개 등급(1~4등급)의 합계소득을 나눈 값이다.
- 소득 불평등 정도를 표시하는 지수이며, 배율이 클수록 소득 불평등도가 낮고 작을수록 불평등도가 높음을 의미한다.

- 5분위 배율은 상위 20%에 속하는 소득 5분위 계층의 평균소득을 하위 20%에 속하는 1분위 계층의 평균소득으로 나누어서 구한다.
- 현실적으로는 10분위 배율보다 간편한 5분위 배율을 많이 사용하고 있다. 10분위 배율과는 반대로 5분위 배율은 수치가 클수록 불평등도가 높고 작을수록 불평등도가 낮음을 의미한다.
- 로렌츠곡선이나 지니계수와는 달리 특정 계층의 소득 파악에 유리하고 측정이 간편하다는 이점이 있다. 특히 일반적으로 관심이 높은 소득 하위 계층의 불평등도를 측정하는 데 많이 사용한다.
- 문제는 여기에서 중산층에 대한 고려가 부족하다는 점이다. 중산층이 튼튼한 사회구조에서는 사회적 갈등이 감소하고 국가정책 추진 등이 원활하다. 중산층을 보호하는 정책에 대한 지지자가 많다면 정책 추진이 수월하다.
- 반면 중산층이 약하고 고소득층과 저소득층이 많이 분포된 양극화된 사회구조에서는 정책 추진과정에서 사회적인 갈등이 나타나기 쉽다. 저소득층과 고소득층은 서로 상대를 위한 정책을 반대하게 된다.
- 중산층이 두터운 사회구조에서는 중산층이 저소득층으로 추락을 방지하거나 고소득층으로 상승을 장려하는 정책을 추진함에 사회적 갈등이 나타나지 않는다.
- 따라서 소득 양극화를 해소할 수 있는 방안과 중산층을 강화할 수 있는 정책이 필요하다.

(2) 소득격차의 원인과 대책

임금격차의 원인

- 보상적 임금격차: 중동의 건설현장, 또는 저개발국 등에서 근무하는 한국인 근로자에게는 상대적으로 위험하고 열악한 근로여건 때문에 보다 높은 임금을 지급한다. 어려운 여건에 대한 보상이다. 따라서 동일한 노동을 제공하고 보다 높은 임금을 받는다.

- 전문기능: 높은 교육수준 등 인적자본의 전문성에 따라서 임금을 차별한다. 전문성은 일반 노동자들이 갖고 있지 못한 노동능력을 말한다. 제조분야에서는 '장인(匠人)'이라는 칭호를 사용한다. 전문성을 갖추기 위한 노력의 결과에 대한 보상으로 해석할 수 있다. 전문성을 갖춘 노동자들의 생산성이 일반노동자보다 높다. 노동의 생산가치가 높게 나타나기 때문에 높은 임금을 받는다.
- 한계생산성의 차이를 나타내는 스포츠 스타들의 경우도 있다.
- 전문성 및 한계생산성을 높이기 위해서는 수많은 시도와 도전이 있었음을 짐작하게 한다. 단 한 번의 성공으로 동일한 성과를 기대할 수 없다. 대부분 끊임 없는 노력의 결과, 능력 향상으로 임금격차가 발생한다. 정상적인 사회에서 그렇다.

소득격차의 원인

- 소득격차 발생원인은 다양하다. 개인의 능력, 경제·사회적 환경, 글로벌 경제의 변화 등 무수히 많은 원인을 찾을 수 있다.
- 개인 차원에서는 개개인의 경제적 능력 차이, 상속 재산의 보유 여부, 교육기회 등이 있다.
- 사회적으로는 국가의 경제정책이나 교육정책의 방향 등에 의해서 소득 불평등도가 악화되기도 하고 개선되기도 한다.
- 개발도상국의 경우 경제성장이나 자본의 축적을 위하여 일정 수준의 소득 불평등을 용인하는 정책을 쓰며, 경제가 선진화되어 갈수록 소득 불평등을 축소하기 위한 정책을 사용한다.
- 세계화가 진행된 글로벌경제는 경쟁의 제한이 없다. 다국적기업이 증가하고, 무역장벽이 낮고 인터넷으로 쉽게 거래가 이루어진다. 기업들은 시장에서 늘 새로운 경쟁자들을 만난다. 대규모 자본으로 생산성을 높이지 못하는 기업은 경쟁에서 살아남을 수 없다. 일반적으로 국내시장에서도 흔히 보는 광경이지만 글로벌 경제에서 소규모보다 대규모 기업(자본가)의 생존 및 성공 가능성이 높은 환경이다. 하지만 대규모 사업

가의 사업실패 위험성은 항상 높다.

영향: 소득격차가 심화될 경우 사회적으로는 계층 간 갈등, 사회불안, 노사분규 심화 등의 문제를 초래하고 궁극적으로는 경제와 사회의 발전을 저해하는 부정적인 영향이 있다.

대책 및 제도

- 부정적인 영향을 해소하기 위하여 세제 측면의 개선(직접세 비중 확대, 누진세율 강화), 재정 측면의 개선(사회안전망 확충, 저소득층 일자리 창출) 등의 정책이 있으며, 금융실명제, 부동산실명제 등도 양극화 해소에 결정적인 효과가 있다.
- 사회보장제도(social security): 소득 최하위 계층에 대한 소득 보전이라는 분배의 공평성 차원에서 시행되는 것으로 사회안전망(social safety net)이라고도 한다.
- 사회보장제도는 사회구성원의 장애, 실업 등 다양한 원인에 의하여 생활이 곤궁한 상황에 처하게 된 경우 인간으로서 누려야 할 최소한의 생활을 보장해주는 제도로서 사회부조와 사회보험의 두 가지가 있다.

사회부조

생활이 곤궁한 사람에 대하여 국가 또는 공공단체가 생활비의 일부 또는 전부를 부조하는 제도이다.

- 사회부조는 비기여의 원칙을 따른다. 소득이 없었어도 누구나 받을 수 있다. 예를 들면 국민기초생활 보장제도 등이 있다.

사회보험

본인(또는 대리인)이 보험료를 적립하고 국가가 보조를 하여 재원을 형성한 후 산재와 같은 일정한 자격 요건이 발생하였을 때 그 재원에서 생활비, 치료비 등을 지급하는 제도이다.

- 사회보험은 기여의 원칙을 따른다. 자신의 소득으로 일정부분 적립한(기여한) 만큼 혜택을 준다. 예를 들면 국민연금, 의료보험, 산재보험, 고용보험과 같은 4대 보험 등이 있다.

(3) 후생경제학

형평성을 고려하지 않고 효율성만을 강조할 때, 소비자의 효용극대화 및 생산자의 이윤극대화 과정에서 다양한 생산 및 소비점의 효율적인 자원배분 상태를 찾을 수 있다. 즉 다양한 생산 및 소비점에서 효율적인 자원배분이 가능하다.

만일 형평성 문제를 해결하기 위하여 사회전체의 복지수준이 가장 높은 생산 및 소비점을 찾는다면 이론적으로 가능하다. 하지만 그 점에 도달할 수 있는 사회적 합의를 도출하기 어렵다.

사람들이 어떠한 시각으로 세상을 바라보느냐에 따라서 즉, 사회후생의 정의에 따라서 사회후생이 극대화되는 생산 및 소비점이 다르다. 다시 말하면 모든 사회 구성원의 효용수준을 단순 합계하여 사회전체의 복지수준으로 측정할 것인지, 아니면 소수 극빈자의 상태를 사회후생으로 바라볼 것인지에 따라서 사회후생을 극대화시키는 생산 및 소비점이 다르다.

후생경제학의 의의: 후생경제학은 사회구성원의 후생(효용)을 주로 다루는 분야이다.

- 후생경제학에서는 경제의 효율성뿐만 아니라 소득격차 및 소득불평등 등 사회의 형평성 문제까지도 대상이 된다. 효율성과 형평성이 동시에 만족되는 가장 바람직한 사회 상태를 찾기 위한 방법을 연구한다.

- 사회적으로 바람직한 생산점, 즉 효율적인 생산을 달성하고 동시에 소득의 균형을 이룰 수 있는 사회상태를 찾는 연구분야가 후생경제학이다. 이 과정에서 사회 구성원의 생산참여 의도, 소득발생을 위한 노력,

소득과 효용의 크기 등 주관적인 차이를 어떻게 측정할 것인가? 그리고 사회전체의 효용상태를 어떻게 측정할 것인가? 등의 문제를 해결해야 한다.

- 다만 사회구성원의 주관적 효용을 객관화(서수적 판단)하여 비교하기가 어렵다는 한계를 갖는다.
- 따라서 후생경제학은 가치판단의 영역이며, 규범경제학이라고 할 수 있다.
- 그러나 효율성 및 형평성에 대한 실증분석으로 사회상태를 판단하면서 실증경제학의 연구 방법을 도입하기도 한다.

파레토 개선과 형평성

- 파레토 개선은 두 사람이 두 개의 상품을 소비할 때 상대에게 피해를 입히지 않고 두 사람이 상품을 교환하여 소비함으로써 최소한 한 사람의 효용을 높일 수 있는 상태이다.
- 예를 들면, 두 사람(A, B)이 영화 '조커(Joker)"를 볼 때, 효용수준이 $A=1$, $B=0$이고, 영화 '기생충'을 볼 때 $A=1$, $B=1$이라면 '조커(Joker)' 선택에서 '기생충'으로 선택을 바꾸면 파레토 개선이라고 할 수 있다.
- 파레토 개선은 효용가능 평면상에서 효용가능경계의 가장 가장자리의 효용상태로 이동하면서 달성된다. 효율적인 자원배분이 이루어진 것이다.
- 파레토 개선이 항상 형평성을 만족시킨다고 볼 수는 없다. 효용가능경계상의 어떤 위치로 이동하느냐에 따라서 형평성이 만족될 수도 있고, 그렇지 않을 수도 있다.

파레토 최적(Pareto Optimum)

- 이탈리아 사회학자이자 경제학자인 파레토(Vilfredo Pareto)는 파레토 최적의 개념을 도입하여 후생경제학의 새로운 지평을 열었다.
- 에지워드 상자에서 두 명의 소비자는 두 개의 상품을 교환하면서 효용을 극대화한다. 그러다 어느 순간 한 사람의 효용을 포기하지 않고 다른

그림 44 에지워드 상자 & 파레토 효율점

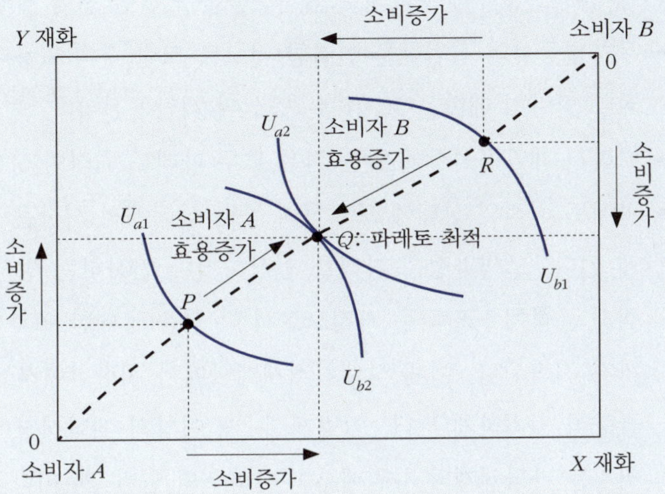

사람의 효용을 증가시킬 수 없는 상태에 도달하게 된다.

- 파레토 최적은 다른 사람의 효용을 감소시키는 일이 없이 어느 한 사람의 효용을 더 이상 증가시킬 수 없는 상태를 말한다(위의 파레도 개선의 예에서 '기생충'을 선택한 상태이다).
- 갖고 있는 자원을 재분배하려면 누군가의 희생이 필요한 상태이다. 다시 말하면 지금 잘 배분되어서 자신의 효용극대점을 잘 찾은 상태이다. 효율성 측면에서 이보다 더 나을 수 없다. 이렇게 자원배분이 효율적인 상태에서 갖고 있는 자원을 교환하면 누군가의 효용은 감소하게 된다.

참고: 파레토의 2:8 법칙

- 파레토는 2:8로 알려져 있는 파레토 법칙을 발표하기도 하였다.
- 파레토의 2:8 법칙은 상위 20%의 계층이 사회 전체의 부의 80%를 소유한다는 소득 불평등에 관한 경험적 법칙이다.

계약곡선

- 에지워드 상자에서 파레토 최적점들을 연결한 선이 계약곡선이다.
- 무차별곡선의 접점들을 연결한 것으로 교환 후의 효용이 극대화되는 재화 교환량의 배합을 표시하는 곡선이 계약곡선이다.
- 따라서 계약곡선상에 있는 점은 모두 파레토 최적인 상태이다.
- 파레토 최적의 상태에 도달하지 못한 상태에서 시장은 모색과정을 거치게 된다. 모색과정은 가격을 인상하거나 인하하는 방식으로 조정이 이뤄져 균형에 도달하는 과정으로서 각 상품에 대한 초과수요가 0이 될 때까지 지속된다. 이때 상대가격체계하에서 시장참여자들의 수요량과 공급량이 일치하게 된다. 이렇게 두 개 이상의 재화시장에서 균형이 이루어지는 가격체계와 자원배분이 왈라스의 일반균형이다.

그림 45 계약곡선

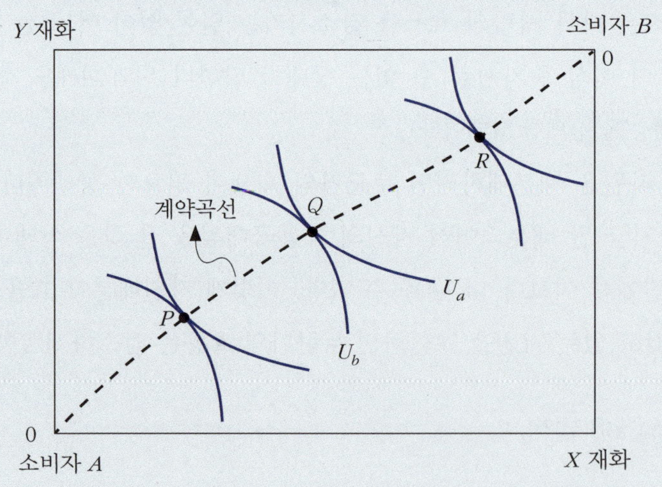

파레토 효율성과 형평성

- 에지워스 상자의 계약곡선은 모두 파레토 효율적이지만, 계약곡선상의 모든 자원배분의 조합이 두 소비자 간의 형평한 자원배분을 보장하지는 않는다.
- 예를 들어, 점 Q에서는 A의 소비와 B의 소비가 비슷하여 어느 정도 형평성을 갖는다. 그러나 R의 점에서는 소비자 B가 불리하고, P의 점에서는 소비자 A가 불리하다(그림 45, 계약곡선 참조).

효용가능곡선과 경계

- 두 사람이 두 개의 상품을 최적배분하였을 때, 두 사람이 얻을 수 있는 최상의 효용 조합을 효용가능곡선이라고 한다.
- 에지워드 상자에서 찾을 수 있는 계약곡선을 두 사람의 효용을 나타내는 평면으로 옮겨 놓으면 효용가능경계를 찾을 수 있다(생산가능곡선의 수많은 상품의 조합으로부터 수많은 계약곡선을 찾을 수 있다).
- 효용가능경계는 효용가능 평면의 가장 바깥쪽의 점들을 연결한 것으로 우하향하는 모습을 보인다.
- 이것은 경제 내의 모든 자원을 가장 효율적으로 배분했을 때 두 사람이 누릴 수 있는 최대효용 수준의 상품 소비 조합이다.

사회후생함수

사회후생함수의 의미

- 사회후생(social welfare)은 개인 후생의 사회적 총합이고, 사회후생함수는 사회후생과 이에 영향을 미치는 여러 가지 요인 간의 관계를 표시한 것이다.
- 무차별곡선으로 표시되는 개인의 후생함수를 통하여 사회의 무차별곡선을 도출하고, 이를 통하여 사회적으로 최적인 생산과 소비의 조합을 찾아내는 것이다.

- 사회후생함수는 소비자나 기업의 경제적 행위나 정부의 정책이 사회 전체의 후생으로는 어떻게 집결되는지를 종합하고 또 그 집결된 결과에 대한 평가를 내리는 것이다.
- 사회후생함수는 경제정책이 사회적 후생을 증가시키는지 또는 감소시키는지에 대한 판정을 내리기 위한 기준이 된다.
- 사회후생함수는 후생경제학의 정책목표에 포함하는 윤리적 가치판단을 기준으로 사회상태 선택순서를 실수(實數)의 순서로 치환하는 서수적(序數的)인 함수이다.
- 사회후생함수의 구조는 각 경제생활에서 국민 각자가 누리게 되는 효용의 구조를 적절히 반영하여야 한다.
- 다른 조건이 일정한 상태에서 어느 한 개인의 효용지표가 증가할 때마다 그 값이 증가하도록 설정된 사회후생함수를 베르그송-새뮤얼슨 사회후생함수라고 한다.
- 이 사회후생함수는 잠재적으로 개인 간의 효용을 비교할 수 있다고 하는 가정을 전제하고 있는 개념이다. 다만, 본질적으로 주관적 가치인 효용의 크기를 어떻게 객관적으로 비교할 수 있는가라는 비판에서 자유롭지 못하다.

사회후생 관련 철학

- 사회후생 관련 철학에는 벤담의 공리주의, 롤스의 진보주의, 로크의 평등주의, 노직의 자유주의가 가장 대표적이다.
- 이외에도 공산주의 같은 이념도 있다. 결국 사회후생함수는 동 시대 사람들의 집합된 가치관이라고 할 수 있으며, 일종의 시대정신(ZeitGeist)이라고도 말할 수 있을 것이다. 국내외 경제상황에 따라 시대정신은 변화한다.

공리주의: 사회후생함수, $S_W = U_a + U_b$, 사회구성원 효용의 단순 합

- 영국의 제레미 벤담과 존 스튜어트 밀 등에 의해서 제창되었다.

소득의 형평한 재분배를 통한 총효용극대화가 사회적 후생을 극대화하는 것이라고 주장한다. 즉, 사회적 후생을 극대화하는 원칙(Max Criteria)은 모든 사람들의 한계효용이 동일해질 때까지(총효용극대화) 소득을 재분배하는 것이다.

- 이런 주장의 근저에는 돈에 대한 한계효용이 부유한 사람보다는 가난한 사람에게서 더 크다는 가정이 있다.
- 즉, 부유한 사람으로부터 1만원을 거둬갈 경우 줄어드는 한계효용을 A라 하고, 그 돈을 가난한 사람에게 주었을 때 늘어나는 한계효용을 B라 할 경우 B는 A보다 크고, $B-A$만큼 사회의 총효용은 증가한다고 보는 것이다.
- 그러나 일반적으로 사람들의 효용곡선이 동일하다고 가정하면, 한계효용이 동일하다는 것은 소득이 동일해져야 한다는 것을 의미한다. 자칫하면 소득 재분배로부터 오는 사회후생의 증대보다 근로의욕 저하에서부터 발생하는 사회후생 감소가 더 커질 수 있다.

진보주의: 사회후생함수, $S_W=\min(U_a, U_b)$, 사회후생은 가장 낮은 개인의 후생수준

- 미국의 사회민주주의 철학자 존 롤스가 주장했다.
- 진보주의는 사회의 후생 수준은 효용의 총량에 의해서 결정되는 것이 아니라 후생이 가장 낮은 사람의 후생 수준에 의해서 결정된다고 본다.
- 따라서 사회적 후생의 극대화는 총효용 극대화에 의해서 달성되는 것이 아니라 가장 효용이 낮은 사람의 효용을 극대화해야만 달성된다고 본다(최소극대화 원칙, MaxMin Criteria).
- 사회의 총효용이 증가하더라도 최저 효용이 감소하면 사회의 후생은 저하되는 것이고, 사회의 총효용이 감소하더라도 최저 효용이 증가하면 사회의 후생이 제고된다고 본다.
- 특히 롤스는 '무지의 베일(veil of ignorance)'을 주장하였는바, 무지의 베일은 그 어느 누구도 사회에 어떤 위치로 태어나게 될지 모른다는 것이

다. 사람들은 자신이 소득 최하위 계층으로 태어날 수도 있기 때문에 소득 최하위계층의 복지를 증진시키는 소득 재분배는 결국 자신을 위해서 보험을 들어놓는 사회보험적 성격이라고 주장한다.

평등주의: 사회후생함수, $S_W = r_1 \times U_a + r_2 \times U_b$

- 로크 등이 주장하였으며, 여기에서 r_1, r_2는 가중치이다.
- 평등주의 사회후생함수는 공리주의와 평등주의의 중간적인 사회후생함수이다. 효용이 낮은 사람에게 높은 가중치를 두고, 효용이 높은 사람에게 낮은 가중치를 적용하여 사회후생을 평가한다.
- 따라서 고소득 계층보다 저소득 계층의 효용이 증가할 때 사회후생함수가 더 많이 증가한다.

자유주의

- 로버트 노직이 제창하였다.
- 노직의 자유주의는 이전의 고전파 자유주의에서부터 하이에크와 같은 신자유주의의 영향을 받았다. 노직의 자유주의나 최소국가론은 영국의 대처리즘이나 미국의 레이거노믹스의 근간이 되었다.
- 노직의 자유주의에 의하면 소득은 사회구성원 개개인의 것이며, 정부가 사회후생 제고의 정책목표를 포함한 어떤 목적하에서도 소득 재분배는 정당화될 수 없다.
- 자유주의는 결과의 균등보다는 기회의 균등을 중요시한다. 즉, 절차(과정)의 공정성 확립을 통하여 결과에 대한 정당성을 부여한다.

애로우의 불가능성 정리

- 케네스 J. 애로우는 여러 가지 사회 상태에 대한 개인의 선호순서가 주어질 때, 여기에 대응하는 사회적 선호순서를 민주적 원칙에 따라 결정하는 것이 가능한가를 묻고, 이것이 일반적으로 가능하지는 않다는 것을 증명함으로써, 후생함수의 존재조건으로서의 시민주권에 관한 이론

그림 46 애로우의 불가능성 정리

		정책 선호도		
		1순위	2순위	3순위
결정자(투표자)	갑	A정책	B정책	C정책
	을	B정책	C정책	A정책
	병	C정책	A정책	B정책

민주적인 방법으로 정책을 선택할 경우, 정책(A, B), (B, C), (C, A)대상의 선택에서
갑, 을, 병 투표자들의 정책선호도는 이행성의 원칙을 만족하지 못한다.
따라서 민주적인 투표로는 최상의 정책을 선택할 수 없다.
투표자가 한 명이라면 하나의 정책 선택이 가능하다.
민주적인 투표보다, 때로는 자비로운 독재자의 선택이 더 나을 수 있다.

	배우자 선택		
	A	B	C
외모	1	2	3
지성	2	3	1
성격	3	1	2

배우자를 선택할 경우
의사결정 주체의 선택기준(외모, 지성, 성격)에서 이행성을 만족하지 못한다.
따라서 배우자 후보 A, B, C 중에서 자신의 배우자를 선택할 수 없다.
선택 기준(외모, 지성, 성격)을 하나로 줄이면 선택이 가능하다.

을 처음으로 개척하였다.

- 애로우는 사회적 선택이론(social choice theory)에 관한 그의 논문에서 두 명 이상의 투표자가 세 개 이상의 선택 대안을 놓고 투표할 때에는 어떠한 공정한 투표방식도 개인의 선호 우선순위로부터 사회적 선호 우선순위를 만들어 내지 못한다는 것을 증명했다.
- 사회적 선택이론에서 사회후생함수는 각종 투표를 통하여 나타나는데 사회후생함수의 도출은 결국 투표제도가 아무런 문제를 유발하지 않고 운영될 때에만 가능하다. 그러나 애로우에 의하면 개인들의 선호를 집단적인 선호로 전환시키는 민주적이고 합리적인 메커니즘은 없다.

- 애로우의 사회적 선택이론은 비독재성, 완전성, 독립성, 이행성의 조건이 충족되는 것을 전제로 한다.
- 그러나 여러 가지 사회적 선택 방법 중에서 독재는 그 자체로 민주적이지 못하고(비독재성 위배), 만장일치제는 완전성과 비독재성에 위배되며, 과반수제는 이행성에 위배될 뿐더러 또한 두 가지 이상의 선호가 나타났을 경우 그중 적게 득표한 선호에 대하여 정책으로 대변할 수 없는 문제가 발생한다.
- 애로우가 제시한 여러 기준 중에서 어느 하나를 포기하면 나머지 기준을 충족하는 사회후생 함수를 얻어낼 수 있다.
- 다시 말하면, 선택의 결과가 모든 투표자의 선호를 반영하지 않아도 된다고 할 경우 다수결이 사회후생함수를 도출하는 방법이 될 수 있다.

계층 상승

예전에는 '개천에서 용이 났다'고 한다. 역사 속에는 '개천의 용' 사례가 있었다. 국가 핵심기술 발전에 기여한 노비계급 '장영실'이라는 이름은 아직도 역사 속에 남아있다. 1970년대에 상업고등학교를 졸업하고 변호사, 국회의원, 대통령까지 올랐던 경우도 있다. 요즘 학생들에게 이런 사례를 따르라고 권하지는 못한다. 시대가 다르다. 과거 70년대 상업고등학교는 공부는 잘해도 집안 사정이 어려운 학생들이 주로 진학하였다. 고등학교 졸업 후, 취업 목적으로 상업고등학교에 진학하는 경우가 많았다. 이들은 은행이나 대기업 회계부서 등에서 근무했다. 그러나 회계처리가 전산화되면서 이들에 대한 노동수요는 줄어들었다.

외국어, 과학, 특수목적고등학교(특목고) 출신 인재들이 사회 곳곳의 주요 요직을 차지하는 모습을 보면서 자녀의 특목고 진학을 위해 초등학교부터 사교육에 투자하는 부모들이 늘어났다. 이에 따라서 소득 대비 사교육비 비중이 증가했다. 저소득층과 고소득층의 사교육비 지출 규모의 차이는 크다. 사교육비 지출에 부담없는 고소득층 자녀의 특목고 진학 비중이 높다. 사교육비 부담으로 고생하는 저소득층은 특목고에 보내지도 못하고, 사교육비 지출만 늘린다. 저소득층은 사교육비 지출이 증가하면서 부를 축적할 기회도 줄어든다. 이렇게 저소득층의 악순환은 계속된다.

요즘 고등학교 졸업생들은 거의 대부분 대학에 진학한다. 학생수는 줄어드는 추세인데 대학교도 많이 늘었고, 다양한 학과도 생겨났다. 이에 대학 등록금도 만만치 않다. 학생들은 등록금을 해결하기 위해 학자금 대출을 받고 아르바이트로 용돈과 학비를 마련한다. 학업 시간을 아르바이트에 사용하니 공부할 시간이 상대적으로 부족하다. 좋은 학점으로 장학금 받기도 힘들다. 반면, 부유한 집안의 자녀들은 좋은 대학에 진학하고, 장학금 받을 기회도 많다. 학업 성적 등으로 장학금 혜택을 받는다. 학점이 걱정되면 대학생도 인터넷 강의 등 사교육을 받아서 학점을 관리한다. 이들은 해외 어학연수 또는 교환학생 등으로 해외생활을 경험한다. 저소득층의 자녀들은 상상하기 어려운 일이다. 흔히 '부모 찬스'가 작동하여 학생들의 미래가 결정되고 있다.

살아가면서 이들의 소득 격차는 더욱 벌어진다. 돈이 돈을 버는 세상이다. 큰마음 먹고 부동산, 주식 투자를 하여도 자산가치가 오를 때까지 장기간 소유하기 어렵다. 경기침체로 일자리를 갑자기 잃거나, 가족 중에 누군가 갑작스럽게 중병에 걸리면 투자했던 주식이나 부동산 등 갖고 있는 자산을 처분해야 한다. 주식 또는 부동산 가치가 하락해도 처분해야 하는 상황이다. 저소득층은 자산을 오래 보유하기 어렵다.

부동산이나 주식투자로 수익을 올리려면 상당한 시간이 소요될 수 있다. 몇 년이 소요될지 알 수 없다. 충분한 여유 자금을 갖고 있는 부유층은 자산가치가 상승할 때까지 오랜 시간을 기다릴 수 있다. 경제위기는 자산가에게 오히려 기회를 제공한다. 자산가치가 하락하는 시기에 새로운 자산을 낮은 가격에 확보한다. 그리고 시간에 구애받지 않고 기다린다. 그래서 이들의 자산가치는 계속 상승할 가능성이 높다.

계층 간의 소득격차는 시간이 지나면서 더욱 커진다. 이러한 부의 축적은 대물림된다. 다양한 방법으로 자식에게 재산을 물려준다. 태어나면서 많은 자산을 소유하고 있는 계층과 저소득층의 경쟁은 불가능하다. 저소득층이 안정적인 삶을 원한다면 전문지식을 확보하고 전문노동자가 돼야 한다. 계층 상승이 어려운 사회에서 엘리트가 되기를 바라는 부모의 교육열을 탓하면 저소득층은 대를 이어 단순 노동으로 살아가라는 의미로 받아들일 것이다. 저소득층이 계급상승에 성공할 수 있는 유일한 방법이 복권당첨이라면 비참한 사회현실이다.

계층 간의 소득이 균등한 사회는 계층 상승을 위한 비상식적인 행위를 유발하지 않는다. 엘리트 집단에 속하지 않아도, 부를 축적하지 않아도, 주택을 보유하지 않아도, 전문지식이 없어도, 좋은(?) 대학교를 나오지 않아도, 공무원이 아니어도, 미래의 삶에 대한 걱정이 없는 이상적인 사회 경제 시스템을 요구하는 목소리가 커지고 있다. 이상적인 사회를 꿈꾸는 일반 시민들은 현실적인 사회문제를 고민할 의무가 없다. 사회 각계에서 변화를 위해 행동하는 사람들은 현실적인 문제를 고민해야 한다. 이상적인 사회를 표면에 내세우며 국민을 선동하고 혼란한 틈에서 사익추구와 권력에 대한 욕구로 내면을 가득 채운 인간들은 '사회 악'으로 표현되어야 함이 마땅하다. 혼란한 사회가 이들의 먹잇감이다. 이러한 '사회 악'은 이상을 내세우며 이상과 현실을 구분하지 못하는 국민을 현혹한다. 현재의 위치와 이상을 향해서 나아가는 방향을 알리고 현실의 변화를 이끌어가는 지도자들이 필요하다. 그리고 평등함을 추구하는 국민들은 이상과 현실을 구분하고 냉정하게 '세상의 변화'를 지켜볼 수 있는 안목을 갖춰야 한다.

사회적 보호장치

누구나 열심히 일하고, 그 대가를 정당하게 받고 싶어 한다. 능력을 인정받고 계층 상승을 꿈꾸던 중산층이 오히려 저소득층으로 하락하게 된다면, 다시 올라서기 어려운 사회이다. 소득 계층 간 갈등이 심각해지면 또 다른 혁명이 나타날 수도 있다. 이러한 상황을 사전에 예방하려면 계층 하락을 방지할 수 있는 보호망이 있어야 한다.

중산층이 저소득계층으로 하락하지 않도록, 그리고 저소득층이 중산층으로 상승하도록 만들어 놓은 장치를 '사회적 안전망'이라고 한다. 기초생활보장제도는 국민의 생존을 보장하는 사회적 안전망이다. 생활이 어려운 절대빈곤층에게 생계비, 주거비, 교육비, 의료비 등을 지급하여 최저생활을 보장하도록 한다. 기초생계비 지원은 절대빈곤층이 일자리를 찾고 사회에서 다시 일어설 수 있는 기반이 된다. 1인 가구의 기초생활보장 '생계급여'는 약 월50만원(2019년 기준)으로 이들이 생계를 유지하기 쉽지 않은 수준으로 보인다. 기초생계비 지원금액 규모는 절대빈곤층이 구직활동 등 일상생활을 보장하는 수준으로 책정한다.

4대 보험은 국민연금, 의료보험, 산재보험, 고용보험을 말한다. 노동자가 청장년기의 소득에서 일정부분을 보험료로 납입하면, 은퇴 후에 국민연금을 받고, 직장에서 사고를 당했을 경우 의료비용 등을 보조받고, 갑자기 실직할 경우 실업급여를 받는다. 소득이 발생한 기간 동안 납부한 금액만큼 혜택을 볼 수 있다. 국민연금은 매월 300만원의 소득으로 30년간 가입하면 65세 이후부터 약 80만원을 받는다. 연금으로 노후의 생계를 유지하기 어렵지만 국민연금 납부한 금액보다는 많은 금액이다.

비자발적으로 퇴사하고 구직활동을 계속하는 경우, 고용보험의 혜택을 받는다. 이직을 위해 자발적으로 퇴사하고 잠시 실업상태로 있다면, 고용보험 지급대상이 아니다. 폐업 또는 구조조정으로 직장을 잃고 새로운 직장을 찾기 위해 노력하는 노동자가 고용보험 대상이다. 이 제도는 실직자 소득을 일정부분 보장해준다.

사회안전망은 정말 안전한가? 제도의 내용을 보면 저소득층의 극단적인 선택 등을 방지하는 데 도움이 될 것으로 판단된다. 저소득계층이 실패를 극복하고 사회에 나와서 일자리를 찾기 위해 스스로 노력하도록 기초생계, 주거 및 교육 등에 지원한다. 문제는 지원금액의 규모에 있다. 기초생활보장제도는 근로의욕에 영향을 미친다. 1인 가구 기준 기초생활보장 생계급여를 150만원 수준으로 높이면 실직자들이 일자리를 찾으려고 움직일까? 지원금액을 높이면 사회보장제도에 의존하여 근로의욕이 낮아져서 노동공급이 감소하고 국가재정은 악화될 것이다. 정부 부채가 증가하고 더 많은 세금을 납부하게 된다. 그렇다면 어느 정도 금액의 생계급여가 사회안전망을 견고하게 하면서 근로의욕을 높일 수 있을까? 누군가 그 금액을 찾았다고 주장해도 모든 사람들에게 동의를 구하긴 쉽지 않을 것이다. 최저임금에 대한 논의와 유사한 논쟁이 진행될 수 있다. 끝없는 논쟁이 계속되고 논쟁을 위한 논쟁도 가능하다. 소모적 논쟁이라는 비판을 받으며 논점이 흐려질 수 있다. 사회보장제도는 저소득층이 삶에 대한 희망을 가질 수 있는 마지막 저항선이라는 논점은 견고해야 한다.

빈곤과 복통

'사촌이 땅을 사면 배가 아프다'는 속담이 있다. 남들이 잘되는 것을 좋아하지 않는 경우를 표현하고 있다. 남이 잘되는 것을 질투하고 시기한다. 피를 나눈 형제 사이에도 오랜 친구 간에도 질투하고 시기하는 경우를 종종 보게 된다. 주변의 동료가 복권에 당첨되거나, 신의 직장으로 이직하거나, 부모로부터 엄청난 재산을 물려받거나, 특진해서 연봉이 오르거나, 아파트를 분양받아서 재산이 크게 불어나거나, 아주 우연히 신상품을 개발했는데 5천만 국민의 필수상품이 되었거나, 주식에 5천만원 투자해서 100억을 벌었다거나 … 기타 등등.

전혀 관계없는 사람의 경우, 특히 해외의 부자들을 보면 별 느낌이 없는데 주변의 가까운 사람들의 예기치 못한 성공을 보면 부러워한다. 부러움이 심해지면 질투-시기심으로 발전하고 '오묘한 대화'가 오가면서 서서히 사이가 멀어진다.

대부분의 사람들이 10,000원 이내에서 점심을 해결한다. 5,000원짜리 자장면을 선택하기도 하고, 10,000원짜리 평양냉면을 소비하기도 한다. 회사 구내식당을 선호하는 회사원도 있다. 매일 점심메뉴를 고민하지 않아도 되고, 누구보다 좋은 음식 먹었네, 나쁜 음식 먹었네, 비교할 이유도 없다. 비교하고 비교 당하는 것, 불필요한 일이다. 대부분 비교하는 것에서 질투와 시기심이 출발한다.

중산층과 부유층은 살아가는 공간이 다르다. 같은 도시에 살고 있어도 출퇴근하는 방식이 다르고, 섭취하는 음식도, 만나는 장소도, 피로를 풀기위한 방법이나 장소가 다르다. 고민하는 범위와 살아가는 방식이 다르기 때문에 서로 상대를 이해하기 어려워진다. 계층 간 갈등이 시작된다.

사회적 욕구를 추구하고 자아실현의 단계를 찾아가는 중산층 노동자들의 생활 방식은 쉽게 알려진다. 주변 상권의 변화만을 보아도 중산층의 소비와 여가 형태가 노출되기 때문에 이들의 생활 방식을 비교적 쉽게 유추할 수 있다. 반면 상위 0.01% 부유층의 생활은 일반적으로 잘 알려져 있지 않다. 그들의 살아가는 공간은 대중에게 잘 노출되지 않는다. 만일 이들의 생활 방식이 노출된다면, 대부분 직장인들은 상대적 빈곤이 어떠한 의미인지 확실하게 느낄 것이다. 부유층의 주거문화, 의료서비스 수준, 여가 또는 여행의 범위, 점심식사 장소 및 가격, 운동 장소 및 방법, 출퇴근 수단 등 삶의 질적 수준 차이를 중산층은 모르는 게 나을 수 있다.

중산층과 저소득층의 삶의 질적 수준 차이는 상상하기 쉽다. 이러한 계층 간 삶의 질적 수준 차이가 벌어지게 되면 여기저기 복통에 시달리는 사람들이 많아진다. 나보다 잘 살고 있는 사람들에 대한 질투와 시기심이 확대된다. 이들이 싸우게 되면 바라보는 대중들은 약자의 편에 선다. 운동 경기뿐만 아니라, 사람들이 살아가는 공간에서는 늘 약자를 응원한다. 이런 분위기가 강자에 대한 공격적인 비난으로 이어지면 사회 갈등은 거칠어진다. 계층 간 갈등이 노출되어 사회문제가 심각해지는 것이다.

계층 갈등이 심각해지면 부의 재분배 정책만으로 해결되지 않을 수 있다. 수적으로 우세한 저소득층이 불리한 위치에 놓일 수 있는 체제에 있다면 이들은 사회규칙 이외의 방법을 선택하게 된다. 노동자들은 완전히 변화된 사회를 요구할 수 있다. 다른 표현으로는 '혁명', '혁신', '변혁', '격동' 등이 있으며, 강자의 양보 없이는 피할 수 없는 결과이고, 최상위층 자본가에게는 엄청난 위기의 상황이 된다. 대기업 자본가들은 사회 갈등을 줄이려고 다방면에서 노력한다. 때로는 노숙자에게 밥 퍼주는 행사, 양로원 요양원 주변 정리 및 청소 봉사, 사회적기업 지원 등 다양한 사회공헌 프로그램을 수행한다.

절대적 빈곤*의 문제 해결은 사회갈등을 해소할 수 없다. 상대적 빈곤 문

---

* 절대적 빈곤은 벌어들인 수입으로 육체적인 활동을 효율적으로 유지하지 못하는 빈곤을 말한다. 소득으로 일하고 여가 시간을 보내고 건강한 상태를 유지하지 못하는 경우, 다시 말하면 육체적 효율성 유지를 위해 필요한 소득보다 낮은 일차적 빈곤(primary poverty). (참고: Rowntree, 1901, Poverty: A Study of Town Life, Macmillan, London)

제를 해결해야 한다. 다 똑같이 못살게 만들어서 평등한 사회를 만들면 그 과정에 변혁을 추진하는 세력이 나타날 것이고, 다 같이 잘 살아서 상대적 빈곤의 사례를 찾기 어려운 사회를 만들어야 한다. 정당한 능력으로 살아가며, 공정한 경쟁이 가능하고, 기회의 평등이 주어지는 사회를 국민들이 원한다. 치열하게 노력하고 생산력 높은 사람들은 더 잘 살아도 된다고 인정하는 사람들이 넘쳐나는 사회는 철저하게 공정한 시스템이 작동되어야 가능할 것이다. 그 누구도 시기하지 않는 이상적인 사회가 현실이 되려면 어떠한 과정을 거쳐야 하는지 그리고 어느 정도의 시간이 필요한지 연구 대상으로 삼아야 청년들이 이 사회에 희망을 갖는다.

Section 7

시장 실패와 정부 실패

1 시장 실패와 정부 실패

(1) 시장 실패

시장 실패의 의미

시장 실패의 본래의 뜻은 시장의 기능이 제대로 작동되지 못하여 자원이 효율적으로 배분되지 못하는 경우를 말한다. 즉, 균형생산량이 사회적으로 바람직한 수준에서 벗어나는 경우이다.

시장 실패와 시장기능의 한계와의 구분

- 시장 실패: 시장의 역할 또는 가격기구만으로 자원배분 기능이 제대로 작동되지 않는 경우를 지칭한다.
- 시장기능의 한계: 시장기능으로서 해결하지 못하는 문제를 지칭한다. 예를 들어, 양극화의 문제나 시장의 자유가 공공의 이익을 해치는 정도가 너무 지나친 경우 등이다.

광의의 개념으로 시장 실패를 정의할 경우에는 시장기능의 한계도 시장 실패라고 한다.

시장 실패의 원인

- 시장 실패의 원인으로는 불완전 경쟁시장, 외부효과의 발생, 공유자원과 공공재 등 재화의 특성, 정보의 비대칭성, 경제주체의 위법적인 사익추구 행위 등을 들 수 있다.

불완전 경쟁시장

- 독점, 과점 등으로 자원이 비효율적으로 배분되는 경우이다. 대부분의 국가는 독점이나 과점을 법으로 규제하고 공정한 경쟁 규칙을 확립함으로써 독과점의 폐해를 방지하고 있다.

외부효과(externality)

기업이나 개인의 경제행위가 시장을 통하여 대가를 주거나 받지 않으면서 직접적 또는 간접적으로 다른 사람에게 이익이나 손해를 주는 효과를 말한다. 즉 시장거래와 관계없는 제3자에게 영향을 미치는 현상이다. 제3자에게 이익을 또는 손해를 입힐 수 있다.

- 외부효과가 이익을 발생시키면 외부경제, 손해를 발생시키면 외부불경제라고 부른다.
- 예를 들어, 산림녹화사업으로 산에 아카시아 나무를 심었는데 양봉업자가 꿀을 채취할 수 있게 된 것은 외부경제의 사례이고, 반대로 자동차를 사용함으로써 환경이 오염되는 경우는 외부불경제의 사례이다.
- 외부효과가 있을 경우에는 시장이 효율적으로 작동해도 최적의 자원배분이 이루어지지 못한다. 사회적으로 바람직한 수준의 생산점에서 벗어난다.
- 일부 산업의 기술개발이 주변 산업 발전 또는 소비자의 삶의 질에도 파급되는 기술개발의 외부경제는 R&D 보조금 지급 등 보조금을 통하여 필요한 만큼의 재화와 서비스가 생산되도록 유인을 제공하여 촉진시킬 수 있다.

- 외부불경제의 경우에는 오염물질 규제와 같은 직접적 규제나 환경부담금(조세) 부과와 같은 간접적인 규제를 통하여 해결한다.

공급이 부족한 재화(공공재)

공공재는 공공소비를 위하여 생산된 재화와 서비스로서 비용을 부담한 사람뿐만 아니라 여타 모든 사람들이 사용할 수 있는데 공항, 항만, 공원, 국방 등이 여기에 포함된다. 공공재는 다음과 같은 특성을 가지고 있다.

- 높은 초기 투자비, 장기간의 자본회수기간, 수익성 결여 등으로 민간 기업이 생산을 기피한다.
- 공공재 사용에 대한 비배제성으로 비용을 지불하지 않은 사람이라도 소비를 막을 수 없다.
- 소비의 비경합성으로 한 사람의 소비가 다른 사람의 소비를 감소시키지 않는다. 이와 같은 비배제성과 비경합성으로 인하여 무임승차자(free rider) 문제가 발생한다.
- 공공재는 정부가 직접 생산하는 방법으로 해결이 가능하고, 규모의 경제나 수익성 등의 문제로 국가가 독점하는 경우가 일반적이다.

경제주체의 위법적인 사익 추구 행위: 정보의 비대칭성

- 노사분규 등으로 노동시장에서 균형 임금이 달성되지 못하는 경우나 불량식품과 같은 불법적인 사익 추구 행위, 뇌물과 같은 정경유착 행위, 정보의 비대칭성으로 인하여 발생하는 역선택의 문제 등도 시장실패의 원인이 된다.
- 이런 경우에는 법이 정한 테두리 내에서 문제를 해결하는 것이 가장 우선시된다. 그러나 모든 경제 문제가 법만으로 해결되는 것은 아니기 때문에 사회적인 윤리의식 제고, 시민단체의 감시 등을 통하여 해결될 수 있다.
- 이러한 문제가 발생하는 대부분의 원인은 정보의 비대칭성에 있다. 정보의 비대칭성 문제는 뒤에서 설명한다.

(2) 시장실패 해결방안, 정부의 시장 개입

의미: 정부는 시장 개입을 통하여 자원배분의 변화를 유도한다. 예를 들면, 유류세를 부과하여 에너지 소비의 절약을 유도하는 것이다.

정부의 시장 개입 형태: 가격 규제, 조세 부과, 직접통제(배급, 절전, 차량 5일제 등)가 있다.

가격 규제: 가격 규제는 경제적 약자를 보호하기 위한 것으로 상품의 가격, 금리, 임대료, 공공요금, 임금 등이 규제 대상에 포함된다.

최고가격제: 소비자 보호를 목적으로 시장가격보다 낮은 가격으로 규제를 하는 것이다.

- 최고가격제의 대상: 금리(법정이자율 상한제는 금리에 대한 최고가격제), 공공요금(공기업의 수익률 상한제, 자연독점의 독점가격 방지), 임대료 상한제(rent control, 세입자의 월세 부담 완화) 등이 있다.
- 최고가격제의 부작용: 초과수요가 발생하거나 암시장이 형성될 수 있다는 것이다. 초과수요의 문제가 발생할 경우에는 배급제(rationing)나 선착순 공급을 실시하는 상황까지도 진행이 가능하다.

최저가격제: 생산자 보호를 목적으로 시장가격보다 높은 가격으로 규제하는 것이다.

- 최저가격제의 예로는 쌀 추곡수매제도(초과공급물량은 정부 수매), 최저임금제(노동공급자들에게 인간다운 생활 보장) 등이 있다.
- 최저가격제는 과다 공급의 문제를 초래한다.
- 쌀시장의 최저가격제는 쌀의 초과공급을 초래하고, 수매한 쌀의 보관비용이 급증하는 등의 문제가 발생한다. 이와 같은 문제를 해결하기 위한 대안으로써 농작물의 경작을 잠시 중단하는 휴경제와 같은 제도가 도입되기도 한다.
- 최저임금제는 노동의 초과공급으로 인한 실업문제를 야기한다.

조세 부과: 재화와 서비스의 가격에 정률 또는 정액으로 부과되는 세금의 세율이나 세액 조정을 통해서 시장가격에 영향을 주고, 재화와 서비스의 거래량이 조절된다.

정부는 조세 부과를 통하여 소비를 억제한다.

- 소비 억제의 경로: 세율 인상 ⇨ 제품 가격 상승 ⇨ 소비 감소 ⇨ 생산 및 수입 감소의 순이다.
- 소비 억제 측면에서는 유류세, 자동차 취등록세, 개별소비세(사치품) 등이 사용되고 있다.

반대로 경기 진작은 세율 인하 ⇨ 제품 가격 하락 ⇨ 소비 증가 ⇨ 생산 및 판매 수입 증가의 경로로 영향이 확산된다.

조세는 그 종류에 따라서 상이한 영향을 미치기도 한다. 판매세는 일반적으로 상대가격 체계를 왜곡시키고, 역진적인 성격을 가지고 있다. 반대로 소득세는 상대가격체계를 유지하는 한편 높은 소득에 높은 세율을 부과하는 누진적 성격을 가진다.

(3) 정부 실패

정부 실패의 의미

- 시장 실패를 보완하기 위한 정부의 개입이 민간 부문의 의사결정을 교란시켜 자원배분을 오히려 더 악화시키는 것을 의미한다.
- 입법, 사법, 행정 집행에서 비효율적인 자원배분의 결과를 가져오는 경우를 말한다.

정부 실패의 원인

- 정부 실패는 관료조직의 비효율성 및 경직성, 경제적 의사결정 과정에서의 정치논리 개입, 정보의 부족 등이 원인이 되어 발생한다.

- 시장 실패 또는 시장기능의 한계를 해결하기 위해서 큰 정부가 필요하지만, 큰 정부는 국민의 세부담 증가, 이익집단의 압력에 의한 공공 지출 증가 등의 부작용을 초래한다.

정부 실패의 해결 방안

정부 실패에 대하여 신자유주의적 해결 방안으로 나타난 것이 작은 정부로서, 작은 정부의 핵심은 규제 완화와 공기업의 민영화 등이 있다.

- 정부 규제는 그 자체가 실효성이 떨어지며, 경직적 관료조직의 특성상 불필요한 규제가 답습되거나 남발되는 경향이 있다. 따라서 규제가 효율적 자원배분을 저해하고 국가 경쟁력을 훼손하므로 이를 완화해야 한다.
- 공기업은 방만한 조직과 관료화, 독점적 시장 사업자로서 자원배분에 있어서 효율성 저하 등의 문제를 내재하고 있다. 따라서 공기업을 민영화하여 경쟁 원리를 도입함으로써 서비스의 질적 수준 개선, 가격 인하 등을 달성할 수 있다.
- 작은 정부를 추구하는 극단적인 시장주의자들은 정부의 역할이 '야경국가의 역할'에 그쳐야 한다고 주장한다.

현대의 정부는 시장 실패와 정부 실패를 동시에 해결해야 하는 문제에 직면해 있다. 시장경제의 한계를 극복하기 위해서 정부가 시장에 강력하게 개입해야 한다는 것이 개입주의 측의 논리이고, 반대로 시장은 그 자체에 자율조정 기능을 가지고 있음으로 비효율적인 정부가 개입하면 정부 실패만 초래하게 된다는 것이 비개입주의 측의 논리이다.

(4) 차선이론(theory of second best)과 사회후생

차선이론은 립시(Richard Lipsey)와 랭카스터(Kelvin Lancaster)가 주장한 이론이다.

차선이론에 의하면 어떤 두 개의 시장이 피할 수 없는 시장 실패에 직면해 있을 때, 하나의 시장에서 시장 실패를 바로잡기 위한 노력은 다른 시장의 효율성을 떨어뜨리면서 경제 전체적으로는 오히려 손해가 발생할 수 있다는 것이다. 즉, 한 시장에서 후생이 증가하는 효과보다 다른 시장에서 후생이 감소하는 효과가 더 커서 사회 전체적인 후생감소가 발생할 수 있다는 것이다.

오히려 두 시장에서의 시장 실패가 서로 상쇄되도록 하는 것이 더 효과적일 수가 있다.

- 어떤 시장이 최적(optimum)의 상태에 도달하기 위한 조건이 충족되지 못하고 있을 때, 중요하지 않은 조건들을 하나씩 포기하면서 나머지 중요한 조건들이 충족되는 차선을 선택하는 것이 일반적이다.
- 그러나 차선이론에 의하면 차선의 선택이 반드시 차차선보다 우월한 사회후생을 보장하지는 못한다는 것이다.
- 차선이론은 기본적으로 왈라스의 일반균형이론의 틀에서 분석하는 것이지만 단일시장 내에서의 부분균형에서도 성립한다.
- 예를 들어, 어떤 공해를 유발하는 독점시장이 있다고 가정할 경우 '공해유발'과 '독점'은 사회후생이 최적의 수준에 도달하지 못하게 하는 조건들이다.
- 여기에서 최선은 '공해가 없는 완전경쟁시장'이고,
- 차선은 '공해가 있는 완전경쟁시장'이거나 '공해가 없는 독점시장'이며,
- '공해가 있는 독점시장'은 차차선이다.

'공해'는 피할 수 없는 시장 실패이고(개선할 방법이 없는 문제), '독점'은 경쟁체제로 바꿀 방법이 있다고 가정하자.

- 이때 정부가 '공해가 있는 완전경쟁시장'이라는 차선책을 선택하게 되면 가격이 하락하고 생산량이 증가하면서 더 많은 공해가 발생할 수 있다.
- 이러한 상황에서 저렴한 가격에 더 많은 상품을 소비하게 되는 사회후생 증가보다 늘어난 공해로 인한 사회후생 감소가 심각하지 않다면, 차라리 차선인 '공해가 있는 완전경쟁시장'이 더 좋은 선택일 수 있다는 것이다.

2 정보의 비대칭성

(1) 정보경제학(information economics)

정보경제학: 경제활동에 있어서의 정보의 기능을 다룬다. 일반적으로 정보의 비대칭성이 관심사이다.

정보의 비대칭성: 특정 집단(또는 개인)이 다른 집단에 비하여 우월한 정보를 가지고 있는 상황을 지칭한다. 비대칭적인 정보하에서는 도덕적 해이와 역선택의 문제가 발생한다.

역선택: 역선택은 감춰진 정보(hidden information)에서 발생한다.

- 감춰진 정보로부터 발생하는 문제이다. 상품 거래가 시작되기 이전에 발생한 행위이다(이미 고장난 자동차).
- 구매자가 모르는 정보를 판매자가 알고 있다고 하는 점에서 '감춰진 정보'가 된다. 예를 들어, 중고차시장에서 사고가 났던 자동차를 판매하는 사람은 알지만 사려는 사람은 알 수 없는 품질정보의 격차를 들 수 있다.

도덕적 해이: 도덕적 해이는 감춰진 행동(hidden action)의 문제이다.

- 감춰진 행동: 거래가 시작된 이후에 발생하게 될 행동이다(자동차 보험에 가입한 이후의 난폭운전).
- 불완전하게 감시를 받고 있는 사람이 불법적 또는 비도덕적 행동을 하는 경향이 초래된다. 예를 들어, 화재보험 가입 이후에 비용 절감 차원에서 건물의 소방설비를 기준보다 적게 설치하는 경우를 들 수 있다.

'정보 비대칭성' 문제의 해결: 선별과 신호로 해결할 수 있다.

- 선별(screening): 정보가 부족한 쪽이 상대방의 사적 정보(private information)를 얻어내기 위한 행동이다. 생명보험 가입 전에 보험회사가 피보

험자의 건강검진을 요구하는 것이 사례이다.

- 신호(signaling): 정보를 가진 측이 자신이 가지고 있는 사적 정보를 상대방에게 신빙성 있게 전달하기 위한 것이다. 중고차를 판매하기 전에 자동차 정비소에서 종합점검을 받아서 서류로 제출하는 것이 사례이다.

(2) 역선택(adverse selection)

역선택: 의사결정에 필요한 정보가 충분하지 않아서 불리한 선택을 하게 되는 것을 말한다. 즉, 정보를 가지고 있는 측이 정보를 가지지 못한 다른 측에게 정상적인 수준이 넘는 비용을 전가하는 행위를 말한다.

- 병에 걸려 있다는 사실을 숨기고 의료보험에 가입함으로써 보험회사가 불리한 선택을 하게 만드는 것이 대표적인 사례이다.

애컬로프(George Akerlof)는 중고차 시장에서의 역선택 문제를 다룬 1970년 '레몬시장(The Market for Lemons)' 논문으로 2001년 노벨경제학상을 수상했다. 레몬은 속어로 '불량품' 또는 '몹쓸 것'을 의미하는데, 실제로 1960년대 미국 소비자들은 자동차의 생산품질이 현저하게 떨어지는 불량 자동차를 사게 된 것에 항의하여 차 뒷유리에 레몬을 매달고 다니는 것이 유행하기도 했다. 애컬로프는 그의 논문에서 역선택 문제가 시장기능을 어떻게 저해하는지를 규명했다.

중고차시장에는 중고차를 팔려는 사람과 사려는 사람 간에 정보 비대칭성이 존재한다. 즉, 팔려는 사람은 그 차가 좋은 차량인지 불량 차량인지 정확하게 알고 있는 반면 사려는 사람은 알지 못한다.

- 좋은 중고차의 적정가격은 1,000만원, 불량 중고차의 적정가격은 200만원이라 하고, 좋은 것과 불량품의 비율이 반반이라고 할 경우, 사려는 사람은 좋은 차량과 불량 차량을 구별할 수 없기 때문에 그 평균인 600만원에 시장가격은 형성된다.
- 좋은 중고차는 400만원의 손해를 보기 때문에 팔지 않을 것이고, 불량

중고차는 400만원의 이익을 보게 되기 때문에 차를 팔 것이다.

- 결론적으로 중고차시장에는 좋은 것은 없고 레몬만 돌아다니게 되고, 사람들은 중고차시장을 신뢰할 수 없기 때문에 중고차시장이 붕괴되는 결과를 가져온다.

(3) 도덕적 해이(moral hazards)

도덕적 해이: 정보를 가지고 있는 사람이 정보의 불균형 상황을 자신에게 유리하게 이용하는 행위를 말한다.

- 대리인 문제에서는 불완전하게 감시를 받고 있는 대리인이 윤리적·법적으로 바람직하지 못한 행위를 하는 경우를 말한다.
- 사용자가 대리인을 완전히 감시할 수가 없을 때에는 대리인은 사용자와 맺은 계약의 내용대로 충실히 일하지 않거나 자신의 사적 이익을 챙기려는 경향을 보인다.

사용자－대리인 간의 대리인 비용이 대표적 사례이다.

- 주주보다는 경영자가 회사에 대해 더 많은 정보를 가지고 있기 때문에 주주의 감시가 소홀한 틈을 타서 경영자가 회사의 재산을 자신의 사적 이익을 위해 사용하는 것이다.
- 사장의 지위를 유지하기 위해서 회사의 재산으로 뇌물을 공여한다던지, 회사의 규모나 자신의 역할에 비해서 과도한 월급을 받는 경우 등이다.

부실기업이 규모를 키워서, 정부가 부실기업의 몰락시에 부담해야 할 과도한 사회적 비용 때문에 구제금융을 지원하지 않을 수 없게 만드는 것도 사회적인 도덕적 해이 현상의 한 사례이다.

내게 없는 정보

중요한 정보를 나는 알고, 상대는 모른다. 모든 사람들이 동일한 정보를 갖고 있지 않다. 정당, 공무원, 기업 등의 조직에서 각자의 위치에 따라서 다룰 수 있는 정보의 수준이 다르다. 민감한 정보는 소수의 관리자에게 주어진다. 조직의 위계질서는 정보에 의해 통제되기도 한다. 상위 관리자의 구조조정 관련 정보는 하위 관리자에게 사전에 전달되지 않는다. 하위 노동자들은 생존을 위하여 관리자에게 열심히 일하는 모습을 보인다.

시장에서 판매되는 상품의 정보는 모든 시장 참여자에게 동등하게 제공되지 않는다. 구매자와 판매자, 계약 당사자들이 갖고 있는 정보의 양과 질이 다르다.

예를 들어보겠다.

1. 중고차 판매자는 그 차의 성능 및 내력을 알고 있고, 구매자는 그 상태를 모른다.
2. 방사능 피폭 지역에서 획득한 생선인지 아닌지 판매자는 알고 구매자는 모른다.
3. 국내산 돼지고기인지 수입산 돼지고기인지 판매자는 알고 구매자는 모른다.
4. 은행에서 대출 받으려는 사람이 성실하게 대출금을 갚을 것인지 은행직원은 알 수 없다.
5. 이자율 높은 저축은행에 예금하려는 자산가는 그 저축은행이 정상적인 경영을 하는지 알 수 없다.
6. 주주를 대표하는 전문경영인 등이 실적을 올리려고 주주들이 원하는 안정적인 운영보다 위험성이 높은 사업을 추진한다.
7. 보험사는 보험 가입자의 생활습관 등을 모른다. 보험가입자는 수익과 관련된 보험사의 경영 상태를 모른다.

이외에도 구매자와 판매자가 서로 다른 정보를 갖는 사례는 많다. 동일한 상품에 대한 정보가 서로 다른 경우, 문제가 발생한다. 가장 많이 알려져 있는 사례가 중고차 시장이다. 중고차는 품질에 따라 가격이 천차만별이다. 사고 차량의 중고차 시세는 낮다. 문제는 구매자가 사고 내역을 알기 어려우면 높은 가격에 구매할 수 있다는 것이다. 주행거리를 조작하는 사례도 있다. 구매자는 자동차의 성능을 구분하기 어렵다. 겉은 멀쩡하지만 속은 완전히 망가진 자동차를 비싼 가격에 판매하면, 구매자의 상품에 대한 신뢰가 무너진다. 한 번 훼손된 신뢰는 다시 쌓기 어렵다.

좋은 중고차는 2,000만원이고, 나쁜 중고차는 500만원이라고 하자. 구매자는 좋은 차와 나쁜 차를 구분하기 어렵기 때문에 평균 가격인 1,250만원을 제시한다. 2,000만원 이상의 가치를 갖는 좋은 중고차는 공급되지 않고 나쁜 중고차만 거래된다. 구매자는 중고차 시장을 믿지 못하고 중고차 거래는 줄어든다. 이렇게 되면 중고차 시장 자체가 붕괴될 수 있다. 정보의 비대칭성이 시장을 붕괴시킨다. 이런 문제를 해결하기 위해 자동차 이력 공개 등 다양한 제도를 도입한다. 자동차에 대한 정보를 제공하는 것이다.

정보 비대칭성 문제는 금융시장에서도 나타난다. 예로 들었던 보험의 경우를 생각해보자. 보험사가 보험료를 산정하려면 먼저 가입자에 대한 정보가 필요하다. 보험 가입자가 부주의한지, 조심성 있는지 등 가입자의 성향을 파악하기 어렵기 때문에 보험사는 손실을 줄이려고 보험료를 높게 제시한다. 늘 조심스런 사람들은 보험에 가입하지 않고, 부주의한 사람들은 높은 보험료를 지급하고 보험에 가입한다. 그러면 사고 발생확률은 높아지고 보험료는 더 올라간다. 조심스런 사람들의 보험 가입률은 더욱 낮아지게 되고, 보험사의 손실은 높아진다. 결국 보험시장은 붕괴된다. 정보의 비대칭성에 의한 시장 붕괴다.

은행 대출도 보험의 사례와 유사하다. 은행에서 대출을 받는 사람이 계획하고 있는 사업의 성공 가능성이 높은지, 낮은지 파악하기 어렵다. 대출을 받고서 사업에 그 대출 자금을 사업에 투입할지 도박장에서 하루에 날릴지 알기 어렵다면 대출 진행이 어려워질 것이다. 신용 정도를 파악하기 어려운 사회라면 담보를 요구할 것이고, 사업계획이 충실하고 성공 가능성이 높아도 담보가 없으면 대출자금으로 사업을 추진할 수 없다. 금융시장의 원활한 기능을 위해서는 신용도 파악이 가능해야 한다. 아직까지 한국의 개인 신용도 파악은 금융 선진국에 비해 부족한 실정이다. 개인 신용 관련 정보를 확신할 수 없는 금융기관은 담보를 선호한다. 개인 신용의 중요성을 인식하고 있지만, 금융기관은 손실을 피하려고 신용보다 담보 설정으로 대출을 진행하는 경우가 많다. 정보의 비대칭성 문제가 심각하다면 신용 기반의 금융시장 발전을 기대하기 어렵다.

사람들은 간혹 거울을 보면서 자신의 모습을 들여다본다. 겉모습은 거울에 보이지만 내면을 바로 보기는 어렵다. 세상에서 가장 어렵고 무서운 일이 자기 자신의 내면을 바로 보는 것이라고 한다. 주변 사람들은 당신의 내면을 보았을 것인데 정작 자신만 그 내면을 모른다. 신뢰는 쌓기는 어려워도 잃는 건 순간이다. 어려운 상황에서 돈을 빌려보면 당신의 신용이 어느 정도인지 알 수 있다. 당신의 신용 수준이 낮으면 돈은 빌려주지 않고 술만 사줄 것이다. 그러니까 상황이 어려워지기 전에 자신의 내면을 파악하고 신용을 관리하는 것이 정보 비대칭 사회에서 생존 가능성을 높이는 길이다. '인복(人福)' 많은 사람은 상대에게 믿음을 주는 행위를 담담히 실천한다. 유유상종(類類相從)이니 인복 없는 사람이 남 탓하기 어렵다.

3 공공재와 공유자원

(1) 재화의 유형 분류 기준

재화의 유형을 구분하는 기준은 경합성과 배제성에 있다.

경합성(rivalry in consumption)

- 자원의 희소성에 관한 문제인데, 한 사람의 소비가 다른 사람의 소비에 제약이 되는지를 따진다.
- 즉, 전체 재화의 숫자가 유한하여 내가 소비를 하면 다른 사람이 소비할

것이 줄어드는 것을 의미한다.

- 경합성이 있다면 나의 소비가 다른 사람의 소비를 제약하는 것이고, 없다고 하면 나의 소비가 다른 사람의 소비를 제약하지 않는 것이다.

배제성(excludability)

- 소비의 자격에 관한 문제인데, 어떤 사람의 소비를 막을 수 있는가의 여부이다.
- 특정한 사람이나 집단의 소비를 금지할 수 있다면 배제성이 있는 것이고, 반대로 어떤 사람의 소비도 금할 수 없으면 배제성이 없는 것이다.
- 일반적으로 대가를 지불한 사람만 소비가 가능하게 할 수 있게 한다.

(2) 재화의 유형

재화를 경합성과 배제성에 의한 기준으로 분류할 경우 재화는 사유재, 공공재, 공유자원, 자연독점으로 구분된다.

사유재(private goods)

- 경합성도 있고 배제성도 있는 재화를 말한다. 사과, 핸드폰 등 기업이 공급하는 대부분의 상품과 서비스가 여기에 포함된다.
- 사과는 내가 소비하는 만큼 다른 사람이 소비할 수 있는 숫자가 줄어들기 때문에 경합성이 있고, 사과 값을 낸 사람만 소비가 가능하고 내지 않는 사람은 소비할 수 없기 때문에 배제성도 있다.

공공재(public goods)

- 경합성과 배제성이 모두 없는 경우이다. 국방, 치안 등과 같이 정부가 제공하는 행정서비스가 대표적인 사례이다.
- 국방은 내가 국방서비스를 받는다고 다른 사람이 못 받는 것이 아니기 때문에 경합성이 없으며, 또 군대가 누구는 지켜주고 누구는 지켜주지

않는 것도 아니기 때문에 배제성도 없다.

- 따라서 다른 누군가 재화 또는 서비스를 제공할 것을 기대하고 자신이 필요한 부분에 대하여 기여하지 않는다. 무임승차의 문제가 발생한다.
- 경합성과 배제성이 모두 없는 경우에는 사회적으로 바람직한 수준의 공급량에 도달하지 못한다.

공유자원(common resources)

- 경합성은 있으나 배제성은 없는 경우이다.
- 바다의 물고기는 아무나 낚시를 던져서 잡으면 내 것이 되기 때문에 배제성은 없지만, 내가 잡는 만큼 다른 사람이 잡을 수 있는 수량이 줄어들어 경합성은 있다.
- 다른 사람들이 재화를 모두 소비하기 전에 자신의 소비를 최대한 늘리려고 한다. 따라서 과도한 소비, 즉 사회적으로 바람직한 수준의 소비를 초과하게 된다.

인위적 희소재화

- 경합성은 없으나 배제성은 있는 경우이다.
- 케이블 TV는 내가 사용한다고 해서 다른 사람의 사용이 제약되지 않기 때문에 경합성이 없지만, 요금을 내지 않으면 볼 수 없는 배제성은 있다.
- 과소 소비 문제: 기업의 한계비용이 낮아서 가격을 낮출 수 있는 상태이지만 한계비용 이상의 가격을 부과하여 소비를 낮추는 결과를 갖게 된다.

(3) 공공재의 무임승차 문제

공공재는 다수의 사람들이 동시에 소비할 수 있으며(경합성 없음), 또한 대가를 치루지 않더라도 배제할 수 없는(배제성 없음) 성격을 가진 재화 또는 서비스를 말한다.

과소 생산의 문제: 공공재는 돈을 내지 않고 서비스를 받으려는 무임승차의 문제가 생기기 때문에 민간시장에서는 효율적으로 재화나 서비스가 공급될 수 없다.

- 예를 들어, 군대가 국경을 지킴으로써 국방 서비스는 누구나 받게 되기 때문에 국방을 유료화하더라도(용병제) 아무도 국방비를 내려하지는 않을 것이다. 무임승차의 문제가 발생한다.
- 따라서 이와 같이 무임승차 문제가 발생하는 재화나 서비스는 정부에서 공급할 수밖에 없다.
- 다만 정부도 주어진 예산 내에서 어떤 공공재를 얼마나 공급해야 하는지를 결정해야 하며, 이를 위해서는 비용-편익 분석기법을 도입하는 것이 일반적이다.

(4) 공유자원의 비극

과잉 소비의 문제: 공유자원은 경합성은 있으나 배제성은 없기 때문에 사람들은 최대한 많이 소비하려고 경쟁한다. 이것을 공유자원의 비극(the tragedy of the commons)이라고 한다.

- 예를 들어, 무료로 사용하는 목초지가 있을 경우 사람들은 자신의 소떼를 최대한 많이 늘린다. 그러다 보면 목초지의 넓이보다 풀을 뜯는 소떼의 규모가 훨씬 더 빨리 증가하는 결과가 발생한다.
- 이런 공유자원의 초과수요현상은 재산권의 확립, 사용자의 자율 규제, 정부 규제 또는 수혜자 비용 부담원칙의 사용료 징수 등을 통하여 해결할 수 있다.
- 특히 재산권이 확립되는 경우 공유자원이 남용되는 문제를 예방할 수 있다. 또한 크리스마스 캐롤을 길거리에서 듣기 어렵게 된 상황도 재산권 확립이 강화된 결과이다.

그림 47 재화의 유형

	경합성	비경합성
배제성	사유재 • 음식류 상품 • 자동차	인위적 희소재화 • 케이블 TV 요금지불 영화 • 컴퓨터 소프트웨어
비배제성	공유자원 • 바다물고기 • 코끼리 • 공동 우물	공공재 • 국방서비스 • 불꽃 놀이 • 공중위생

- 소유권이 지나치게 많아서 경제활동이 방해되는 것을 그리드 락(grid lock)이라고 한다. 대표적인 예로 주택 재개발을 들 수 있다. 조합을 결성하여 주택 재개발 사업에 참여하는 조합원 모두 소유권을 갖고 있다. 소유권이 많은 상태에서 이해관계충돌 등의 문제로 재개발사업이 진행되지 못하고 실패하는 경우가 많다.

무주공산(無主空山)과 무리행위(Herd Behavior)

아주 오래전에는 주인 없는 산, 목초지, 우물, 바다 등은 소유권을 지정하지 않고 사용했다. 주변 적들의 침략으로 빼앗기지 않는 한 평화롭게 지역 주민들이 사용했다. 주민들은 나름대로 관리 방안을 갖고 있었다. 지역 족장 등이 사용 및 관리 규칙을 정하고 주민들은 규범을 따랐다. 점차 경제행위가 확대되고 인구가 증가하면서 깨끗한 자원을 찾기 어려워지면서 쓸모없던 산의 사용처가 생기고, 목초지는 공단으로 건설되고, 인근 바다 자원은 지역 주민들이 사용하도록 구역을 나눠 주었다.

공동으로 사용할 수 있는 자원은 과잉 소비되어 결국 고갈된다. 깊은 바다의 물고기는 그 누구도 소유권을 주장할 수 없다. 먼저 잡아가는 사람이 임자다. 목초지를 공동으로 사용하면 주변에서 소 키우는 사람들은 먼저 목초지를 사용하려 한다. 풀이 남아나지 않고 황폐한 벌판으로 변한다. 공유지의 비극으로 많이 알려진 사례이다.

소유권이 없는 공유 자원은 소비 권한을 제한할 수 없고, 누군가 소비하면 다른 누군가는 그 자원을 더 이상 소비할 수 없다. 모두가 공유 자원을 다른 사람보다 먼저 소비하려 한다. 당장 그 자원이 필요하지 않아도 남들에 앞서 소비한다. 따라서 다른 자원보다 먼저 고갈된다.

공유자원은 효율적으로 배분되지 못한다. 여기에서 효율적으로 배분된다는 의미를 다시 생각해보자. 가장 높은 만족도를 갖고, 가장 필요로 하는 사람에게 우선 배분되고, 가장 낮은 가격에 생산하는 공급자가 먼저 판매하는 자원의 배분을 효율적인 자원배분이라고 한다. 단지 내일이면 없어질 것이 걱정되어 당장 필요하지 않은 자원을 소비하는 행위는 비효율적인 자원배분이다.

공유자원 과잉소비 행위는 이해하기 어려울 때도 있다. 필요하지 않지만 남들이 사용하는 것이 싫어서 소비하는 행위, 내가 소비하면 남들이 사용하지 못할 것을 알고 소비하는 행위, 지금 당장은 필요 없지만, 다른 사람들이 사용하면 나중에 내가 소비할 수 없으니까 소비하는 행위, 점점 줄어드는 목초지를 보면서 배 터지도록 먹인 소를 또 몰고 나가는 행위 등 공유자원이 고갈되는 이유로 욕심, 시기, 질투, 파괴, 전쟁, 기근, 빈곤… 등이 연상된다.

물론 명확하게 소유권을 부여하면 공유자원의 과잉 소비 문제를 줄일 수 있다. 타인의 사용을 법적으로 제한할 수 있는 권리가 있기 때문이다. 소유권이 확실하면 남들이 나의 자원을 소비할 수 없다. 때로는 욕심 때문에 재산권을 보호받는 나의 자원을 스스로 망치는 경우도 있지만 흔한 현상은 아니다. 스스로 자신의 자원 소비량을 조절한다. 합리적인 사람이라면 소비량을 조절 못해서 자기 소유의 목초지를 폐허로 만들지 않는다.

재산권을 보호 받아도 자신의 자원을 스스로 낭비하고 고갈시키는 비합리적인 사람이 있다. 자신의 신체를 혹사시키고 건강을 소홀히 하거나, 자신의 정신적 가치를 알아채지 못하고 정신 건강에 해로운 행위로 자신의 육체적 정신적 자원을 낭비하면 일찍 세상을 떠나게 된다.

사람들이 모인 곳에서는 자신의 의지보다 타인의 소비행위가 자신의 소비에 더 큰 영향을 주기도 한다. 많은 관객이 야구장에서 치킨과 맥주를 즐기는 모습을 보거나, 놀이공원에서 솜사탕을 들고 웃는 모습을 보면 자신도 모르게 지갑에 손이 간다. 이런 소비행위는 냄새 또는 시각의 자극 그리고 무리의 동질감을 느끼려는 행위에서 나오는지도 모른다. 남들이 다 갖고 있기에 나도 갖고 있어야 하는 스마트폰이나 주식 계좌 등도 마찬가지다.

하루 종일 컴퓨터를 사용하고 있어서 그다지 필요하지 않지만 없으면 뒤지는 느낌에 스마트폰을 소유한다. 여유 자금이 충분해야 주식에 투자할 수 있는데, 주식시장과 관련된 대화에서 무지함을 드러내지 않으려 일부 자금으로 주식계좌를 개설한다. 자신이 정말 좋아서 하는 행위는 아니다. 시대에 뒤떨어지지 않으려는 의도와 조직 또는 주변인과 동질성을 가지려는 자연스러운 노력이다.

인간이 늘 합리적으로 행동하지는 않는다. 자신만의 선호도에 따라 소비하지 않고, 재화와 서비스의 가치를 늘 주관적으로 유지하지 못한다. 남들이 좋다고 하는 주식 또는 부동산을 덩달아 매입하는 행위 또는 실내 장식에 사용하려고 유명화가의 그림을 높은 가격에 구입하는 행위는 합리적으로 보이지 않는다. 상승하는 가격에 놀라면서 앞으로 더 올라갈 것이란 추측만으로 튤립을 구입하던 1600년대 네덜란드인들의 투기 열풍과 비슷한 행위가 수백 년이 지나도 거듭된다. 그러다 어느 순간 더 이상 가격이 오르지 않을 것이라고 시장에서 예상하기 시작하면 가격은 거침없이 추락한다. 버블이 형성된 높은 가격에 자산을 구매한 투자자는 엄청난 손실을 입는다. 투기꾼에게 자금을 공급하던 금융기관이 흔들리고 경제위기를 극복하기 위해 투기에 가담하지 않던 사람들에게도 고통이 부담된다. 투기행위와 버블붕괴는 반복되는 경험이지만 새로운 투기행위는 그치지 않는다. 투기는 탐욕보다 복잡한 심리와 소비행위의 결과이다.

투자 자산이 한군데로 몰리는 현상이 자주 보인다. 부동산, 주식, 예금, 채권, 금, 달러 중에서 현금이 한곳으로 유입되어 그 자산의 평가 가치는 상승한다. 투자자가 보유하고 있는 자산을 주식 한군데로 몰아놓으면 위험성이 높아진다. 반면에 그 자산의 가치가 홀로 높아질 때 높은 수익을 기대할 수 있다. 이렇게 보면 현금 흐름이 한 군데로 쏠리는 현상을 탐욕으로 설명할 수 있다. 만일 다른 자산 가치는 모두 하락하고 주식만 상승하면 주식에 모든 현금을 투자하는 것이 합리적이다. 주식 가격이 최고점에 있다고 판단하는 투자자가 나오기 시작하면 어느 순간 그 주식가격은 급락한다. 최고점에 투자했던 투자자들은 엄청난 손실을 기록한다. 단지 손실 결과만으로 탐욕으로 망한 투자자들이라고 비난하기 어렵다. 혼자일 때와는 달리 무리지어 다니는 투자자들의 줄어드는 두려움과 커지는 과감성이 버블 붕괴의 원인 중 일부라고 할 수 있다.

우리는 자신의 모습을 기억하고, 변화하는 자신을 알아차리고, 누구와 어디를 향해서 어떻게 움직일지 스스로 찾아가는 '평온한 삶'을 원한다. 사회 환경이 경쟁과 생존에 심하게 노출된다면 뒤처지지 않기 위해 '평온한 삶'을 버리고 각박하게 살아간다. 생존 경쟁에 노출된 평범한 인간들은 버블을 기회로 착각할 정도의 흐려진 판단력을 갖는 우매한 백성으로 전락한다. 만일 사회가 서로 배려하는 여유로운 환경이라면, 이들은 치열한 경쟁의 각박한 삶 속에서 우매한 선택은 하지 않을 것이다. 이때의 여유는 물질 소유 그 이상이며, 때로는 물질이 부족해도 마음이 평온하여 주변을 살필 수 있는 상태를 말한다.

공공재의 출현

모든 사람들이 공동으로 사용할 수 있어서 자원을 소비하기 위해 타인과 경합하지 않아도 되는 경우가 있다. 타인의 재화 사용을 제한할 수 없고, 타인이 아무리 사용해도 내가 소비하는 데 전혀 문제가 없는 자원으로 예를 들면 국방서비스, 치안서비스, 넓은 도로나 공원 등이 있다. 국방서비스는 모든 국민들에게 제공한다. 내가 소비하는 국방서비스를 제한할 수 없고, 타인이 국방서비스를 소비해도 나의 소비 기회는 줄어들지 않는다.

다른 예로는 해변에서 즐기는 불꽃놀이가 있다. 연인들, 친구들이 모여 손에 막대를 하나씩 들고 불을 붙이면 불꽃놀이가 시작된다. 소음과 폐기물 그리고 위험 때문에 최근에는 해변에서 불꽃놀이를 제한하고 있지만, 한때는 많은 사람들이 막대에서 뿜어져 나오는 불꽃과 굉음을 들으며 즐겼다. 내가 해변에서 불꽃놀이를 하더라도 주변에서 타인이 불꽃놀이를 보고 즐기는 것을 막을 수 없다. 멀리서 바라봐도 불꽃은 화려하다. 가만히 앉아서 커피를 마시고 있으면, 적절한 타이밍에 불꽃이 오른다. 아무런 비용을 지불하지 않은 주변 사람들도 불꽃놀이를 즐길 수 있다. 불꽃놀이를 좋아해도 자신이 직접 대가를 지불할 이유가 없다. 주변 사람들이 불꽃놀이를 계속한다. 더 이상 보고 싶지 않으면 그 자리를 떠나면 된다.

불꽃놀이를 하고 싶으면 직접 구입해서 불꽃을 터트릴 수 있다. 하지만 이 사람은 그럴 이유가 없다. 가만히 기다리고 있으면 누군가 불꽃놀이를 할 테니 기다리면 된다. 국방서비스로 예를 바꿔보자, 누군가 국토를 방위하기 위해 밤새 국경을 수비한다. 내가 하지 않아도 누군가 국방서비스를 제공하기 때문에 나는 편안하게 소비하면 된다. 이런 재화는 무임승차 문제를 가져온다. 필요하긴 하지만 자신이 직접 필요한 서비스를 생산하지 않기 때문에 사회 전체적으로 보면 서비스 소비보다 생산량이 부족하다. 재화 서비스가 사회 전체적으로 필요한 만큼 생산되지 않고 자원이 필요한 곳에 투입되지 않는 비효율적인 자원배분이 이루어진다.

하수처리 시설도 비슷한 사례이다. 하수처리는 필요하다. 가정집 또는 공장에서 버리는 폐수를 모아서 폐수처리장 정화작업을 거쳐서 강이나 바다로 버려진다. 하수처리는 꼭 필요하지만 아무도 그 시설을 직접 만들려고 하지 않는다. 만일 누군가 폐수처리를 위해 하수관을 자신의 집에서부터 처리장까지 만들어 놓으면, 주변 사람들은 집에서 하수관이 지나가는 곳까지 연결하는 관을 놓으면 폐수처리 문제는 해결된다. 남들이 폐수처리장까지 긴 하수관을 만들어 놓기를 기다리고, 아무도 먼저 그런 공사를 하지 않는다. 도로 건설도 마찬가지다. 산을 넘어 갈 수 있는 도로를 누군가 닦아 놓으면 사용하겠지만 누구도 먼저 도로를 직접 건설하려 나서지 않는다. 비용을 지불하지 않고 소비하는 무임승차를 할 수 있을 때까지 기다린다. 정부는 과소생산 문제를 공공사업으로 해결한다. 그래서 국방, 하수처리, 도로 등이 공공 재화로 생산되고 소비된다.

공공재 투자 결정

도로, 하수처리 등 공공재를 만들려면 대규모 자금이 투입된다. 국가의 공공사업 자금 규모가 500억원 이상이면, 예비타당성조사를 수행해야 한다. 건설사업은 한국개발연구원(KID)에서 연구개발사업은 과학기술정책연구원(KISTEP)에서 예비타당성조사를 수행한다. 정책적, 경제적 그리고 지역균형개발 등 평가기준의 타당성에 따라 분석한다. 정책적 타당성은 국가의 정책과 일맥상통하는가, 경제적 타당성은 비용편익분석*으로 편익이 충분히 발생하는가, 지역균형발전은 낙후된 지역을 개발하면 그 효과가 나타나는가 등을 분석하고 공공투자의 타당성 여부를 결정한다.

여기에서 정책적 타당성이나 지역균형개발 타당성은 비교적 논리적인 분석으로 타당성을 제시할 수 있지만, 경제적 타당성은 미래의 편익을 현재가치로 전환해야 하기 때문에 비용편익분석의 정확성에 대한 논란이 제기 될 수 있다.

10년 후의 경전철 승객수를 예측해보자. 먼저 지역 이동인구, 경전철 승객의 수, 대체수단의 가격 등 데이터의 변화 추세를 확인하고 미래 수요변화 요인 등을 분석한다. 이러한 자료를 바탕으로 10년 후 경전철 승객수를 계산한다. 그리고 여기에서 발생하는 편익과 비용을 비교하게 된다. 과연 누가 10년 후의 경제 상황을 정확하게 예상할 수 있을까? 그리고 그 수치를 '맞다, 틀렸다' 판단할 수 있을까? 불가능하다. 수치의 정확성 보다는 분석의 논리적 전개방법을 검증하게 된다. 아무리 훌륭한 연구자라도 예상수치를 확신하지 못한다. 그 수치의 오차범위가 크게 나타날 수 있다. 경제성 분석 오차범위가 너무 크면 사업시행을 결정하기 어렵다.

최근 연구개발사업은 경제적 타당성의 평가 비중을 줄이는 추세이다. 내일 경제 상황도 정확하게 알기 어려운데 미래 시장을 전망하고 기술개발에 따른 상품개발 및 시장개척 규모를 측정하는 것이 정확하지 않다는 생각을 인정하는 모습이다. 공공 투자의 타당성은 큰 그림으로 추진하겠다는 의지로 보이기도 한다. 정책적으로 꼭 필요하다고 판단하면, 결과에 연연하지 않고 투자를 감행하는 것이 나을 수 있다.

---

* 국가의 투자지출을 결정하기 위한 수단 중 하나로 사용된다. 기술 개발 또는 건설투자 편익과 비용을 비교하여 경제성이 있는 사업인지 판단한다. 일반적으로 편익이 비용을 초과하여 비율이 1보다 크면 경제성이 있다고 판단한다.

공공재의 생산 과정은 이전보다 훨씬 정교해졌다. 과거 고위직 인사들이 정치적으로 결정하던 방식에서 이제는 예비타당성 분석이라는 제도를 도입해서 사전에 사업 방향, 필요성, 규모 등을 심도 있게 분석하고 공공사업을 추진한다. 따라서 보다 효율적인 국가재원의 사용을 기대하게 만든다. 그런데 정말로 정치적인 결정이 아무런 영향을 미치지 않을까? 의문이다.

4 외부효과

(1) 외부효과(externality)의 의미와 균형

의 미

한 경제주체의 행위가 제3자의 경제적 후생에 영향을 미치지만 그 영향에 대한 보상이 이루어지지 않는 경우를 말한다. 외부효과에는 부정적 외부효과와 긍정적 외부효과가 있다.

부정적 외부효과

- 의미: 시장거래와 상관없는 제3자의 후생을 낮추는 외부효과를 말하며, 외부불경제라고 한다.
- 부정적 외부효과가 존재할 경우: 사회적 비용을 포함한 공급곡선은 개별 기업의 비용곡선(공급곡선)보다 위쪽에 위치하게 된다.
- 따라서 시장균형량은 사회적인 최적 생산량보다 많고, 시장균형가격은 최적 가격보다 낮게 형성된다.
- 해결방법: 외부효과를 내부화하는 것이다. 공급자가 발생시키고 있는 사회적 비용(공해)을 세금 부과를 통해서 공급자 내부의 비용으로 만들어

그림 48 외부효과: 부정적(오염물질)

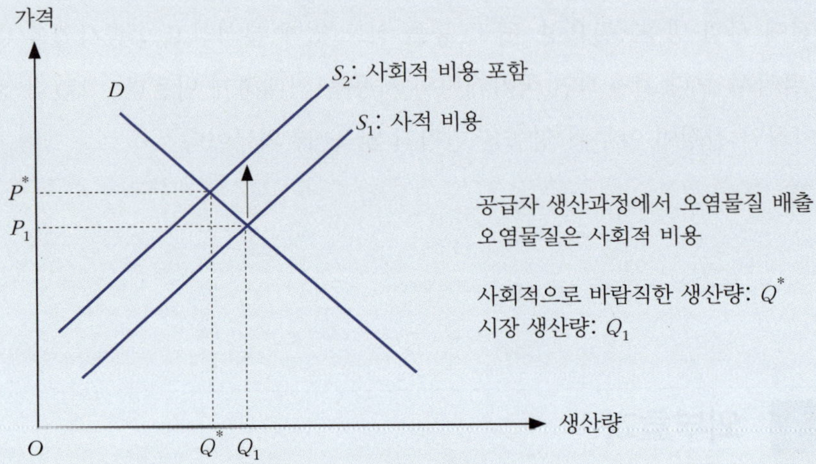

주는 것이다. 세금 부과를 통한 시장 성과개선을 외부효과의 내부화라고 한다. 공급자에게 사회적 비용에 해당하는 세금을 부과하여 사회적으로 바람직한 생산점에 도달한다.

긍정적 외부효과

- 의미: 시장거래와 상관없는 제3자의 후생을 높이는 외부효과를 말하며, 외부경제라고 한다.
- 긍정적 외부효과가 존재할 경우: 기술파급효과 등 사회적 이익을 포함한 공급곡선은 개별기업의 비용곡선(공급곡선)보다 아래쪽에 위치하게 된다.
- 따라서 시장균형량은 사회적인 최적 생산량보다 작고, 시장균형가격은 최적 가격보다 높게 형성된다.
- 긍정적 외부효과가 수요측면에서 발생하는 경우: 소비자의 교육 소비 등으로 사회적 편익이 발생하는 경우, 수요곡선은 사회적 편익의 발생으로 소비자의 교육수요보다 위쪽에 위치한다.
- 따라서 시장균형량은 사회적 최적 생산량보다 작고, 시장균형가격은 최

그림 49 외부효과: 긍정적(교육)

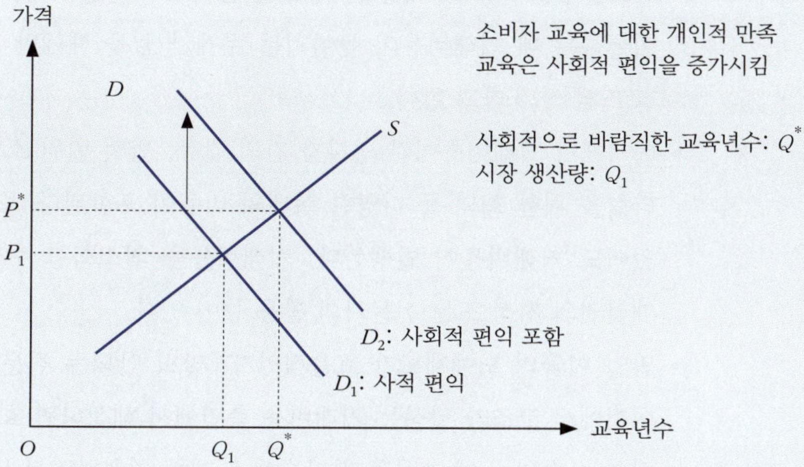

저가격보다 낮게 형성된다.

- 해결방법: 공급자 또는 소비자에게 보조금을 주는 것이다(외부효과의 내부화). 공급자에게 사회적 이익에 해당하는 보조금을 지급하여 사회적 최적을 달성한다.

(2) 민간 해결책

외부효과에 대한 민간의 해결책은 사회적 규범이나 공중도덕, 자선행위, 관계당사자들 간의 사적 이익동기에 의한 해결 등이 있다.

코즈의 정리(Coase theorem)

- 코즈는 외부성을 해결하기 위한 당사자 간의 협상을 통해서 양측 모두에게 이익이 되는 결과가 도출될 수 있다고 주장한다. 다만 재산권 등 법적 권리 소유 여부에 따라 경제적 후생이 누구에게 배분되는가가 결정된다.

- 코즈의 정리는 이해관계자들이 협상을 통해 외부효과로 인해 발생하는 비효율성을 스스로 해결할 수 있는 합의에 도달할 수 있다. 단, 합의를 이행하는 데 거래비용이 높아지는 문제가 없을 때에만 가능하다. 이를 '코즈의 정리'라고 한다.
- 여기에서 거래비용이란 당사자 간의 갈등, 법적 민원 소송, 싸움, 위협, 타협을 위한 회의 등 다양한 형태의 비용이 포함된다. 회계적인 지출이 없어도 거래비용이 발생한다. 거래비용을 최소화할 수 있는 방법으로 재산권의 지정 또는 전문가의 활용 등이 있다.
- 만일 미국의 노예제도가 효율적인가? 말도 안되는 질문을 생각해보자. 여기에서 코즈가 말하는 거래비용 측면에서 해석하면 효율적이다. 왜냐하면 소수의 노예 소유주가 다수의 노예를 위협하면서 노예가 반항하지 않고 열심히 일하도록 다루었기 때문이다. 두 집단의 갈등 또는 싸움으로 나타나는 거래비용은 위협비용보다 크지 않았다. 거래비용은 이러한 측면에서 비도덕적인 측면의 역사를 효율적인 측면으로 설명한다.

재산권 지정

- 협상과정에서 거래비용이 수반될 경우, 이해당사자가 합의에 도달하지 못할 경우, 이해당사자들이 많아서 이해 조정이 어려운 경우 또한 민간 주체들이 자발적인 협상을 하기 어려운 경우에는 사적 해결책이 효과적이지 못하다(거래비용이 높은 상태이다).
- 코즈는 거래비용을 최소화할 수 있는 방법으로 재산권 지정을 제시한다. 그는 모호한 재산권이 외부성 문제 발생의 근원으로 본다. 분명한 재산권이 있으면 당사자 간의 거래 등으로 문제를 해결할 수 있다고 한다. 예를 들면, 공기의 소유권이 모호하기 때문에 오염물질(악취) 배출의 문제 등이 발생하고 공기의 재산권을 지정하면 그 문제가 해결된다는 것이다.
- 코즈는 '작은 정부'를 추구한다. 대부분의 문제가 시장 기능으로 해결될 수 있다는 것이고, 외부성에 의한 시장실패도 당사자 간의 협상으로 외

부성의 문제를 해결할 수 있다는 것이다. 사적 해결이 가능하도록 재산권 설정이 중요하다.

전문조직의 시장기능 개선 역할

- 경우에 따라서는 재산권이 설정되어 있어도, 시장기능이 효과적으로 외부효과를 해결하지 못할 수 있다. 재산권이 지정되어 있어도 당사자 간의 협상에서 발생하는 거래비용이 높다면 시장의 효율적 배분 기능을 기대하기 어렵다.
- 시장 기능을 원활하게 작동하도록 변호사 등 전문 조직이 존재한다.
- 전문조직이 발달하는 경우 법적 권리가 누구에게 있는지와는 무관하게 시장은 효율적인 결과에 도달한다. 전문조직은 거래비용을 낮추고 시장의 효율성을 높인다.
- 시장의 가격기구만으로 효율적인 배분이 어려울 수 있지만, 시장의 기능을 개선할 수 있는 '전문가' 집단 또는 조직이 있다. 전문조직의 예를 들면 변호사, 변리사, 기업, 금융기관 등이 된다.

(3) 공공정책

외부효과를 해결하기 위하여 정부가 개입해야 할 경우 해결책은 직접 규제, 교정적 조세와 보조금, 시장 개설 등이 있다.

- 직접 규제: 일정 행위의 금지 또는 의무화를 통하여 해결하는 것이다. 명령-통제 방식의 직접 규제이다.
- 교정적 조세와 보조금: 시장원리에 따른 해결방식으로 사적 이익 동기와 사회적 효율을 일치시켜 준다.

피구세(Pigou tax) 또는 공해세

- 외부효과를 개선하기 위한 교정적 조세이다. 사회적비용만큼 조세를 부

과한다.

- 오염문제와 같은 외부효과를 시정하는 것은 직접 규제보다는 교정적 조세가 더 선호되는데 그 이유는 시정을 위한 비용이 적게 들고, 조세를 통하여 사적 유인의 왜곡을 막을 수 있기 때문이다.

오염배출권 시장 개설

오염배출권 거래소와 같은 시장을 개설하는 것으로, 역시 시장원리에 따른 해결 방법이다.

- 오염배출권 거래시장을 개설할 경우 최초에 배분된 오염배출권 수량과는 무관하게 경제적 효율이 달성된다.
- 오염배출량 감축을 위한 비용이 많이 드는 기업은 적게 드는 기업으로

그림 50 외부효과의 공공정책

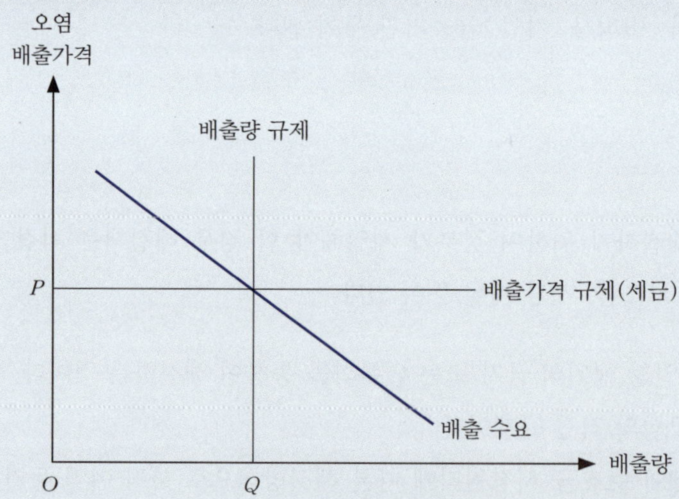

오염배출권 시장 개설
오염배출, 사회적 비용을 배출자에게 부과
오염배출권 거래, 배출량 감축 기업은 배출권 판매
예) 정부는 기업에게 배출권 10개 지급, 10개 이상 배출하면 부담금 발생.
기업은 배출감소기술 개발, 배출권을 주변기업에게 판매

부터 오염배출권을 사들이는 것이 더 경제적이다.

- 당사자 간의 협상으로 해결할 수 있다고 주장하는 코즈의 정리와 논리적으로 같은 의미이다.

피구세 vs 배출권

- 정부가 오염배출권의 수요곡선을 모를 경우에는 오염배출권 판매가 교정적 조세보다 더 효율적이다.
- 수요곡선을 모르는 상태에서 교정적 조세를 얼마나 부과해야 할지 알 수 없기 때문이다. 이 경우 오염물질 저감을 위한 해결방법은 경매를 통해서 오염배출권을 판매하는 것이다.

더러운 것들

세상의 더러운 것들은 대부분 생산과 소비 과정에서 만들어진다. 공장의 폐수, 소음, 미세먼지 등 환경오염 물질 배출은 지금도 계속된다. 에너지를 사용하고 폐기물을 배출하는 인간의 경제활동은 산업혁명 이후 급속히 증가하였다. 영국 산업화 초기에 도시 산업시설로 노동 인구가 집중하였다. 노동자들의 주거시설은 열악한 수준이었고, 공장에서 배출되는 오염물질 때문에 노동자들은 질병에 시달렸다. 빈곤과 함께 오염물질이 18세기 노동자 삶의 질을 악화시켰다. 2000년대 이후 산업화가 전 세계 신흥국 등으로 확산되면서 신흥 공업국은 폐기물 배출을 줄여야 한다는 주장이 제기되고 있다.

지구 온난화가 진행되고 있다. 산업화 확대의 결과라고 한다. 바다에는 폐기물이 섬을 이루고 물고기 뱃속에서 플라스틱이 발견되고 있다. 중금속에 오염된 물고기들이 넘쳐난다. 하천은 썩어서 물을 마시기 어려운 곳도 있고, 사막화된 지역의 모래 바람과 중국의 공업화로 미세먼지가 아시아의 하늘을 덮어버렸다. 더러운 것들은 간신히 숨만 쉬며 살아가는 사람들도 조심하게 만들었다.

유독한 폐기물은 인간의 경제활동에서 발생한다. 인간의 배설물 처리 시설이 부족하던 산업화 이전의 시기에 인구가 증가하면서 도시에 모여 살던 사람들의 배설물 등 인간의 생활 폐기물 때문에 전염병이 창궐하였다. 1800년대에 콜레라를 막기 위해서 하수처리 시설을 개선하였다. 폐기물 처리가 사회문제로 대두된 것은 자연 정화능력의 한계와 깨끗한 환경에 대한 인간의 욕구가 증가했기 때문이다.

주변을 깨끗하게 유지하려는 행위와 이미 더러워진 환경을 깨끗하게 만들려는 행위는 각기 다른 가치를 가진다. 현재의 깨끗한 환경을 희생하여 보상받고자 하는 가치와 현재 갖고 있지 않은 깨끗한 환경을 얻으면서 지불하려는 가치를 생각해보자. 깨끗한 자연환경이 훼손될 때 보상받으려는 금액은 더러운 환경을 깨끗하게 만들기 위해서 지불하려는 금액보다 훨씬 크다.

늘 깨끗한 공기를 마시던 사람들이 미세먼지 때문에 느끼는 괴로움과 황사가 만연한 지역에서 미세먼지를 제거하여 얻는 만족도는 다르다. 환경파괴의 괴로움이 훨씬 크다. 따라서 깨끗한 환경을 보전하려는 선진국과 환경보호 인프라를 갖추지 못하고 환경보호보다 경제개발을 중요시하는 개발도상국의 환경에 대한 인식 차이를 어느 정도 설명할 수 있다.

환경만이 아니다. 소유한 재화를 내어주고 보상받으려는 금액이 재화를 구입하기 위해 지불하고자 하는 금액보다 크다. 갖고 있던 것을 잃었을 때의 실망감은 필요한 것을 구입하지 못할 때의 실망감보다 훨씬 크기 때문이다.

사회에서는 깨진 유리창의 법칙*과 유사한 현상이 나타난다. 깨끗한 사회의 시민들과 부패한 사회의 사람들이 부정부패를 보면서 느끼는 감정은 같을 수 없다. 부패한 사회에서 살아가는 사람들의 분노는 상대적으로 가볍다. 오히려 자신도 부정부패에 가담하지 못한 것을 후회한다. 부패한 인간들은 청렴한 사회를 원하지 않는다. 깨끗하게 살아가는 국민들이 더러운 부정부패를 보면서 느끼는 괴로움은 부패한 인간들이 상상하는 괴로움보다 훨씬 크다. 따라서 부

---

* 깨진 유리창이 많은 지역의 범죄율이 높다. 아무도 관심을 갖지 않으니 당신 마음대로 해도 된다는 의미를 전달하기 때문이라는 것이다. 1994년 뉴욕 시장으로 취임한 루돌프 줄리아니 시장은 치솟는 범죄율을 낮추기 위해 쓰레기 무단투척, 낙서, 무임승차 등 기초질서 위반을 단속했다. 경범죄를 엄벌하면 강력범죄가 감소할 것으로 예상하였고 그 예상은 적중했다. 깨진 유리창 법칙에 기인한 그의 정책은 성공적이었다. 뉴욕의 강력범죄는 큰 폭으로 감소했고, 치안은 안정되었으며, 거리는 깨끗해졌다.

패한 권력자들의 부정부패를 보면서 분노하는 국민들의 심정을 헤아리려면 권력자들이 스스로 부정부패를 멀리하고 깨끗하게 살아가야 한다.

불분명한 소유권의 문제

엘리베이터 안에서 누군가 심한 악취를 분출했다고 생각해보자. 그 주변에 동승한 탑승자의 괴로움은 금액으로 나타내기 어렵다. 엘리베이터에서 피해를 입은 사람들이 악취를 내뿜은 사람에게 비용을 청구할 수 있는가? 그러한 권리는 누구에게도 없다. 기물 파손도 아니고, 눈에 보이지 않으며, 잠시 시간이 지나면 없어지며, 의도되지 않은 생리현상으로 파생된 문제다. 게다가 엘리베이터 안의 공기에 대한 소유권은 누구에게도 없다. 당신의 소유물에 대한 침해가 아니다. 이와 같이 비용을 청구할 수 있는 근거가 없다. 게다가 그 괴로움은 금액으로 정확하게 측정될 수 없다. 괴로움에 대한 보상금액은 객관적인 시각으로 인정받기 어렵다.

도널드 코즈(Donald Coase)는 외부성의 문제가 발생하는 근본적인 원인을 불분명한 소유권에 있다고 주장한다. 과거에는 소유권이 불분명한 자연환경에 배출한 오염물질에 대한 비용을 청구하기 어려웠다. 코즈는 부정적인 외부성에 비용을 청구하는 방법보다는 소유권을 명확히 할 때 당사자들이 자원을 스스로 관리하여 외부성 문제를 해결할 수 있다고 주장한다.

식민지 지배를 받기 이전의 아프리카에는 소유권 없는 토지가 많았다고 한다. 인구밀도는 낮았고 소유권을 지정할 이유가 없는 밀림지역의 광대한 토지였다. 아프리카 열대지방에서는 토지를 개간하여 농사를 지을 수 없었다. 토지를 개간하려고 숲을 훼손하면 전염병이 번졌다. 숲이 파괴되면 말라리아 뎅기열 같은 곤충 매개 질병과 전염병이 번졌다. 토지를 개간하여 가치를 높일 수 없기에 대부분의 토지에 대하여 소유권을 주장할 이유가 없었다. 소유권 없는 아프리카의 토지는 개간 또는 발전을 기대하기 힘들고 오히려 황폐하게 된다. 토지를 개량하지 않는다는 것은 관리하지 않는다는 의미에서 불분명한 소유권이 외부성의 근본적인 문제라는 설명이다.

국가 사회의 주인은 국민이다. 하지만 그 소유권이 국민들 중 누구에게 있는지 불분명하다. 선거 기간에는 국민이 주인 같다. 청문회 기간에는 국민을 대표하여 고성을 지르는 국회의원이 주인처럼 보인다. 선거를 끝내고 청문회를 마치면 일반 국민들은 국회의원을 가까이서 보기 어렵고, 공항 검색대에서도 감히 국회의원에게 신분증 제시도 요구하기 힘들다. 국가의 주인이 정부라고 한다면 공직자의 세상이다. 정치인은 잠시 거쳐 가지만 공직자는 계속 같은 자리에 남아있다. (요즘은 정권이 바뀌면 고위공직자의 일부는 바뀐다.)

국가의 주인을 국민으로 명확히 하고, 국민의 대리인이 국민 위에 군림하지 않고 이들이 국가의 발전을 위해서 움직이는 사회를 '평범한 인간'들이 만들 것으로 기대한다. 이것이 불가능한 상상이라고 말하는 국민의 대리인을 우리는 '오만하다'고 표현한다. 소비자의 목소리를 무시하고 기업을 우러러 볼 것이라고 착각하는 기업을 소비자가 외면하듯 국민의 요구를 외면하고 자신을 우러러 볼 것이라고 착각하는 대리인은 언젠가는 반드시 퇴출될 것으로 믿는다.

환경의 가치

환경훼손의 피해는 다양하게 나타난다. 예를 들어 수자원이 훼손되면 수자원을 사용할 수 없고 주변의 경관, 냄새, 처리 비용 등 환경훼손의 영향은 다음 세대까지 이어진다. 좋은 경관을 즐길 수 없는 피해, 더러운 수자원 때문에 발생하는 질병, 물고기, 야생동물이 사라지면서 파괴되는 생태계 등 수많은 분야에서 피해가 발생한다. 깨끗한 환경으로 얻을 수 있던 만족도를 얻을 수 없게 되는 환경훼손 비용은 환경의 경제적 가치로 측정할 수 있다.

폐기물은 사회적인 비용도 발생시킨다. 아무도 모르게 야산에 몰래 갖다 버리는 쓰레기, 폐기물 투기를 단속하는 CCTV 설치, 폐기물 투기를 단속하면서 발생하는 몸싸움, 그런 문제로 출동하는 경찰, 그리고 법정 다툼 등은 사회적 비용이다.

간단한 경제학 모형에서는 폐기물을 사회적 비용으로 다룬다. 수요공급 모형에서 사회적 비용을 공급자의 비용으로 포함시키고 그 비용만큼 세금을 부과하는 방안을 제시한다. 오염물질의 사회적 비용을 공급자의 비용에 포함시키는 것이다. 폐기물 처리비용을 생산자의 세금으로 해결하자는 방안이다.

폐기물 등 부정적 외부성은 세금을 부과하면 간단히 해결될 것 같다. 하지만 그렇게 간단하게 해결되지 않는다. 정부가 폐기물, 오염물질로 발생하는 사회적 비용을 정확하게 금액으로 측정하기 어렵다. 공장에서 배출하는 오염물질 배출량도 정확하게 알아야 하고, 오염물질로 주변에 얼마나 피해를 입히는지 금액으로 환산할 수 있어야 한다. 또한 폐기물을 정화시키는데 발생하는 비용은 얼마나 되는지도 측정해야 한다. 자연적인 정화부분은 제외하고 폐기물 배출 경감비용을 측정해야 한다. 그 금액을 찾았다 하여도 폐기물 관련 세금을 받아들이는 사회적인 합의도 필요하다. 누군가는 그 금액의 적합성에 대한 문제를 제기할 수 있다. 사회적 합의에 이르지 못하면 세금 부과는 어려워진다.

폐기물 문제가 세금으로 완전히 해결될 것으로 기대하는 사람은 드물다. 폐기물 배출을 비도덕적 행위로 규정하고 폐기물 배출을 금지하는 직접규제에 나설 수 있고, 환경 개선을 위한 공장시설 개선 등에 소요되는 시설비를 정부가 보조하는 방법도 구상할 수 있다. 폐기물 문제에 대한 정부의 개입이 다각도로 이루어진다.

폐기물에 부과되는 세금은 생산자의 비용을 상승시킨다. 또한 직접규제도 강화되면 생산자는 생산요소를 대체하거나 새로운 생산설비를 투입해야 한다. 생산자의 생산비용이 높아진다. 반면에 주변 환경은 개선될 수 있다. 이윤이 발생해야 기업의 존재 가치가 있다. 세금부담이 높아지면 보다 나은 기술을 개발하는 등 경영 효율성 개선을 위해 노력한다. 이와 같이 때로는 환경에 대한 정부의 개입이 긍정적인 효과를 가져오기도 한다.

환경에 대한 정부 개입은 생산과정을 변화시킨다. 기술을 개발하고 생산효율성을 높이는 과정에서 누군가는 어려움을 겪을 수 있다. 기술개발의 시행착오를 경험할 수 있고, 효율성 향상의 대가로 노동자 고용이 감소할 수 있다. 깨끗한 환경을 갖기 위한 정부 개입의 대가를 기업과 노동자가 치르게 된다. 그러니 조금 불편해도 모두가 환경을 깨끗하게 유지하는 편이 낫다. 정부가 개입하지 않아도 되는 상태를 유지하는 것이 최선이다.

민간의 질서유지

이해당사자들의 충돌은 주변에서 찾아보기 쉽다. 노동자와 기업, 주문자와 생산자 등 흔히 갑과 을이라고 표현되는 관계부터 아파트 주민과 지역상권, 영어학원과 수학학원 등 경쟁관계에 이르기까지 다양한 분야에서 이해관계자의 충돌이 나타난다. 자신의 권리와 재산을 보호하려는 시장경제에서 볼 수 있는 자연스러운 현상이다.

과거 1950년대 한국전쟁 이후 한국의 상권은 지역의 힘센 청년들에 의해 재산권을 보호받았다. 전쟁의 난리 속에서 살인, 방화, 강도, 강간 등 수많은 범죄를 목격하였던 세대들이 있다. 그 당시에는 국가의 치안 관리 능력이 부족했다. 산업기반이 약하고, 세금을 관리할 수 있는 능력도 의심되는 행정 기반이었다. 식민지 시대에 만연하던 관료들의 부정부패는 해방 이후에도 계속되었다. 이승만 집권시기에는 해외 원조 자금 및 국가자산을 기업에게 부당하게 제공하면서 막대한 정치자금을 마련했다고 한다. 그 당시는 한국 현대사에서 가장 부패한 시기로 평가 받는다. 4.19혁명이 일어나게 된 배경도 집권당의 심각한 부정부패 때문이었다.

전후 혼란기에 소상공인들은 국가보다 지역의 힘센 청년들을 믿었다. 그들이 자신의 생존권 및 재산권을 확보해 주었기 때문이다. 상인들은 그에 대한 대가를 지불했다. 상인들의 대가 지불은 자발적이었는지 의문이지만 범죄 없는 세상에서 상인의 비용이 줄어든다. 국가의 법질서가 확립되지 못하고 범죄가 빈번한 사회에서 상인의 재산권 보호는 힘센 청년들의 몫이었다.

힘센 청년들은 사적인 형벌을 사용해서 질서를 유지했다. 상인 대상의 절도, 사기, 강도 등 범죄자를 처단하고 예방하는 업무가 그리 쉽지 않았을 것인데 그들 나름의 방법으로 질서를 유지했다. 그들은 국민의 의견을 수렴한 법이 미치지 않는 곳에서 사적인 처벌을 가할 수 있었다. 그들은 시민들을 위협할 수도 있었다. 행정부에서 범죄자들을 감시하고 검거하려고 하면 비용이 발생한다. 힘센 청년들의 위협은 범죄감시 비용을 대신할 수 있었다. 범죄를 저지르면 범죄자는 손목이나 발목을 잘리거나, 지역에서 완전히 추방당하는 형벌을 받는다. 누구도 지역 상인들의 재산을 건드리지 못하도록 한다. 주변 상인들의 재산을 건드리면 엄청나게 가혹한 형벌을 치를 것이라고 위협한다. 이러한 방식의 위협과 감시로 상업지역에서 나름의 질서를 찾았다.

시간이 지나면서 사적인 질서유지 방식의 문제가 발생한다. 지역의 힘센 청년들의 횡포가 심각해진다. 지역의 이권을 빼앗기 위해서 힘센 청년들 간 힘겨루기는 주먹 싸움에 그치지 않았고, 폭력 및 살인 등 또 다른 범죄가 발생했다. 1975년 명동의 사보이 호텔에서 발생하였던 칼부림 사건은 명동 신상사파를 양은이파가 습격한 사건이었다. 힘센 청년들의 주먹 싸움이 칼싸움으로 진화된 첫 번째 사건이었다고 한다. 국가 질서는 힘센 청년들의 힘으로 유지될 수 없었다.

위협, 사회질서

위협은 거래비용을 감소시킬 수 있다. 여기에서 거래비용이란 이해당사자 간의 갈등이나 법적 다툼 등의 문제를 해결하기 위한 정신적 물질적 비용을 모두 포함한 개념이다. 위협으로 당사자 간 거래비용을 감소시킬 수는 있지만, 사회 전체의 안전한 질서를 보장하진 않는다. 위협으로 노예들의 노동력을 착취하던 미국의 노예제도는 100년 이상 유지되었다. 노예는 생명을 유지하기 위해 위협에 굴복할 수밖에 없었고, 노예 주인은 소수의 감시인을 고용하여 노예를 관리했다. 노예들은 낮은 비용으로 사탕수수 또는 목화밭에서 고된 노동에 시달렸다. 도덕성을 제외하면 미국의 노예제도는 위협으로 거래비용을 낮춘 '효율적'인 사례이다.

한국 사례로 돌아오자. 만약에 힘센 청년들이 폭력성 없이 순리적으로 지역 질서를 확립했다면, 상인들에게는 재산권을 보호하는 행정 관료와 힘센 청년의 차이가 거의 없다. 지역에서 발생할 수 있는 문제를 사전에 예방하는 감시비용도 유사한 수준일 것이다. 하지만 행정 관료와 힘센 청년의 질서유지를 위한 방법은 다르다. 체계적인 행정 및 법질서 기반에 있는지 폭력적 위협에 치우쳐 있는지에 차이가 있다.

부정부패가 심각한 시대에는 관료의 행정 및 법질서 유지 이외에 지불하던 뇌물 등의 비용이 발생했을 것이다. 만약 선하고 순리적인 힘센 청년들의 위협 비용이 낮다면 힘센 청년의 질서유지가 바람직해 보일 수 있다. 뇌물, 부정청탁, 매관매직 등이 사회질서를 어지럽히고 있어서 정상적인 방법으로 경제활동을 할 수 없는 사회 상태를 상상해보자. 법질서를 지키면 손해가 발생하는 사회는 상상하기 쉽다. 자신의 능력이 삶을 결정하는 것이 아니라 관료에게 건네는 뇌물의 액수가 자신의 위치를 결정하는 사회다. 이러한 사회 상태라면 폭력배의 무질서보다 사회문제가 심각할 수 있다.

불가능하지만 사회 모든 분야에서 부정부패가 사라진다면 우리는 법질서를 선호할 것이다. 사람들은 폭력보다 법질서를 선호한다.

깡패가 힘을 쓰면 폭력이고, 공무원이 힘을 쓰면 권력이다. 누구건 갖고 있는 힘을 남용하면 국민들이 힘들어진다. 권력을 남용하고 싶어서 공무원이 되겠다고 생각하는 사람들은 없을 것이다. 남들의 권력에 의해 움직이는 사람보다 권력으로 세상을 움직이고 싶어 권력을 탐하는 사람들이 많은 세상이다. 권력이 없으면 손해 보는 세상보다 권력이 없어도 잃을게 없는 세상이 아름답다. 바람직하고 이상적인 세상은 현실에서 경험하기 어렵다.

미시경제 연습문제

001. 시장경제의 작동 원리에 대한 다음 설명 중 옳은 것을 모두 고르시오.

> ㉠ 희소성의 원칙에 근거하여 교환, 이익, 경쟁의 원리에 기초하여 작동한다.
> ㉡ 시장의 거래 주체들은 자유 의지에 따라 재화 및 용역을 교환할 수 있다.
> ㉢ 각 경제 주체의 시장 참여의 목적은 경제 윤리의 추구라 할 수 있다.
> ㉣ 시장에 참여하는 경제 주체들은 시장에서 서로 경쟁하게 된다.

① ㉠, ㉡　② ㉢, ㉣　③ ㉠, ㉡, ㉢
④ ㉠, ㉡, ㉣　⑤ ㉡, ㉢, ㉣

정답 ④

각 경제주체들의 시장 참여 목적은 경제적 이익 추구이다.

002. (기초 지식) 가격의 기능으로 잘 설명한 것을 모두 고르시오.

> ㉠ 재화 생산 방식의 효율성이 가장 높은 공급자부터 판매가 가능하도록 만든다.
> ㉡ 재화의 수급을 조절하는 신호 역할을 한다.
> ㉢ 가격의 결정 과정을 통해 자원은 가장 효율적으로 배분될 수 있다.
> ㉣ 소비자들이 매력을 느끼지 못하는 재화가 시장에서 도태되지 않도록 도와준다.

① ㉠, ㉡　② ㉡, ㉢　③ ㉠, ㉡, ㉢
④ ㉡, ㉢, ㉣　⑤ ㉠, ㉡, ㉢, ㉣

정답 ③

소비자가 매력을 느끼지 못하는 재화는 수요 감소, 가격 하락으로 이어져 시장에서 도태된다.

003. 금은 필수재가 아니지만 교환가치가 큰 반면, 햇빛은 반드시 필요하지만 교환가치가 거의 없다. 이에 대한 설명으로 가장 옳은 것을 고르시오.

① 금의 교환가치가 왜곡된 상황이다.
② 금의 총효용이 햇빛의 총효용보다 크다.
③ 햇빛 및 공기의 한계효용 체감 정도가 클수록 각각의 교환가치는 증대된다.
④ 햇빛 및 금의 교환가치에는 각각의 한계효용이 반영되어 있기 때문이다.
⑤ 햇빛 및 금의 교환가치는 각각의 총효용을 완전히 반영한다.

정답 ④

상품에 대한 소비자의 지불의도는 총효용보다는 한계효용에 따라 결정된다.

004. 아래의 재화에 대한 설명으로 옳지 못한 것은?

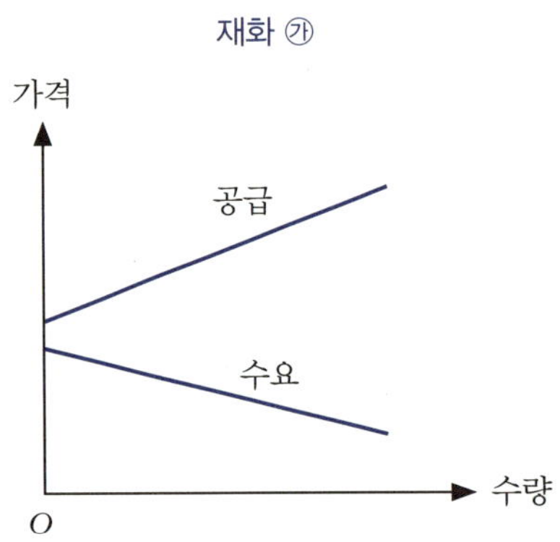

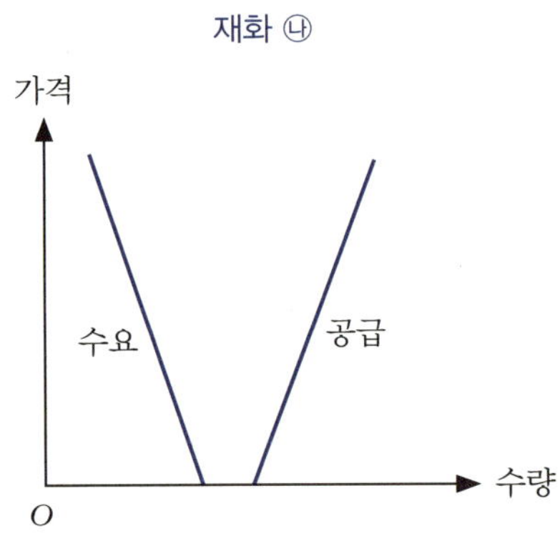

① ㉮의 예로는 태양계 우주 여행을 들 수 있다.
② ㉯의 예로는 햇빛을 들 수 있다.
③ ㉯는 미래에 어떤 경우에도 시장이 형성될 수 없다.
④ ㉮, ㉯ 모두 균형가격이 성립되지 못한다.
⑤ ㉮는 생산효율성이 높아지거나 소득이 충분히 증가하면 시장이 형성될 수 있다.

정답 ③

수요자의 기호가 바뀌면 시장이 형성될 수 있다.

005. 가격의 기능에 대한 설명으로 옳은 것은?

㉮ 경쟁력이 없는 생산자도 재화를 팔 수 있게 한다. ㉯ 동일한 제품에 가장 큰 효용을 얻는 소비자부터 소비할 수 있게 한다. ㉰ 시장 가격은 수요와 공급을 자동으로 조절하도록 하는 신호기능을 한다. ㉱ 아담 스미스의 '보이지 않는 손'은 수요와 공급에 의한 가격 조절기능이다.

① ㉮, ㉯ ② ㉯, ㉰ ③ ㉰, ㉱
④ ㉮, ㉱ ⑤ ㉯, ㉱

정답 ②

경쟁력이 없는 생산자는 도태된다.
그리고 가격의 기능을 '보이지 않는 손'이라 한다.

006. 수요 및 수요량에 대한 설명으로 거리가 먼 것을 고르시오.

㉠ 수요란 소비자가 일정기간 동안 일정 가격 수준에서 구입하고자 의도하는 재화 및 서비스의 양을 의미한다. ㉡ 구매력을 가진 소비자의 재화 및 서비스 구입에 대한 욕구가 수요량이다. ㉢ 소비 기간 정의에 따라 수요량은 변화하게 된다. ㉣ 수요량의 측정을 위해서는 다른 모든 조건에 변화가 없음이 전제되어야 한다.

① ㉠, ㉡ ② ㉡, ㉢ ③ ㉠, ㉡, ㉢
④ ㉢, ㉣ ⑤ ㉡, ㉢, ㉣

정답 ①

㉠은 수요량, ㉡은 수요의 정의다.

007. 다음은 수요곡선에 대한 설명이다. 가장 옳지 못한 설명은 무엇인가?

① 시장수요곡선은 상이한 가격 수준에서 개별 수요자의 수요 총량을 의미한다.
② 시장수요곡선이란 각 수요자들의 수요곡선의 합이라 할 수 있다.
③ 수요곡선에는 다양한 가격 수준에 대응한 수요량을 나타난다.

④ 재화의 가격과 수요는 역(逆)의 관계를 보인다.

⑤ 수요곡선은 재화의 가격, 소비자의 소득, 인구 등 다양한 변수에 따라 다르게 결정될 수 있다.

정답 ①

시장수요곡선은 동일한 가격 수준에서 개별 수요자의 수요 총량을 의미한다.

008. 공급량에 대한 다음 설명 중 가장 옳지 못한 것을 고르시오.

① 일정기간 동안 생산자가 일정 가격 수준에서 공급하려는 재화 및 서비스의 양을 의미한다.

② 동일한 재화에 대하여 각 공급자들이 다양한 가격으로 공급하게 되는 총량을 통해 산출된다.

③ 수요량과 마찬가지로 다른 조건의 불변을 전제로 한다.

④ 공급자가 재화를 공급할 의도를 가지고 있어야 한다.

⑤ 기간의 정의가 상이하면 공급량은 변화할 수 있다.

정답 ②

공급량이란 생산자들이 일정 가격 수준에서 공급하고자 하는 양의 합계를 의미한다.

009. 다음은 공급 법칙의 예외 현상에 대한 설명이다. 옳은 것은 무엇인가?

> ㉠ 매점이나 매석이 발생하면 가격이 상승하고 공급이 감소한다.
> ㉡ 덤핑의 경우에는 가격이 상승하고 공급이 증가한다.
> ㉢ 노동시장에서 임금이 충분히 상승하면 노동 공급량이 감소할 수 있다.
> ㉣ 공급의 수량이 한정된 경우 공급곡선은 수평을 이룰 수 있다.

① ㉠, ㉡ ② ㉢, ㉣ ③ ㉠, ㉣

④ ㉡, ㉢ ⑤ ㉠, ㉢

정답 ⑤

㉡은 가격 하락 및 공급 증가, ㉣은 공급곡선이 수직이 된다.

010. 다음은 생산요소 시장에 대한 설명이다. 틀린 것만을 고른다면?

> ㉮ 노동공급곡선은 가계 단위에서는 후방굴절하지만, 시장 전체적으로는 우상향한다.
> ㉯ 노동과 자본은 생산요소로서 보완재이다.
> ㉰ 국민소득이 일정 수준 이상으로 늘어나면 노동 공급도 줄어드는 경향이 있다.
> ㉱ 기술 진보는 노동 수요곡선을 오른쪽으로 이동시킨다.

① ㉮, ㉰　　② ㉯, ㉱　　③ ㉮, ㉯

④ ㉯, ㉰　　⑤ ㉰, ㉱

정답 ②

노동과 자본은 보완재이면서 동시에 대체재이다.
기술진보는 노동 또는 자본 수요를 감소시킨다.

011. 노동공급곡선의 이동 요인에 대한 설명으로 거리가 먼 것을 고르시오.

> ㉠ 직장 여성의 증가, 인구의 고령화는 노동공급곡선의 이동을 초래한다.
> ㉡ 경제 구조의 공업화, 기계화를 통해 농업, 공업, 서비스업 등 모든 시장의 노동수요를 증대시킬 수 있다.
> ㉢ 임금 수준이 높아질수록 노동공급곡선은 좌측으로 이동하다가 어느 순간 다시 우측으로 이동하는 것이 일반적이다.
> ㉣ 해외 이민자의 증감, 외국 노동력 유입의 변화가 노동공급곡선의 이동을 유발시킨다.

① ㉠, ㉡　　② ㉡, ㉢　　③ ㉠, ㉡, ㉢

④ ㉢, ㉣　　⑤ ㉡, ㉢, ㉣

정답 ②

경제 구조의 공업화 및 기계화는 공업 노동시장 수요는 증대시키지만 자본 대체 가능한 기타 노동시장 수요는 감소시킬 수 있다. 임금 수준이 높아질수록 노동공급곡선은 우측으로 이동하다가 일정 수준 이후 좌측으로 이동한다.

012. 다음 중 가장 옳은 설명을 고르시오.

① 완전경쟁시장에서의 균형가격은 해당 생산요소의 한계생산가치보다 높아야 한다.
② 토지와 같이 공급량이 한정된 생산 요소는 사회 전체의 공급곡선은 수평을 이루는 것이 일반적이다.
③ 자본 공급량은 경제발전에 따라 증가하지만 총량에 있어서는 제한이 있다.
④ 토지의 공급량은 토지 시장의 변화, 추가 개발을 통해 변화할 수도 있다.
⑤ 개방 경제에서 자본은 국가 간 이동을 통해 세계에서 가장 높은 가격 수준으로 수렴하는 경우가 많다.

정답 ④

토지의 공급은 제한적이라 할 수 있으나, 토지 개발 등에 의한 변동이 가능하다.

013. 다음은 조세의 귀착에 대한 설명이다. 가장 옳지 못한 것은 무엇인가?

① 조세의 귀착이란 조세가 기존 납부자로부터 다른 사람으로 이전되는 것을 의미한다.
② 조세의 법적 귀착은 세법상 납세의무자에게 조세부담이 귀착된다고 본다.
③ 조세의 경제적 귀착은 실질적으로 부담하는 경제주체에게 조세부담이 귀착된다고 본다.
④ 조세를 부과하면 경제 주체간의 조세 전가가 발생하여 최종적으로는 공급자 및 수요자간의 부담 규모가 동일해진다.
⑤ 조세 부과 시 거시적으로는 가계가 조세를 부담하여 가처분소득 감소의 원인이 된다.

정답 ④

조세 부과 시 해당 시장의 수요 및 공급곡선의 탄력성에 따라 공급자와 수요자 간 조세 부담 규모가 결정된다.

014. 최근 농산물 가격 급등 현상인 애그플레이션(agflation)이 경제 성장의 발목을 잡는 요인으로 부각되고 있다. 다음은 애그플레이션에 따른 업계의 대응이다. 이에 대한 설명으로 틀린 것은?

> ㉮ 과자업계는 가격 인상은 최대한 자제하면서 내용물의 중량을 줄이는 방법으로 대응하고 있다.
> ㉯ 라면업계는 원가 상승 부담을 가격 인상에 반영하면서 내용물의 중량은 그대로 유지하고 있다.

① 과자는 사치재에 속한다.
② 라면은 수요의 가격탄력성이 1보다 작다.
③ 과자는 가격을 인상하면 매출이 늘어난다.
④ 라면은 생필품이다.
⑤ 라면은 가격을 인상해도 매출감소 부담이 적다.

정답 ③

과자는 기호식품으로 대체재가 많은 사치재라고 할 수 있기 때문에 수요곡선이 탄력적이다. 따라서 소비자는 가격 인상에 민감하게 반응하여 가격을 올리면 매출이 줄어든다.

015. 다음 중 맞는 설명만 고른 것은?

> ㉮ 농산물은 공산품에 비해 저장이 어렵기 때문에 공급이 탄력적이다.
> ㉯ 골동품처럼 수량에 제한이 있는 상품은 완전 비탄력적이다.
> ㉰ 부동산은 단기간 내에 공급을 획기적으로 늘리기 어렵기 때문에 수요가 조금만 늘어도 가격이 급등한다.
> ㉱ 동일한 재화의 가격탄력성은 단기나 장기나 일정하다.

① ㉮, ㉯　② ㉯, ㉰　③ ㉰, ㉱
④ ㉯, ㉱　⑤ ㉮, ㉰

정답 ②

농산물의 공급은 비탄력적이다. 동일한 재화라도 장기에는 탄력성이 변할 수 있다. 공급은 기술 혁신 등으로 가격 변화에 대응하기가 쉽고, 수요는 기호 등의 변화로 변할 수 있다.

016. 다음의 경우에서 발생할 수 있는 경제현상이 아닌 것은 무엇인가?

> 민간 건설사의 아파트 수요는 가격 탄력적인 반면 정부가 공급하는 아파트의 수요는 비탄력적이라 가정한다. 정부가 아파트의 수급 조정을 위한 목적으로 민간 아파트 건설사에게 세금을 부과하고 민간 및 정부 아파트 모두의 거래량을 동일하게 감소시켰다.

① 민간 아파트 시장의 소비자 총지출이 감소한다.

② 정부 공급 아파트 시장의 소비자 총지출이 증가한다.

③ 정부 공급 아파트 가격 상승률이 민간 아파트 가격 상승률을 상회한다.

④ 민간 아파트의 세율이 정부 공급 아파트의 세율보다 낮을 것이다.

⑤ 민간 아파트와 정부 공급 아파트의 세금규모가 같다.

정답 ⑤

가격 탄력적인 재화와 가격 비탄력적인 재화의 거래량이 동일하게 감소하기 위해서는 비탄력적인 재화의 세금이 더 많이 부과되어야 한다.

017. 대체효과, 소득효과, 가격효과에 대한 설명으로 거리가 먼 것을 고르시오,

> ㉠ 대체효과와 가격효과의 합을 통해 소득효과를 산출할 수 있다.
> ㉡ 소비자의 수요가 대체재로 이동하면서 발생하는 해당 재화의 수요 감소 효과를 대체효과라 한다.
> ㉢ 일반적으로 대체효과가 소득효과보다 크다.
> ㉣ 소득효과가 플러스(+) 관계면 정상재, 마이너스(−) 관계면 열등재이다.

① ㉠　　② ㉡　　③ ㉢

④ ㉣　　⑤ 없음

정답 ①

대체효과와 소득효과의 합이 가격효과이다.

018. 다음 중 가장 옳지 못한 설명을 고르시오.

① 일반적으로 정상재는 모든 사람에게 정상재로 보는 것이 적절하다.

② 열등재는 기펜(Giffen)재로 볼 수 있는 필요조건이다.

③ 정상재와 열등재 간의 차이는 사치재와 필수재 간의 차이와 다를 수 있다.

④ 열등재의 한계효용은 플러스가 된다.

⑤ 열등재란 소득 증가 시 소비가 감소하는 재화를 의미한다.

정답 ①

동시에 모든 사람에게 정상재나 열등재가 될 수도 있고, 아닐 수도 있다.

019. 다음 중 맞는 것을 모두 고르시오.

㉠ 정상재는 소득이 증가할수록 소비가 증가한다. ㉡ 소득이 증가했는데 소비가 감소한다면 열등재다. ㉢ 기펜재는 가격이 상승해도 소비가 증가한다. ㉣ 모든 재화가 동시에 열등재가 될 수는 없다.

① ㉠, ㉡

② ㉠, ㉡, ㉢, ㉣

③ ㉠, ㉡, ㉢

④ ㉡, ㉢, ㉣

⑤ ㉠, ㉢, ㉣

정답 ②

정상재란 소득이 증가했을 때 소비가 증가하는 재화, 반대의 경우는 열등재라 한다. 기펜재란 가격이 하락하면 소비가 감소하는 재화이다.

020. 다음 그래프를 바탕으로 가장 옳은 설명을 고르시오.

〈각 재화의 수요 및 가격변동률〉

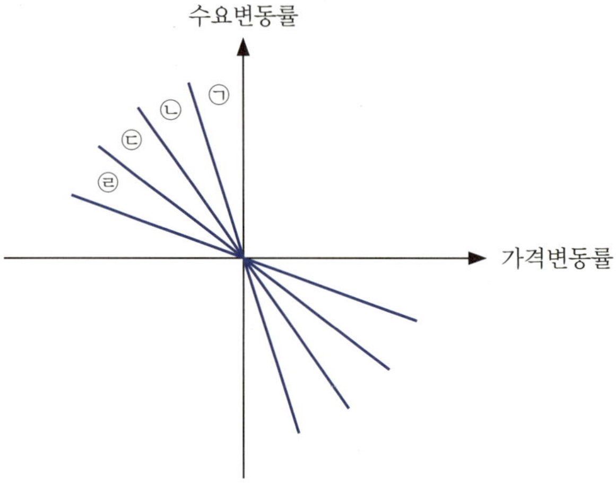

① ㉠재는 조세 부과의 소비자에 대한 가격 전가가 가장 용이하다.

② ㉡, ㉢재의 수요곡선은 직선이다.

③ ㉡, ㉢재는 서로 대체재라 할 수 있다.

④ ㉠, ㉡, ㉢, ㉣재는 수요의 가격탄력성이 일정하다.

⑤ ㉠, ㉡, ㉢재의 수요곡선에 비해 ㉣재 수요곡선은 수직선을 이룬다.

정답 ⑤

㉣재는 가격 변화에 대한 수요 변화가 다른 재화보다 작다. 따라서 수요곡선은 나머지 재화에 비해 비탄력적이라 할 수 있다.

021. 다음은 조세의 목표와 영향에 대한 설명이다. 바르게 설명한 것만을 고르면?

㉮ 정부가 한시적으로 특별(개별)소비세를 면제한 것은 소비를 촉진하기 위해서이다. ㉯ 특별(개별)소비세는 가격중립적이기 때문에 자원배분체계를 왜곡하지 않는다. ㉰ 수요자 과세나 공급자 과세 모두 조세의 귀착은 똑같다. ㉱ 수요자와 공급자 중에서 탄력성이 작은 쪽이 더 적게 조세를 부담한다.

① ㉮, ㉯　　② ㉮, ㉰　　③ ㉯, ㉱

④ ㉰, ㉱　　　　　　　　⑤ ㉯, ㉰

정답 ②

사치품 대상의 특별(개별)소비세는 가격중립적이지 않다. 따라서 상대가격체계에 영향을 미친다. 수요자와 공급자 중에서 탄력성이 작은 쪽이 더 많은 세금을 부담한다.

022. 다음 중 가장 옳은 설명을 고르시오.

① 정부의 시장에 대한 개입 수단으로는 조세가 유일하다.

② 조세를 통한 시장 개입은 정부의 직접적인 시장 통제라 할 수 있다.

③ 정부는 유류세나 특별소비세 부과 등을 통하여 경기를 부양한다.

④ 최고가격제는 시장 가격이 너무 낮은 상황에서 공급자를 보호하기 위해 활용할 수 있는 정책이다.

⑤ 최저임금제는 노동의 초과공급 문제, 즉 실업자 문제가 대두되는 부작용이 있다.

정답 ⑤

정부의 시장 개입 수단은 세제 및 직접 통제가 있으며, 조세는 세제를 통한 개입이라 할 수 있다. 유류세 및 특별소비세 부과는 소비 감소의 원인이 된다.

023. 다음은 정부의 쌀 수매제도와 휴경제에 대한 설명이다. 옳지 않은 것은?

① 정부의 쌀 수매제도는 수확량에 비례해서 보조금을 지급하는 제도의 변형이다.

② 벼 재배면적 감축을 위한 휴경제는 재배 면적에 비례하여 보조금을 지급하는 것이다.

③ 두 가지 방법 모두 쌀 수확량에는 영향을 미치지 못한다.

④ 수확량에 비례해서 지급하는 방법은 보조금이 커질수록 쌀 수확량이 많아진다.

⑤ 휴경제는 일시적으로 농사를 짓지는 않지만, 쌀 공급량이 부족해질 경우 언제든지 다시 농사를 짓도록 전환할 수 있다.

정답 ③

수확량에 비례해서 보조금을 지급하는 경우 수확량을 늘리는 효과가 있고, 휴경제는 생산량을 줄이는 효과가 있다.

024. 다음은 가격통제에 대한 설명이다. 잘못된 설명을 고르면?

> ㉮ 최고가격제는 소비자 보호 차원에서 최고가격의 한도를 결정해놓은 것이다.
> ㉯ 자연독점 산업의 요율규제, 임대료상한제, 법정최고금리 등이 최고가격제의 일종이다.
> ㉰ 최고가격제를 실시하면 암시장이 형성될 수 있고, 초과공급 문제가 발생한다.
> ㉱ 최저가격제는 생산자 보호차원에서 사용하는 것으로 추곡수매제도가 대표적이다.
> ㉲ 최저임금제는 기업의 생산비 절감을 위하여 만든 제도이다.

① ㉮, ㉯　　② ㉮, ㉰　　③ ㉯, ㉱
④ ㉰, ㉲　　⑤ ㉱, ㉲

정답 ④

최고가격제를 실시하면 초과수요가 발생하기 때문에 암시장이 형성될 수 있다. 최저임금제는 근로자 보호를 위하여 인간다운 삶을 누릴 수 있도록 최저임금한도를 정해놓은 것이다.

025. (기초 지식) 다음의 시장에 판매세를 부과할 때 소비자의 부담이 작은 경우부터 순서대로 나열한 것은?

㉮

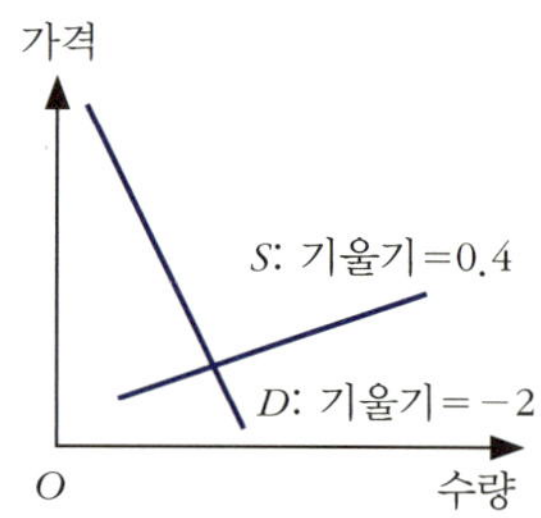

㉯

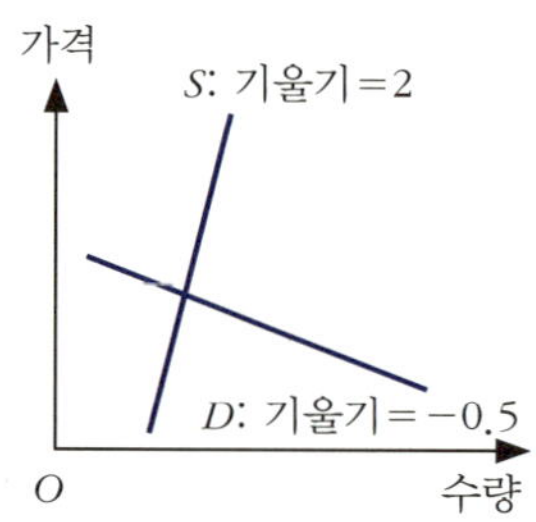

㉰

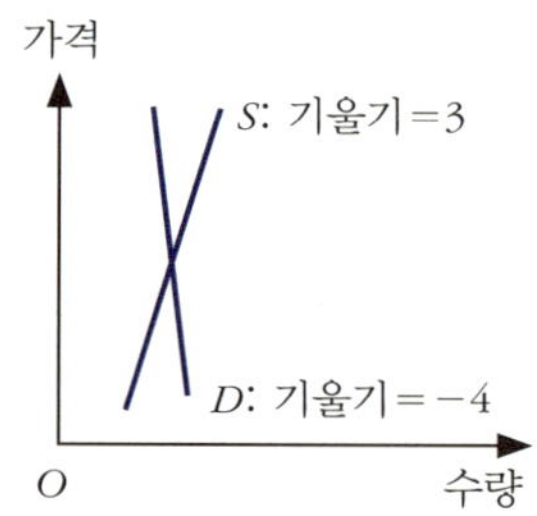

㉱

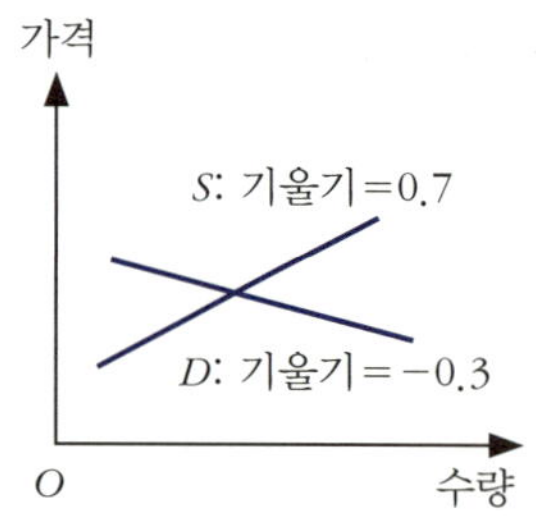

㉲

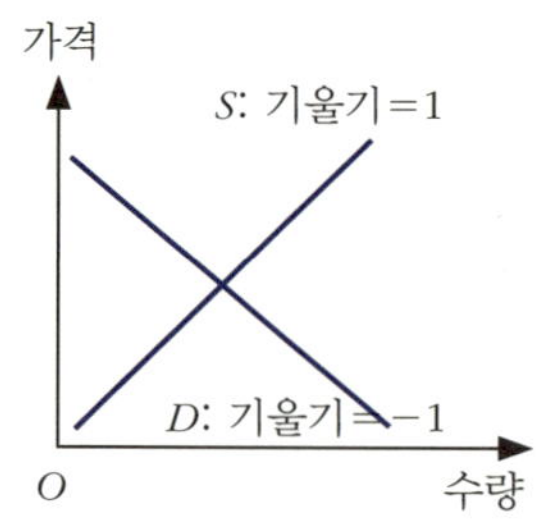

① ㉮－㉯－㉰－㉱－㉲

② ㉯－㉱－㉲－㉰－㉮

③ ㉰－㉮－㉯－㉲－㉱

④ ㉲－㉯－㉰－㉮－㉱

⑤ ㉱－㉰－㉲－㉮－㉯

정답 ②

탄력적인 측이 부담이 작다. $e=(\Delta Q\div Q)\div(\Delta P\div P)=(1/\text{기울기})\times(P\div Q)$이므로 기울기의 절댓값이 큰 쪽이 비탄력적이다.

026. 다음 그림은 정부가 최저임금제를 실시했을 때의 노동시장을 보여준다. 이에 대한 설명 중 적절하지 못한 것은?(단, w_e는 균형임금, w_c는 최저임금, l_s는 최저임금하의 노동공급, l_d는 최저임금하의 노동수요이다.)

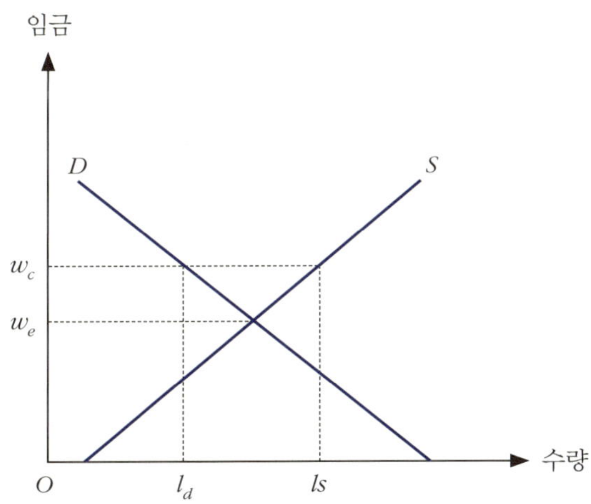

① 최저임금제는 근로자에게 최소한의 인간다운 생활을 보장하기 위한 것이다.

② 정부가 최저임금제를 실시하는 것은 균형임금이 너무 낮게 형성되는 시장의 한계를 보완하기 위해서이다.

③ (l_s-l_d)만큼의 노동의 초과수요가 발생한다.

④ (l_s-l_d)만큼의 실업이 발생한다.

⑤ 노동시장에서는 구직난이 발생한다.

정답 ③

초과수요가 아니라 초과공급이 발생한다.

027. 다음 신문기사에 대한 설명으로 틀린 것은?

> 최근 주택가격 하락세가 지속되면서 서민들이 고통을 받고 있다. ㉮ 연구소에서 주택가격 장기 하락세를 점치는 보고서를 잇달아 내놓으면서 집값이 추가로 하락할 수도 있다는 불안감이 확산되어 매수세가 실종되고 있는 것이다. ㉯ 정부의 보금자리 주택도 한몫을 하고 있다. 최대 주변 시세의 반값에 공급 물량이 나올 것이 기대되면서 주택 수요자들이 기존 주택보다는 보금자리 주택 분양으로 방향을 바꾸고 있는 것이다. ㉰ 이에 따라 부동산 시장이 완전히 냉각되면서 집을 팔지 못해 이사를 못가는 서민들이 늘어나고 있다. ㉱ 반면 전세시장은 수요가 급증하면서 전세 품귀현상이 빚어지고 전세가 오름세도 지속되고 있다. ㉲ 이와 같은 부동산시장의 이상 현상을 해소하기 위해서는 정부가 DTI나 LTV 같은 부동산 시장 규제를 풀어주고 부동산시장에 시장원리가 작동할 수 있도록 해야 한다는 논리가 설득력을 얻고 있다.

① ㉮는 부동산 시장의 수요곡선을 왼쪽으로 이동시킨다.

② ㉯는 공급곡선이 아래쪽으로 이동할 것을 기대하는 것이다.

③ ㉰는 부동산 시장에서 수요와 공급의 균형이 이루어지지 않고 있음을 의미한다.

④ ㉱는 주택 매수와 전세가 대체재임을 의미한다.

⑤ ㉲는 정부의 시장 규제로 부동산 시장이 왜곡되고 있음을 의미한다.

정답 ③

낮은 가격에 균형이 이루어지고 있는 것이다. DTI(Debt-To-Income)는 총부채상환비율이고, LTV(Loan-To-Value)는 담보비율이다.

028. 중국 경제가 빠르게 발전하면서 원자재의 블랙 홀(black hole)이 되고 있다. 이에 따라 국제 유가가 급등하여 국내 소비자 물가가 빠른 속도로 올라 서민경제에 주름살이 커지고 있다. 이에 따라 정부는 유류세를 인하하여 석유류 가격 상승분의 일부를 상쇄해 주기로 했다. 이에 대하여 바르게 설명한 것을 모두 고르면?

> ㉮ 석유의 시장 가격은 하락할 것이다.
> ㉯ 유류세 인하의 혜택은 소비자가 다 가져갈 것이다.
> ㉰ 석유의 공급곡선이 왼쪽으로 이동할 것이다.
> ㉱ 석유의 수요곡선이 오른쪽으로 이동할 것이다.

① ㉮, ㉯ ② ㉯, ㉰ ③ ㉰, ㉱
④ ㉯, ㉱ ⑤ ㉮, ㉱

정답 ⑤

석유의 수요곡선이 오른쪽으로 이동하고, 새로운 균형가격은 이전 균형가격에 세금을 더한 금액보다는 낮아진다.

029. 부동산 시장에 대한 분양가 상한제에 대한 설명으로 옳지 않은 것은?

① 주택 분양가가 낮아질 것이다.
② 호화 내장재를 쓰는 아파트가 줄어들 것이다.
③ 부실공사가 우려된다.
④ 초과수요가 발생해서 부동산 투기가 발생할 수 있다.
⑤ 주택 분양 물량이 늘어날 것이다.

정답 ⑤

분양가 상한제는 가격 규제의 일종으로 공급 물량이 줄어들 가능성이 크다.

030. 다음 표는 식용유의 시장 가격 및 거래량이다. 이와 같은 변화를 설명하지 못하는 것은?

구분	3월	4월	5월
가격	30	25	20
거래량	60	70	80

① 원재료인 콩의 국제 시세 하락

② 식용유 수요 증가

③ 제조업체의 생산성 향상

④ 식용유의 수입 관세 폐지

⑤ 유진자 변형 콩의 사용 허용(단, 식품안전성에 전혀 문제가 없는 경우)

정답 ②

가격 하락과 거래량의 증가가 동시에 발생하는 것은 공급곡선이 우측으로 이동한 경우이다.

031. 다음 중 전기자동차 가격이 하락하지 않는 경우는? (전기자동차는 정상재이다.)

① 전기자동차 보급을 위해 정부가 제조업체에게 보조금을 지급한다.

② 전기자동차 대체재인 하이브리드 자동차 가격이 상승한다.

③ 전기자동차 충전소 건설이 지연되어 하이브리드 자동차를 선호하는 소비자가 늘고 있다.

④ 전기자동차 부품을 공급하는 중국 협력업체 생산효율성이 높아졌다.

⑤ 전기자동차 원천기술의 로열티가 낮아졌다.

정답 ②

대체재 가격이 상승하면 전기자동차 수요가 증가하여 가격이 상승한다.

032. 개인의 노동공급을 결정하는 요인은 무엇인가?

① 일과 급여
② 생산성과 기술
③ 소득과 생산성
④ 여가와 숙련도
⑤ 여가와 소득

정답 ⑤

개인의 노동공급은 여가 시간과 소득을 얻기 위한 노동 시간을 배분하는 과정에서 결정된다.

033. 최근 물가상승압력이 심화되면서 정부가 공공요금 인상을 당분간 억제하기로 결정했다. 전력에 대한 수요함수는 $Q^d=800-20P$, 공급함수는 $Q^s=400+20P$이다. 정부가 가정용 전기의 최고 가격을 각각 15와 5로 정할 때 발생할 수 있는 현상은 무엇인가?

① 15로 정할 경우 초과 수요가 200만큼 발생한다.
② 15로 정할 경우 초과 공급이 200만큼 발생한다.
③ 5로 정할 경우 초과 수요가 200만큼 발생한다.
④ 5로 정할 경우 초과 공급이 200만큼 발생한다.
⑤ 5로 정할 경우 아무런 변화가 없다.

정답 ③

균형가격은 10, 균형수량은 600이다. 최고가격을 15로 규제하면 균형에 변화가 없다. 최고가격을 5로 규제하면 초과수요가 200만큼 발생한다.

034. 다음은 쥐치시장의 변화를 나타낸 그래프이다. 바르게 나타낸 것은?

> 원래 쥐치는 아무도 먹지 않아서 어부가 잡으면 그냥 버리던 생선이었다. 그러던 어느날 쥐치로 만든 쥐포가 인기를 끌면서 어부들은 쥐치를 팔기 시작했다.

①

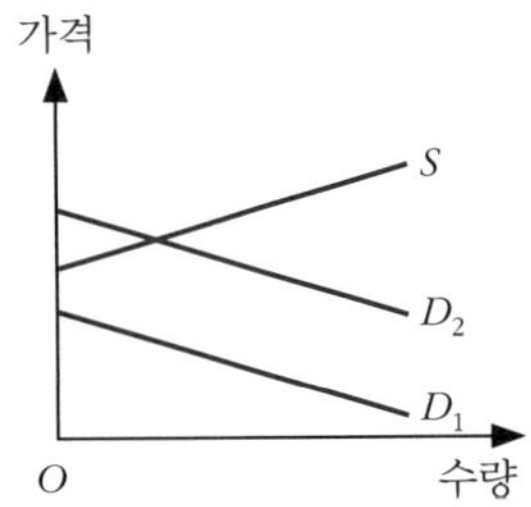

②

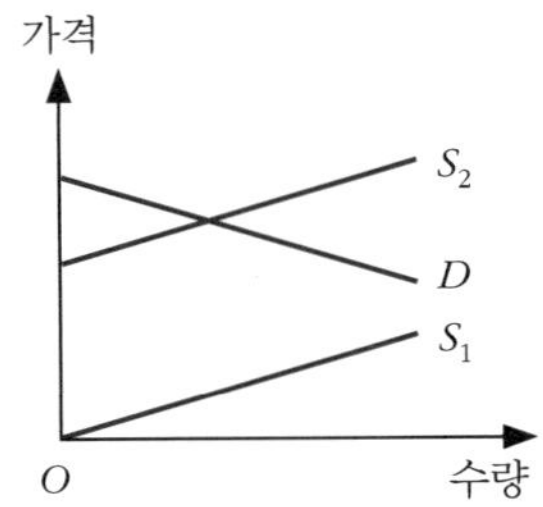

③

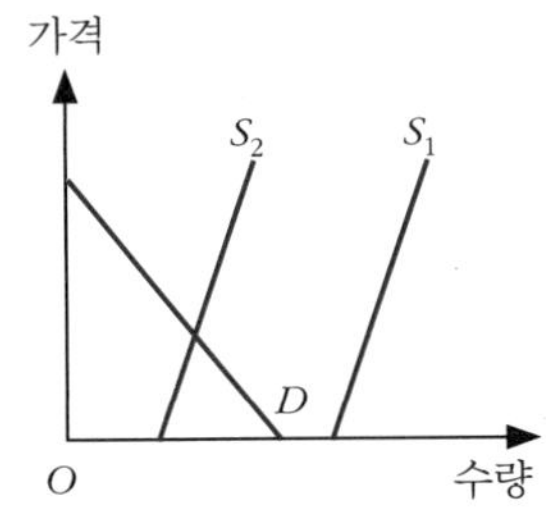

④

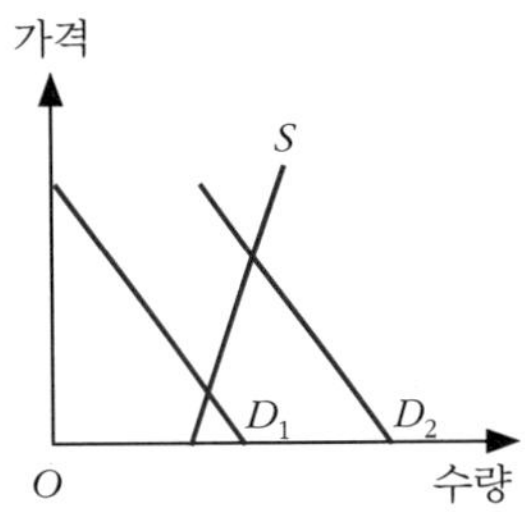

⑤

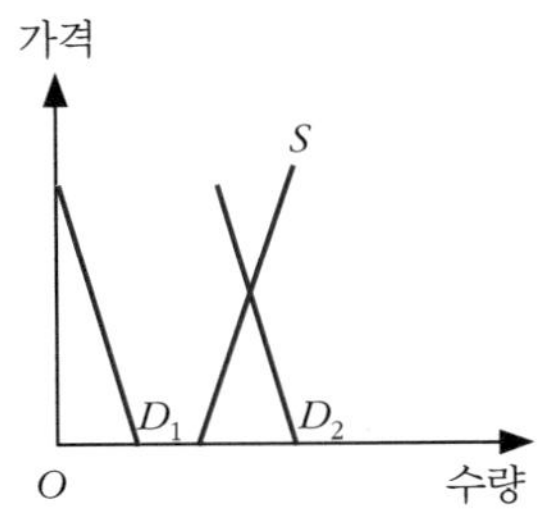

정답 ⑤

기존에는 쥐치의 수요가 없어서 가격이 형성되지 않았으나 수요가 늘어나면서 시장에서 가격이 형성되기 시작했다.

035. 다음은 A 시장에서의 변화로 B 시장에서 발생하는 결과를 나타낸 수요 공급 곡선이다. 이와 같은 변화의 사례로서 적절한 것은?

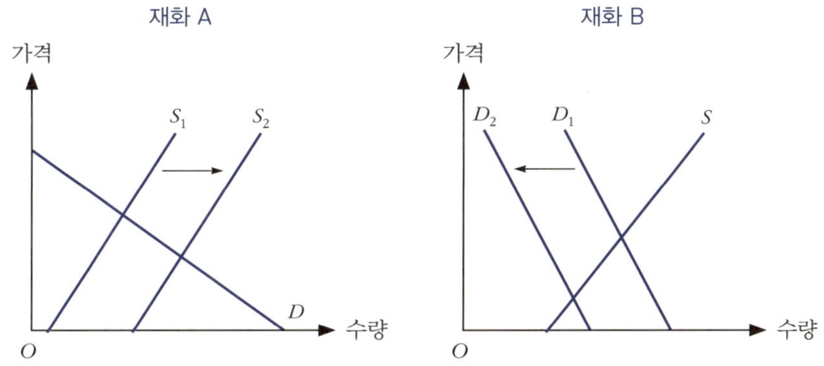

① 국제 유가가 하락하자 시내버스 승객이 줄어들었다.

② 윈도우 신 버전이 발매되면서 컴퓨터 수요가 늘어났다.

③ 경기침체로 소득이 줄어들면서 자동차 수요가 감소했다.

④ 커피 가격이 하락하면서 프림 수요가 줄어들었다.

⑤ 조류독감이 발병하면서 돼지고기 수요가 늘어났다.

정답 ①

국제유가 하락 → 휘발유 공급 증가 → 자동차 사용 증가 → 버스 수요 감소

036. 다음 그림은 스마트폰의 수출입 개시 이전 한국의 스마트폰 시장이다. 스마트폰 국제 가격이 1,200달러라고 가정 시 한국이 스마트폰 국제 무역을 시작하면 어떤 상황이 발생할 수 있는가?

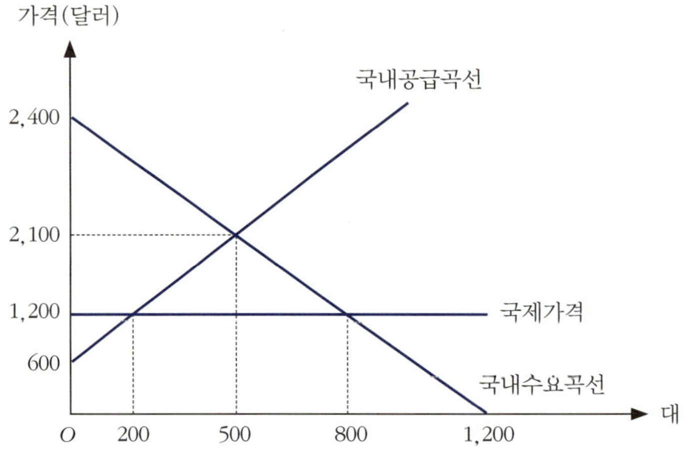

> ㉠ 한국의 스마트폰 가격이 하락한다.
> ㉡ 한국 스마트폰 제조업의 실업자가 증가한다.
> ㉢ 한국 스마트폰 제조업체의 이익이 줄어든다.
> ㉣ 한국의 스마트폰 거래량이 감소한다.

① ㉠, ㉡

② ㉠, ㉡, ㉢

③ ㉡, ㉢

④ ㉡, ㉢, ㉣

⑤ ㉠, ㉡, ㉢, ㉣

정답 ②

국제 거래의 발생으로 저가의 수입품이 공급되어 가격은 하락하고 거래량은 증가한다.

037. 재건축 아파트에 대한 설명 중 가장 올바른 것을 고르시오.

> 서울시는 재개발 예정구역으로 지정된 44곳 가운데 4곳을 예정구역에서 해제하기로 결정했다. 해당 지역은 주민 30% 이상이 해제에 동의한 곳이다. 서울시는 사업 진척이 잘 안되고 해제 여론이 많은 5개 구역도 주민 동의를 거쳐 예정구역에서 해제할 계획이다.

① 재건축에 따른 시세 차익 중 일부를 환수하는 것을 재건축 초과이익부담금이라 한다.

② 아파트 매매 시장이 과열되어도 재건축 아파트의 시세는 안정적이다.

③ 재건축 아파트의 증가는 주변 아파트 시세에 큰 영향을 미치지 못한다.

④ 입주민의 동의에 따라 재건축을 실시한 후 정부에 신고하는 절차를 따른다.

⑤ 붕괴의 가능성이 크고 노후한 아파트를 다시 건설하는 것을 의미한다.

정답 ⑤

아파트 매매 시장은 재건축 아파트 시세에 큰 영향을 미치며, 재건축 아파트의 공급에 따라 주변 아파트 시세도 변화한다.

038. 정부가 소비자 보호를 위해 캐피탈회사의 개인 신용대출 금리를 인하할 것을 요구하고 있다. 이에 따라 발생할 결과에 해당하지 않는 것은?

① 대부업 시장 수요가 늘어난다.

② 지하 사금융 시장 수요가 늘어난다.

③ 신용도가 낮은 금융소비자의 자금 조달이 어려워진다.

④ 영세 자영업자의 자금난이 발생한다.

⑤ 은행 대출 수요가 늘어난다.

정답 ⑤

캐피탈 회사의 고객 중에서 신용도가 낮은 고객이 대출 소비를 할 수 없으므로 이들이 신용도가 좋은 고객을 대상으로 하는 은행 수요가 늘어나는 원인이라고 보기 어렵다.

039. 다음 최저임금에 대한 설명 중 가장 옳은 설명은 무엇인가?

> 중국 상하이시 최저 임금이 내년에도 두 자릿수 인상률을 기록할 전망이다. 중국 경제 중심부인 상하이 최저임금 인상에 따라 중국에 진출한 한국 기업들은 원가 부담이 한층 더 커지게 됐다.

① 최저임금제도가 근로장려세제보다 효과적이다.

② 최저임금의 상승 시 숙련 노동자의 취업률이 상승한다.

③ 최저임금의 상승 시 미숙련 노동자의 임금 수준은 변동이 없다.

④ 최저임금의 하락 시 미숙련 노동자의 실업률이 상승한다.

⑤ 일반적으로 최저임금은 미숙련 노동자들의 균형임금보다 높다.

정답 ⑤

보동 최저임금은 비숙련 노동자들의 균형임금보다 높아 최저임금의 상승은 미숙련 노동자의 실업률 상승을 초래할 수 있다.

040. 스키장 매점에서 파는 따뜻한 커피가 일반 커피숍에서 파는 따뜻한 커피보다 비싼 경우가 많다. 다음 중 가장 옳은 설명은 무엇인가?

① 일반 커피숍에서 커피를 구매하여 마실 때의 효용이 더 크다고 할 수 있다.

② 일반 커피숍에서 커피를 구매하여 마시는 소비자가 합리적이라 할 수 있다.

③ 어느 장소에서 커피를 구매해도 소비에 따른 후생은 증가한다.

④ 어느 장소에서 커피를 구매해도 소비에 따른 기회비용은 불변한다.

⑤ 스키장 매점에서 커피를 구매하는 것은 합리적 소비라 할 수 없다.

정답 ③

가격이 저렴한 곳에서 구매하나 효용이 큰 곳에서 구매하나 소비자 후생은 증가한다.

041. 대대적인 공장 자동화 투자로 노동자의 한계생산성이 30% 상승했다. 반면 제품의 공급 증가로 시장 가격은 10% 하락했다. 근로자의 임금은 어떻게 변화할 것인가? (단, 노동시장은 완전경쟁 요소시장이다.)

① 17% 상승

② 18% 상승

③ 19% 상승

④ 20% 상승

⑤ 21% 상승

정답 ①

새로운 임금 = 제품 가격 × 노동의 한계생산성 = (1 − 10%) × (1+30%) = 1.17

042. ㉠, ㉡, ㉢에 들어갈 내용으로 가장 알맞은 것은?

> 한우 축산농가를 보호하려는 목적으로 정부가 인위적으로 시장 가격을 균형가격보다 높은 수준으로 유지하는 정책을 펼친다. 이 때 한우 소비자 시장에서는 단기적으로는 (㉠)의 결과가 생긴다. 반대로 한우의 소비 확대를 목적으로 시장 가격을 균형가격보다 낮은 수준으로 유지할 경우 한우 시장에서는 (㉡)의 결과가 생긴다. 통상 최저가격제는 (㉢)의 조건에서 효과적일 수 있다

① ㉠ 초과공급 ㉡ 초과공급 ㉢ 균형가격 = 최저가격

② ㉠ 초과수요 ㉡ 초과공급 ㉢ 균형가격 < 최저가격

③ ㉠ 초과공급 ㉡ 초과수요 ㉢ 균형가격 < 최저가격

④ ㉠ 초과공급 ㉡ 초과수요 ㉢ 균형가격 > 최저가격

⑤ ㉠ 초과수요 ㉡ 초과공급 ㉢ 균형가격 = 최저가격

정답 ③

최고가격제는 단기적으로 초과공급을 발생시키고 최저가격제는 초과수요를 발생시킨다.

043. 다음 중 ㉠, ㉡, ㉢에 들어갈 내용으로 가장 올바른 것은?

> A당은 총선을 맞아 취약 계층에 대한 사회복지의 확충을 공약으로 내세우면서 가격보조, 현물보조 방안을 준비하고 있다. 가격보조는 할인된 가격으로 서비스 이용이 가능한 쿠폰을 지급하는 정책이다. 반면, 소득보조는 감세를 통해 국민의 소득을 높이는 정책이라 할 수 있다. 현물보조는 필수 복지 서비스를 무상 지급하는 정책으로 볼 수 있다. 예산이 동일할 경우 통상 수혜자의 효용은 (㉠)이 (㉡) 이상이며, (㉢)을 초과한다. 한편, (㉡)은 (㉢) 이상의 효용이 발생한다.

① ㉠ 소득보조 ㉡ 가격보조 ㉢ 현물보조
② ㉠ 소득보조 ㉡ 현물보조 ㉢ 가격보조
③ ㉠ 가격보조 ㉡ 현물보조 ㉢ 소득보조
④ ㉠ 현물보조 ㉡ 가격보조 ㉢ 소득보조
⑤ ㉠ 현물보조 ㉡ 소득보조 ㉢ 가격보조

정답 ②

소득보조가 현물보조보다 수혜자의 효용이 크거나 같으며, 가격보조보다 크다.

044. 다음 신문기사를 보고 추론한 결과로 옳지 않은 것은?

> 버블 세븐 지역의 부동산 가격 상승세가 지속되면서 정부가 부동산 종합대책의 일환으로 종합부동산세를 도입했다. 종합부동산세의 도입으로 고가 주택에 대한 수요가 크게 줄어 기존 주택 소유자들이 팔고 싶어도 팔 수 없는 상황이 지속되고 있다. 또한 일각에서는 재산세가 늘어난 만큼 기존 주택 소유자들이 집을 팔 때 가격을 높게 받아서 주택 가격이 더 오르는 현상이 발생할 것이라고 주장한다. 한편 보유비용이 늘어나는 만큼 월세를 높여 받는 부작용도 예상된다는 것이다. 반면 시민단체들은 일제히 환영의 목소리를 냈다. 고가의 주택을 보유하고 있는 만큼 재산세를 더 내야 하는 것 아니냐는 주장이다.

① 종합부동산세는 주거에 대한 가격을 높임으로써 수요가 감소한다.
② 종합부동산세로 늘어난 세금 부담분만큼 주택가격이 상승할 것이다.
③ 임대시장은 임차자가 상대적 약자이기 때문에 종합부동산세만큼 임대료가 올라갈 가능성이 크다.
④ 임대료가 올라가는 것을 막기 위해서는 중대형 공공임대주택의 공급을 늘려야 한다.
⑤ 주택가격 상승을 종합부동산세 부과로 막는 것은 시장 효율적인 정책이 아니다.

정답 ②

늘어난 세 부담분만큼 주택가격이 오르는 것은 주택시장의 수요곡선이 완전 비탄력적인 경우에만 발생한다.

045. 금융시장 선진화를 위해서는 장기채권시장의 형성이 필요하다는 주장이 공감을 얻어 가고 있다. 장기채권시장 형성을 위한 방안의 하나로 정부가 장기 국공채 및 회사채에 대하여 비과세 혜택을 주는 방안이 있다. 정부가 비과세 혜택을 주기로 결정할 경우에 장기채권과 중단기채권의 유통수익률과 가격의 변화는? (단, 다른 모든 조건은 동일하다.)

① 중단기채권 유통수익률 상승 및 가격 하락, 장기채권 유통수익률 하락 및 가격 상승
② 중단기채권 유통수익률 하락 및 가격 상승, 장기채권 유통수익률 상승 및 가격 하락
③ 중단기채권 유통수익률 하락 및 가격 상승, 장기채권 변화 없음
④ 중단기채권 변화 없음, 장기채권 유통수익률 상승 및 가격 하락
⑤ 중단기채권 변화 없음, 장기채권 변화 없음

정답 ①

세금 면제로 채권보유자의 세후 이자 수익이 늘어나는 효과가 있다. 따라서 장기채권 수요곡선이 우측으로 이동하면서 가격은 상승하고 유통수익률은 하락한다. 중단기채권은 반대이다.

046. 다음 설명 중에서 옳지 않은 것을 모두 고르면?

㉮ 어떤 재화 소비의 총효용은 포화점에서 극대화된다.
㉯ 두 개 이상의 재화를 소비할 때 각 재화들의 상대 가격 비율과 한계효용의 비율이 동일한 점에서 소비자의 효용이 극대화된다.
㉰ 소비자는 소비를 통해서만 효용을 얻는다.
㉱ 단일 재화의 소비를 가정할 때 평균효용과 한계효용이 일치하는 지점에서 효용이 극대화된다.

① ㉮, ㉯　　② ㉯, ㉰　　③ ㉰, ㉱
④ ㉱, ㉮　　⑤ ㉯, ㉱

정답 ③

소비자는 여가와 소비를 통해서 효용을 얻는다. 한계효용=0인 지점에서 효용이 극대화된다.

047. 다음 지문에 대한 설명 중에서 옳지 않은 것은?

> 최근 A는 친구 B로부터 자신이 다니는 직장으로 옮길 것을 권유받았다. A는 현재 직장에서 200만원을 받고 있으나 직장을 옮길 경우 250만원을 받는다. ㉮ A는 새로운 직장으로 옮기는 부담감에도 불구하고 제의를 받아들이기로 마음먹었다. 그러나 ㉯ 며칠 후 A는 새로운 회사는 월급을 더 주는 만큼 야근이 잦다는 사실을 들었다. ㉰ 이 정보를 얻고 난 이후 A는 결정을 못하고 망설이게 되었다. ㉱ 친구 B는 그럼에도 불구하고 빨리 옮기라고 권한다.

① ㉮ 새로운 직장으로 옮기는 부담감에 대한 기회비용은 월 250만원이다.

② ㉯ 새로운 일자리의 경우 잦은 야근의 한계노동비용이 월 50만원이다.

③ ㉰ A는 야근으로 포기해야 하는 여가가 주는 한계효용이 월 50만원의 한계효용과 비슷하다.

④ ㉱ B는 야근으로 포기해야 하는 여가가 주는 한계효용이 월 50만원의 한계효용보다 작다.

⑤ ㉯ 새로운 직장에서의 부담감 때문에 옮기지 않기로 했다면 A는 위험회피자 성향을 가진 것이다.

정답 ①

기회비용은 250－200＝50만원이다.

048. 기업이 직원에게 다음과 같은 혜택을 지급한다. 직원의 입장에서 가장 효용이 큰 경우를 고르시오. 단, 금액의 가치는 같다.

① 영업이익 확대에 따른 연말 성과급 지급

② 휴가철에 계열사 콘도에서 사용할 수 있는 쿠폰 지급

③ 생일 축하를 위한 문화 상품권 지급

④ 직원 및 가족에게 건강 검진 제공

⑤ 직원의 자녀가 대학 입학 시 교육비 지급

정답 ①

현금으로 지급 받는 쪽이 선택의 폭이 가장 넓어 효용이 크다

049. 다음은 생산가능곡선이다. 바른 설명을 고르시오.

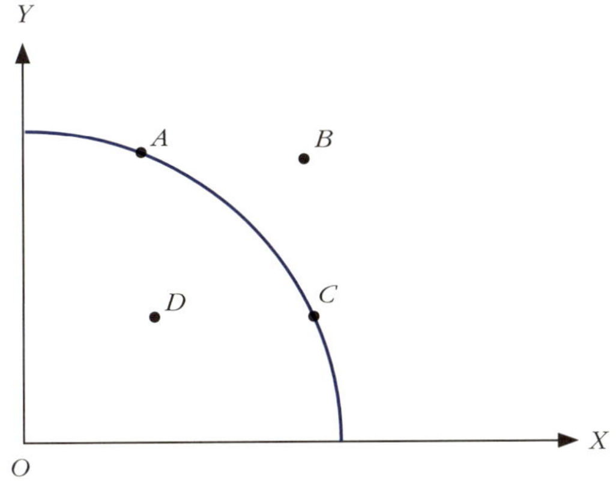

㉠ Y재 생산 기업의 해외 설비 이전 시 A는 C로 이동한다. ㉡ D에서 완전고용이 달성된다 ㉢ A는 파레토 효율점이다. ㉣ B는 현재 기술에서 도달이 어렵다. ㉤ 독점 시장에서는 D와 같이 곡선 내부의 생산이 가능하다.

① ㉠ ,㉡, ㉣

② ㉠, ㉡

③ ㉠, ㉡, ㉢

④ ㉢, ㉣, ㉤

⑤ ㉡, ㉢, ㉣

정답 ④

점 B는 현재 기술로는 도달 불가능하며, 곡선 위의 점은 파레토 효율적이다. 점 D는 비효율적인 경우로 독점 기업의 생산이라 할 수 있다.

050. 다음은 자동차 업체의 자본투입량과 생산대수의 변화에 대한 그림이다. 자본투입량의 증가 시 가장 옳은 것은 무엇인가? 단, 다른 조건은 동일한다.

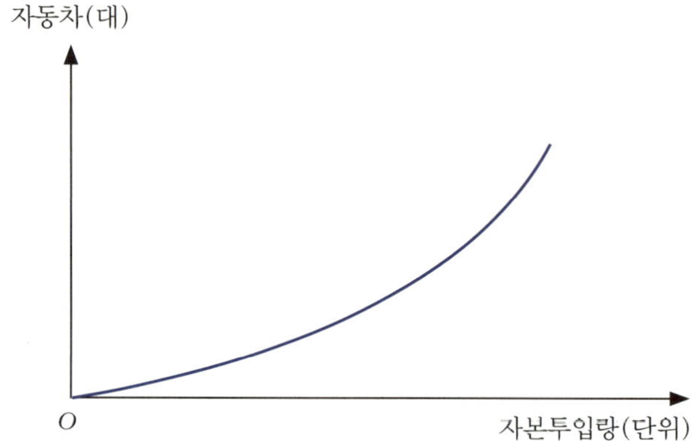

① 이 회사는 규모의 경제를 실현하지 못하고 있다.

② 자본의 한계생산성 및 평균생산성이 동시에 감소한다.

③ 제품의 단위 생산량당 자본의 단위 투입량이 감소한다.

④ 범위의 경제를 실현한다고 볼 수 있다.

⑤ 규모의 수확체감현상을 보여준다.

정답 ③

그래프에서는 자본의 한계생산(자본 투입 대비 생산)이 체증하고 있다.

051. 구글은 검색, 메일 등 다양한 서비스를 무료로 제공한다. 그 이유로 가장 옳지 못한 것을 고르시오.

① 구글의 주요 수입원은 광고 판매이기 때문에 무료 사용자가 늘어날수록 유리하다.

② 무료 사용자가 증가할수록 서비스 이용자당 기업의 투입 자본은 감소한다.

③ 구글은 규모의 경제를 실현한다고 볼 수 있다.

④ 무료 이용자가 증가할수록 광고 수요자의 총 지출 규모가 감소한다.

⑤ 서비스의 단위 제공량당 자본의 단위 투입량이 감소한다.

정답 ④

사이트의 이용자가 증가할수록 광고를 하려는 기업 입장에서는 이용자당 광고비는 하락할 수 있으나, 총 광고비는 증가한다.

052. 다음 중 가장 옳은 설명을 고르시오.

① 대체효과란 가격 하락에 따른 소비자 수요의 증가 효과를 의미한다.
② 생산자는 보다 저렴한 비용으로 절대 생산량의 극대화를 위해 경쟁한다.
③ 생산함수는 단위 기간당 투입 요소와 생산량 사이의 관계를 보여준다.
④ 생산가능곡선은 다양한 수량의 생산요소 투입을 통해 기술적으로 달성 가능한 단일 생산량을 의미한다.
⑤ 단기생산함수에서는 자본만을 가변적 생산요소로 본다.

정답 ③

생산함수란 단위 기간당 투입 생산 요소와 이에 따라 생산되는 제품 수량 사이의 관계를 나타내는 함수다.

053. A는 낡은 산악자전거를 갖고 있고, B는 새 청바지를 가지고 있다. 만약 A와 B가 자전거와 청바지를 서로 맞바꿨다면 이 거래로부터 이익을 본 사람은?

① A만 이익이다.
② B만 이익이다.
③ A, B 모두 이익이다.
④ A와 B 모두 아무 이익도 없다.
⑤ 알 수 없다.

정답 ③

A는 자전거보다 청바지의 한계효용이 더 크기 때문에, B는 청바지보다 자전거의 한계효용이 더 크기 때문에 교환 거래가 성립했다.

054. 소비자 균형에 대한 설명으로 잘못된 것을 고르시오,

> ㉠ 소비자는 소득 이상의 소비를 통해 총효용의 극대화시킨다.
> ㉡ 소비하는 재화의 특정 조합이 최저효용을 이루는 순간 소비자 균형이 이루어진다.
> ㉢ 소득제약 조건을 만족하는 경우 각 재화의 단위당 한계효용이 동일해질 수 있다.
> ㉣ 무차별곡선과 예산선의 접점에서 소비자 균형이 이루어진다.

① ㉠, ㉡

② ㉡, ㉢

③ ㉢, ㉣

④ ㉡, ㉣

⑤ 없음

정답 ①

소비자는 소득 내 소비를 통해 총효용을 극대화하며, 재화의 특정 조합이 효용극대화가 달성되면 소비자 균형이 이루어진다.

055. A는 연 소득이 2,000만원에서 2,400만원으로 늘면서 연간 휴대전화 통신비가 150만원에서 165만원으로 늘었다. A의 휴대전화 소비의 소득탄력성은? 단 전화요금은 동일하다.

① 15÷400=0.3750

② 165÷2,400=0.0688

③ 150÷2,000=0.0750

④ 15÷150=0.1000

⑤ 10%÷20%=0.5000

정답 ⑤

소득탄력성=소비증가율÷소득증가율

056. 다음은 수요 및 공급의 가격탄력성에 대한 설명이다. 가장 옳지 못한 것은 무엇인가?

① 수요의 가격탄력성이란 재화의 가격변동에 대한 수요 변화의 민감도를 의미한다.
② 수요의 가격탄력성은 가격변화율을 수요량 변화율로 나누어 산출한다.
③ 공급의 가격탄력성이란 재화의 가격 변화에 대한 공급 변화의 민감도를 의미한다.
④ 수요 및 공급의 가격탄력성이 1이면 단위탄력적이라 한다.
⑤ 동일 재화에 대한 공급의 가격탄력성은 장기가 단기보다 탄력적이다.

정답 ②

수요의 가격탄력성은 수요량 변화율을 가격 변화율로 나누어 산출한 절댓값이다.

057. 소비자의 위험에 관한 태도를 설명한 것이다. 옳지 못한 설명은?

㉮ 100%의 확률로 10만원의 상금을 타는 복권 ㉯ 10%의 확률로 100만원의 상금을 타는 복권

① ㉮를 선택하는 사람은 위험기피자(risk-avert)이다.
② ㉯를 선택하는 사람은 위험선호자(risk-seeker)이다.
③ ㉮, ㉯에 대하여 무차별적인 사람은 위험중립자(risk-neutral)이다.
④ ㉮, ㉯에 대하여 무차별적인 사람의 선형의 기대효용함수를 가지고 있다.
⑤ ㉯를 선택하는 사람은 기대효용함수가 원점에 대하여 오목하다.

정답 ⑤

복권가격＝기대상금일 경우 위험기피자는 복권을 사지 않고, 중립자는 사는 것과 사지 않는 것에 대해 중립적이고, 위험선호자는 복권을 산다. 기대효용함수는 기피자 오목, 중립자 선형, 선호자 볼록의 형태이다.

058. A는 다니던 직장에 사표를 제출하고 자신의 사업을 시작했다. A의 직장 월급은 400만원이고, 자신의 사업은 월 수입 1,800만원, 재료비 400만원, 사업장 임대료 200만원, 직원 급여 250만원, 기타 관리비 250만원이 소요된다. A의 사업의 경제적 이윤은 얼마인가?

① 700만원

② 500만원

③ 300만원

④ 200만원

⑤ 100만원

정답 ③

사업의 회계적 이윤은 700만원이고 경제적 이윤은 회계적 이윤에서 기회비용 400만원을 차감한 300만원이다.

059. 다음은 기업의 단기비용 함수에 대한 설명이다. 기업 A의 평균 고정비용과 단기적으로 공장을 가동하는 최저 매출단가는 얼마인가?

> 기업 A는 월 100대의 기계를 생산한다. 이 수준에서 평균비용은 1,000원, 한계비용은 1,500원, 총고정비용은 70,000원이다.

	평균고정비용	단기 가동을 위한 최저매출단가
①	300원	700원
②	500원	500원
③	700원	300원
④	1,000원	1,500원
⑤	1,500원	1,000원

정답 ③

평균고정비용 700원, 평균가변비용 300원, 평균비용＝평균고정비용＋평균가변비용
평균가변비용을 감당할 수 있으면 단기적으로 공장을 가동할 수 있다.

060. A 압력밥솥회사는 유럽 주방가전 제품시장을 보다 더 효율적으로 공략하기 위해서 동유럽 현지 공장 설립을 검토하고 있다. 동유럽 현지 공장 설립에 긍정적인 요소를 모두 고르면?

> ㉮ 유럽시장은 관세가 높고 비관세장벽이 까다롭기로 유명하다.
> ㉯ 동유럽 근로자는 숙련도는 높지 않지만 인건비가 훨씬 저렴하다.
> ㉰ 동유럽 국가는 공장용지를 무상으로 제공하고 법인세를 10년간 감면해준다.
> ㉱ 동유럽 물류회사는 파업이 잦다.

① ㉮, ㉯ ② ㉯, ㉱ ③ ㉮, ㉰
④ ㉮, ㉯, ㉰ ⑤ ㉯, ㉰, ㉱

정답 ④

061. 다음 중 기업의 생산활동이 아닌 것은?

> ㉮ 신제품 광고
> ㉯ 소비자 택배 배송
> ㉰ 여유자금 운용을 위한 금융투자
> ㉱ 일자리 창출
> ㉲ 원자재 구매

① ㉮ ② ㉱ ③ ㉰, ㉱
④ ㉮, ㉰, ㉱ ⑤ ㉯, ㉰, ㉱, ㉲

정답 ②

일자리 창출은 기업의 생산활동이 아니라 생산활동의 결과로 발생한다.

062. 음반제작은 제작비가 수억원 이상으로 많이 소요되는 대신, 음반을 찍어내는 비용은 개당 100~200원 내외로 저렴하다. 제작비를 아무리 많이 들여도 음반 가격은 한 장에 1만 5천원 이상을 받기는 어렵다. 소비자가 부담을 느끼기 때문이다. 이에 대한 설명으로 맞는 것은?

① 규모의 경제가 성립되지 않는다.
② 수요가 가격에 비탄력적이다.
③ 완전경쟁시장이며, 균형가격은 15,000원이다.
④ 독점적 경쟁시장이며, 균형가격은 15,000원 내외이다.
⑤ 생산량이 증가해도 추가적인 음반 생산의 경제성은 개선되지 않는다.

정답 ④

변동비용에 비해 높은 고정비용으로 규모의 경제가 존재한다. 시장은 독점적 경쟁시장의 모습을 보이고 있다.

063. 소비자와 생산자를 연결하는 중간유통업체들의 유통마진에 대한 불만이 고조되면서 전자상거래 시장이 거래 규모나 거래업체 수 모두 빠른 속도로 성장하고 있다. 이에 대한 설명으로 적절한 것을 모두 고르면?

㉮ 유통산업에 IT 기술에 기반한 생산성 혁신이 일어났다. ㉯ 유통업체들의 경쟁이 심화되더라도 소비자들의 선택의 폭은 상관이 없다. ㉰ 유통비용 합리화로 소비자 가격의 할인이 일어날 것이다.

① ㉮ ② ㉯ ③ ㉮, ㉯
④ ㉴, ㉯ ⑤ ㉮, ㉯, ㉰

정답 ④

유통업체들간의 경쟁이 심화되면 제품 가격이나 부가 서비스 등의 측면에서 유통서비스에 대한 선택의 폭이 넓어지게 된다.

064. 독점시장에 대한 다음 설명 중 가장 옳지 못한 설명을 고르시오.

① 하나의 기업이 전체 시장을 지배하는 것을 독점시장이라 한다.
② 독점시장 발생의 요인으로는 정부의 진입규제, 높은 초기 진입장벽, 원재료 독점, 특허권 등이 있다.
③ 독점시장의 수요곡선은 우하향한다.
④ 장점이 존재하지 않는 비효율적 시장이다.
⑤ 높은 독점가격, 사회적 후생손실과 같은 단점이 발생한다.

정답 ④

독점시장은 중복 투자의 문제 해결, 규모의 경제 달성 등 장점도 있다.

065. 다음 중 옳은 설명을 고르시오

> ㉠ 시장에서 공급자의 수가 다수면 완전경쟁, 소수면 과점, 단일이면 독점이 이루어진다.
> ㉡ 완전경쟁시장에서 개별 기업은 시장 가격을 수용해야 한다.
> ㉢ 완전경쟁시장이 되기 위해서는 상품이 동질적이어야 한다.
> ㉣ 독점시장에서는 진입장벽이 상대적으로 낮다.

① ㉠, ㉡, ㉢
② ㉡, ㉢, ㉣
③ ㉠, ㉢, ㉣
④ ㉠, ㉡, ㉣
⑤ ㉠, ㉡, ㉢, ㉣

정답 ①

일반적으로 정부 규제나 높은 기술 수준, 많은 초기 비용 등 진입 장벽이 높을 때 독점 시장이 형성된다.

066. 자연독점 및 수요독점에 대한 다음 설명 중 옳은 것을 고르시오

> ㉠ 자연독점은 범위의 경제가 작용하는 산업에서 주로 발생한다.
> ㉡ 전력, 수도 등 초기 투자비용 규모가 큰 산업에서 자연독점 가능성이 높다.
> ㉢ 수요독점시장이란 구매자가 하나밖에 없는 시장을 의미한다.
> ㉣ 인력의 이동이 불가능한 지역에 기업이 하나뿐인 경우 노동시장은 수요독점이 된다.

① ㉠, ㉡, ㉢

② ㉡, ㉢, ㉣

③ ㉠, ㉢, ㉣

④ ㉠, ㉡, ㉣

⑤ ㉠, ㉡, ㉢, ㉣

정답 ②

일반적으로 자연독점은 규모의 경제가 작용하는 산업에서 발생한다.

067. 다음은 2000년에 새로 생겨난 어떤 산업의 시장가격과 소속 기업들의 점유율 변화이다. 이에 대한 설명으로 틀린 것은?

	2000	2005	2010
시장 가격	4,000원	3,500원	2,500원
기업 A	19%	24%	21%
기업 B	18%	22%	20%
기업 C	17%	30%	25%
기업 D	12%	10%	28%
기업 E	13%	5%	0%
기업 F	11%	3%	2%
기업 G	10%	2%	1%
기업 H	0%	4%	3%

① 이 시장에는 제도적 진입장벽은 존재하지 않는다.

② 2010년에는 과점체제가 완성되었다.

③ 2000~2005년은 기업 C가 가격할인을 주도했으며, 이는 시장점유율 확대 전략으로 평가할 수 있다.
④ 2005~2010년은 기업 D가 가격할인을 주도했으며, 이는 경쟁자 제거 전략에 가깝다.
⑤ 기업 H의 시장 진입은 시장 형성 초기에 내린 결정으로 볼 수 있다.

정답 ⑤

상위 4개 업체가 시장의 86%를 점유하여 과점체제가 거의 완성되어 가고 있으므로 시장 형성 초기의 의사결정으로 보기에는 어렵다.

068. 다음은 과점시장에 대한 설명이다. 가장 옳지 못한 것은 무엇인가?

① 소수의 기업이 시장 대부분을 차지하며, 과점기업들은 완전히 독립적인 경영의사결정을 할 수 있다.
② 담합을 통한 독점적 이윤 추구의 유인이 발생할 수 있다.
③ 과점시장에서 기업이 두 개인 경우 복점이라 한다.
④ 과점시장이 형성되는 재화는 자동차, 통신 등 일상생활에서 흔하게 볼 수 있는 제품이 대부분이다.
⑤ 과점기업 간 협력이 없는 경우 각 기업들은 가격 및 비가격 경쟁이 불가피하다.

정답 ①

과점시장에 기업들은 상호의존 관계가 강하여 한 기업은 다른 기업의 협력, 비협력 여부에 따라 의사결정이 달라진다.

069. 내시균형(Nash equilibrium)에 대한 설명으로 가장 옳지 못한 것은 무엇인가?

① 죄수의 딜레마에서 두 용의자의 자백은 우월전략균형이자 내시균형이다.
② 카르텔에서의 게임 반복 시 내시균형은 협정 준수를 통해 이루어진다.
③ 성 대결(battle of sex)과 같은 데이트 게임에서는 복수의 내시균형이 존재할 수 있다.
④ 먼저 담합을 자백하는 기업에 대한 과징금을 면제해주는 제도에서는 내시균형이 존재하지 않는다.

⑤ 게임의 참여자들에게 다른 참여자와 상관없이 각자의 우월전략이 있는 경우 모든 참여자가 해당 전략을 선택할 때 내시균형이 이루어진다.

정답 ④

리니언시 제도에서 한 기업이 먼저 잘못을 시인하는 경우 역시 내시균형이라 할 수 있다.

070. 리니언시 제도에 대한 다음 설명 중 가장 옳지 못한 것은 무엇인가?

① 카르텔에 대한 제재 수단 중 하나라 할 수 있다.

② '담합자진신고자감면제'라고도 하며 기업의 자수를 유도한다.

③ 불공정행위에 대한 조사의 효율성이 높아질 수 있다.

④ 불공정행위로 가장 이익을 본 기업이 면죄부를 받을 수 있다는 단점도 있다.

⑤ 미국 및 유럽에서는 일반화된 제도이다.

정답 ①

카르텔 제재 수단은 적발 수단이다.

071. 정보경제학에 대한 다음 설명 중 옳은 것을 고르시오

> ㉠ 비도덕적 행위 발생의 원인으로 정보의 지나친 확산을 지적한다.
> ㉡ 판매자는 알지만 구매자는 모르는 정보를 감춰진 정보라 한다.
> ㉢ 정보의 비대칭성은 선별과 신호를 통해 해결할 수 있다.
> ㉣ 정보를 가진 측이 자신의 정보를 상대방에게 신빙성 있게 전달하기 위해서는 선별이 필요하다.

① ㉠,㉡　　② ㉡,㉢　　③ ㉠,㉢

④ ㉡,㉣　　⑤ ㉠,㉡,㉢

정답 ②

정보경제학은 비도덕적 행위의 발생 원인을 숨겨진 정보 혹은 행동으로 보고 있으며, 정보가 부족한 쪽에서 정보를 가진 상대의 사적 정보를 얻기 위한 행동이 선별이다.

072. 한국 무선통신시장에 대한 설명 중 가장 옳은 설명을 고르시오.

① 경쟁이 심화되면서 기업들은 비교적 독립적인 결정을 내리게 된다.

② 다른 산업에 비해 진입장벽이 낮은 편이다.

③ 기업들 사이에 암묵적 담합이 생길 가능성은 거의 없다.

④ 다수의 기업이 유사한 서비스를 제공하는 자유 경쟁 시장이다.

⑤ 암묵적 담합이 생길 경우 가격 및 생산량은 큰 변화가 없다.

정답 ⑤

일반적으로 과점 시장에서 암묵적 담합이 생길 경우 각 기업들은 가격이나 생산량을 크게 증감시키지 않는다.

073. 재화서비스, 노동, 금융시장만이 있다고 가정 시 다음 설명 중 옳은 것은 무엇인가?

㉠ 세 개의 시장에서 초과수요가 없다는 것은 나머지 하나의 시장에서 초과공급이 없다는 의미이다. ㉡ 각 시장들이 동시에 불균형이 발생하지는 않는다. ㉢ 노동시장의 초과수요는 다른 시장 중 최소 하나의 초과공급의 조건하에 발생한다. ㉣ 세 개의 시장이 균형을 이룬다면 나머지 하나의 시장도 균형을 이룰 수밖에 없다.

① ㉠, ㉢, ㉣

② ㉠, ㉢

③ ㉡, ㉢, ㉣

④ ㉡, ㉢

⑤ ㉠, ㉡, ㉢

정답 ①

각 시장에서 초과공급이나 초과수요가 발생하여 동시 불균형의 발생이 가능하다.

074. 다음 보기에 대한 설명으로 옳은 것은?

> ㉮ 동일한 상품을 소비자 그룹별로 다른 가격에 판매한다.
> ㉯ 동일한 상품을 동일한 가격에 판매한다.
> ㉰ 동일한 상품을 특성을 차별화하여 상이한 가격에 판매한다.
> ㉱ 동일한/이질적 상품을 동일한/이질적 가격에 판매한다.

① ㉮시장에서는 소비자의 다양한 기호가 충족된다.

② ㉯는 독점시장에서 나타나는 현상이다.

③ ㉰ 시장의 기업은 광고비가 많이 든다.

④ ㉱ 시장은 소비자잉여가 항상 극대화된다.

⑤ ㉯ 시장은 생산자잉여가 극대화한다.

정답 ③

㉮는 독점시장, ㉯는 완전경쟁시장, ㉰는 독점적 경쟁시장, ㉱는 과점시장이다.

075. 다음 중 다른 보기들과 가장 관계가 없는 사례를 고르시오

① 과자 생산 기업이 계열사 마트에 더 낮은 가격으로 공급

② 한국의 올림픽 금메달 획득을 기념해 가격 할인을 실시하는 음식점

③ 아침에 파마 가격을 할인하는 미용실

④ 한국과 아프리카에 다른 가격으로 제품을 판매하는 화장품 회사

⑤ 대학수학능력시험을 본 수험생에게 가격을 할인하는 극장

정답 ②

나머지 네 개의 경우는 가격 할인의 대상자를 규정할 수 있다.

076. 테마파크의 입장료 및 자유이용권에 대한 설명 중 가장 옳지 않은 것을 고르시오.

① 새로운 놀이기구가 늘어날수록 입장료가 상승할 가능성이 높다.

② 자유이용권에는 시설의 유지비용이 포함되어 있다고 볼 수 있다.

③ 이용객에 대한 마일리지 혜택은 테마파크 입장에서 부채라 할 수 있다.

④ 입장권과 시설이용권을 각각 구입하는 것보다 자유이용권을 구입하는 것이 이용자에게 손해라 할 수 있다.

⑤ 국제 유가 상승은 테마파크 입장에서 비용 증가의 원인이 된다.

정답 ④

놀이시설을 조금만 이용하는 사람은 손해이고, 많이 이용하는 사람은 이익이다.

077. 대형 소매업체의 할인 정책에 대한 설명 중 옳은 것을 고르시오.

> 프랑스 파리가 이번 겨울 세일을 한 달 앞당겨 실시한다. 8일 TF1 TV 등 프랑스 언론에 따르면, 파리관광청은 이번 겨울 세일을 예년보다 1개월 가량 앞당긴 12월 1일부터 시작해 내년 2월말까지 한 달 이상 늘리기로 했다. 파리 시내 각 백화점과 고급 부티크, 아울렛, 일반 상점 등이 참여하는 이번 겨울 세일에 동참하기로 약속했다.

① 다품종 소량 품목 브랜드가 할인 정책을 많이 사용한다.

② 할인 품목 자체로는 다른 비할인 품목의 판매를 증대시킬 수 없다.

③ 가격 탄력성이 큰 재화일수록 할인 정책의 효과가 크다.

④ 현금흐름이 재고비용보다 낮아야 유리하다.

⑤ 판매 마진이 감소할수록 재고비용은 줄어든다.

정답 ③

소품종 대량 품목의 할인 가능성이 크며, 할인을 통해 다른 비할인 상품의 구매 유도가 가능하다. 할인을 통한 현금흐름이 재고 비용보다 높아야 하며, 마진이 클수록 재고 비용의 부담이 감소한다.

078. 다음의 가격차별 설명 가운데 가장 옳지 못한 것은 무엇인가?

① 수요의 가격탄력성이 더 높은 재화일수록 가격 인하를 통해 이윤을 증대시킬 수 있다.

② 독점시장에서 가격차별이 이루어질 때 소비자잉여는 줄어들게 된다.

③ 가격차별이 독점시장의 단일가격보다 낮은 가격에 이루어지는 경우도 있다.

④ 독점시장에서 완전가격차별 정책 실시 시 단일가격 실시에 비해 균형거래량이 증가한다.

⑤ 독점시장에서 완전가격차별 정책 실시 시 경제적 순손실이 증가한다.

정답 ⑤

독점기업의 완전가격차별은 소비자잉여가 모두 생산자잉여로 이전되는 동시에 독점에 의한 자중손실(사중손실, deadweight loss)이 제거되어 사회 총잉여는 증가한다.

079. 베블런 효과에 대하여 가장 옳은 설명은 무엇인가?

① 한-EU FTA 이후에도 유럽 명품 가방 가격은 올랐지만 판매량은 늘었다.

② 스마트폰 보급 증가에 따라 스마트 TV 등 관련 제품 판매가 증가한다.

③ 한우의 산지 가격은 하락했지만 소매 가격은 변함이 없다.

④ 사치재보다는 필수재에 이 같은 효과가 자주 발생한다.

⑤ 이란으로부터의 원유 공급이 중단되자 사우디에서 증산을 결정했다.

정답 ①

과시적 소비로 인해 가격 인상에도 소비가 증가하는 것을 베블런 효과라 한다.

080. 다음은 치킨시장에 대한 설명이다. 이 시장에 대해 옳게 표현한 것은?

> ㉮ 기본적으로 동질적인 상품에 첨가물 또는 조리 방식을 달리하여 차별화한다.
> ㉯ 수요자와 생산자가 많다.
> ㉰ 새로운 생산자의 시장 진입이 자유롭다.
> ㉱ 제품 광고를 많이 한다.

① 기업의 시장 지배력이 매우 높다.

② 소비자의 선택의 여지가 많다.

③ 기업간 경쟁 전략은 원가절감밖에는 없다.

④ 개별 기업은 완전 탄력적인 수요곡선에 직면한다.

⑤ 생산자잉여가 극대화된다.

정답 ②

독점적 경쟁시장으로서 상품 차별화가 가장 많이 발생하여 소비자의 선택의 여지가 많다.

081. 기업 A는 제품 B의 유일한 공급자이다. 다음의 설명 중 적절하지 못한 것은?

① 경쟁 강도가 낮아 기술혁신이 더디다.

② 기업 A는 진입장벽 유지를 위한 비용이 발생하는 경향이 있다.

③ 자원배분의 비효율성이 발생한다.

④ 세금 부과가 효과적인 효율성 제고 방안이다.

⑤ 생산비를 절감하려는 유인이 상대적으로 적다.

정답 ④

세금을 부과하면 그만큼 소비자에게 전가하기 때문에 효과가 없다. 독점가격 요율 규제가 더 효과적이다.

082. 다음은 어떤 시장에 대한 설명이다. 이 시장에서 발생 가능성이 가장 높은 것은?

㉮ 동질적인 상품이다. ㉯ 공급자가 소수이다. ㉰ 진입 장벽이 존재한다. ㉱ 공급자의 시장에 대한 영향력이 비슷하다.

① 원가 절감

② 상품 차별화

③ 가격 차별화

④ 경영 혁신

⑤ 담합

정답 ⑤

과점시장이다.

083. 다음의 사례를 설명하는 것으로 옳지 않은 것은?

> ㉮ 할인점에서는 라면을 10개 단위로 포장하여 저렴한 가격에 판매한다.
> ㉯ 패스트푸드 점에서는 햄버거, 감자튀김, 콜라로 구성된 세트 메뉴는 가격이 저렴하다.
> ㉰ 윈도우 XP를 구매할 경우 다른 소프트웨어도 저렴한 가격에 구매할 수 있다.

① 일반적으로 보완재의 경우 이런 전략의 효과가 커진다.

② 상품에 대한 최대지불의사가 사람마다 다르기 때문에 사용하는 판매전략이다.

③ 세 가지 모두 묶음판매 방식의 일종이다.

④ 끼워팔기는 ㉰의 일종이다.

⑤ ㉮는 묶음판매가 아니다.

정답 ⑤

㉮는 순수묶음판매다.

084. 다음 중 독점의 사회적 이익에 대한 바른 설명을 모두 고른 것은?

> ㉮ 중복투자로 인한 자원 낭비를 방지할 수 있다.
> ㉯ 한계생산비를 최소화할 수 있다.
> ㉰ 소비자의 다양한 욕구 충족이 가능하다.
> ㉱ 규모의 경제를 달성할 수 있다.
> ㉲ 사회적 최적 생산량을 생산한다.

① ㉮, ㉯, ㉰

② ㉯, ㉰, ㉲

③ ㉯, ㉱, ㉲

④ ㉮, ㉯, ㉱

⑤ ㉰, ㉱, ㉲

정답 ④

㉰는 독점적 경쟁시장, ㉲는 완전경쟁시장의 특성이다.

085. 다음 지문으로부터 예견되는 일로 적절하지 않은 것은?

> ××지역의 소매점이 도매업소로부터 가격 할인을 받지 못하고 제품을 비싼 가격에 구입한 것으로 나타났다. 도매협회가 소매점에 대한 할인 공급 금지를 결정하여 부당하게 경쟁을 제한하는 행위를 한 것이다.

① 소매점들의 가격 인하 요구가 나타날 것이다.

② 공정거래위원회의 이번 적발로 도매협회는 다시는 담합을 하지 않을 것이다.

③ 담합은 기업의 수익성을 높여주는 대신 적발시에는 이미지 손상이 불가피하다.

④ 공정거래위원회는 도매업소에 시정명령을 내릴 것이다.

⑤ 도매업체들의 담합이 지속되면 새로운 도매업체가 시장에 진입하기는 어렵다.

정답 ②

과점기업의 담합(카르텔) 형성 유인은 항상 존재한다. 담합으로 초과이윤을 얻고 있더라도 약탈가격 전략 때문에 새로운 업체가 시장에 진입하기는 어렵다.

086. 자진신고자 감면제도에 대한 설명이다. 옳은 것을 모두 고르면?

> ㉮ 자진신고자 감면제도는 리니언시 제도라고 부르며, 용의자의 딜레마(prisoner's dilemma) 이론을 응용한 것이다.
> ㉯ 자진신고자 감면제도는 담합으로 이익을 거둔 기업이 자신신고로 과징금을 안 내는 불합리한 제도이므로 폐지해야 한다.
> ㉰ 자진신고자 감면제도는 자진신고 기업 모두에 과징금을 감면해주는 것이 가장 효과적이다.
> ㉱ 자진신고자 감면제도는 담합 사실을 파악해 소비자 피해를 줄이는 효과가 있다.

① ㉮, ㉯

② ㉯, ㉰

③ ㉰, ㉱

④ ㉮, ㉱

⑤ ㉯, ㉱

정답 ④

자진신고 순서에 따라 과징금 감면금액이 달라진다.

087. 경쟁기업을 시장에서 내몰기 위하여 원가 이하로 낮게 책정하는 가격을 일컫는 적합한 용어는?

① 암시장 가격 ② 1차 가격 ③ 매점 가격
④ 매석 가격 ⑤ 약탈 가격

정답 ⑤

기업이 경쟁자를 물리치기 위해 손실을 각오하고 낮은 가격으로 판매하는 것을 약탈 가격(predatory pricing)이라고 한다.

088. 한국 라면과 일본 라멘이 완전 경쟁이 될 수 없는 근거로 맞는 것은?

㉠ 한국의 일본 라멘 소비자들은 가격 수용자다. ㉡ 한국 라면 제조업체들은 일본 라멘과의 제품 차별화에 집중한다. ㉢ 일본 라멘의 시장점유율은 미미한 수준이다. ㉣ 한국 소비자들은 일본 라멘과 한국 라면은 다른 식품이라고 인식한다.

① ㉠, ㉣ ② ㉡, ㉢ ③ ㉠, ㉡
④ ㉡, ㉣ ⑤ ㉢, ㉣

정답 ④

각 제품이 차별화를 시도하고 소비자가 한국 라면과 일본 라멘에 대하여 다른 제품이라고 인식할수록 완전 경쟁의 가능성이 낮아진다.

089. 자연독점(natural monopoly)에 관한 설명 중 적절하지 못한 것은?

① 공공부문 자연독점의 폐해를 최소화하는 방안 중에서 가격 규제책으로는 승기요금협의제를 들 수 있다.
② 국제전화시장에 복수의 사업자를 허용한 것은 시장의 경쟁구조로 바꾸는 규제 방식이다.
③ 자연독점 기업은 생산량이 증가할수록 한계비용이 감소한다.
④ 자연독점 기업은 생산에 필요한 생산요소를 독점하고 있는 기업을 지칭한다.

⑤ 자연독점은 여럿의 기업이 사업을 하게 될 경우 중복투자와 같은 비효율성이 발생 한다.

정답 ④

자연독점은 생산요소의 독점에서도 발생하지만, 한계비용이 체감하는 대규모 투자사업이 대부분이다.

090. 다음은 신문기사를 읽고 A와 B가 대화를 한 내용이다. 이 중 잘못된 해석은?

> 최근 들어 농산물의 산지 가격과 소비자 가격이 괴리되는 현상이 빈번히 발생하고 있다. 올해 배가 풍년이 들어서 산지 가격은 크게 하락했는데도 불구하고 소비자 가격은 좀처럼 떨어지지 않고 있다. 그 원인은 도매상들이 배가 풍년이라는 이유로 싸게 사들여서 대형 저장고에 저장하고 시중에 공급되는 물량을 조절하기 때문이다. 이에 따라 일부 배 과수원 농가는 배를 갈아엎어버리는 시위를 하고 있다. 출하되는 배를 줄여서 수급을 맞춰보자는 취지이다.

① A: 도매상들이 폭리를 취하고 있네.

② B: 하지만 도매상이 없었다면 농가들이 그만한 가격도 받지 못할 수도 있어.

③ B: 도매상이 꼭 폭리를 취한다고 볼 수만은 없어. 사들인 배 중에 팔지 못하는 것은 손실이 될 것이고, 또 저장시설 운영비도 들어가고.

④ A: 배 과수원 농가들이 배를 버린 것은 잘한 일이야. 공급이 줄어서 값이 올라가겠지.

⑤ B: 유통구조 합리화 대책을 만드는 것이 배값을 안정시키는 데 효과적일 것이야.

정답 ④

배 과수원은 완전경쟁시장이므로 일부 농가가 배를 버려서 공급이 줄어든다고 배 값이 영향을 받지 않는다.

091. 최고가격제가 시행될 경우에 대한 설명 중 옳지 않은 것은?

① 암시장이 형성된다.

② 초과수요가 존재한다.

③ 상품 할당(rationing)이 필요할 수 있다.

④ 추곡수매제도는 최고가격제의 일종이다.

⑤ 균형가격 이상으로 최고가격이 설정되면 효과가 없다.

정답 ④

추곡수매제도는 최저가격제도의 일종이다.

092. 다음 중 ㉠, ㉡, ㉢, ㉣에 들어갈 용어로 가장 알맞은 것은?

> 하청업체 공장 노동자의 파업이 장기화되면서 A사의 시간당 자동차 생산량이 감소한 동시에 불량률이 증가하였다. 파업이 더욱 장기화되면 A사 자동차의 (㉠)곡선이 (㉡)으로 이동한다. 결국 거래량은 (㉢)하고, 가격은 (㉣)하게 된다.

① ㉠ 수요 ㉡ 오른쪽 ㉢ 감소 ㉣ 상승

② ㉠ 공급 ㉡ 왼쪽 ㉢ 감소 ㉣ 상승

③ ㉠ 수요 ㉡ 왼쪽 ㉢ 감소 ㉣ 하락

④ ㉠ 공급 ㉡ 왼쪽 ㉢ 증가 ㉣ 하락

⑤ ㉠ 공급 ㉡ 오른쪽 ㉢ 증가 ㉣ 상승

정답 ②

제품의 문제 발생 및 공급 감소로 공급 곡선은 좌측으로 이동하여 거래량은 감소하고 가격이 상승한다.

093. 영화관의 수입에는 영화티켓 판매와 팝콘 및 음료와 같은 부대 수입이 있다. 티켓 판매 수입은 배급사와 배분하며, 부대 수입은 전액 영화관에 귀속된다. 영화관이 무료 티켓을 통해 더 많은 이익 확대 시 예상되는 결과가 아닌 것은?

① 빈 좌석이 많을수록 영화관은 무료 티켓 전략을 적극적으로 실시한다.

② 무료 티켓 전략을 통한 흑자를 위해서는 전체 영화관람객이 증가해야 한다.

③ 배급사는 사전에 계획했던 영화관의 직접 운영 전략을 포기한다.

④ 유료관객이 감소하고 무료관객으로 증가하면 배급사의 수입은 감소한다.

⑤ 무료 티켓 전략을 통한 흑자를 위해서는 부대 수입의 증가 폭이 커야 한다.

정답 ③

무료 티켓이 증가할수록 배급사는 이익이 감소하게 되어 영화관의 직접 운영 유인이 증대된다.

094. 세계 주요 밀 수출국들이 수출 제한에 나섰다. 이에 대한 설명으로 옳지 않은 것은?

① 밀 수요가 감소한다.

② 보리 수요가 증가한다.

③ 국제 쌀 시세가 상승한다.

④ 곡물 수출 제한은 자국의 식량 확보 차원에서 취하는 조치이다.

⑤ 과자, 빵 등의 가격이 상승한다.

정답 ①

밀 수요는 변함이 없으나 균형 소비량이 감소하게 된다.

095. 시장 경제 체제에 대한 설명이다. 옳은 것을 모두 고르면?

㉮ 효율성과 형평성을 모두 달성할 수 있다. ㉯ 모든 경제주체의 자유로운 의사결정을 기반으로 한다. ㉰ 양극화가 심화된다. ㉱ 환경훼손과 같은 외부불경제가 발생한다. ㉲ 재화의 상대적 가치와 상대적 시장 가격은 항상 일치한다.

① ㉮, ㉯, ㉰

② ㉯, ㉰, ㉱

③ ㉰, ㉱, ㉲

④ ㉮, ㉰, ㉱

⑤ ㉯, ㉱, ㉲

정답 ②

효율성은 달성하지만 형평성은 달성하지 못한다. 재화의 가격은 가치뿐만 아니라 수요와 공급에 의해서 결정되기 때문에 재화의 상대적 가치와 상대적 시장 가격이 항상 일치하는 것은 아니다.

096. 다음 중 가장 옳지 못한 설명을 고르시오.

① 정부의 시장 개입이 민간의 의사결정을 교란시켜 자원 배분의 효율성이 저하되는 것을 정부 실패라 한다.
② 정부 실패의 원인으로는 관료 조직의 비효율성, 의사 결정에서의 정치 논리 개입, 정보 부족 등이 있다.
③ 최근 정부 실패가 발생하자 신자유주의에 대한 반발 여론이 커지고 있다.
④ 개입주의자들은 시장경제의 한계 극복을 위해 정부의 시장 개입을 주장한다.
⑤ 비개입주의 측에서는 비효율적인 정부 개입에 따른 시장 실패를 주장한다.

정답 ③

최근 시장 실패로 신자유주의에 대한 반발 여론이 커지고 있다.

097. 불가능성 정리에 대하여 가장 옳지 못한 설명은 무엇인가?

① 사회후생함수는 투표에 의지하지 않는 사회적 선택을 통해 도출된다.
② 비독재성, 완전성, 무관한 대인으로부터의 독립성, 이항성을 전제로 한다.
③ 애로우는 개인의 선호를 집단 선호로 전화시키는 민주적, 합리적 메커니즘은 없다고 한다.
④ 두 명 이상의 투표자가 세 개 이상의 대안을 두고 투표할 경우에는 개인의 선호 우선순위로부터 사회적 선호 우선순위를 만들 수 없다.
⑤ 선택 결과가 모든 투표자의 선호를 반영할 필요가 없을 때는 다수결로 사회후생함수를 도출할 수 있다.

정답 ①

사회적 선택이론에서는 투표제도가 아무 문제 유발 없이 운영 가능할 때 사회후생함수의 도출이 가능하다.

098. 다음은 차선이론에 대한 설명이다. 옳지 못한 것은 무엇인가?

> ㉠ 립시와 랭카스터가 주장했다.
> ㉡ 두 개의 시장이 실패가 불가피한 경우 하나의 시장 실패 해결을 위한 노력이 경제 전체적으로는 손해가 될 수 있다.
> ㉢ 왈라스의 일반균형이론 내에서 분석한 것으로 단일시장에서는 성립되지 않는다.
> ㉣ 차선의 선택이 차차선보다 우월한 사회후생을 보장하는 것을 전제로 한다.

① ㉠, ㉡　　② ㉡, ㉢　　③ ㉠, ㉡, ㉢
④ ㉢, ㉣　　⑤ ㉡, ㉢, ㉣

정답 ④

차선이론은 단일시장 내 부분 균형에서도 성립하며, 차선의 선택이 차차선의 선택보다 우월한 사회후생을 보장하지 못할 수 있다고 주장한다.

099. 다음 중 가장 옳지 못한 설명을 고르시오.

① 분배이론이란 생산에 참여하는 경제주체에게 생산을 통해 발생한 부가가치를 나누는 방식에 대한 이론이다.
② 리카르도는 노동의 공급량이 무한하다고 가정한다.
③ 마샬은 지대를 경제적 지대와 준지대로 구분한다.
④ 신고전학파는 자원배분의 효율성에만 초점을 맞춘다는 비판도 듣는다.
⑤ 마르크스의 분배이론은 한계원리와 잉여원리로 구성된다.

정답 ⑤

리카르도의 분배이론이 한계원리와 잉여원리로 구성되며, 마르크스는 노동가치설(노동가치와 잉여가치)에 기반한다.

100. 지니계수에 대하여 가장 옳지 못한 설명은 무엇인가?

① 통계학자 지니가 발견한 소득분포에 대한 법칙에서 비롯되었다.
② 지니계수는 −1에서 1 사이의 범위에서 도출된다.

③ 지니계수가 0에 가까울수록 소득분배가 평등하다는 의미이다.

④ 사회 및 국가 전체의 소득분배 상태를 측정하는 데 유용하다.

⑤ 소득하위계층과 같은 특정 계층의 분배 상황에 대한 파악은 쉽지 않다.

정답 ②

지니계수는 0에서 1 사이의 값을 갖는다.

101. 온실가스배출권거래제에 대하여 옳은 설명은 무엇인가?

> ㉠ 가격불균형의 조정은 모든 국가들의 협력이 있어야 가능하다.
> ㉡ 온실가스 거래에 따른 물가 상승에 대한 특별 세율 정책이 요구된다.
> ㉢ 환경 기술을 보유한 국가는 배출권 거래 시장의 공급자가 되고 보유하지 못한 국가는 수요자가 될 가능성이 높다.
> ㉣ 성장을 위해 온실가스 배출 증가가 불가피한 국가는 배출권 구매를 감수해야 한다.

① ㉠,㉡　② ㉠,㉢　③ ㉡,㉢

④ ㉡,㉣　⑤ ㉢,㉣

정답 ⑤

온실가스의 배출이 불가피하고 환경 기술이 부족한 국가일수록 배출권을 구매해야 하는 수요자가 될 가능성이 높다. 배출이 증가하면 기술개발이 활성화 된다.

102. 다음 중 엥겔계수에 대한 설명으로 가장 옳지 않는 것은 무엇인가?

① 가계 총소득 대비 식음료품 구매 지출 비중을 통해 산출한다.

② 엥겔계수의 상승 시 서민층은 상대적으로 더 큰 부담을 체감한다.

③ 한우 산지 가격과 소매 가격 간 격차 해소로도 엥겔계수가 하락할 수 있다.

④ 애그플레이션(agflation) 시 엥겔계수가 상승할 수 있다.

⑤ 후진국의 엥겔계수가 선진국보다 높은 경향이 있다

정답 ①

엥겔계수는 가계 총지출 대비 식음료품 구매 지출 비중이다.

103. 다음의 경우 서울시의 미개입 시 발생 가능성이 가장 높은 상황은 무엇인가?

> 서울시는 관악구, 동작구, 서초구의 인접 지역에 아동보육시설 설립을 계획 중이며, 설립 이후 관악구에는 500억원, 동작구에는 300억원, 서초구에는 200억원의 가치에 상당하는 효용이 발생가능하다. 해당시설의 설립 비용은 각 구가 부담하는 반면, 유지비용은 서울시가 부담한다. 서울시민은 누구나 이용 가능하고 이용료는 없다.

① 3개 구 모두 효용을 밝히고, 동일한 비용을 부담하여 시설이 설립된다.

② 3개 구 모두 효용을 밝히고, 그 이상의 비용을 부담하여 시설이 설립된다.

③ 관악구만 효용을 밝히고, 동일한 비용을 부담하여 시설이 설립된다.

④ 관악구와 동작구만 효용을 밝히고, 동일한 비용을 부담하여 시설이 설립된다.

⑤ 3개 구 모두 효용을 밝히지 않고, 비용을 부담하지 않아 설립이 취소된다.

정답 ⑤

서울시민은 누구나 무료로 이용 가능하기 때문에 아무도 효용을 밝히지 않게 되어 설립은 무산된다.

104. 다음 중 파레토 개선(Pareto improvement)은 무엇인가?

① 정부가 대기업의 상호출자제한 규정을 강화한다.

② 휴대전화를 이용한 전자 선거를 통해 동문회장을 선출한다.

③ 고소득층에 대한 소득세율을 증대시킨다.

④ 경기 침체 시기에 노사합의를 통해 임금 인상을 제한한다.

⑤ 아이가 갖고 놀지 않는 장난감을 고아원에 기증한다.

정답 ⑤

파레토 개선이란 다른 모든 사람의 효용이 저하되지 않으면서 어느 한 사람의 효용이 늘어나는 경우이다.

105. 다음은 역선택에 대한 설명이다. 옳지 못한 것은 무엇인가?

> ㉠ 정보 소유자가 정보가 부족한 비소유자의 비용 절감을 위해 비효율적인 선택을 하는 것을 의미한다.
> ㉡ 의사결정을 위한 정보가 충분하지 않을 때 발생한다.
> ㉢ 역선택이 지속적으로 증대되면 최악의 경우 해당 재화 시장은 붕괴된다.

① ㉠ ② ㉡ ③ ㉠,㉡
④ ㉡,㉢ ⑤ ㉠,㉢

정답 ①

역선택이란 정보의 불충분으로 불리한 의사결정을 하는 것을 의미한다.

106. 경합성은 있으나 배제성은 없는 재화에 대한 설명으로 옳은 것은?

① 소유자가 없기 때문에 경제적 가치도 없다.
② 과잉 이용으로 고갈될 수 있다.
③ 누군가가 이익을 목적으로 생산한다.
④ 희소성이 없기 때문에 무한정으로 사용할 수 있다.
⑤ 지역난방서비스처럼 저렴하게 공급하는 재화이다.

정답 ②

경합성은 있으나 배제성은 없는 재화는 공유자원이며, 공유자원은 과잉 이용으로 고갈되기 쉽다.

107. 다음은 목초지의 비극 문제이다. 정부는 국유 자원의 효율적 활용 차원에서 국유 목초지를 가축방목을 할 수 있도록 목축업자들에게 개방하기로 결정했다. 다만 자칫하면 너무 많은 목축업자들이 몰려와 목초지가 황폐화될 가능성에 대하여 우려하고 있다. 국유 목초지의 규모에 맞게 가축의 수를 적절히 제한하기 위한 가장 효율적인 조치는 무엇인가?

① 무상으로 모든 목축업자에게 개방한다.
② 무상으로 개방하되 하루 사용할 수 있는 가축의 수를 정하여 선착순으로 입장하도록 한다.

③ 목축업자들이 자율협의체를 구성하여 방목 가축수를 조절하게 한다.

④ 사용료를 정하여 목축업자들에게 비용을 부과한다.

⑤ 국유 목초지 사용권을 목축업자들 사이에 경매에 부친다.

정답 ⑤

②부터 ⑤가 모두 현실적인 대안이기는 하나 가장 효율적인 방법은 경매에 붙이는 방법이다. 목초지 사용의 효용가치가 가장 높은 사람이 가장 높은 가격을 써내게 된다.

108. 다음 지문에 대한 설명으로 바르지 않은 것은?

> ㉮ 중고차 시장에서는 한 달 또는 2,000km까지 무상수리해 주는 무상수리제가 시행되고 있다.
> ㉯ 기업형 슈퍼마켓(SSM)의 시장 확산에 대응하여 재래시장도 원산지 표시제도 정착 등 대응을 하고 있다.
> ㉰ 노량진 수산시장은 표준 저울 사용 등 자체적인 정화노력을 거듭한 끝에 신뢰할 수 있는 상거래 문화를 정착시킬 수 있었다.

① 중고차 무상수리제는 정보 불균형 문제를 해소하기 위한 것이다.

② 최근 SSM의 재래시장 잠식의 원인 중 하나로서 판매자와 소비자 사이에 제품 안전성에 대한 정보 불균형을 들 수 있다.

③ 노량진 수산시장이 고객 감소 문제로 어려움을 겪었던 것은 중량 줄이기, 원산지 속여팔기 등 정보 불균형이 심각했기 때문이다.

④ 보험회사의 가입자 자기부담금 한도 상향 조정은 이와 비슷한 문제를 해결하기 위한 것이다.

⑤ 위 지문의 내용은 역선택 문제에 관한 해결 방안들이다.

정답 ④

자기부담금 제도는 도덕적 해이를 해소하기 위한 방안이다.

109. 다음의 상황을 가장 잘 표현하는 것은?

> A가 소유한 야산이 민둥산이어서 아카시아 나무를 심었다. 그러자 옆 산에서 양봉을 하는 B의 벌이 A가 소유한 야산으로 넘어와서 아카시아 꿀을 따먹고 있다. A는 B에게 대가를 요구하지만 B는 거절한다. 벌이 넘어오지 못하게 하려면 촘촘한 그물로 망을 치던지 해야 하는 데 그물 설치비가 더 비싸게 든다.

① 외부 경제 효과

② 공유자원의 비배제성

③ 시장 균형의 결과

④ 공공재와 비경합성

⑤ 열능재의 한계

정답 ①

외부 효과로서 긍정적인 효과가 발생하므로 외부 경제라고 한다.

110. 다음 글에 대한 설명으로 틀린 것은?

> ㉮ 치안서비스는 민간시장에 맡길 경우 세콤, 캡스, ADT와 같은 유료서비스 시장이 형성되어 비용을 지불할 수 있는 사람들만 치안서비스를 받게 된다.
> ㉯ 석유화학 공장에서는 악취가 심하게 나기 때문에 주변 주택가격이 낮게 형성된다.

① ㉮의 경우 사회적 수요만큼 충분한 양의 치안서비스가 공급되지 않는다.

② ㉯의 경우 사회적 비용은 개별 기업의 생산비용보다 크다.

③ ㉮, ㉯ 모두 넓은 의미의 시장 실패이다.

④ ㉮의 경우 한 사람의 소비가 다른 사람의 소비를 감소시킨다.

⑤ ㉯의 경우 공장에 보조금을 지급하여 문제를 해결할 수 있다.

정답 ⑤

보조금 지급이 아니라 환경오염에 대한 조세를 부과하여 사회적 최적 생산량으로 생산량을 감축시킬 수 있다.

111. 다음 중 정보 불균형 상태에서 발생 가능한 결과가 아닌 것은?

① 역선택의 문제가 발생할 수 있다.
② 시장이 제대로 작동하지 않을 수 있다.
③ 도적적 해이의 문제가 발생할 수 있다.
④ 파레토 최적이 달성될 수 있다.
⑤ 가격이 상승할 수 있다.

정답 ④

정보 격차는 사회적 최적의 결과에 장애 요인이 된다.

112. 어느 중고차 시장에는 나쁜 중고차와 좋은 중고차가 절반씩 있다. 나쁜 중고차의 적정 가격은 500만원이고, 좋은 중고차의 적정 가격은 1,500만원이지만, 소비자는 좋은 것과 나쁜 것을 구별하지 못한다. 다음 중 옳게 설명한 것은?

① 거래되는 중고차는 모두 좋은 중고차이고 가격은 1,000만원에 결정된다.
② 모든 중고차가 거래되며 가격은 500만원에 결정된다.
③ 모든 중고차가 거래되며 가격은 1,500만원에 결정된다.
④ 나쁜 중고차는 500만원, 좋은 중고차는 1,500만원에 거래된다.
⑤ 모든 중고차는 궁극적으로는 거래가 되지 않는다.

정답 ⑤

구매자가 좋은 중고차와 나쁜 중고차를 사게 될 확률은 각각 50%씩이고 따라서 구매자는 평균 1,000만원에 중고차를 사는 것이 적정가격이다. 그러나 그 가격에는 좋은 중고차 소유자는 판매를 희망하지 않고, 나쁜 중고차 소유자만 판매를 희망하게 된다. 따라서 시장에는 나쁜 중고차만 돌아다니고 궁극적으로는 거래가 실종된다.

113. 노벨상 수상자 코즈에 따르면, 외부 효과가 있는 경우에도 시장을 통해서 효율적인 자원 배분이 이루어질 수 있다. 이를 위한 조건이 아닌 것은?

① 작은 거래비용
② 재산권 확립

③ 이해당사자 간의 협상

④ 외부효과의 원인과 결과에 대한 명확한 정보

⑤ 이해당사자가 명확할 것

정답 ④

당사자 간의 협상과정에서 피해자가 비용을 지불하는 경우도 있다.
외부성 해결 비용이 외부성 피해의 고통보다 낮으면 그렇다.

114. 다음 그래프는 어느 나라의 2008년과 2009년 로렌츠곡선이다. 이에 대한 설명으로 옳지 않은 것은?(단 각 연도 로렌츠곡선과 대각선으로 이루어진 삼각형의 면적은 동일하다.)

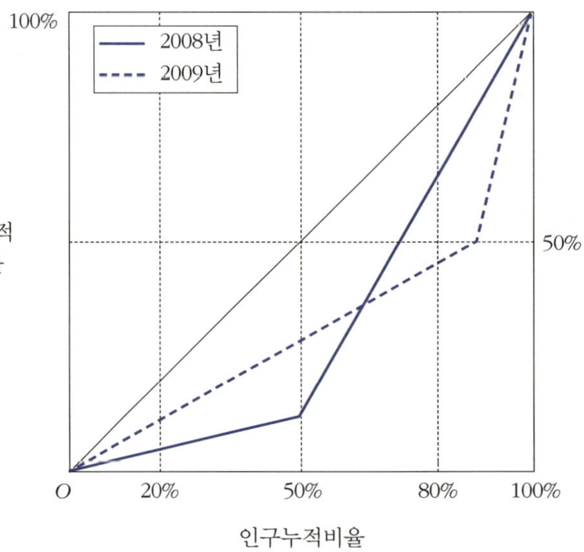

① 2008년과 2009년의 지니계수는 변화가 없다.

② 2008년에 비해 2009년에는 소득 하위 50%의 상대적 소득수준이 개선되었다.

③ 2008년에 비해 2009년에는 소득 5분위배율이 개선되었다.(소득 5분위배율=상위 20%의 소득점유율÷하위 20%의 소득점유율)

④ 중위권 소득자(20%~80%)의 상대적 소득 점유율이 낮아졌다.

⑤ 소득 불평등도가 전반적으로 악화되었다.

정답 ⑤

두 개의 로렌츠곡선이 교차하고 있으므로 원칙적으로는 개선이나 악화를 평가할 수 없다. 단, 지니계수는 동일하지만 소득5분위 배율이 개선되었으므로 소득 불평등도는 전반적으로 개선되었다고 봐야 한다.

115. XX자동차는 몇 년 전 노측의 파업과 사측의 직장폐쇄라는 극한대립을 경험했다. 다음은 이에 대한 문제를 게임이론의 틀에서 분석한 것이다. 노사 분규 상황에서 사측에서는 직장폐쇄나 타협의 선택이 있고, 노측은 파업과 타협의 선택이 있다. 아래 표는 각각의 결정을 내릴 때 사측과 노측의 이익 또는 손실을 나타낸 것이다. 옳게 설명한 것을 모두 고르면?

		노측	
		파업	타협
사측	폐쇄	사측 −5 : 노측 −5	사측 15 : 노측 −8
	타협	사측 −7 : 노측 12	사측 14 : 노측 10

㉮ 노사가 비협력적 게임을 할 경우 이 게임은 우월전략 게임이 된다.
㉯ 이 게임의 내시균형은 파레토 최적이다.
㉰ 노사가 협력적 게임을 할 경우 양측이 모두 이익을 보게 된다.
㉱ 협력적 노사관계와 비협력적 노사관계는 결과가 차이가 없다.

① ㉮, ㉯
② ㉯, ㉰
③ ㉰, ㉱
④ ㉯, ㉱
⑤ ㉮, ㉰

정답 ⑤

비협력적 게임을 전제로 할 경우, 이 게임은 우월전략 게임이며, 균형은 노조의 파업에 직장폐쇄로 맞대응하는 결과로 끝난다. 따라서 노와 사 양측이 −5씩의 손실을 입는 결과가 발생한다.

116. 다음 중 백화점 사업의 이윤 극대화를 ㉠, ㉡사가 선택할 전략에 대한 설명으로 옳지 않은 것은? 단, 이미 사업을 영위하는 ㉠사와 신규 진입을 생각하는 ㉡사의 전략 선택 결과에 의한 각 기업의 이익은 다음과 같다.

구분		〈㉡사〉	
		시장 진입	진입 포기
〈㉠사〉	마케팅 확대	(6, 8)	(12, 7)
	마케팅 유지	(8, 11)	(13, 10)

① ㉠사의 우월전략은 마케팅 유지다.

② ㉡사의 진입 포기 시 ㉠사는 마케팅 확대를 선택한다.

③ ㉠사의 마케팅 확대가 예상될 경우 ㉡사는 진입 포기가 이득이 된다.

④ ㉡사의 시장 진입 시 ㉠사는 마케팅 유지를 선택한다.

⑤ ㉡사의 시장 진입과 ㉠사는 마케팅 유지 선택이 내시균형이다.

정답 ②

㉡사의 진입 포기 시 ㉠사는 마케팅 유지의 이익이 더 크다. 보수행렬(payoff matrix)은 (㉠의 보수, ㉡의 보수)로 표시한다.

117. 사회후생함수에 대한 철학으로 크게 벤담과 밀의 공리주의, 롤스의 진보주의, 노직의 자유주의가 있다. 다음 중 설명이 잘못된 것은?

① 공리주의의 주장의 기저에는 소득의 한계효용이 체감한다는 가정이 있다.

② 진보주의는 maxmin의 원칙으로 가장 효용이 낮은 사람의 효용을 극대화해야 한다고 주장한다.

③ 자유주의는 결과의 형평보다는 기회의 형평을 중요시한다. 따라서 재분배 정책은 어떤 경우에도 정당화될 수 없고, 정부는 과정의 형평성만 확립하면 된다.

④ 공리주의의 철학하에서는 사람들의 근로의욕이 크게 높아질 수 있다.

⑤ 진보주의의 견해에 의하면 소득 재분배는 무지의 베일에 처한 상황에서 사회보험의 성격을 갖는다.

정답 ④

공리주의 철학하에서는 모든 사람의 소득이 동일해져야 사회적 후생이 극대화된다. 따라서 어느 누구도 열심히 일할 유인을 갖지 못한다.

118. 외부효과의 민간 해결책인 코즈의 정리에 대한 설명으로 옳지 않은 것은?

① 이해당사자가 너무 많아서 조정이 어려운 경우에는 성립하지 않는다.
② 거래비용이 크지 않다고 가정한다.
③ 법적 권리 소유 여부에 따라서 경제적 후생이 배분된다.
④ 탄소배출권 거래소가 대표적인 예이다.
⑤ 민간 주체가 자발적 협상을 할 수 없는 경우에도 해결책은 있다.

정답 ⑤

코즈의 정리는 자발적 협상을 전제로 한다.

119. 다음 중 나머지와 성격이 다른 하나는?

① 신제품개발에 관한 정보를 가지고 경쟁기업 고위간부직으로 이직한 R&D 인력
② 순이익이 많은 것처럼 재무제표를 조작하도록 지시한 임원
③ 주행거리를 조작하여 판매한 중고차 매매상
④ 정부가 지원하는 해외자원개발 회사의 주식을 매수한 담당 공무원
⑤ 보험금을 노리고 자살을 결심한 고객과 계약한 생명보험회사

정답 ⑤

고객은 도덕적 해이를 저질렀지만 생명보험회사의 입장에서는 정보의 부족으로 역선택을 하게 된 결과. 나머지는 모두 도덕적 해이임.

120. 다음 중 ㉠, ㉡, ㉢에 알맞게 짝지어진 것은?

> ㉠ 용산 전자상가의 판매자는 가전제품의 품질에 대해 소비자보다 더 많이 안다.
> ㉡ 가구 판매상은 제품의 흠집을 알리지 않고 판매하려고 하며, 신혼부부는 판매상의 설명만 듣고 흠집에 대한 할인 없이 구매한다.
> ㉢ 보험 중개인은 보험 구매 고객에 대한 서비스를 보험사가 요구하는 수준으로 제공하지 않고 판매 수수료만 받으려 한다.

	㉠	㉡	㉢
①	㉠ 역선택	㉡ 도덕적 해이	㉢ 정보 비대칭
②	㉠ 도덕적 해이	㉡ 역선택	㉢ 정보 비대칭
③	㉠ 정보 비대칭	㉡ 도덕적 해이	㉢ 역선택
④	㉠ 정보 비대칭	㉡ 역선택	㉢ 도덕적 해이
⑤	㉠ 역선택	㉡ 정보 비대칭	㉢ 도덕적 해이

정답 ④

감춰진 정보=역선택, 감춰진 행동=도덕적 해이

121. 공공재에 대하여 가장 옳지 못한 설명은 무엇인가?

① 무임승차의 문제가 발생할 수 있다.
② 다수가 동시에 소비하며, 대가를 지불하지 않으면 소비에서 배제된다.
③ 무임승차의 문제가 큰 재화는 정부에서 공급하는 것이 바람직하다.
④ 비용-편익 분석 등을 통해 공공재 공급 수준을 결정한다.
⑤ 국방, 치안 서비스를 공공재라 할 수 있다.

정답 ②

(경합성, 배제성)을 기준으로 (yes, yes) = 경제재, (yes, no) = 공유자원, (no, yes) = 자연독점, (no, no) = 공공재

122. 공공재(Public goods)에 대한 설명으로 옳은 것을 고르시오.

> ㉠ 무임승차의 가능성이 있다.
> ㉡ 비경합성 및 비배제성의 특성을 보인다.
> ㉢ 일반적으로 정부가 공급하는 경우가 많다.
> ㉣ 특정 소비자의 소비 증가가 다른 소비자에게 제공되는 가치에 영향을 미친다.
> ㉤ 완전 경쟁 시장에서 가장 효율적이다.

① ㉠, ㉡

② ㉠, ㉡, ㉢

③ ㉡, ㉢

④ ㉢, ㉣, ㉤

⑤ ㉡, ㉣, ㉤

정답 ②

공공재는 다른 사람의 소비 가치에 영향을 미치지 않는다.

123. 다음 중 공공재에 대한 설명으로 가장 올바른 것은?

① 동시에 여러 명의 소비가 불가능하다.

② 명확한 시장 가격 설정이 가능하다.

③ 정부가 독점 시장을 형성하는 경우가 많다.

④ 한국에서는 케이블 방송 시장이 대표적이다.

⑤ 개인의 의사에 따라 공공재 서비스의 제공을 거부할 수 있다.

정답 ③

공공재는 명확한 가격 설정이 어렵고, 동시에 여러 명이 소비하면서 특정 소비자를 배제할 수 없어 정부가 독점 공급하는 것이 일반적이다.

124. A, B 두 집단만이 있는 국가에서 소비하는 재화는 쌀밖에 없다. 국가 전체에서 4단위의 쌀이 생산되는데, 쌀 소비에 따른 효용은 다음의 표에 기재되어 있다. 사회후생함수가 공리주의 이론을 따른다고 가정하면, A집단이 몇 단위의 쌀 소비 시 사회후생의 극대화가 가능한가?

쌀 소비량(단위)	0	1	2	3	4
A의 총효용	0	10	14	17	19
B의 총효용	0	6	8	9	9

① 0개 ② 1개 ③ 2개
④ 3개 ⑤ 4개

정답 ④

A=3, B=1, 총효용=23(17+6). 공리주의는 $MU_A=MU_B$, 롤스주의 $\text{MaxMin}(U_A, U_B)$, 노직의 자유주의는 정부 불개입.

125. 주민이 200만 명인 한 지자체에서 고속도로를 증설하기로 했다. 이에 따른 총비용과 주민 1인당 한계이득은 다음의 표와 같다. 증설되는 고속도로의 총연장의 최적결정은 몇 Km인가?

고속도로 연장	총증설비용	1인당 한계이득
100km	150억 원	12,000원
200km	300억 원	10,000원
300km	450억 원	8,000원
400km	600억 원	6,000원
500km	750억 원	4,000원

① 100km ② 200km ③ 300km
④ 400km ⑤ 500km

정답 ③

한계이득(160) > 한계비용(150)

126. 다음은 버핏세에 대한 설명이다. 옳지 않는 것을 고르시오.

① 금융소득에 대한 과세를 강화하자는 주장으로 출발해서 부유층 및 고소득층에 대한 과세로 개념이 확대되었다.

② 소득 양극화 해소에 도움이 될 수 있다.

③ 작은 정부를 지향하는 국가에서 주로 실시한다.

④ 최근 논란이 된 부자 증세와 관련이 있다.

⑤ 일각에서는 해당 정책의 실시를 포퓰리즘이라고 비판하기도 한다.

정답 ③

버핏세, 부유세는 정부가 적극적으로 개입하는 것이므로 작은 정부가 아니다.

127. (기출 유형) 미국과 중국의 로렌츠곡선이다. 다음 설명 중 가장 옳지 못한 것을 고르시오.

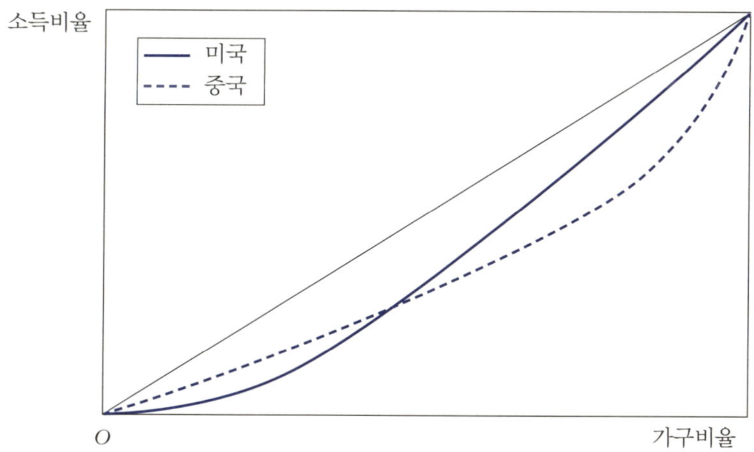

① 미국은 중국에 비해 저소득층의 소득불평등도가 높다.

② 중국은 미국에 비해 고소득층의 소득불평등도가 높다.

③ 미국이 중국에 비해 소득 불평등 정도가 상대적으로 높다.

④ 미국의 지니계수가 중국보다 낮다.

⑤ 지니계수는 소득계층별 분배에 관한 정확한 정보를 제공하지 못한다.

정답 ③

미국이 불평등 정도가 상대적으로 낮다.

128. 대기업과 중소기업 간 상생은 2011년에 이어 2012년에도 재계의 최대 화두가 되고 있다. 중소기업의 경쟁력 강화를 위한 방안으로 가장 옳은 것은 무엇인가?

① 중소기업의 임금 인하를 통한 비용 절감
② 대기업의 가격 경쟁력 강화를 통한 시장 침투
③ 대기업과 중소기업 간의 공동 R&D 확대
④ 중소기업의 단일 대기업 거래선 확보
⑤ 대기업의 내부 계열사 거래 확대를 통한 효율화 실현

정답 ③

중소기업의 임금 인하는 우수인력 확보에 애로가 되며, 대기업 단일거래선 확보는 종속관계가 될 가능성이 높아진다.

129. 다음은 공유지의 비극에 대한 설명이다. 가장 옳은 것은 무엇인가?

① 재산권을 정부에 귀속하는 방법을 통해서도 문제 해결이 가능하다.
② 정부 보조금이 문제 해결을 위한 가장 효율적인 수단이다.
③ 공공재 소비의 증대가 주요 발생 원인이다.
④ 개인의 효용 및 사회의 효용 간 충돌로 발생하게 된다.
⑤ 배제성 및 비경합성 재화에서 주로 발생한다.

정답 ④

공유지의 비극은 각 개인의 효용 달성이 사회 전체의 효용을 감소시킬 때 발생한다.

MACRO ECONOMICS

거시경제

Part 2. 거시경제학

거시경제학은 국가 전체를 대상으로 분석한다. 국가경제를 움직이는 주체들은 가계, 기업, 정부, 해외 부문으로 구분할 수 있다. 이들은 국가경제에서 생산 및 소비과정을 반복한다. 가계는 노동을 공급하여 얻은 소득으로 상품을 소비하고, 기업은 상품을 판매하여 얻은 수입으로 생산요소를 구입한다. 이러한 과정이 확대되기도 하고 위축되기도 하면서 국가경제는 성장한다.

거시경제학에서는 국가 경제의 안정적인 성장 발전이 어떻게 이루어지는가에 많은 관심을 갖는다. 경제의 안정적인 성장은 국민소득의 지속적인 증대를 의미한다. 경제학자 또는 정부에서 국가경제를 안정적으로 발전시키기 위한 정책 방안을 제시한다. 하지만 이들이 제시하는 정책들을 모든 사람들이 찬성할 수 있을까? 만일 그렇지 않다면 그 이유는 무엇인가? 거시경제학 분석방법은 어떻게 변화하였는가? 만일 변화가 있었다면 어떠한 사건이 변화의 계기가 되었는가?

이러한 질문에 대하여 동영상 강의 '경제학원론 17강 거시경제학 소개'에서 설명하고 있다(https://youtu.be/sGKfpsfo-Eg). 17강 강의 내용은 교재에서 다루지 않고 있다. 동영상 강의를 통하여 거시경제학에 대한 기본적인 윤곽을 파악할 수 있을 것으로 기대한다. 거시경제학에서 주로 다루게 되는 이론들이 어떠한 배경에서 만들어졌는지 파악하고서 고전학파의 이론과 케인즈학파의 이론을 공부하면 거시경제학을 이해하는 데 많은 도움이 될 것이다.

국가경제 전체의 움직임을 어떠한 시각으로 바라보느냐에 따라 정책 방향이 다르게 나타난다. 거시경제 시장을 안정적인 균형상태로 바라볼 것인가, 아니면 시장이 불안정한 불균형상태로 바라볼 것인가 등 다양한 시각으로 국가경제를 해석할 수 있다. 시장에 맡겨두면 불균형의 문제는 해결될 것이라는 시각으로 정부의 개입은 불필요하다는 견해도 있고, 불균형 상태에서 발생하는 실업, 빈곤 등의 문제를 해결하기 위한 정부의 정책이 필요하다는 견해도 있다. 어떠한 시각으로 세상을 바라보느냐에 따라 국가경제 운영 방향은 다르게 나타난다.

경제학원론 수준에서는 국가경제의 움직임을 다르게 보고 있는 고전학파와 케인즈학파를 비교한다. 누구의 견해가 옳은가를 찾으려는 것이 아니다. 여기에서는 이들이 자신의 견해를 뒷받침하고 있는 이론들을 소개하는 데 그친다. 거시경제학을 공부하면서 다양한 신문을 읽고 자신의 시각을 만들어 간다면 가장 좋은 공부법이 될 것이라 믿는다. 세상에 유일한 진리는 존재하지 않는다는 생각으로 다양한 견해를 받아들이기를 바란다.

MACRO
ECONOMICS

Section 1

국가경제의 흐름

(1) 거시경제의 순환

거시경제 순환의 의미

- 가계, 기업, 정부, 해외 등 경제주체들이 재화와 서비스를 생산 및 소비하고, 이를 통하여 얻어진 소득을 분배하고 지출하는 과정이 반복되는 것을 거시경제의 순환이라고 말한다.

그림 1 실물과 화폐의 경제 순환

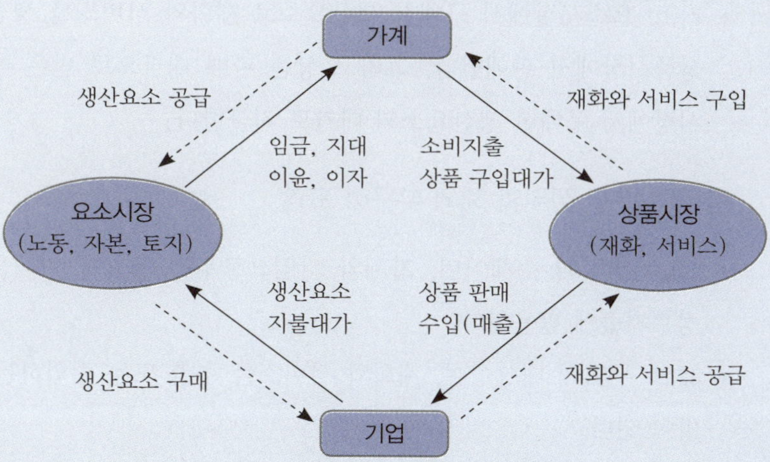

거시경제순환은 실물과 화폐의 흐름으로 구성

- **실물의 흐름:** 기업이 재화와 서비스를 생산하고 시장에 공급, 가계의 소비지출로 이어지는 순환을 의미한다. 앞의 그림에서 실선은 실물의 흐름이다.
- **화폐의 흐름:** 실물의 교환수단, 즉 가계의 소비지출(기업의 매출)이 기업의 생산요소 구매 대가 지불(가계의 소득)로 이어지는 순환을 의미한다. 앞의 그림에서 화폐의 흐름은 점선으로 표시되었다.
- 화폐의 흐름은 실물의 흐름과 크기가 동일하며, 방향은 정반대이다.
- 국민소득은 화폐단위로 표시한다.

(2) 기본 순환 모형

기본모형: 경제순환의 주체는 가계와 기업

- **가계:** 요소시장에 노동, 자본, 토지 등 생산요소를 공급하고 그 대가로 받은 요소 소득(임금, 지대, 이윤, 이자)으로 상품시장에서 재화와 서비스를 구입하여 소비한다.
- **기업:** 요소시장에서 구매한 생산요소로 재화와 서비스를 생산하고 이를 상품시장에서 판매한다. 그리고 상품 판매 대금으로 받은 매출은 요소시장에서 구매한 생산요소의 대가로 지불한다.

전체적 순환: 정부와 해외 부문이 포함

- **정부:** 재정의 주체이며, 가계와 기업으로부터 세금을 거둬들이고 이를 정부지출에 활용한다.
- **해외:** 무역의 대상이며, 재화와 서비스를 수출 또는 수입하는 교역 상대방이 된다.

국가경제에 문제가 발생하면, 실물 및 화폐의 흐름이 둔화된다. 경기둔화의 원인을 파악하려면 부문별 데이터를 확인해야 한다. 기업의 생산측면에 원인이 있다면 규제완화 등으로 생산활동을 촉진시킬 수 있다. 만일 가계의 소득측면에 원인이 있다면 임금인상 등으로 소득을 높이고 소비를 촉진시킬 수 있다. 때로는 생산·소득 측면에서 모두 문제의 원인이 존재하기도 한다. 주변국의 경제위기 등 해외의 문제는 국내의 경제정책으로 근본적인 해결방안을 찾을 수 없다. 해외의 문제가 소규모 개방경제로 파급되는 경로를 차단하는 등 경기불안정성을 해소하는 방안 모색에 그친다.

1 국민생산과 물가수준

(1) 국민소득

국민소득은 일정기간 동안 한 나라에서 생산된 재화와 서비스를 화폐가치로 환산하여 합산한 것이며, 생산, 분배, 지출의 3가지 측면에서 산출할 수 있다.

GDP(Gross Domestic Product): 국내총생산

- GDP의 개념: 일정기간 동안, 한 국가의 '최종생산물'의 시장가치를 말한다.
- 여기에서 일정기간은 유량(Flow)의 개념이다. 따라서 1년 또는 1분기 동안의 최종생산물의 시장가치를 측정한다.
- 한 국가 내에서의 생산이기 때문에 국내 인력이 해외에서 벌어들이는 소득은 GDP에 포함하지 않으며, 외국인이 국내에서 벌어들이는 소득은 GDP에 포함된다.
- 최종생산물: 공장에서 출고된 자동차의 판매 또는 자동차의 구입은 국내총생산에 포함되지만, 중고차의 판매는 포함되지 않는다(즉, 소유권의 이전은 GDP에 포함하지 않는다). 그리고 빵을 만들때 사용하는 중간재(밀가루 등)는 포함되지 않는다.
- 소유권 이전에서 발생하는 서비스 생산은 GDP에 포함된다. 예를 들면,

중고차 매매상의 중개수수료, 부동산 중개업자의 중개수수료 등은 서비스 생산으로 GDP에 포함된다.

국내총생산의 3면 등가 법칙

- 지출, 분배(수입), 생산(부가가치의 합) 측면의 국민소득의 크기는 모두 같다.
- 지출국민소득(GDE: Gross Domestic Expenditures): 경제 각 부문의 소비와 투자로 파악하는 개념으로, 가계의 소비지출, 정부의 소비 및 투자지출, 기업의 투자지출과 순수출(수출－수입)의 총계이다.
- 분배국민소득(GDI: Gross Domestic Income): 국민소득을 생산요소의 소유자들이 얻는 소득으로 파악하는 개념으로 생산에 사용한 각종 생산요소에 지불되는 소득(노동－임금, 자본－이윤, 토지－지대)의 총계이다.
- 생산국민소득(GDP: Gross Domestic Products): 국민소득을 순생산액(부가가치, added value)으로 파악하는 개념으로 생산요소의 결합 활동에 의해 산출된 순생산물의 총계이다.

GDP 측정의 문제점

- GDP는 생산/소비의 총량을 측정하는 생산지표의 역할에 그친다.
- 행복수준 등 삶의 질적인 측면 등 경제의 후생수준을 나타내지 못한다.
- 암시장, 가사노동 등 시장거래 이외의 생산을 포함하지 못한다.
- 사회적 비용(환경오염, 자연재해 등)을 포함하지 못한다.
- 즉 GDP는 양적인 측정만이 가능하며, 질적인 측면을 표현할 수 없다. 삶의 질적인 측면의 문제를 해결하기 위해서 개선된 지표를 개발하고 있다.
- 예를 들면, 세계의 여러 연구기관에서 조사하고 발표하고 있는 행복지수, 경제적 자유, 행복지구지수(＝생애행복기간/환경적인 충격) 등이 있다.
- 여기에서 생애행복기간＝삶의 만족도×예상 수명, 그리고 환경적인 충격은 일상생활에 필요한 환경 소비를 의미한다.
- 국민총생산(GNP ; Gross National Products): 자국민이 국내 또는 해외에

서 일정 기간 동안 생산한 최종생산물의 시장가치의 합이다.

- 국내총생산(GDP)은 생산지역에 초점이 맞춰진 것이고, 국민총생산(GNP)은 생산의 주체에 초점이 맞춰져 있는 것이다. 세계화가 확산되기 전에는 GNP를 측정하여 생산 및 소득의 지표로 활용하였다.

GNP와 GDP의 관계를 정리하면 다음과 같다.

- GNP = GDP + 대외수취요소소득 − 대외지급요소소득
  = GDP + 대외순수취요소소득
- GNP에서 해외 순소득이 차지하는 비중이 큰 나라에서는 GDP가 국내 경제활동을 조사하는 데 더 적합하다. 우리나라는 외국인의 국내투자가 내국인의 해외투자보다 많다. 따라서 대외 순수취요소소득이 부(−)의 값을 기록하고, GNP가 GDP보다 작다.
- GNP의 측정으로는 내국인의 해외 경제활동을 제대로 파악하기 어렵다. 또한 GDP가 국내 경기를 더 정확하게 반영하기 때문에 GDP를 사용한다.
- 세계화가 진행되면서 국가 간에 노동, 자본의 이동이 증가하면서 한 국가의 국민소득 개념보다는 한 국가 내의 생산 수준(GDP)을 주요한 지표로 활용하게 되었다.

소득지표 GNI

- GNI는 한 국가의 소득 측면을 나타내는 소득지표이다. 즉 GNI는 한 국가의 소득이 어느 수준인지 나타내고 있다.
- GNI는 국외에서 벌어들인 순수익과 교역조건 변화에 따른 무역의 손익을 GDP에 반영하여 계산한다.
- GNI = GDP + 국외순수취요소소득 + 교역조건 변화에 따른 무역손익
- 여기에서, 국외순수취요소소득 = 국외수취요소소득 − 국외지급요소소득
- 교역조건 = (수출가격/수입가격) × 100

(2) 물가지수

물가지수의 개념

- 물가지수란 기준시점의 물가를 100으로 보았을 때 비교 시점의 상대적 물가를 표시한 것이다.
- 물가지수는 GDP 디플레이터, 소비자물가지수(CPI), 핵심물가지수, 생산자물가지수 등이 있다.

GDP 디플레이터

- 가장 광범위한 물가지수이며 국민소득에 영향을 미치는 모든 경제활동을 반영하여 국내에서 생산되는 모든 재화와 서비스 가격을 측정하는 물가지수이다.
- GDP 디플레이터는 소비, 투자, 수출, 정부지출 등 국내에서 일어난 모든 경제활동을 포괄한다.
- GDP 디플레이터는 명목 GDP를 실질 GDP로 나누고 100을 곱한 값으로 산출하며, 명목 GDP란 당해연도 가격(경상가격) 기준의 GDP이고, 실질 GDP는 기준연도 가격(불변가격) 기준의 GDP를 지칭한다.

$$\text{GDP Deflater} = \frac{\text{SUM}(Q_t \times P_t)}{\text{SUM}(Q_t \times P_b)} \times 100$$

P_b: 여기준년도 물가 P_t: 당해연도 물가 Q_t: 당해연도 GDP

소비자물가지수(CPI)

- 일반적으로 소비자물가지수는 도시지역의 임금 및 급여생활자 가구의 소비물가를 대상으로 조사한다. 물가조사 지역은 전체 도시들을 모두 포함하는 경우도 있고, 수도(capital city)만을 조사하는 경우도 있다.
- 조사품목은 250~450개 정도의 품목을 물가지수 산정에 편입하는 것이 일반적이나, 경제가 발달하지 못한 나라에서는 100~150개 정도의 품목만으로 지수를 산출한다.

- 통계청은 서울 등 36개 주요 도시의 생활필수품 약 500개 이상의 상품 가격을 중요도에 따라 가중치를 달리하여 계산한다. 조사대상 품목은 소비 트렌드에 따라 매년 변경되고 있다.

$$\text{CPI} = \frac{\text{SUM}(Q_b \times P_t)}{\text{SUM}(Q_b \times P_b)} \times 100$$

여기에서 Q_b, P_b는 기준연도의 생산 및 가격, Q_t, P_t는 현재생산 및 가격

핵심물가지수

- 근원물가지수라고도 부르며, 소비자 물가에서 농산물이나, 국제원자재 가격변동과 같이 통화정책으로 물가를 통제할 수 없는 요인을 제외한 물가상승률을 지칭한다.
- 농산물 가격이나 국제원자재 가격은 변동성이 심해서 소비자 물가변동에 영향이 크지만 그 효과가 일시적인 경우가 많다.
- 중앙은행의 통화정책과도 연관성이 크지 않다. 따라서 중앙은행이 통화정책을 결정할 때에는 핵심물가지수를 더 많이 참고한다.

생산자물가지수(producer price index)

- 도매물가지수라고 부르기도 하며, 생산비 변동을 측정하기 위한 지수이다.
- 국내시장에서 생산된 모든 재화와 서비스의 가격 수준을 측정한다.
- 소비자물가지수보다 품목의 범위가 넓기 때문에 재화의 전반적인 수급 동향을 알 수 있다.

(3) 물가지수, 명목소득, 실질소득

명목소득, 실질소득

- 물가수준이 변화하면 동일한 소득이 발생하여도 구매력 수준이 변화하

표 1 명목수입 vs 실질수입

영화	명목수입	연도	CPI	실질수입
아바타	1,253억	2009	80	(1,253/80)×100=1,566
명량	1,357억	2014	90	(1,357/90)×100=1,507
극한직업	1,395억	2019	100	(1,395/100)×00=1,395

기 때문에 실질적으로 소비할 수 있는 수준이 달라지게 된다. 따라서 명목소득에서 물가수준의 변화를 감안하여 실질소득을 찾게 된다.

- 실질소득의 변화는 소비지출 등에 직접적으로 영향을 미치기 때문에 경제분석에서는 실질소득의 변화를 찾는다.
- 명목수입이 높아도 물가수준의 변화를 감안하면 실질수입은 그리 높지 않게 나오는 경우가 있다. 따라시 명목수입으로 순위를 칮을 때와 실질수입으로 순위를 찾을 때 그 순위가 변할 수 있다. GDP의 측정에서도 실질과 명목 GDP 측정에서 동일한 현상이 나타나며, 실질 GDP 측정 방법은 다음과 같다.
- 실질 GDP=명목 GDP×(기준연도 물가지수/현재 물가지수)

예를 들면,

- (2020) 명목 GDP=10,000
- (2020) GDP 디플레이터=120
- (2015) GDP 디플레이터=100 (기준연도)
- (2020) 실질 GDP=10,000×100/120

인플레이션

- 물가 상승이 지속적으로 나타날 때 인플레이션이라고 한다.

인플레이션=(물가변화/기준연도 물가)×100

- 인플레이션 발생은 채권자 및 현금자산을 보유하고 있는 자산가들에게 피해를 준다.

표 2 인플레이션의 예

	2017	2018	2019
CPI	105	115	125
인플레이션(2004)	(115−105)/105×100=9.5%,		
인플레이션(2005)	(125−115)/115×100=8.6%		

- 과도한 인플레이션이 장기간 지속되면, 현금자산을 보유하고 있는 자산가의 재산은 감소하게 된다. 따라서 인플레이션의 결과, 소득의 재분배가 실현될 수 있다.
- 예를 들면, 러시아 혁명 이후에 사유재산의 국유화 과정에서 중앙은행의 과도한 화폐발행 증액의 영향으로 인플레이션이 극심한 문제로 나타나게 되었다. 이 당시 자산가들이 보유한 자산의 가치가 급속도로 떨어지게 되었고, 정부는 국유화를 수월하게 진행할 수 있었다.
- 반면, 저소득층에게는 인플레이션에 의한 채무의 감소 효과, 그리고 국유화된 자산의 배분 및 화폐소득 증가 등으로 소득수준이 향상되는 결과가 나타나게 되었다.
- 이와 같이 러시아 혁명의 극단적인 예를 보면, 인플레이션이 한 국가의 경제체제의 변화에 영향을 미칠 수도 있기 때문에 통화정책은 늘 신중하게 이루어져야 한다.

(4) 생산가능인구, 고용 및 실업

- 생산가능인구: 15세 이상의 인구를 생산가능인구로 취급한다. 15세 이상의 인구 중에서 군인, 경찰, 교도소 수감자는 생산가능인구에서 제외된다.
- 경제활동인구: 취업자와 실업자를 경제활동인구라고 한다.
- 취업자는 조사대상기간 1시간 이상 노동을 제공하고, 노동임금 소득이 있는 자를 말한다.

표 3 생산가능인구의 구분

15세 이상 인구 (생산 가능 인구) (군인, 경찰, 교도수 수감자 제외)	경제활동인구	취업자	실업자
	비경제활동인구	주부, 학생, 구직단념자	

- 실업자는 경제활동의 능력과 의사가 있으나, 수입이 있는 일에 종사하지 못하여 일자리를 찾거나 기다리는 사람을 말한다.
- 비경제활동인구: 취업도, 실업도 아닌 상태에 있는 사람들을 비경제활동인구라고 한다. 예를 들면 가정주부, 학생, 심신장애자, 자선사업, 종교단체 관련자, 구직단념자 등이 있다.

고용 및 노동 관련 데이터를 구하는 방법은 다음과 같다.

- 노동참여율＝경제활동인구/생산가능인구×100
- 실업률＝실업자/경제활동인구×100
- 취업률＝취업자/경제활동인구×100
- 고용률＝취업자/생산가능인구×100

(5) 실업의 종류

- 마찰적 실업: 직업을 바꾸는 과정에서 발생하는 일시적인 실업이다. 자신이 원하는 일자리를 찾을 때까지 시간이 필요하다. 이렇게 일자리를 찾고 있는 사람이기에 실업자에 포함되며, 경기의 변동 또는 기술변화와는 관련이 없다. 대부분 일자리 기회에 대한 정보가 없는 경우 일시적으로 나타난다.
- 구조적 실업: 기술의 변화 등으로 직장에서 요구하는 기술이 부족한 노동자들이 경험할 수 있다. 기술혁신은 산업구조, 기업 내부의 업무구조 변화 등으로 인력 구조조정, 노동 수요의 변화가 발생한다.
- 경기적 실업: 경기가 침체되면서 기업의 매출 감소, 이윤 감소 등으로 노

동자를 고용할 수 없을 때 발생한다. 경제학에서 달성하려는 안정적 경제성장을 이루기 위해서는 경기적 실업을 최소화하려는 노력이 필요하다. 안정적인 고용을 유지하면서 나타나는 경제성장이 의미있는 결과를 가질 수 있다.

- 마찰적 실업과 구조적 실업은 안정적인 경제 상황에서도 나타날 수 있다. 마찰적 실업과 구조적 실업의 합으로 추계한 실업률을 자연실업률이라고 부른다. 자연실업률은 완전고용상태에서의 실업률이라고도 한다.
- 국민경제의 '운영' 측면에서 실업률 관리 목표는 경기적 실업에 있다. 경기침체를 완화시켜 실업으로 발생하는 경제적 충격을 최소화하려는 것이다. 실업률 관리는 안정적인 국민경제 운영을 위한 필수 사항이다.

사랑의 크기

현재 뜨거운 사랑을 나누고 있는 연인이 서로의 사랑을 측정하려 한다. 고지식하고 정직한 연인이다. 사랑이 무엇이라고 표현하지도 못하는 사람들이다. 그들이 갖고 있는 사랑이라는 느낌을 어떻게든 정확한 수치로 보여주려 한다. 하물며 물을 마셔도 만족도를 보일 수 있다는데, 당연히 사랑을 수치로 보일 수 있어야 한다고 생각한다. 사랑을 섬세하게 표현하고 싶어 측정 방법을 구상한다. 둘이 서로 사랑의 감정을 느꼈던 시점으로 거슬러 올라가 보려 한다. 하지만 어느 순간부터인지 명확하지 않다. 그녀와 스쳐 지나가며 얼굴을 보았던 순간부터 측정해야 할 것인가. 아니면 관심을 갖고 바라보던 시점부터 시작해야 할 것인가. 아니면 현재 갖고 있는 사랑만을 측정해야 할 것인가. 고민된다.

현재 시점에 갖고 있는 사랑만을 측정하자니 과거의 아름다웠던 기억들이 너무 생생하다. 아직도 그 감정의 여운이 남아 있다. 그리고 사랑을 고백하던 몸짓, 얼굴 표정, 목소리를 잊을 수 없다. 그렇다면 현재의 감정도 과거의 모든 감정을 담고 있는 것 아닌가? 이들은 사랑의 힘을 믿고 있다. 그래서 처음 사랑을 느꼈던 순간부터 현재까지 갖고 있는 추억을 모두 되살려 사랑의 정도를 측정했다. 그들이 측정한 사랑은 엄청난 크기이다.

이제 사랑보다는 정으로 만나고 있는 연인의 사랑 측정법을 보자. 이들도 뜨거운 사랑을 느꼈던 시절이 있었다. 오래전에 그랬다. 현재는 사랑했던 만큼 다퉜던 기억도 많다. 왜 싸우는지도 모르고 싸우기도 했다. 냉각기도 있었고 이제 이들은 오랜 우정으로 만난다. 친구 그 이상의 감정을 느끼기 때문에 사랑일 것이라고 생각하는 커플이다. 이들은 얼마나 사랑하는지 묻는 질문이 귀엽다. 그 이상의 생각은 없다. 지난날의 뜨거운 감정이 덧없어 보인다. 현재 갖고 있는 느낌을 보여주는 것이 좋겠다는 생각이다. 그러니까 친구 이상의 감정임을 수치로 보여주려 한다. 현재 시점에 갖고 있는 사랑의 총량이 나왔다. 사랑도 했고 싸움도 했고, 그들에겐 많은 추억이 있지만 사랑의 측정은 현재 시점으로 보여주어야 한다는 생각이다.

경제지표 중에는 일정 기간을 기준으로 측정하는 지표들이 있고, 일정 시점으로 측정하는 지표들이 있다. 예를 들면, 현금 자산은 일정 시점을 기준으로 측정하고, 국민소득은 일정 기간 동안의 생산량을 측정한다. 경제지표의 특징에 따라서 일정 기간 동안의 측정치(유량)를 찾게 되는 경우가 있고, 일정 시점의 측정치(저량)가 의미 있는 경우도 있다.

생산 중심 정책

국민소득(GDP)은 소득, 지출, 생산 측면으로 측정할 수 있다. 어떠한 측면에서 측정해도 국민소득은 같아야 한다. 3면등가의 원칙이다. 국민소득은 '일정 기간 동안, 한 국가에서 생산되는 최종생산물의 가치'를 측정한 것이다. 경제는 생산과 소비의 과정으로 순환된다. 기업의 생산과정에서 노동자 임금, 토지 지대, 자본 이자를 지급한다. 생산과정에서 소득이 발생한다. 소득이 발생한 수요자는 시장에서 상품을 구입하고 현금을 기업에게 지불한다. 이러한 순환과정에서 한 국가에서 생산되는 국민소득을 측정하면 생산-소득-지출 측면에서 동일하게 된다.

지출측면으로 국민소득을 구분하면, 소비지출, 투자지출, 정부지출, 외국인지출(순수출)로 나뉜다. 대부분 한 국가의 국민소득에서 소비지출은 약 70% 비중을 차지한다. 미국의 경기가 침체할 때 소비확대 정책을 추진하는 이유를 이해할 수 있다. 경기활성화 정책효과를 가장 빠르게 그리고 확실하게 나타날 수 있는 방법이 소비 확대에 있다.

2000년대 초반 미국의 닷컴 버블 붕괴의 문제를 부실기업 구조조정으로 해결하지 않고, 금리 인하를 통해서 소비와 투자를 개선하려고 시도했다. 구조조정이 GDP감소를 가져오고 정치적 타격으로 이어질 것을 우려하여 기업의 자금사정을 원활하게 하는 금리 인하를 선택하였다. 결과는 소비의 증가로 이어졌고, 그 과정에서 문제가 더 심각해졌다. 민간 대출이 증가했는데 대출자금이 부동산으로 흘러갔다. 주택가격이 상승하면서 주택담보 대출은 더욱 증가하였고 주택투기 현상이 심각해졌다. 결국 부동산시장의 버블이 붕괴되었고, 금융시장으로 충격이 확대되면서 세계금융 위기가 발생하였다.

과거에는 소비지출이 증가하면 미국의 국민소득이 회복되는 모습을 보였다. 소비를 늘리는 것이 효과적인 정책방안이었다. 하지만 2000년대의 소비 진작 정책은 금융시장의 문제를 야기하고 글로벌 경제에 충격을 주었다. 2014년부터 미국에서 총생산(Gross Output)을 발표하고 있다. '미국은 이제 경제정책을 소비중심에서 생산중심으로 전환한다'는 신호로 보인다.

총생산(Gross Output)은 국민소득(GDP)과 달리 중간재의 중복계산을 허용한다. 예를 들어 밀을 밀가루로 그리고 빵으로 만들어서 판매하면 GDP는 최종생산물, 빵을 계산하지만, 총생산(Gross Output)은 밀, 밀가루, 빵을 모두 합산한다. 중간재 생산을 총생산에 포함시키는 것이다. 그렇게 측정하면 총생산에서 차지하는 소비지출의 비중은 낮아진다. 이제 민간의 소비보다 기업의 생산이 더 중요한 부분이 된다. 총생산(Gross Output)을 국가의 경제성장 지표로 삼으면 정책입안자는 생산을 늘리기 위한 정책을 추진하게 될 것이다.

생산중심 정책을 추진하여 미국의 생산이 늘어나면 미국의 대외 수입은 감소할 것이다. 또한 생산의 효율성 향상을 위해 생산규모를 대형화하고 수출촉진 정책이 이어질 것이다. 세계의 소비 중심지 미국이 생산 기지로 탈바꿈하는 과정은 국제 무역구도를 흔들 것이다. 미국의 수입대체는 대(對) 미국 수출국의 경제를 위협할 것이다. 특히 중국 등 주요 수출국의 경제가 흔들리면 수출 주도 중진국들의 경쟁은 더욱 치열하게 전개되고, 그 과정에서 생과 사의 기로에 서게 되는 기업들이 위태로운 상황에 놓일 것이다. 이렇게 경제가 요동치면 많은 사람들이 힘들어진다. 글로벌 수출시장이 감소하기 때문에 주변국 경제도 혼란을 겪을 것이고, 수출 주도형 경제구조를 갖고 있는 한국은 더욱 불안하다. 한국의 국제정치는 국력이 부족해서 주변국의 혼란과 불안정성을 해결할 수 없다. 국내정치는 제자리걸음에서 벗어나 미래의 삶을 걱정하는 국민을 안심시킬 수 있도록 지혜를 모으고, 안정적인 성장과 공평한 분배를 실현하도록 노력해야 한다.

취업자

취업자에 포함되기는 그리 어렵지 않다. 통계청에서 조사하는 기간 동안 1주일에 1시간 이상 노동하고 임금을 받으면 취업자에 속한다. 직장에서 임금을 받지 않고 집안에서 사업 또는 농사일 등을 하는데 거기에서 1주일에 18시간 이상 일을 하면 취업자가 된다. 그리고 사업체를 운영하는 창업자는 수익이 발생하지 않아도 취업자가 된다. 1인 창업이 취업률을 높인다.

실업수당을 받기 위해 실업자로 인정받으려면 노력이 필요하다. 취업의지가 있어야 실업자에 포함된다. 아무리 많은 이력서와 입사지원서를 작성하였더라도 취업자 조사 기간 동안 구직활동을 하지 않으면 실업자가 아니라 취업 단념자가 된다. 취업 단념자, 학생, 가정주부 등은 비경제활동인구에 포함된다. 이들은 사회에서 생산 등 경제활동에 참여하지 않는 사람을 말한다.

경제활동인구 조사 대상은 15세 이상의 인구이다. 중학교까지 의무교육을 마쳐야 하고, 15세 이후부터는 취업이나 진학을 선택한다. 중학교를 마치고 대부분 고등학교 진학을 선택하고 비경제활동인구에 속하게 된다. 대학을 마치고 결혼해서 살림만 하는 사람을 찾기 어려운 시대이다. 가정주부가 줄어들면 비경제활동인구가 감소한다.

어디선가 일은 하고 있지만 경제활동인구 조사대상에 포함되지 않는 사람들도 있다. 군인, 경찰, 교도소 수감자 등이다. 자신의 의지가 아닌 국가의무 또는 교도소에서 형벌을 수행하는 사람들이다. 그들의 행위는 경제활동 또는 비경제활동에 포함되지 않는다.

경제활동인구는 취업자와 실업자로 구분한다. 실업률은 경제활동인구 중에서 실업자의 비중이고, 고용률은 15세 이상의 인구 중에서 취업자의 비중이다. 주변에서 엄청나게 많은 실업자를 보는데 취업 단념자에 포함되면 실업률은 생각보다 낮게 나온다. 공식적으로 발표되는 실업률을 믿기 어려운 경우가 많다. 취업 포기자는 실업자가 아니다. 실업자가 되지 않겠다고 마음먹으면 언제든 가능하다. 실업률 통계는 과소추정 될 가능성이 높다.

15세 이상의 생산가능인구 대비 취업자 비중을 찾으면 고용률이다. 독일의 고용률은 70%를 넘는다. 15세 이상 생산가능인구의 70%가 취업 상태를 유지한다면 학생, 주부 중에서도 노동임금을 받는 노동자들이 많다는 얘기다. 시간제 일자리가 포함된 통계지만 70% 고용률이 매년 꾸준히 유지되고 있다면 대부분 성인들을 취업자로 봐도 무리는 아니다.

시간제 일자리가 너무 많다는 건 그리 좋은 현상이 아니다. 안정적인 수입으로 미래를 계획하는 노동자의 입장에서 시간제 일자리는 언제든 실업자로 전락할 수 있는 불안정한 위치이다. 시간제 노동자들은 보다 나은 미래의 설계보다 실직과 생계 걱정이 앞선다. 시간제 일자리를 잃는 상황은 경기가 좋지 않다는 신호와 같기도 하다. 경기가 좋으면 시간제 일자리도 늘어난다.

계절에 민감하거나 시간에 민감한 업종의 경우 기업주의 입장에서 시간제 일자리 제공이 합리적으로 보인다. 추수철에 많은 노동력이 필요한 농업이나, 얼음을 생산, 판매하는 사업자들은 사계절 내내 동일한 수의 노동자를 고용할 수 없다. 경기 변동성이 큰 경우에도 그렇다. 1년 또는 수년 주기로 사업의 변화가 심하게 나타나는 경영환경에서 꾸준한 고용량을 유지하기 어렵다. 경기가 침체되는 상황에서 기업주는 임금을 지급하기도 어렵고 때로는 파산 가능성도 높아진다. 그래서 사업자들은 경기변화에 따라 고용과 해고를 보다 쉽게 할 수 있는 환경을 원한다. 이것을 노동의 유연성이라고 한다.

누구든 노동자가 될 수 있고 기업주가 될 수 있다. 어느 수준의 노동 유연성이 적당하다고 명확하게 제시할 근거를 찾기 어렵다. 유연성의 적정 수치를 찾겠다는 것은 어리석은 발상이다. 노동의 유연성과 상관없이 산업이 발전할 수 있는 경제환경이 조성되어야 한다. 새로운 기술이 생산과 판매로 이어지기 쉬운 경제환경을 조성하고, 어디서든 일자리를 찾을 수 있도록 안정적인 경제 성장을 유지해야 한다.

노동 유연성의 수준은 현실 정치에서 결정된다. 노동 유연성의 수준을 찾겠다는 논의에서 약자의 편에서 세상을 바라보는 시각이 우세할 것 같지만, 이러한 결정은 정치력에 좌우된다. 노동자들이 정치에 관여하고 싶어 하는 이유는 생존 욕구에 있다. 권력을 탐하고 정치로 뛰어드는 노동자는 소수에 불과할 것으로 생각한다.

실업자

신입사원 김 씨는 현재 직장에서 하는 일이 재미없다고 한다. 미래의 자신의 모습도 별 볼 일 없어 보이고, 직장 내에서 승승장구 승진할 것처럼 보이지도 않는다. 그렇다고 안정된 직장도 아니다. 직장을 옮기겠다고 마음먹었다. 하지만 매일 할 일들이 쌓여있고, 옮겨갈 직장을 찾을 시간도 없다. 어쩔 수 없이 다른 자리를 찾기 전에 먼저 사직서를 제출하고 퇴직했다. 이제 김 씨는 이직 후에 새로운 직장을 찾는 과정에서 발생하는 실업 상태에 있다. 이러한 실업을 '마찰적 실업'이라고 한다.

1980년대까지는 시내버스에 안내양이 있었다. 버스 요금을 받고 거스름돈을 내어주었고, 복잡한 버스 안에서 손님들의 승차와 하차를 도왔다. 이제 시내버스 안내양은 찾아볼 수 없다. 요금 지불 시스템도 발전했고, 버스 승객이 많지만 예전같이 복잡하지 않다. 그 많은 안내양은 직장을 옮기는 과정에서 실업 상태를 경험했다. 이러한 경우는 기술변화에 의해서 나타나는 '구조적 실업'이라고 부른다.

마찰적 실업과 구조적 실업은 피할 수 없다. 어떠한 정책을 내놓아도 직장을 옮기는 사람들이나, 기술 변화에 따라서 일자리를 잃게 되는 사람들은 나타난다. 그래서 마찰적 실업과 구조적 실업을 자연실업이라고 한다. 현재 실업률이 3%인 미국을 완전고용상태라고 하면, 미국의 자연실업률이 3%라는 것이다.

정부에서 걱정하는 실업률은 '경기적 실업'이다. 경기순환과정에서 경기침체로 나타나는 실업이 경기적 실업이다. 어려운 일이지만 정부는 경기적 실업을 줄이려고 노력한다. 국가의 재정지출 및 통화량을 늘리고 이자율을 낮추면서 경기를 살려야 국내총생산이 증가하고 실업률이 감소한다.

정책 효율성은 정책 추진 시점과 규모에 따라 다르게 나타난다. 경기변동과정에서 어떠한 시점에 재정을 확대하거나 통화량을 높여야 하는지 결정해야 한다. 경기의 급하강 이전에 정책 실행 시점과 규모를 결정해야 한다. 그래서 간혹 정부는 골든타임을 놓치지 않도록 국회에서 협의해야 한다는 보도 자료를 배포한다. 재정 및 통화 정책을 올바른 시기에 추진하여 경기 침체의 폭을 줄여야 한다. 정책 추진 시점이 늦어지면, 경기회복을 기대하기 어려울 수 있다. 이런 경우에는 정책 규모를 확대해야 한다. 정책 목표는 국내총생산을 늘리고 사업자들이 생산을 위해 노동자 고용을 늘리도록 유도하는 것이다.

한국의 내수시장은 크지 않다는 표현보다 '비좁다'는 표현이 적절하다. 수출비중이 높은 한국경제는 해외 여건의 변화에 심하게 동조한다. 미국과 중국의 경기침체는 한국의 수출경기를 위축시킨다. 수출 주도형 경제구조를 갖고 있기 때문에 수출이 감소하면 수출 관련 업체들은 폐업 또는 구조조정에 들어간다. 대외 여건의 영향이 크기 때문에 한국의 재정 또는 금융 정책의 효과는 생각보다 크지 않을 수 있다. 따라서 한국경제는 실업 문제를 내수경기 부양 정책만으로 해결할 수 없다. 수출 확대 정책이 동반되어야 한다.

한국의 실정에서 중요한 문제는 글로벌 경기 안정성이다. 해외 경기는 한국의 경제력으로 해결 불가능하다. 해외 경기가 살아나길 기원하는 방법밖에 없다면 한국경제는 너무 무기력해 보인다. 내수경기를 활성화 시켜서 경기를 살려보고 싶지만 국내 생산 및 판매, 경제규모 그리고 경제력은 실업률을 관리하기에 충분하지 않다.

'체력은 국력'이라는 구호에 익숙한 세대가 있다. 현재 세대는 '해외시장 확보는 국력'이라는 구호를 가슴에 새기게 된다. 국내시장의 경쟁은 치열하고 해외시장 개척도 어렵다. 한마디로 국민들이 먹고살기 힘들다. 해외 기업에 취업하는 우수한 인재를 나무랄 수 없다. 이들이 해외에서 많은 경험을 하고 국내

생산에 기여하기를 바랄 뿐이다.

소득과 행복

1인당 국민소득(GDP)을 기준으로 선진국, 중진국 그리고 저개발국으로 구분한다. 1인당 GDP가 4만 달러 이상이면 선진국이라 하고, 1인당 GDP가 3천 달러 미만이면 저개발국이라고 한다. 주요 선진국들은 1인당 GDP 4만 달러 이상이고 저개발국은 1인당 GDP 3천 달러 미만에 머물러 있다. GDP 기준으로 선진국과 저개발국을 구분하면 그 정도 수준이라는 것이다. 숫자의 의미는 크게 없다. 만일 앞으로 선진국의 1인당 GDP가 6만 달러를 넘으면 아마도 6만 달러를 선진국 진입 기준으로 삼게 될 것이다.

2018년도 기준, 룩셈부르크의 1인당 GDP는 10만 달러를 초과한다. 스위스도 8만 달러에 육박하고 있으며, 마카오도 7만 달러 가까이 근접한다. 1인당 GDP를 기준으로 판단하는 국민들의 소득 및 생활 수준의 의미는 크지 않다. 룩셈부르크의 1인당 GDP가 높은 이유는 금융업 규모는 크고 인구는 상대적으로 작기 때문이다. 엄청난 소득을 발생시키는 금융업의 주인은 외국인이다. 룩셈부르크 내국인의 소득은 외국인에 비해 낮다.

1인당 GDP는 '삶의 질'을 완전하게 나타내지 못한다. GDP는 시장거래만을 측정한다. 시장에서 거래되지 않는 가사노동, 암시장, 대학생 개인 과외 등은 GDP에 포함되지 않고 범죄, 교통난, 미세먼지, 하천 오염 등 후생수준을 반영하지 못한다. 소득 이외의 삶의 질적 측면은 나타내지 못한다.

경제성장은 GDP의 지속적인 증가를 측정하면 된다. 경제가 성장하는 것과 발전하는 것은 다르다. 발전이란 단어에는 환경, 범죄, 건강, 학력 등 사회의 상태를 나타내는 지표들이 함축되어 있다. 소득이 높아도 질병으로 고통 받고 수명이 단축되면 삶의 의미가 없다. 돈이 많아도 범죄에 노출되고 언제든 피해를 입을 수 있다면 불안한 시간을 보내야 한다. 삶의 질적 측면을 생각하면 GDP 의미는 크지 않다.

UN 등 다양한 기관에서 행복지수를 측정하고 발표한다. 측정하는 방법은 다양하다. 삶의 질이라는 개념이 주관적이기 때문에 어떠한 측정방법이 '옳다',

'그르다' 시비를 가릴 수 없다. 그들은 일반적으로 동의할 수 있는 지표를 만들고 있다. 예상수명, 인간관계, 직업선택의 자유, 정치적 청결도 등 다양한 지표를 사용한다. 저개발국에 속하는 네팔, 방글라데시 등은 행복지수 높은 국가 리스트에 있다. 복지수준이 높은 네덜란드, 스웨덴 등의 행복지수가 높은 경우도 있다. 소득과 행복의 순위가 늘 같지 않은 것이 특징이다.

국민 평균소득이 높아도 국민들의 상대적 소득 격차가 큰 경우, 삶의 질적 수준이 낮게 나타날 수 있다. 삶의 질적 만족도를 주관적으로 평가하면, 자신의 상태를 주변 사람들과 상대적으로 평가하게 된다. 내가 잘 살고 있는지 생각할 때, 직장, 소득 등 경제력을 고려하기보다 주변 사람들을 기준으로 판단하는 경우가 많다. 생활수준이 주변 사람들과 비슷하면, 행복지수가 높게 나타날 가능성이 크다.

행복지수는 소득이 전부가 아니라는 사실을 생각하게 해준다. 소득만을 바라보고 살아가는 사람들에게 행복지수는 생활환경을 돌아보고 자신의 삶을 더 깊이 생각하는 시간을 가져다준다. 자연환경을 보호하고, 친구들과의 우정도 나누고, 건강한 몸으로 살아가고, 범죄에 노출되지 않고, 직장의 작업환경 등 다양한 분야에서 삶의 질적 개선을 위한 노력이 계속된다면, 보다 나은 삶을 기대할 수 있다.

치열한 경쟁은 일상이고 잔혹한 결과는 평범하다. 조금이라도 더 높은 소득계층에 오르려는 사람들이 서로 다툰다. 나보다 잘난 사람은 넘어뜨리려 하고, 앞서가는 사람은 발목을 잡아 멈춰 세우려 한다. 교묘한 음모, 술수와 비난 그리고 때로는 불법 행위도 망설이지 않는다. 다행히 모든 사람들이 극단적으로 잔인하게 살아가지는 않는다. 행복수준을 외면하지 않고, 서로를 위로하고 격려하고 이끌어주며 함께 같이 잘 살아가자는 구호를 외치며 때로는 음모와 술수에 맞서 싸우는 사람들도 있다.

2 경기변동

(1) 경기변동의 의미

순환적 변동: 주요 거시경제 변수들이 상승과 하락을 반복하면서 불경기와 호경기가 번갈아 가며 나타나는 현상을 말한다.

- 경기의 순환주기: 수축(불황) ⇨ 저점 ⇨ 회복 ⇨ 확장(호황) ⇨ 고점 ⇨ 후퇴기의 형태로 나타난다.
- 순환적 변동의 특징: 반복성, 비규칙성, 파급 시차의 세 가지로 설명할 수 있다.
- 반복성: 호황과 불황이 교차하여 반복된다는 것이다.
- 비규칙성: 순환적 변동이 규칙적이지 않다는 것이다. 즉, 국면 전환 시기에 대한 규칙이 없다.
- 파급 시차: 확장이나 수축이 시차를 두고 경제 각 부문에 파급된다는 것이다.

호경기와 불경기: 호경기와 불경기는 반드시 이름대로 좋고 나쁜 것만은 아니다.

- 호경기: 경제가 확장하면서 국민소득이 늘어나지만 반대로 경기과열이나 물가 급등의 문제를 야기한다.
- 불경기: 경제가 수축하면서 국민소득이 감소하거나, 증가세가 정체되고 실업도 늘어나지만, 반대로 가계는 짜임새 있는 살림을 하게 되고 기업들은 경쟁력을 보유한 기업만 생존하게 되면서 경제가 구조조정을 통하여 전반적으로 건강해지는 계기가 된다.

(2) 경기변동의 원인

경기국면의 변화와 국면 지속성

- 경기순환은 경제에 가해진 외부적 충격에 반응하는 과정에서 발생한다. 따라서 경기순환과 관련한 초점은 국면 변화 원인과 국면 지속성의 두 가지이다.
- 경기국면의 변화를 가져오는 외부적 충격은 다음 네 가지로 구분할 수 있다.

첫째, 수요 충격(demand shock),

- 기업의 미래에 대한 기대가 변화하면서 발생하는 투자지출의 변동에 기인한다.
- 케인즈학파에서 중점을 두는 부분이다.

둘째, 공급 충격(supply shock),

- 기술 변화나 혁신 등으로 인해서 발생하는 실물적 충격이다.
- 슘페터가 경기순환과 경제발전의 원인으로 가장 중요하게 꼽는 항목이다.

셋째, 화폐적 충격(monetary shock),

- 통화량의 변화에서 오는 충격이다.
- 프리드먼과 같은 통화론자들이 관심을 두는 분야이다.

넷째, 불완전 정보

- 미래에 대한 기대가 정확하지 못하고 판단상의 오류가 발생함으로써 경기 변동이 유발된다고 보는 것이다.
- 루카스와 같은 합리적 기대론자들은 불완전 정보로 인하여 판단 오류가 발생한다고 본다.

참고: 기타 경기국면 변화

- 이외에도 외부효과, 비경쟁적 시장 환경 등으로 내생적으로 경기변동이 발생한다고 보는 견해도 있으며, 또한 정치적 경기변동 이론도 있다.

경기국면의 지속성이나 국면 전환 요인

- 유발투자: 유발투자가 원인이 된다고 보는 것은 케인즈학파의 견해이며, 독립적인 투자는 유발투자를 낳는 데 시간이 지나면서 유발투자의 효과가 감소하고, 그에 따라 유효수요가 줄어들면서 경기국면이 전환된다고 본다.
- 자본재 투자: 투자 결정시점과 건설 완료시점이 상이하여 경기변동을 유발하는 요인이 된다고 본다.

(3) 경기국면의 판단

경기국면의 판단: 경기국면에 대한 판단은 GDP 통계로 내리게 되고, 경기의 정점과 저점에 대한 판단은 통계청에서 각계의 경제전문가들의 의견을 취합하여 결정한다.

- 경기 정점과 저점에 대한 판단은 사후적(ex-post)으로 결정하기 때문에 경제정책의 수립이나 집행, 소비자의 소비－저축 의사결정, 기업의 투자 의사결정을 위한 통계로서 사용할 수 없다.
- 사전적(ex-ante)으로 또는 동시적(concurrent)으로 경기흐름을 파악할 필요가 있는데, 이와 같은 목적에 의해서 작성하는 지수를 경기지수라고 한다.

경기지수: 경제지표들을 중심으로 작성하는 것과 설문조사에 의해서 작성하는 것이 있다. 경제지표를 중심으로 작성하는 지수에는 경기 선행/동행/후행 지수가 있다.

경기선행지수: 3~6개월 후의 경기 상태를 알려준다.

- 고용: 구인·구직비율
- 생산: 재고순환비율
- 소비: 소비자기대지수
- 투자: 자본재 수주액, 기계수주액, 건설수주액
- 금융: 종합주가지수, 장·단기금리 차이, 금융기관 유동성
- 무역: 순상품교역조건
- 전년동월대비 증감률로 표시해 왔으나, 최근 들어 순환변동치를 사용하고 있다.

경기동행지수: 현재의 경기상태를 알려준다. 경기동행성이 강한 지표로 구성되어 있다.

- 고용: 비농가 취업수
- 생산: 광공업생산지수, 제조업가동률지수, 내수출하지수, 서비스업활동지수, 기업경기실사지수(BSI)
- 소비: 도·소매업판매지수
- 투자: 건설기성액
- 무역: 수입액(실질)
- 순환변동치로 표시한다.

경기후행지수: 현재의 경기상태를 나중에 확인하는 지표이다.

- 고용: 상용 임시근로지수
- 생산: 생산자 제품재고지수
- 소비: 도시가계 소비지출
- 투자: 소비재 수입액
- 금융: 회사채 유통수익률

참고: 경기순환의 종류

- 대표적 경기변동론자인 슘페터는 순환의 종류를 소순환, 주순환, 장기순환의 세 가지로 구분했다.

소순환

- 키친순환(Kitchin cycle)이라고도 부른다.
- 단기(약 40개월 또는 3~4년) 순환이며, 원인은 수급 불일치에 따르는 재고투자의 변동에 있다. 이와 같은 이유로 재고순환이라고 부르기도 하며, 제조업의 재고-출하 사이클을 보기도 한다.

주순환

- 쥐글라순환(Juglar cycle)이라고도 한다.
- 중기(약 10년) 순환이며, 원인은 기술의 혁신과 기업의 설비투자에 있다.

장기순환

- 콘드라티예프 파동(Kondratieff wave)이라고도 한다.
- 장기(약 50~60년) 파동이며, 원인은 전기, 철도 등 대발명이며, 전쟁 혹은 혁명이 원인이 되는 경우도 있다.

기타 순환

- 이외에 주순환과 장기순환의 사이에 약 20년의 중기순환(쿠즈네츠 순환)도 있으며, 건축투자가 원인이 되는 것으로 보는데, 중기순환은 실증적인 뒷받침이 약하여 회의적인 시각이 많다.
- 슘페터는 3개의 키친순환이 하나의 쥐글라순환을 형성하고, 여섯 개의 쥐글라순환이 하나의 콘드라티예프 파동을 형성한다고 본다.
- 최근 한국의 경기순환은 단기인 키친순환에 초점이 맞춰져 있다. 1980년대부터 외환위기 이전까지 순환은 50개월에서 60개월 정도의 주기를 가지고 있었다. 그러나 외환위기 이후, 특히 2000년대에 들어와서는 30개월 정도로 순환주기가 짧아진 상태이다.

Section 2

총수요·총공급

거시경제에서 다루는 시장은 자원노동시장, 자금대부시장, 재화·서비스시장으로 구분할 수 있다. 이 세 개의 시장은 서로 연관되어 있으며 상호 변화에 반응한다. 그 반응의 크기 등에 이견이 있으나, 일반적으로 세 개의 시장은 상호연관성이 있다고 본다. 재화·서비스시장의 생산이 확대되면 자원노동에 대한 수요가 증가하고, 자금대부시장의 자금공급이 증가하여 이자율이 하락하고 재화·서비스시장의 총수요가 증가하게 된다. 여기에서는 거시경제학에서 다루는 시장의 총수요와 총공급에 대한 기본적인 개념을 설명한다.

1 자원시장

- 노동시장: 노동자는 자신이 갖고 있는 시간에서 여가와 노동을 선택하고, 노동의 대가인 임금을 받아서 소비한다.
- 따라서 임금이 상승하면 여가의 기회비용이 상승한다. 일반적으로 보다 비싸진 여가 시간 소비는 감소하고 노동시간은 늘어나게 된다(임금이 일정수준 이상으로 상승할 경우, 노동시간이 감소한다. 이것이 미시경제학에서 다루었던 굴절수요곡선이다).
- 노동에 대한 수요는 파생수요(drived demand)이다. 재화 및 서비스 시장의 수요가 증가하면, 생산량을 확대하기 위하여 자원에 대한 수요가 증가하게 된다.

- 또한 자원가격의 상승은 기업의 생산비 증가를 의미하며, 이에 따라 재화와 서비스의 공급량 감소로 이어진다. 생산비가 증가함에 따라서 기업의 이윤 및 생산량이 감소하기 때문이다.

2 화폐금융시장

화폐금융시장은 자금대부시장(loanable fund market)이라고 부르기도 한다. 이자율이 화폐시장 또는 투자 등 실물시장의 수요와 공급에 따라서 결정된다는 견해가 있기 때문에 여기에서는 자금대부시장의 수요와 공급의 여건에 따라서 이자율이 결정되는 것으로 설명한다.

- 자금대부시장에서의 수요자: 가계, 기업, 정부
- 자금대부시장에서의 공급자: 가계
- 자금대부시장의 수요와 공급에 따라서 이자율이 결정된다.
- 자금대부시장에서 결정되는 이자율은 "명목이자율"이다. 실질이자율은 기대인플레이션을 감안한 이자율이다.
- 피셔 방정식은 시중의 명목금리와 실질금리의 관계를 설명한다. 피셔 방정식은 시중의 명목금리를 실질금리와 기대인플레이션율의 합계로 나타낸다. 기대인플레이션은 현실적으로 관측할 수 없기 때문에 인플레이션율을 사용하여 사후적 개념의 명목이자율을 분석한다.
- 명목이자율=실질이자율+예상되는 인플레이션

채권의 가격과 이자율의 관계

채권 가격의 하락은 이자율의 상승을 의미한다. 채권 가격과 이자율의 변화는 인과관계를 나타내는 것이 아니다.

- 예) 채권 발행시

채권 액면가 100만원

채권 수익률: 3년간 연 10만원씩 지급(이자율: 연 10%)

- 예) 발행된 채권의 거래가격이 하락하는 경우(채권 액면가 100만원)

  채권 거래가격 90만원

  채권 수익률: 3년간 연 10만원씩 지급(이자율: 연 11.1%)

- 이와 같이 채권 가격이 100만원에서 90만원으로 하락하였음은 이자율이 10%에서 11.1%로 상승하였음을 의미한다.

3 재화와 서비스 시장

재화와 서비스 시장은 한 국가의 경제시스템 내에서의 실물의 흐름을 설명한다. 국가 전체 차원의 총수요(*AD*)와 총공급(*AS*)을 적용하여 재화와 서비스 시장의 균형을 분석한다.

(1) 총수요

총수요(*AD*: Aggregate Demand)의 개념

- 총수요는 재화 및 서비스 시장에서의 수요를 말한다.
- 총수요는 한 국가의 모든 경제주체들이 일정기간 동안 소비와 투자의 목적으로 구입하려고 하는 재화와 서비스의 총합이다.
- 거시경제에서 총수요는 소비, 투자, 정부지출, 순수출의 합이다. 총수요는 지출 측면에서의 GDP와 동일한 개념이다. 따라서 총수요의 크기는 GDP로 측정한다. 그리고 물가 수준은 GDP 디플레이터로 나타내고 있다.

총수요의 기울기

- 총수요(AD)곡선의 기울기는 한 국가의 물가수준과 국민소득(GDP)의 관계를 나타낸다. 총수요(AD)곡선은 우하향의 모습을 보인다.
- 아래에서 총수요(AD)곡선의 기울기가 우하향하는 이유를 설명하기 위해서 물가 하락을 가정하고 있다.

총수요곡선이 우하향하는 이유

첫째, 실질자산 효과(Real Balance Effect)

- 가정: 일정한 양의 화폐를 보유하고 있다고 가정하고 있다.
- 이때 물가가 하락하년 보유 화폐의 구매력이 향상되고, 부(富: Wealth)의 향상, 이에 따라서 시출이 증가한나. 이것을 '부의 효과(Wealth Effect)'라고 부른다.
- 이와 같이 물가 수준과 총수요는 역의 관계를 보이고 있다.

둘째, 이자율 효과(Interest Rate Effect)

- 가정: 구입량 및 지출량을 일정 수준으로 유지한다. 즉, 동일한 수준의 상품 구입량을 유지하고 있다고 가정하는 것이다.
- 이때, 물가가 하락하면, 수입 및 지출에 의해서 발생하는 현금의 사용량은 감소하고 저축은 증가한다. 이는 자금대부시장의 화폐공급 증가 및 이자율 하락을 유발한다. 다른 한편으로는, 물가하락에 따른 실질화폐공급(M/P)의 증가와 함께 이자율이 하락한다.
- 이자율이 하락하면 기업에서는 투자지출을 증가시키고, 가계에서도 주택, 자동차 등 소비지출을 위한 가계대출을 확대할 수 있다. 기업의 투자지출 및 가계의 소비지출은 총수요의 증가를 의미한다.
- 따라서 물가와 총수요량은 역의 관계를 보이게 된다.

셋째, 수입 수출 효과(International Substitution Effect)

- 물가 하락은 외국인에게 국내상품 가격의 하락을 의미한다. 따라서 국

내 상품의 수출이 증가한다. 내국인에게는 해외상품 가격이 상대적으로 인상된 효과를 가져오고, 국내의 수입량이 감소한다.

- 따라서 물가하락은 순수출(수출−수입)을 증가시키며, 물가와 총수요량은 역의 관계를 나타낸다.

총수요(*AD*)곡선의 이동 요인

첫째, 자산가치 및 부(富: Wealth)

- 일정 수준의 물가 수준에서 자산가치(증권, 부동산 등)가 상승하는 것은 가계의 부(富: Wealth)를 증가시키고 이에 따라서 가계의 소비 지출을 증가시킨다.
- 다시 말하면 동일한 물가수준에서 자산 가치 증가의 영향으로 가계의 소비 지출이 증가하는 것이다.
- 부동산 가격 또는 주식가치의 상승이 가계의 소비를 증가시킨다.

둘째, 실질이자율

- 기업이 투자 지출을 위해 외부 자금을 사용할 때, 실질이자율이 하락하면 투자 비용을 감소시킨다. 따라서 실질이자율이 하락하면 기업의 투자 지출은 증가한다.
- 기업이 투자 지출을 위해 내부 자금을 사용할 때, 투자의 기회비용, 즉 내부 자금으로 얻을 수 있는 이자 수익이 감소한다. 따라서 실질이자율의 하락은 투자 지출을 증가시킨다.

셋째, 미래에 대한 기대

- 미래에 대한 기대는 미래의 경기 또는 소득 등에 대한 예상을 말한다.
- 경기회복의 기대란 기업의 '판매량 및 이윤' 증가를 기대하는 것이다. 따라서 경기 회복을 기대하면 시장에 진출하는 기업이 증가하거나, 더 많은 이윤 확보를 목표로 하는 기업들에 의해서 투자 지출이 증가할 것이다.

- 가계의 입장에서 경기회복 또는 미래의 낙관적인 기대는 미래의 소득 증가 등을 의미한다. 기업의 이윤 확보에 따라서 가계는 미래의 소득이 증가할 것을 기대할 수 있으며, 현재의 소비 지출을 확대할 수 있다.
- 따라서 미래의 낙관적인 기대는 기업의 투자 지출과 가계의 소비 지출을 증가시킨다. 즉 총수요곡선이 이동한다.

넷째, 물가상승 예상(Expected rate of inflation)

- 미래의 물가가 상승할 것으로 예상되면, 현재의 소비 지출을 늘린다. 사재기 등의 현상이 나타나게 되는 것이다.
- 특히 원유가격의 상승은 물가 상승의 원인으로 작용한다. 따라서 원유가격이 상승하면 미래의 물가 상승을 예상하고 현재의 소비 또는 투자 지출이 증가할 수 있다.
- 생산에 필요한 원자재 확보 및 내구재 등에 대한 소비가 증가하는 것이다.

다섯째, 외국의 실질소득

- 외국인 소득이 증가하면 외국인의 국내상품에 대한 수요가 증가하여, 국내의 순수출이 증가한다.
- 미국의 경기가 회복되면 미국의 민간소비가 증가하면서 국내 기업들의 수출이 증가하는 현상이다.

여섯째, 환율의 평가절하 또는 절상

- 1달러당 1,000원에서 1달러당 2,000원으로 원화가치가 하락하는 경우를 가정하면
- 외국인에게는 국내 상품 가격이 하락하여 수출이 증가하고,
- 내국인에게는 외국 상품 가격이 상승하여, 수입이 감소한다.
- 따라서 환율의 평가절하, 즉 원화가치가 하락하면 순수출이 증가하여 총수요곡선이 이동한다.

(2) 총공급(*AS*)곡선

단기공급곡선: 자원 가격이 고정되어 있는 상태에서의 총공급곡선

- 단기에는 자원의 가격(노동임금, 부품가격, 원자재구매가격)이 고정되어 있다.
- 따라서 생산비용이 고정된 상태인 단기에서의 재화 및 서비스 물가가 상승하면, 자사제품의 판매가격이 상승하고 기업의 이윤이 증가하여 생산량(GDP)은 증가한다.

장기공급곡선: 자원의 가격이 변동하는 장기의 공급곡선

- 장기에 물가가 상승하는 것은 재화와 서비스의 가격뿐만 아니다. 노동임금 및 자원의 가격이 상승하여 생산비용도 증가한다.
- 판매가격과 판매비용이 동시에 증가하여 기업의 이윤은 변하지 않는다.
- 따라서 장기에는 물가가 상승할 때 생산량(GDP)은 변화하지 않는다.
- 그 경제가 갖고 있는 재화와 서비스의 생산능력만큼 생산한다.
- 즉 장기공급곡선의 생산량은 생산가능곡선상에서의 생산과 같은 효율적인 경제운영의 결과로 발휘할 수 있는 최대한의 생산량이다.

단기총공급(*SRAS*)곡선이 우상향하는 이유

첫째, 경직적 임금모형(Sticky Wage Model)

- 노동은 일반적으로 장기계약으로 체결된다. 단기에서 명목임금은 쉽게 변화하지 않는다.
- 기업은 예상 물가를 근거로 명목임금의 수준을 노동자와 협의하고 계약을 체결한다.
- 단기적으로 노동임금이 고정되어 있고, 실제 물가수준이 예상보다 높으면, 실질임금(W/P)은 감소하게 된다.
- 실제 물가가 상승하면 노동임금의 구매력이 감소한다. 즉 물가 상승은

그림 2 총수요의 증가

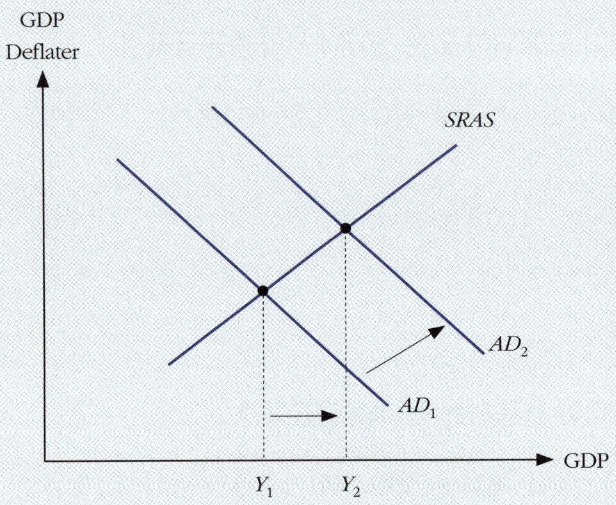

총수요 증가 요인

1. 자산가치의 상승
2. 실질이자율 하락
3. 미래에 대한 낙관적인 기대
4. 물가상승 예상
5. 외국의 실질소득 증가
6. 환율의 평가절하

그림 3 장기공급곡선

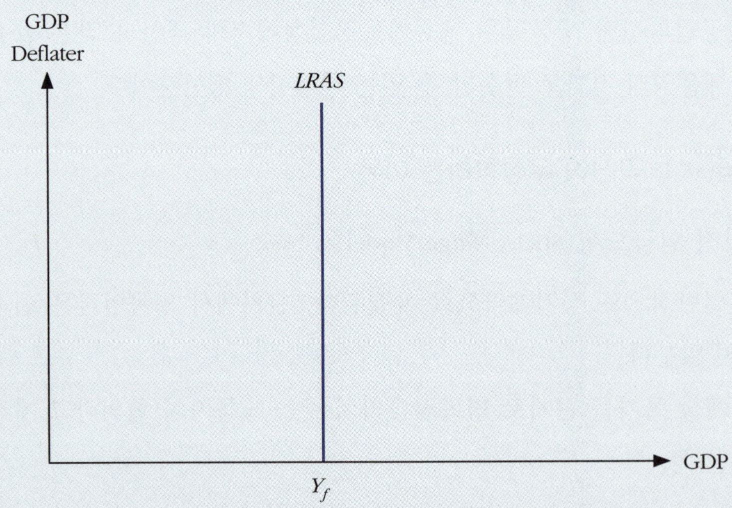

노동자의 실질임금 하락의 효과를 가져온다.

- 반면 기업의 입장에서는 물가가 상승하면 고정된 임금을 지급하고 자신의 상품가격을 높이면서 이윤이 증가한다.
- 실질임금이 낮아지면, 기업이 지출하는 실질비용이 감소한다. 따라서 기업은 고용인원 및 생산량을 확대할 수 있다.
- 따라서 경직된 임금에서 물가가 상승하면 생산량은 증가한다.

둘째, 착오모형(Misperception Model)

- 노동자가 물가의 상승을 인식하지 못하는 경우이다.
- 물가수준이 100에서 150으로 상승하고, 노동자의 명목임금이 200만원에서 250만원으로 상승할 때 노동자는 실질임금의 상승으로 착각한다.
- 명목임금만을 인식하는 노동자는 물가상승 수준과 실질임금 하락을 느끼지 못한다.
- 노동자는 명목임금의 인상은 알지만, 물가수준의 상승을 체감하지 못하고 실질임금이 상승한 것으로 혼동한다.
- 실질임금에 대한 착오가 발생하여 노동자는 노동 공급량을 늘리고, 이에 따라서 생산(GDP) 증가의 결과가 나타난다.

셋째, 경직적 가격모형(Sticky Price Model)

- 임금만이 아니라 재화와 서비스의 가격도 단기에는 경직적인 모습을 보인다.
- 재화와 서비스의 가격을 조정하려면 상당한 비용이 소요된다. 가격조정 비용을 메뉴비용이라고 부르기도 한다. 재화와 서비스의 가격은 서서히 변화한다.
- 갑자기 통화량이 증가하고 총수요가 증가하는 물가상승 시기에, 자신의 상품 가격도 인상해야 하지만 가격 인상이 쉽지 않다. 가격 인상에는 비용이 발생한다(기존 거래처와 가격인상을 위한 재계약 과정이 필요하다).
- 따라서 자신의 상품을 상대적으로 낮은 가격에 판매하면 상품 판매량이 증가하면서, 고용 및 생산량이 증가한다.

총공급(*AS*)곡선의 이동 요인

장기총공급곡선의 이동 요인

- 장기공급곡선의 이동은 생산능력의 증가, 즉 생산가능곡선의 이동, 경제성장과 동일한 개념이다.
- 따라서 장기공급곡선이 이동하려면 다음과 같은 요인의 변화가 필요하다.
  ① 자원공급의 증가
  ② 기술 또는 생산성의 증대
  ③ 자원 사용의 효율성 향상

단기총공급곡선의 이동 요인(우측 이동)

- (자원가격 하락) 자원 가격이 하락하면 기업의 생산비용이 감소하여 이윤 및 생산량이 증대된다. 따라서 동일한 수준의 물가에서 생산량이 증가하면 공급곡선은 우측으로 이동한다.
- (미래의 물가 하락) 미래의 물가가 하락할 것으로 예상되면, 노사 간에

그림 4 단기공급곡선의 이동

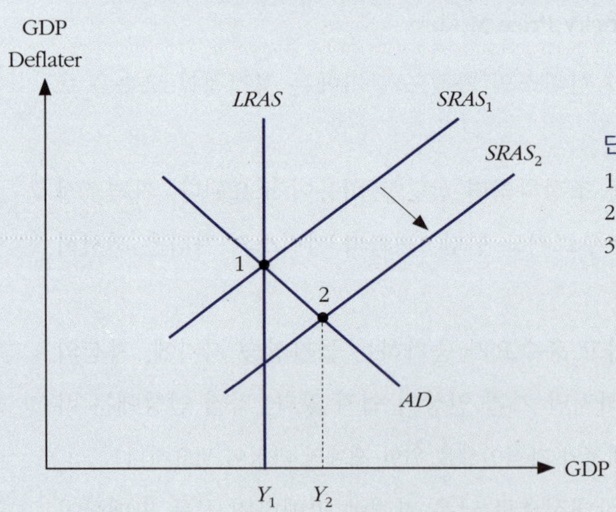

단기공급곡선 우측 이동(증가)요인
1. 자원가격 하락
2. 미래의 물가 하락
3. 일시적인 생산여건의 변화

는 임금협상이 이루어진다.

- 노동자와 기업은 미래의 물가 하락에 따른 실질임금의 상승을 예상할 수 있다. 따라서 기업은 노동자의 명목임금 인하를 요구하고 노동자는 이에 동의할 수 있다.
- 따라서 현재의 물가수준은 동일한 상태에서 임금이 낮아지면, 기업의 생산비용 하락 그리고 기업 이윤 상승, 노동력과 생산량이 증가한다.
- (일시적인 생산여건의 변화) 단기공급곡선이 증가할 수 있는 예로는 기상조건 변화 등이 있다. 기상 여건이 양호하여 일시적으로 공급이 증가할 수 있는 상태를 말한다.

총공급곡선의 일시적인 변화 및 영구적인 변화

예상치 못한 단기공급곡선의 일시적인 변화

- 일시적인 변화에 의한 단기공급곡선의 이동($SRAS_1$에서 $SRAS_2$로의 이동)은 생산량을 일시적으로 확대하는 결과를 가져온다.

그림 5 단기공급곡선의 일시적인 변화

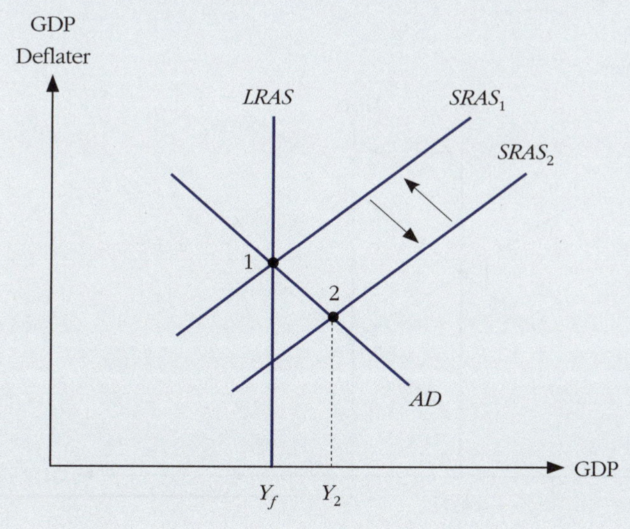

- 그러나 경제의 최대 생산력을 초과하는 Y_2 생산점에 이르면 자원 및 노동시장의 가격이 상승하게 된다. 기업은 자원 노동자격의 상승으로 생산비용이 증가하여 생산량을 줄이게 되고, 단기공급곡선은 $SRAS_1$으로 되돌아간다.
- 자원 노동시장의 가격 변화에 의한 상품시장의 균형상태의 변화를 시장의 자동조절 기능이라고 한다. 자원시장의 가격 변화에 따라 경제가 갖고 있는 최대 생산력인 장기균형 상태로 되돌아가는 것이다.

영구적인 총공급의 변화는 단기 및 장기 총공급곡선을 모두 이동시킨다

- 자원, 노동, 기술 등에서 변화가 발생하면 장·단기 총공급곡선이 모두 이동한다. 일반적으로 영구적인 변화이다.
- 자원, 노동 그리고 기술 수준 등은 쉽게 변하지 않는다. 이러한 생산요소들은 서서히 변화하고 쉽게 달라지지 않는다.
- 따라서 영구적인 시장여건의 변화는 단기 및 장기 총공급곡선을 동시에 이동시킨다.

그림 6 장단기 공급의 변화

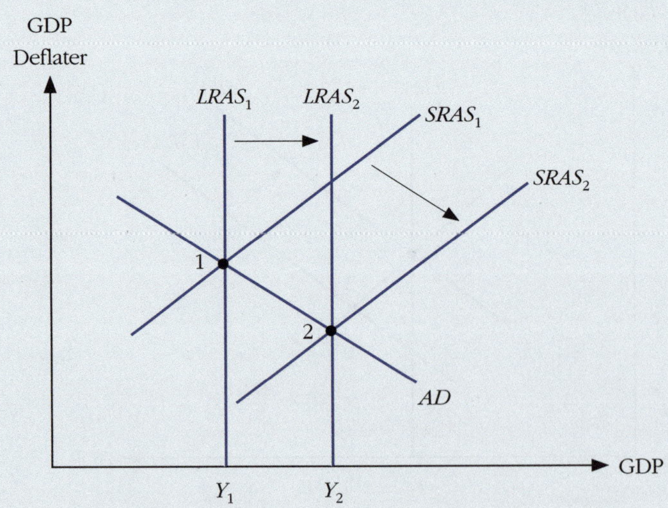

4 시각의 차이, 시장의 자기조정 역할

고전학파의 견해

- 시장경제는 안정적이라고 주장한다. 그 근거는 자원·노동가격의 변화에 있으며, 잠재 GDP 수준에서 시장의 균형 상태가 유지될 것이라는 주장이다.
- 예를 들면, 잠재 GDP보다 실제 GDP가 더 클 경우, 자원 수요가 증가하고 자원가격이 상승한다. 잠재 GDP보다 실제 GDP가 더 작을 경우, 자원 수요가 감소하고 자원가격이 하락하게 된다.
- 따라서 자원가격 변화에 따라 공급자 이윤이 변화하고, 결국 생산량은 잠재 GDP 수준에 이르게 된다는 주장이다.

케인즈학파의 견해

- 경기가 침체되었을 때, 실제 GDP는 잠재 GDP 수준에 미치지 못한다. 따라서 자원, 노동에 대한 수요가 감소한다.
- 만약 자원 및 노동 수요 감소가 임금하락을 유발하지 못한다면, 시장의 자기조정 역할은 나타나지 않는다. 경기침체로 실업이 증가해도 노동자들은 자신의 임금을 낮추려는 기업의 요구를 거부하는 경우가 대부분이다. 따라서, 케인즈는 자원·노동의 가격은 하락하지 않는다고 주장한다. 가격의 하방경직성, 특히 임금은 하락하지 않는다고 주장한다.
- 따라서 경기침체에서 벗어날 수 있는 자원·노동가격 하락, 생산비용 절감 등의 과정은 발생하지 않고, 경제는 불황 상태에서 벗어나지 못한다는 설명이다.

견해 차이의 근원

- 이들의 견해 차이는 자원가격 변화의 신축성 논란에서 출발한다.
- 케인즈는 자원·노동시장 가격은 하락하지 않는 하방경직성이 있다고 가정하고,

그림 7 수요 감소의 결과

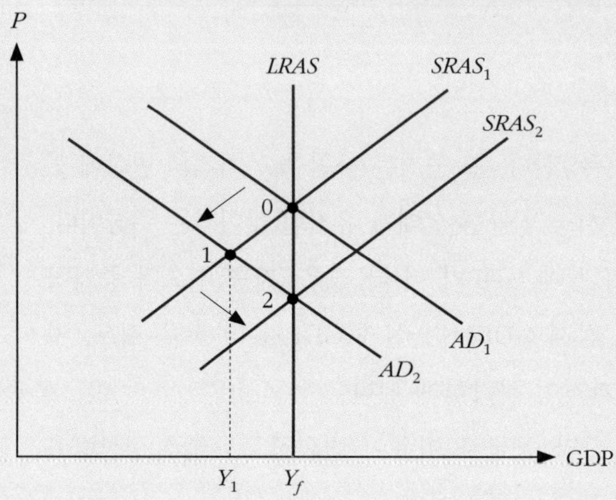

초기 균형점 0
수요 감소 → 균형점 1로 이동

케인즈
하방경직선 임금,
균형점 1 지속, Y_1

고전학파
임금 하락 → 단기공급곡선 이동.
새로운 균형점 2, Y_f 복귀

- 고전학파는 자원·노동시장 가격의 유연성을 기본 가정으로 하고 있다.
- 장기적인 시각으로는 가격의 유연성을 그리고 단기적인 시각으로는 가격의 경직성을 주장할 수 있다.

시장의 자기조정 역할

- 고전학파는 자금대부시장의 가격(이자율) 변화 때문에, 자원 가격이 하락하지 않아도, 시장의 자기조정 역할은 작동한다고 주장한다.
- 만일 불황기에 자원·노동시장의 가격변화가 없어도 자금대부시장의 역할에 따른 시장 자기조정 능력이 있다는 설명이다.
- 불황기에 소비는 감소하고 저축이 증가한다.
- 따라서 자금대부시장의 자금 공급이 증가하여 실질이자율은 하락한다.
- 그리고 소비 및 투자 지출이 증가하게 된다. 즉 총수요의 증가, 경기침체 탈출, 시장의 자동조절 역할을 예상한다.
- 다시 말하면 수요 감소에 의한 경기침체가 발생할 경우, 자금대부시장의 금리 변화에 따라 시장의 자기조정 역할이 작동한다는 것이다.

- 이와 같이 고전학파의 견해에 따르면, 일시적으로 경기가 침체되어도 시장의 자기조정 역할이 작동하여 경제는 장기균형 상태인 잠재 GDP 수준에 이르게 된다.

안정적인 시장경제

- 고전학파는 시장경제가 안정적이라고 주장한다.
- 안정적이라고 주장하는 근거는 다음과 같다.

첫째, 소비는 경기변동에 비하여 안정적이다.

- 소비는 총수요의 약 70%를 차지한다. 소비는 안정적이다. 따라서 총수요는 안정적이다.
- 소비가 안정적이라는 근거는 항상소득가설 등에 있다. 소비는 항상소득의 영향을 받지만 복권당첨 등 일시소득 변화에는 반응하지 않는다.
- 따라서 소비는 쉽게 변하지 않는 안정적인 모습을 보인다.

둘째, 실질이자율 변화가 총수요를 안정적으로 유지하는 역할을 한다.

- 위에서 설명한 것과 같이 총수요의 감소는 소비감소 및 저축증대를 유발하고 자금대부시장의 자금공급을 확대시킨다.
- 따라서 경기침체기의 총수요 감소는 실질이자율을 하락시키면서, 소비 및 투자 지출을 증가시킨다. 즉 총수요 회복에 따른 잠재 GDP 수준으로의 복귀를 예상한다.

셋째, 자원·노동시장의 가격변화는 상품시장을 안정적으로 유지하는 역할을 한다.

- 총수요의 변화 또는 총공급의 변화에 의해서 상품시장의 균형량이 변화할 때, 자원·노동 수요 및 가격 변화에 따라 총수요가 조정된다.
- 앞에서 설명한 자원·노동시장과 재화·서비스시장의 자기조정 기능을 말한다.

시간의 문제

- 경기침체에서 벗어나는 시간이 얼마나 소요되는가? 이것이 문제이다.
- 균형에서 벗어나도 다시 균형으로 복귀하는 데 오랜 시간이 필요하다면, 단기적으로 경제주체들은 불균형 상태에서 실업 및 빈곤 문제에 고통받는다. 만약에 이들이 100년 동안 빈곤 속에서 살아가야 한다면, 시장 자기조정 역할은 현재 세대에게 아무런 의미가 없다.
- 따라서 시장의 자기조정 역할의 기간이 길다면, 통화 또는 재정정책이 필요하다. 그러나 만일 그 기간이 짧다면, 정부정책은 필요없다. 시장 자기조정 역할로 해결된다.

Section 3

소비 및 투자이론

소비 및 투자 이론은 어떠한 변수들이 소비와 투자를 결정하는가에 대해 설명한다. 소비 및 투자를 결정하는 요인을 찾으면 총수요는 안정적인가에 대한 답을 할 수 있게 된다.

케인즈학파는 소비 및 투자가 불안정하기 때문에 거시경제의 총수요는 불안정하다고 주장하고 있다. 반면에 고전학파는 총수요는 안정적이라고 주장한다. 소비 및 투자 이론은 이들의 주장을 뒷받침하고 있다.

여기에서 누구의 소비 및 투자 이론에 대한 설명이 옳은가를 판단하기보다는, 어떠한 기본가정에서 소비 및 투자를 결정하는 요인들을 설명하고 있는가를 살펴보기 바란다. 즉 세상을 바라보는 시각이 다르기 때문에 기본가정이 다르고, 이들의 경제문제에 대한 해법 또한 다르게 나타나고 있다는 것이다. 장기적인 시각으로 경제현상을 바라볼 것인가? 아니면 단기적인 시각으로 세상을 바라볼 것인가? 이 장에서는 경제학 초급자의 수준에서 소비와 투자에 대한 논리적 전개 방법을 알아차리는 연습이 필요하다.

자연과학, 물리학 기반의 세계관 변화, 사회, 문화 등 다양한 요인에 의해 시각이 변화하기도 한다. 영원히 현실에 적용될 수 있는 이론은 존재하지 않는다. 세상이 변하면 이론도 변화한다. 모든 학문 영역에 적용될 것으로 생각된다.

1 소비이론

(1) 소비의 개념 정리

소비 & 소비지출

- 소비=비내구성 소비지출+내구성 소비의 일부분(한 해의 감가상각)
- 소비지출=비내구성 소비지출+내구성 소비지출
  (상품 구입을 위해 지출된 전체 금액)
- 소비는 과거에 구입하여 현재 사용하고 있는 상품도 포함되는 개념이고, 소비지출은 내구성 상품 구입 등에 소비자가 지출한 금액을 말한다.
- 소비지출(Consumption Expenditure)이란 일정기간 동안에 생산된 최종재 중 가계가 구입하는 소비재의 총시장가치를 말한다.
- 총수요 분석에서 일반적으로 '소비'라고 표기하지만, 소비지출의 개념이다.

소비성향(Propensity to Consume)

- 의미: 가계는 소득을 현재의 소비와 미래의 소비(저축)로 분배하게 되는데, 이때에 현재의 소비로 얼마를 배분하느냐를 보여주는 것이 소비성향이다.

한계소비성향(*MPC*: Marginal Propensity to Consume)

- 소득이 1단위 증가했을 때 그중에서 소비로 배분하는 비율을 의미한다.
- 예를 들어, 소득이 100만원에서 110만원으로 10만원 늘었을 때 소비가 70만원에서 75만원으로 5만원 늘었다면 한계소비성향은 5÷10=0.5이다.

그림 8 소비: 한계소비성향 & 평균소비성향

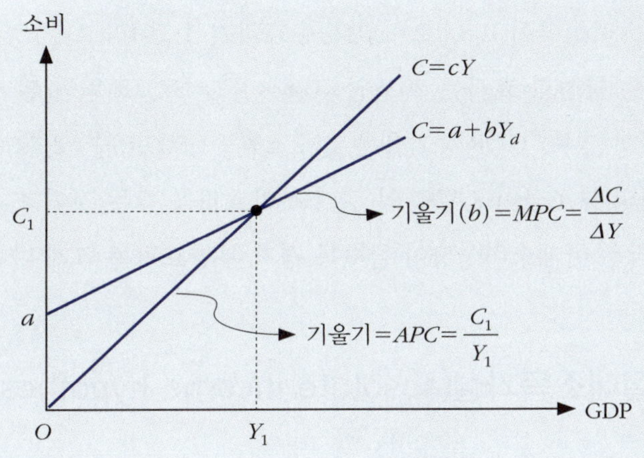

평균소비성향(*APC*: Average Propensity to Consume)

- 총소득 중에서 소비로 배분하는 비율이다(소비÷총소득).
- 예를 들어, 한 달 소득 100만원 중에서 70만원을 소비하고 30만원을 저축한다면 평균소비성향은 70÷100=0.7이다.

참고: 가계는 소득을 소비와 저축으로 배분하기 때문에(즉, 소득−소비=저축) 평균저축성향(*APS*)과 한계저축성향(*MPS*)은 각각 $1-APC$, $1-MPC$이다.

소비성향은 어떻게 이용되는가?

- "소비성향을 알고 있으면 소득 증가에 따른 경제적 파급 효과를 예측할 수 있으며, 보조금 등 정부 정책의 효과를 파악할 수 있다."
- 따라서 가계의 소비성향은 거시경제정책을 수립하는 데 중요한 의미를 가진다.
- 예를 들어, 정부가 재정정책의 일환으로 가계에 보조금을 지급하기로 했을 때 그것이 얼마나 경기 활성화에 보탬이 되느냐는 가계가 그 보조금 중 얼마를 소비에 배분하느냐에 달려 있다.

- 한국의 경상 GDP가 1,000조원인데 정부가 급격한 경기침체를 맞이하여 내수 활성화 차원에서 20조원의 보조금을 지급하기로 했다고 하자.
- 이때 한계소비성향이 0.8, 소비의 승수효과가 1.7이라고 '가정'하면, 20조원의 내수 활성화 효과는 20조원×0.8×1.7=27.2조원이 된다.
- 이 경우 경상(명목) GDP 증가율은 27.2조원÷1,000조원=2.72%가 된다. 즉, 20조원의 보조금이 2.72% 의 경기 부양효과를 갖는 것이다. 0보다 크고 1보다 작은 한계소비성향이 클수록 경기 부양효과는 크게 나타난다.

(2) 케인즈의 절대소득가설(absolute income hypothesis)

절대소득가설: '소비는 현재 자신이 지출할 수 있는 가처분소득의 영향을 받는다.' 즉 소비는 현재 소득의 절대적 크기에 의하여 결정된다는 설명이다.

케인즈의 소비함수

- 케인즈는 단기적으로 소비함수를 다음과 같이 정의하였다

$$C=C(Y)=a+bY_d$$

여기에서
C=소비,
a=기초소비, $a>0$
b=한계소비성향, $0<b<1$
Y_d=당기 소득(가처분소득)

기초 소비: 소득이 없어도 발생하는 소비(기본적인 의식주 해결을 위한 소비)

한계소비성향(MPC): 소득 1단위 변화에 대한 소비의 증가분

평균소비성향(Average Propensity to Consume): $APC=C/Y_d$, 소득 대비 소비이다.

- 소비지출의 결정요인은 Y_d(가처분 소득: disposable income), 조세 납부 후의 소득에 있다.

그림 9 케인즈의 소비함수: 절대소득가설

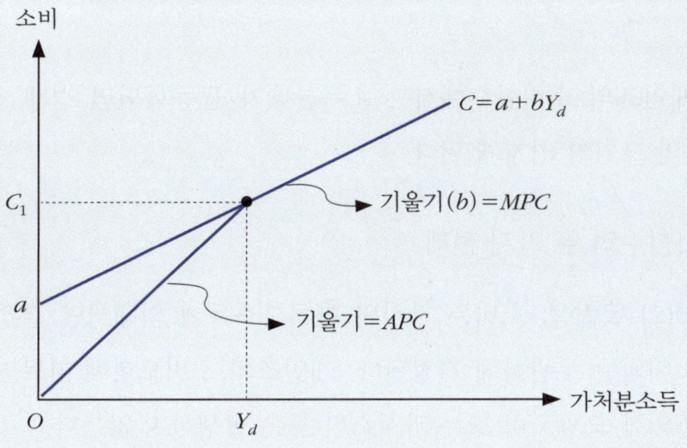

- 케인즈의 소비함수$(C=a+bY_d)$를 그래프로 표현하면 다음과 같다.
- Y_d 가처분소득에서 소비는 C_1이다.
- C_1에서 한계소비성향(MPC) < 평균소비성향(APC)

소득과 소비 행위의 일반적인 견해

- 사람이 살아가는 데 필요한 소비는 대부분 한정되어 있다. 일반적으로 소비는 소득증가만큼 같이 증가하지는 않는다. 1년 동안 100억원 소득을 갖는 사람들의 대부분은 그 소득을 1년 동안 모두 소비하지 못한다.
- 따라서 소득이 증가함에 따라 소비지출의 비율은 하락하고 저축의 비율은 상승한다는 것이다.
- 고소득층의 소비/소득 비중과 저소득층의 소비/소득 비중의 차이가 나타난다(당연히 저소득층 소비/소득 비중이 크다. 소비성향이 높다. 따라서 저소득층 소득을 높이면 국가경제의 소비지출이 증가한다).

소득분배와 소비지출의 크기

- 가처분소득 수준이 높은 사람들의 한계소비성향과 가처분소득 수준이 낮은 사람들의 한계소비성향의 크기는 다르다(가처분소득 수준이 낮은 경

우 한계소비성향이 크다).

- 소득분배가 평등하게 이루어지면 사회 전체의 한계소비성향은 높아지게 된다.
- 따라서 케인즈의 소비함수에서는 소득분배가 균등화되면 경제 전체의 소비지출의 크기가 커지게 된다.

케인즈 소비함수의 두 가지 전제

- 첫째, 소비의 독립성: 소비는 자신의 가처분소득에 의해서만 결정된다. 타인의 소비와는 무관하게 결정된다. 케인즈의 소비모형에 따르면 상호의존성에 의한 모방소비 또는 과시소비 등은 발생하지 않는다.
- 둘째, 소비의 가역성: 소비는 자신의 소득 수준에 따라 자유롭게 변한다. 소득수준이 상승하면 소비도 증가하고, 반대도 성립한다. 소득이 증가했다가 감소하면 과거의 소비수준으로 되돌아온다. 따라서 소득이 불안정하면 소비도 불안정하다.

평균소비성향과 한계소비성향

- 그래프와 같이 절대소득가설에 의하면 평균소비성향은 한계소비성향보다 항상 크며, 한계소비성향은 0과 1 사이의 값을 갖는다.
- 벌어들이는 소득을 모두 소비하는 경우, 평균소비성향의 기울기는 최대 45도에 달한다. 따라서 케인즈의 소비함수 기울기는 45도보다 작다는 것을 의미한다.

소비는 불안정한 요인(케인즈)

- 케인즈는 소득수준의 영구적 변화뿐만 아니라 단기적(일시적)인 소득의 변화도 소비를 변화시킨다고 본다.
- 즉, 현재의 소득에 의해서 소비가 결정된다는 것이다. 소득이 변화하면 그 즉시 소비는 변화하게 된다. 소득이 불안정하면 소비도 불안정하다.

쿠즈네츠의 반론

- 쿠즈네츠는 단기와 장기의 소비를 구분할 때, 단기에는 케인즈의 주장이 맞지만 장기에는 틀리다고 주장한다.
- 즉 단기에는 $APC > MPC$이지만, 장기에는 $APC = MPC$라는 것을 실증분석을 통하여 제시한다. 따라서 케인즈의 절대소득가설은 단기적인 분석에 적합하다는 설명이다.

(3) 항상소득가설(Permanent Income Theory)

이론의 주요 내용

- 항상소득가설 또는 영구소득가설이라고 하며 프리드먼(M. Friedman)이 주장한 이론이다.
- 소득을 항상소득(permanent income)과 임시소득(Transitory income)으로 구분하고, 소비도 항상소비와 임시소비로 나눈다.
- 소비는 항상소득을 기준으로 계획하기 때문에 항상소득의 비율이 높을수록 소비성향이 커지고 임시소득 비율이 높을수록 저축성향이 높아진다고 설명한다.
- 장기적인 관점의 소비이론이다.

항상소득

- 월급 등 일생에 걸친 평균적 소득이다.
- 자신의 항상소득을 감안하여 소비수준을 결정한다.
- 일생 동안의 소득인 항상소득 수준으로 결정하는 소비 수준은 안정적인 성향을 보이게 된다. 즉 소비수준의 변동성이 크지 않다는 주장이다.
- 사람들은 소비를 비교적 안정적인 수준에서 유지하려는 경향을 보인다는 것이다.

임시소득

- 일시적인 여건 변화로 발생하는 소득(보너스, 복권 등)이다.
- 임시소득에서 차지하는 저축의 비중이 크다.
- 임시소득은 경기 호황일 때 증가하고, 불경기에는 감소한다.
- 임시소득은 경기변동에 따라 변화할 수 있지만, 소비에 큰 영향을 미치지 않는다.

항상소득가설의 소비 변화

- 불황기: 일시적인 소득 감소 시기에는 돈을 빌려서 소비수준을 유지한다.
- 호황기: 일시적인 소득 증가 시기에는 저축이 발생한다.

한계소비성향의 크기

- 항상소득과 관련된 한계소비성향은 크고,
- 임시소득과 관련된 한계소비성향은 작다고 설명하고 있다.

항상소득가설의 한계

- 항상소득과 임시소득의 구분이 어렵다.
- 임시소득과 임시소비 간에 상관관계가 없다는 가정을 받아들이기 어렵다.
- 1970년대에는 적합한 설명이지만, 최근에는 연봉제로 임금이 결정되므로 보너스의 개념이 거의 없다.

경제정책 측면에서의 항상소득가설

- 일시적인 재정지출 확대나 소득세율 인하 등은 임시소득에만 영향을 주기 때문에 저축이 늘어나는 유인만 있고 경기부양 효과는 미미하다.
- 다만 재정지출 확대나 소득세율 인하가 지속적이고 영구적인 것이라면 소비를 촉진시켜 국민소득을 증가시키는 효과가 있다.

- 이에 반하여 케인즈는 영구적인 소득의 변화뿐만 아니라 일시적인 소득의 변화까지도 소비에 영향을 준다고 본다.

(4) 생애주기가설(Lifecycle Income Theory)

이론의 주요 내용

- 생애주기가설, 또는 평생소득가설은 모딜리아니(F. Modigliani)가 주창한 이론이다. 이 이론의 핵심은 전 생애에 걸친 소비의 평준화에 있다.
- 소득은 중년기에 가장 많기 때문에 이때에 저축을 함으로써 소득이 적은 노년기에도 중년기 소비수준을 유지한다는 것이다.
- 기본적으로 프리드먼의 항상소득가설과 동일한 개념에 입각한 이론이지만 접근방법에서는 차이가 있다.

소득과 소비

- 소비는 미래의 소득흐름의 현재가치에 영향을 받는다고 정의한다.
- 소득흐름은 근로소득과 자산소득 모두 포함한다.

그림 10 평생소득가설(생애주기가설)

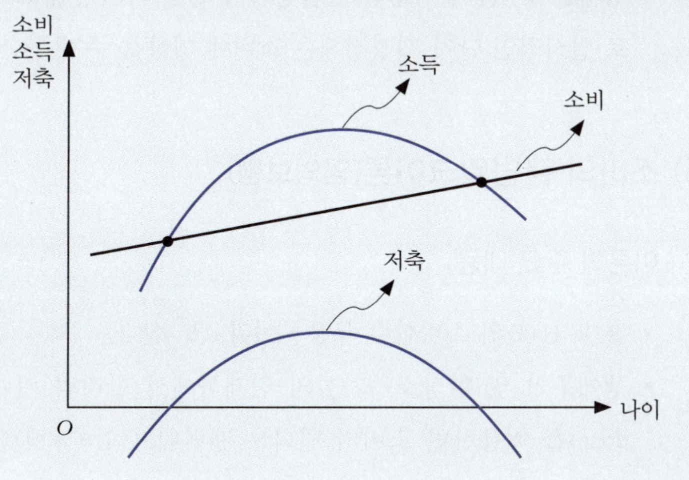

- 즉, 소비는 현재의 소득이나 보유자산에 근거하여 결정되는 것이 아니고 평생 동안 벌어들이게 되는 소득에 영향을 받게된다.
- 평생 거의 일정한 수준의 소비를 유지하고 있다. 따라서 소비는 소득 수준의 변화에 민감하게 변화하지 않는다.
- 같은 가처분소득에서 나이에 따라 한계소비성향이 다르다(케인즈의 절대소득가설은 같은 가처분소득에서 같은 한계소비성향을 발생한다고 하였다).
- 따라서 소득은 시기에 따라서 변화가 있지만 장기소비성향은 거의 일정하다.
- 소비자들은 소비를 일정한 수준으로 유지한다는 것을 강조하는 이론이다. 즉 소비는 안정적이라고 본다.

소비함수 형태 및 소비성향의 관계

생애주기이론의 생애 중 일정시점의 소비함수형태는 다음과 같다.

- $C_t = a\,Y_t + A_t$

  단, a=한계소비성향, Y_t=t시점의 근로소득, A_t=t시점의 자산소득의 일부
- 단기에는 $APC > MPC$이나, 장기에는 $APC = MPC$이다.

정책효과

- 생애주기이론에서 소비는 안정적이다. 따라서 항상소득가설과 마찬가지로 일시적인 단기 재정정책은 소비에 영향을 주지 못한다고 주장한다.

(5) 소비의 랜덤워크이론(임의보행)

이론의 주요 내용

- 홀(R. Hall)의 소비함수 무용론이라고도 한다.
- 생애주기 및 항상소득가설의 전제하에서 합리적 기대(rational expectations)를 적용하면 소비의 변화는 랜덤워크(임의보행)의 특성을 갖게 되고, 소비를 예측할 수 없다는 것이다.

- 합리적인 기대하에서 예측 가능한 미래의 소득은 이미 소비자의 소비에 반영이 되어 있고, 따라서 소비는 예측할 수 없는 불확실한 사건에 의해서만 변화하게 된다.
- 즉 소비의 변화는 임의보행(랜덤워크)의 특성을 갖게 된다.

정책효과

- 랜덤워크이론에 의하면 영구적이고 지속적인 재정정책은 소비에 변화를 줄 수 없고, 예상하지 못한 재정정책만 효과가 있다고 본다.
- 지속적인 재정정책만 효과가 있다는 항상소득가설과는 반대의 입장을 취한다.

(6) 상대소득가설

이론의 주요 내용

- 듀젠베리(J. S. Duesenberry)가 주장한 소비이론으로 소비가 현재의 소득액뿐만 아니라 과거의 최고 소득액, 사회에서의 소득계층상의 순위 등에도 의존한다고 본다.
- 소비는 사회적·시간적으로 상대성을 갖는다는 주장이다.
- 자신의 소득만으로 소비를 결정한다는 소비의 '독립성'과 가역성'을 주장하는 케인즈의 절대소득가설과 반대 의견을 보이고 있다.

케인즈 절대소득가설의 독립성에 대한 반대 의견

- 소비행위를 보면, 소비자들 사이의 상호의존적인 성향이 있다.
- 소비행위는 동료집단에 의해 영향을 받는다. 사회에서의 소득계층상의 순위측면에서 개인의 소비행동이 비슷한 소득계층의 소비에 영향을 받는다.
- 예를 들면, 소비를 과시하는 베블렌효과, 모방하는 전시효과, 유행을 따

른다는 밴드웨건효과, 유행을 싫어하는 속물효과(또는 백로효과) 등이 있다.

케인즈 절대소득가설의 가역성에 대한 반대 의견

- 소비의 비가역적인 성향을 주장한다. 소득 수준의 변화에도 소비는 변화하지 않고 과거의 최고 소득 때의 소비가 지속된다.
- 비가역적인 소비행위를 그림으로 나타내면 톱니 형태가 된다. 그래서 톱니효과(ratchet effect)라고 한다. 소득이 증가할 때 소비는 증가한다. 그러나 소득이 감소할 때 소비는 이전 수준으로 감소하지 않는다.
- 비가역적인 소비행위의 원인은 "소비는 습관성"이기 때문에 한 번 증가한 소비는 쉽게 감소하지 않는다.
- 톱니효과를 그래프로 표현하면 다음과 같다.

그림 11 톱니효과: 과거 소비 습관의 영향

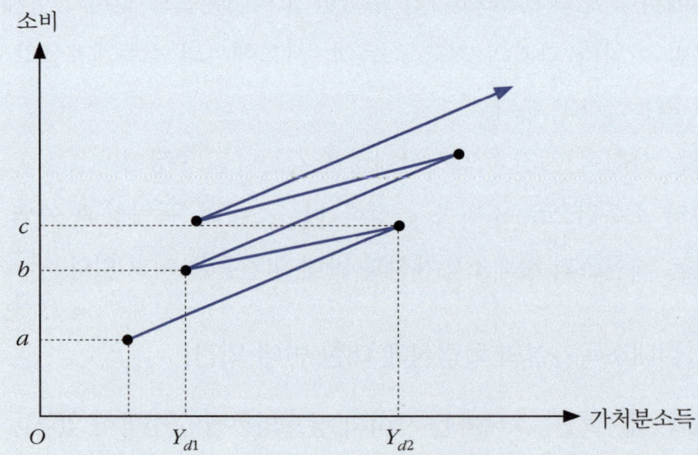

2 투자이론

(1) 현재가치법(고전학파)

고전학파의 투자 결정

- 고전학파 투자이론은 피셔의 현재가치법을 들 수 있으며, 현재가치법은 순현재가치(Net Present Value)로 결정한다.
- 미래에 발생하는 수익을 현재가치로 전환하여, 비용을 제외한 수익의 순현재가치가 0보다 크면, 투자를 결정한다.
- 미래의 수익을 현재가치로 전환하는 '이자율' 변화에 투자는 탄력적으로 반응한다.
- 현재가치$(PV)=[R_1/(1+r)+R_2/(1+r)+\cdots]$, 여기에서 $R=$수익, $r=$이자율
- 이자율이 상승하면 현재가치는 감소한다. 따라서 기업은 미래의 수익 감소를 예상하게 되고, 투자는 감소한다.
- 순현재가치$(NPV)=PV-C$, 여기에서 $C=$비용

고전학파의 투자는 안정적

- 고전학파의 기본적인 견해는 모든 시장가격이 유연하게 변동하고, 시장은 균형상태에 이르고, 시장은 안정적으로 유지된다는 것이다.
- 따라서 예상 수익(R) 규모는 안정적인 시장의 균형상태에서 발생하는 수요를 예측하여 찾는 수준이 될 것이다.
- 거시경제의 생산 측면에서 투자는 안정적이라고 주장한다.
- 시장이 침체 또는 과열된 불균형 상태에서 수요를 예측하면 기업의 수익 예상이 큰 폭으로 변동할 수 있고 이에 따라 기업의 투자행위는 불안정한 요인으로 작동한다는 케인즈의 견해와는 상반되는 결과를 갖는다.

(2) 내부수익률(케인즈)

케인즈의 투자결정

- 투자는 이자율 변화에 민감하지 않다는 주장이다.
- 기업의 CEO가 미래의 수익률을 판단하고 투자를 결정한다.
- 순현재가치($NPV = PV - C = 0$)를 영(zero)으로 만드는 할인율을 계산하는데, 여기에서 중요한 것은 미래의 예상수익(R; 수익)을 기업의 CEO가 판단한다는 것이다.
- 기업의 CEO는 할인율(내부수익률)과 자금시장의 이자율을 비교한다. 따라서 미래의 수익률을 어떻게 판단하느냐에 따라 투자결정이 디르게 나타난다.
- CEO의 판단에 현재 또는 미래의 경기를 상승세라고 판단하면, 높은 수익률을 예상할 수 있다. 따라서 이자율이 할인율(내부수익률)보다 낮은 수준이라면, 이자율이 아무리 높아도 투자를 결정할 것이라는 견해이다.

케인즈의 투자는 불안정적

- 케인즈는 '투자는 CEO의 동물적 감각 또는 야성적 충동(Animal Spirit)에 의해 결정된다'고 주장한다.
- 케인즈는 시장이 불안정하여 균형상태가 아닌 불균형상태에 머물 수 있다고 본다.
- 따라서 경기침체기에는 이자율이 낮은 수준이라 하여도, 수익률이 낮을 것을 예상하여 투자를 기피하고, 경기상승기에는 이자율이 높은 수준이라도 높은 수익률을 예상하고 투자를 결정할 수 있다는 주장이다.

불안정한 투자는 경기 불안정성의 원인(케인즈학파)

- 기업가는 자신의 야성적 판단으로 투자를 결정하기 때문에, 경기 변동의 폭을 확대할 수 있다.

그림 12 경기변동

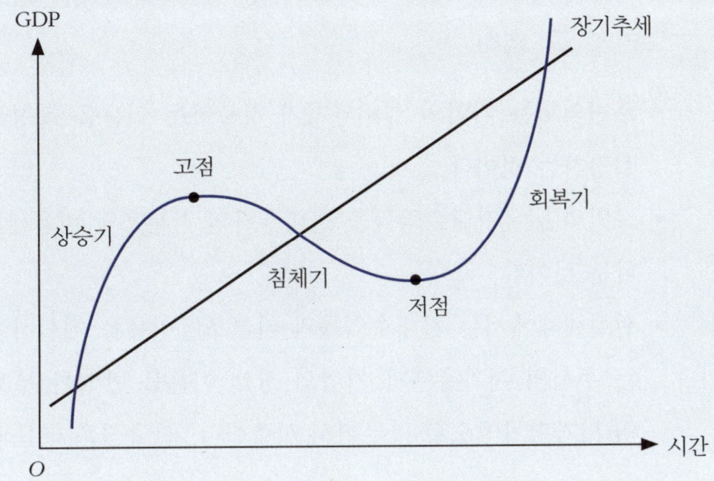

- 경기 상승기에는 이자율이 높아도 기업가는 투자의 수익률이 높을 것으로 판단하고, 투자 지출을 확대하면 경기는 더욱 과열된다.
- 상승기 정점에서도 CEO는 투자 수익이 확대될 것으로 예상하고 투자 지출의 확대는 계속된다.
- 상승기에서 경기 위축 상황으로 진입하면 CEO는 투자 감소를 결정하고, 경기 위축을 가속화시킬 수 있다. 경기 위축이 너무나 빠르게 진행되면서, 우량기업의 도산이 나타난다.
- 장기적으로 경기변동 과정이 반복되면, 경기 위축 상황에서 금융권의 부실채권 증가 등 금융위기가 발생할 수 있으며 금융위기의 발생은 반복될 수 있다.
- 경기 '위축과 과열'이 반복되는 원인은 '투자의 불안정성'에 있다고 주장한다.

(3) 토빈의 q

토빈의 q의 의미

- 토빈의 q는 기업의 설비투자가 창출하는 이윤을 측정하여 투자 동향을 설명하는 것이다.
- 토빈의 q는 기대수익률을 설비투자의 자본조달 비용(설비투자 비용)으로 나눈 것이다.
- 현실세계에서는 기대수익률과 자본조달비용을 계산하기 어려운 경우에는 주식의 시가총액과 기업의 장래 이윤을 반영한 부채의 합계를 자산의 시가평가액으로 나누어서 산출한다. 산출식은 다음과 같다.

q=기대수익률/설비투자 자본조달 비용
=주식시장가치/실물자본의 대체비용
=(시가총액+부채)/자산의 시장평가액

- (투자 결정) 토빈의 q가 1보다 큰 경우에는 투자유인이 발생하며, 토빈의 q가 1과 같은 경우에는 감가상각에 대한 투자(대체투자)만 실행된다.

토빈의 q 장단점

- 장점은 시장가치라는 객관적 자료를 근거로 투자 행태를 설명하는 것이다.
- 단점은 다음과 같다.
- 첫째, 주식의 시장가치 왜곡이 발생할 수 있다.
- 둘째, 주식시장의 시장가치는 빠르게 변동하여 그 즉시 투자를 결정하기 어렵다.
- 셋째, 금융시장이 발달한 국가에서만 사용할 수 있다.

소비행위의 사회성

유명 브랜드의 외투를 학생들은 교복 같이 입고 다닌다. 주변 친구가 즐겨 사용하는 상품을 구매하는 등 남들이 뭘 하면 따라하는 행위를 흔히 본다. 이런 소비 행위를 밴드왜건 또는 군중 심리 편승효과라 한다. 밴드왜건 효과는 주변 친구들 즉 사회적 요인이 소비 행위를 결정한다는 설명이다. 자신의 소득 수준도 영향을 미치겠지만, 사회 대중적인 유행의 흐름이 상품 소비를 결정하는 하나의 요인이라고 설명한다.

유행 따라 소비하는 행위는 흔하게 목격한다. 핸드폰 신제품이 출시되어 주변 친구들이 핸드폰을 신제품으로 교환하면 자신도 바꾸는 행위, 다양한 기능의 앱을 많이 사용하지 않고 통화와 문자만 사용하는 소비자들이 고액의 스마트폰을 구입하는 행위 등이 흔하게 목격하는 사례이다. 이러한 소비행위는 한국의 IT 시장이 급속도로 발전할 수 있던 배경이며, 세계 IT 시장의 '테스트베드'라는 평가를 받게 되었던 이유이다. 밴드왜건효과는 경제뿐만 아니라 정치 사회분야에서도 나타난다. 주변의 사람들이 앞서 나가면 무엇 때문인지 그 내용을 확인하지도 않고 앞서 가는 사람과 동참하려는 사람들이 있다.

네트워크 효과를 이용하는 게임이 유행하고 있다. 혼자서 즐기는 방식에서 많은 친구들이 같이 즐기는 게임 방식이다. 다른 친구들이 좋아하는 놀이를 같이 즐긴다. 다른 사람들의 수요가 자신의 수요에 영향을 준다. 이러한 사례들을 통해서 소비는 자신의 소득만으로 결정되지 않고 사회적인 요인에 의해서 결정된다고 설명할 수 있다.

앱스토어 등은 네트워크 효과를 활용해서 급성장한 플랫폼이다. 다수 사용자와 다수 생산자가 플랫폼에서 만난다. 누구나 플랫폼에 새로운 상품을 판매할 수 있고, 소비할 수 있다. 다양한 분야에서 플랫폼 비즈니스가 성공하고 있다. 네트워크 효과를 극대화하는 플랫폼 비즈니스는 핸드폰의 네트워크 효과를 다수의 상품으로 확대시켰다.

전화기가 보급되기 시작하던 시대를 생각해보자. 전화기를 구입한 소비자들이 증가하면서 구입하지 않은 소비자에게 전화기 가치는 점점 높아졌다. 소비자의 구매가 더 많은 구매를 불러오는 선순환 구조를 만들었다. 최근의 플랫폼 비즈니스는 네트워크 효과를 기대할 수 있는 잠재력을 갖고 있다. 플랫폼 비즈니스는 대규모 투자가 필요하다. 전 세계 소비자를 대상으로 서비스할 수 있어야 성공 가능성이 높다. 플랫폼 브랜드가 세상에 알려지기까지 수익이 발생하지 않을 수 있다. 따라서 장기적인 투자가 필요하다.

남들과 동일함을 거부하는 사람들이 있다. 다른 사람과 동일한 상품은 소비하지 않으려는 부류의 소비자가 있다. 남들과 같은 옷을 입고 나가는 것도 싫고, 같은 시계, 자동차, 가구도 싫다. 나만의 상품을 소비하고 싶어 하는 행위를 '속물 효과 또는 스놉(snob) 효과'라고 부른다. 속물효과의 소비행위를 하려면 다른 사람들이 어떠한 소비를 하고 있는지 살펴야 한다. 자신의 소비는 독창적이라고 생각하던 소비자가 다른 사람과 같은 상품을 소비하고 있다는 것을 알게 되면 엄청 실망한다. 속물효과도 개인의 소비가 사회적으로 영향을 받는다는 것을 의미한다.

소득수준이 높아지면서 명품을 찾는 소비자가 증가했다. 초고소득층은 잘 알려진 흔한 명품을 싫어한다. 중산층의 소득수준으로 구입할 수 있는 명품은 고소득층에서 인기 없다. 이들은 웬만한 소득으로 구입을 생각조차 할 수 없는 초고가의 상품을 찾는다. 그 상품이 한정판일 수 있고, 최고급 자재로 만들어진 명품일 수 있다. 일부 해외 유명 브랜드는 고소득층을 대상으로 높은 가격을 더 높여서 판매한다. 특히 한국의 명품시장에서는 더 높은 가격으로 판매한다. 그래야 판매와 수익이 증가한다. 한국에서 명품 가격을 내리면 매출이 감소한다. 해외 명품 업체는 한국의 초고소득층 소비심리를 정확하게 파악하고 있기 때문에 한국에서 판매되는 해외명품은 초고가 상품으로 채워진다.

해외유명 브랜드의 가격정책과 초고소득층 소비자들의 소비행위는 상호 보완적으로 작용한다. 이러한 소비행위를 방치하여 해외소비 비중이 증가하면, 내수경기 활성화에 도움이 되지 않는다. 소비수준 격차가 너무 심하면 사회 계층 갈등이 표출된다. 이러한 이유 때문에 초고가 상품 소비를 비난하는 기사를 보게 된다. 어렵게 모은 재산을 함부로 지출하는 개인의 잘못을 지적하는 훈수가 아니라, 내수경기 활성화의 기회를 버리는 해외지출 행위는 피하자는 주장이다.

간혹 자신의 행동이 사회적으로 어떠한 영향을 미치는지 감지하지 못하고 지나친다. 길을 걸어가면서 가볍게 건넨 따뜻한 한마디가 주변으로 서서히 퍼져가면서 온화한 사회분위기를 만든다. 인정머리 없는 냉정한 눈빛과 독설은 사회를 차갑게 얼려버리기도 한다. 상품 소비행위도 마찬가지다. 과도한 소비행위는 위화감 등 많은 사회문제를 유발할 수 있다. 곱게 벌어서 얌전하게 소비하는 분위기가 협력과 배려의 문화로 발전하는 사회를 느껴보고 싶다.

소비 습관

비빔면을 좋아하던 어린 학생이 있었다. 학교 앞 분식집 비빔면이었고 품질보다는 매콤 새콤 달콤한 새로운 맛을 담았다. 학교에서 집으로 돌아오는 길에 들렀던 분식집은 중고등학생으로 가득했다. 대학생이 되고서 김치볶음밥으로 점심을 즐겼고 도서관에서 열심히 공부했다. 직장에 들어가서 찾은 한식당은 다양한 메뉴 중에 하나를 선택할 수 있는 기회를 주었다. 그는 매일 점심과 저녁을 다른 메뉴로 채워나갔다. 어제와 동일한 메뉴를 절대로 선택하지 않는 직장인이 되었다. 점차 그 직장인은 보다 높은 단가의 메뉴에 전혀 놀라거나 동요하지 않았다. 간혹 음식에 대한 불만을 보이기도 하였으나, 입맛이 까다로워졌다고 하기보다는 소득이 높아지면서 가격대비 품질을 조금씩 알게 되었기 때문이었다.

직장에서 직급이 올라가면서 사용할 수 있는 식사비가 늘어났고 점차 식사 단가도 올라갔다. 한정식 집에서 1인분 2~3만원 점심 식사를 무리 없이 해결할 정도의 소득은 되었다. 보다 높은 직급으로 올라가면서 차츰 호텔급 식사를 하게 되었다. 이제 그는 자타공인 미식가다. 이런 사람들에게 이제 어릴 적 즐겼던 비빔면이 눈에 들어오지도 않는다. 대학시절 즐겼던 김치볶음밥은 그냥 칼로리 덩어리에 불과하다는 생각이다. 이들의 소득이 줄어도 소비는 과거 그 수준으로 완전히 내려가지 않는다.

소비는 습관이다. 소득이 줄어든다고 즐기던 소비를 갑자기 바꾸기 어렵다. 특히 자동차와 주택은 줄이기 힘들다고 한다. 잘나가던 사장님이 대형자동차를 타고 다니다가 사업에 실패하여 경차로 바꾸는 건 대단한 정신력이다. 사업 실패의 난관을 극복하는 정신력 그 이상이다. 과시욕구를 채워주던 자동차를 완전히 이동수단으로 생각한다는 것이 쉽지 않다. 주택도 마찬가지다. 신혼시절에는 전세로 소형아파트에서 살다가 점차 살림이 늘어나고 아이가 생기면 중형아파트로 옮긴다. 아이들이 커가면서 아파트도 넓어진다. 서서히 늘어난 아파트 크기를 줄이기 쉽지 않다. 대부분의 사람들은 집을 휴식과 생활공간으로 사용한다. 현재 소득이 감소했다고 아파트 공간을 줄이지는 않는다. 단순히 현재 소득 수준이 거주공간을 결정한다고 단정 지을 수 없다.

어릴 적 즐겼던 여러 가지 음식들은 추억 속에 남아 있다. 몸과 마음, 그리고 소득이 변화했다. 가장 즐거웠던 시절로 돌아가고 싶은 생각은 있지만 소득이 줄었다고 그 시절에 즐겼던 음식이 다시 좋아지지 않는다. 이미 소비 습관이 많이 달라졌다.

극단적인 상황을 생각해보자. 갖고 있는 자산을 완전히 잃으면 과거의 소비 습관을 발휘할 수 없다. 빈털터리가 되면 생존에 필요한 소비수준으로 돌아간다. 고급 육류와 유기농 식품을 소비하던 과거의 경험은 잊어야 한다. 대공황 같은 상황이 지속되면 현재의 소득이 소비를 결정한다. 반면에 완전고용에 가까운 안정적인 상황에서 경기 둔화가 우려되는 경우를 생각해보자. 힘들지만 생존을 걱정하는 수준이 아닌 상황에서는 소비습관이 소비를 결정할 가능성이 높다. 소비수준이 습관적으로 결정된다면 소득이 달라져도 소비수준은 크게 변하지 않는다.

소비의 결정요인은 소득인가, 소비습관인가? 이 질문에 대한 답에 따라서 경제정책의 방향이 달라진다. 습관이 소비의 결정요인으로 판단하면, 경기가 침체 되어도 소비 변화는 크지 않기 때문에 소비 활성화 정책보다는 생산 중심의 정책을 선택할 것이다. 만약에 소득과 습관이 각각 50%씩 소비에 영향을 미친다면 어떠한 정책이 필요할까? 소비와 생산을 동시에 부양하는 정책이 필요할 것으로 생각된다. 소비를 결정하는 요인을 이론적으로 설명할 수 있지만 현실에서 소득 또는 습관으로 명확하게 구분하기 어렵다. 조사 결과는 기간 설정에 따라서 다를 수 있고 사회 문화적인 측면에 따라서 다르게 나타날 수 있다. 이론과 정책이 현실을 모두 반영하기 어렵다면 이론은 이론에 그쳐야 한다.

투자의 결정요인

기업은 신사업을 구상하고 투자를 계획한다. 기업의 고민은 미래를 예측하면서 시작된다. 사업의 성공과 실패는 미래 시장의 여건에 달려있다. 앞날을 내다볼 수 있는 능력이 있다면 성공할 가능성이 높을 것이다. 시간여행이 가능해서 미래를 다녀오면 좋겠지만, 영화에서나 가능하다. 미래는 알 수 없다.

사업을 계획하고 실행하는 과정에서 수익 규모 등 여러 가지 측면에서 투자가 필요한지 검토된다. 현재 투자비용을 계산하고, 미래의 수익을 예상해 본다. 미래의 수익을 현재가치로 변환해서 투자비용보다 현재가치로 전환한 미래 수익이 더 높으면 투자를 실행한다.

미래의 수익을 추정하는 일이 어려운 문제다. 미래를 바라보는 시각에 따라 추정 방식이 다르다. 경제가 항상 안정적이고 균형 상태에 있다고 바라보는 사람들은 현재의 시장규모와 성장추세 그리고 기업의 시장지배력*을 파악한다. 그리고 미래의 판매량을 추정한다. 시장은 현재의 추세를 그대로 이어갈 것이고 기업의 시장지배력이 유지되고 성장할 것이라는 가정으로 투자를 결정하면 된다는 주장이다. 반면에 미래의 시장이 불안정하다고 믿는 사람들은 경기변동을 피할 수 없다고 믿는다. 경기가 살아나고 팽창하면 언젠가는 과열되고, 하강하는 추세로 반전되어 경기가 침체되는 과정, 즉 경기변동이 반복된다는 것이다. 경기변동 과정에서 기업은 경기 회복기에 투자를 확대하고, 경기 하강이 시작되면 투자를 줄인다. 생산과 소비가 정상적으로 이루어지는 듯 보여도 경기 과열시점을 지나면 경기는 하강한다. 그 순간을 기업들이 감지하고 투자를 줄인다는 주장이다. 침체와 과열을 반복하는 불안정한 시장에서 기업은 투자를 결정해야 한다.

시장이 안정적이고 균형 상태에 있다면, 투자를 결정하는 가장 중요한 요소는 금리이다. 금리보다 투자수익률이 높아야 투자한다. 금리는 자금의 수요와 공급에 의해 결정된다. 자금 수요는 투자 또는 소비에 의해서 결정되고, 자

* 시장지배력 : 다른 용어로 시장점유율이라고 사용할 수 있다. 기업의 시장점유율이 높으면 과점 또는 독점적 지위를 갖게 된다. 기업이 시장의 가격을 결정할 수 있다. 기업의 시장지배력이 높으면 소비자의 선택권이 제한되기도 한다. 다른 한편으로는 새로운 기업의 시장 진입이 어려워지기도 한다.

금 공급은 저축에 의해서 결정된다. 투자하려는 기업들이 늘어나면 자금수요가 증가하고 금리는 올라간다. 금리가 상승하면 수익률이 높아야 투자를 할 수 있다. 금리 상승으로 투자는 감소하고 자금 수요는 줄어들게 된다. 시장이 안정적이라고 믿는 사람들은 이러한 과정을 통해서 투자가 결정된다고 본다. 시장은 균형 상태에서 성장하며, 기업은 시장의 수요를 확보할 수 있다고 판단하고 투자를 결정한다는 얘기이다.

예를 들면 1,000만원을 투자하고 1년 후에 1,100만원의 수익이 발생할 것으로 예상하는 경우, 1년 후의 수익을 현재가치로 환산하여 투자 수익률을 추정하고 이자율과 비교하여 수익률이 더 높으면 투자를 실행한다. 현재 투자금액 1,000만원, 미래수익 100만원, 그리고 5% 할인율을 적용하여 1년 후 발생하는 미래수익 1,100만원을 현재가치로 환산하면 1,047만원이 된다. 투자 수익률이 4.7% 발생하는데 시장이자율이 4.7%보다 낮으면 투자를 실행한다.

여기에서 1년 후의 수익은 안정적인 균형 상태를 가정하고 성장추세에 따라 기업의 판매량을 추정한다는 것을 기억해야 한다. 미래의 수익이 10년, 20년 이상 발생할 것으로 생각되면 먼 훗날의 시장상황도 동일한 방법으로 예상한다. 미래의 수요 및 다른 기업들의 공급량도 정확하게 예측된다는 가정이다. 이러한 투자 결정은 예상하지 못했던 사건이 발생할 때 문제가 된다.

시장이 불안정하고 불균형상태에 있다고 믿는 사람들은 투자를 결정하는 가장 중요한 요인은 기업가의 '마음'에 달려있다고 생각한다. '기업가의 마음'을 케인즈는 'Animal Spirits'라고 표현했고, 한국의 교과서에는 '야성적 충동'이라 하고, 신문에서는 '야수적 본능'이라 쓰기도 한다. 일반적으로 대부분의 사람들은 '기업가의 촉', '돈 냄새를 잘 맡는 사람'이라고 속된 말로 표현하기도 한다. 그러니까 현재 상황이 '경기저점을 통화해서 경기가 회복되는 단계를 지나고 있다고 판단하면 과감하게 투자를 결정할 수 있는 능력'이라고 보면 된다. 변동하는 경기를 판단하기란 쉽지 않다. 살아날듯 보이지만 더 침체되는 경우도 있고 그 반대의 경우도 있다. 남들이 들여다 볼 수 없는 것을 알아채는 사람들이 성공한 기업가들 중에 많다. 때로는 운이라고 얘기하지만 운이 반복되면 실력으로 인정해야 한다. 대단한 사람들이다. 이들의 용기도 보통이 아니다. 아무리 돈이 많아도 투자 실패로 힘들어지는 회사를 많이 본다. 매몰비용을 경제적 판단의 근거로 사용하여 막대한 투자에 실패한 사례도 있고 경쟁이 심한 요식업에 투자를 잘못해서 피해보는 소액 투자자도 무수히 많다.

단지 회사의 규모만으로 과감한 투자가 결정되는 것은 아니다. 경제개발 초기단계에 대단한 기업가로 칭송받는 현대그룹의 왕 회장님, '당신이 해봤어?' 이렇게 묻고는 어렵고 불가능해 보이던 사업을 결국 해낸다. 할 수 있다는 자신감, 그것을 뒷받침하는 실무진의 실력과 노력, 그리고 세계 경제의 움직임 등 다양한 분야를 꿰뚫어 보는 통찰력이 있었다. 그들에겐 정부 지원도 있었지만, 남들보다 특출한 능력이 있었다고 믿는다.

Section 4

고전학파, 케인즈학파의 거시모형

1 고전학파의 거시모형

(1) 시대적 배경

- 고전학파는 18세기 후반부터 20세기 초반까지 산업혁명이 한창 진행 중이던 시기에 정립되었다. 당시는 경제성장이 빠른 속도로 진전되어 경제가 만성적인 공급부족 상황에서 완전고용이 유지되고 있었던 시기이다. 따라서 공급주의 경제학이 핵심이라고 할 수 있다.
- 자유주의와 시장주의, 그리고 작은 정부에 대한 믿음을 기초로 하는 고전학파는 중상주의를 비판하면서 발전했다.
- 아담 스미스에 의하여 시작되었고, 데이비드 리카르도, 존 스튜어트 밀에 의해서 발전되었다.
- 현대 경제학의 초석을 쌓았다는 평가를 받을 정도로 이론적으로 탄탄한 모형이나, 1929년 세계 대공황의 수요 부진 현상을 설명하는 데 실패하면서 퇴조하는 모습을 보였다.
- 1970년대 두 차례의 석유파동 및 스태그플레이션 현상을 거쳐 새롭게 조명을 받기 시작하면서 신자유주의라는 새로운 흐름을 형성했다.
- 단기적인 차원에서 경제 현상을 설명하는 데에는 고전학파와 케인즈학파의 의견이 엇갈리고 있으나, 장기적인 차원에서는 고전학파의 자유주의 경제학이 여전히 적합한 모형이다.

(2) 고전학파의 몇 가지 가정

가정 1. 세이의 법칙

- 공급은 스스로 수요를 창출한다.
- 공급 능력 확충은 노동 수요 증가에 따른 근로소득 증가를 초래하고, 이에 따라서 수요가 창출되는 메커니즘을 설명하는 것이다.

가정 2. 가격변수 신축성

- 가격이 상승하거나 하락하여 수요와 공급을 조절함으로써 시장이 균형을 달성한다고 보았다. 다시 말하면 경제의 균형은 수량 조정이 아니라 가격 조정에 의해서 달성된다고 본 것이다. 여기에서 가격은 노동의 가격인 노동자의 임금을 포함한다.
- 아담 스미스의 '보이지 않는 손'은 바로 '가격의 시장 조절 기능'을 말한다.

가정 3. 완전예견

- 노동시장에서는 노동의 공급자가 물가 수준을 완전예견한다. 따라서 비록 명목임금이 상승하더라도 그만큼의 물가 상승이 있었을 경우 실질임금에는 변화가 없다는 것을 바로 알 수 있다. 이럴 경우에는 명목임금이 상승해도 노동공급의 증가는 없다.
- 노동공급의 증가는 실질임금만으로 결정된다고 본다.
- 채권시장에서는 팽창재정을 위한 국채발행은 미래의 증세를 의미한다는 것을 알기 때문에 가계는 미래의 증세에 대비하여 저축을 늘리고 이것은 민간소비와 민간투자 감소로 이어진다.
- 결국 정부의 팽창 재정정책은 민간소비와 투자를 감소시켜 효과가 없어지게 된다.

가정 4. 완전경쟁시장

- 개별 경제주체는 가격수용자이다.

- 어느 한 경제주체가 시장가격에 영향을 미치지 못한다.

(3) 고전학파의 총공급곡선

- 노동의 수요는 기업의 이윤극대화 조건으로부터 그리고 노동의 공급은 가계의 효용극대화 조건으로부터 도출된다.
- 이와 같이 가계의 효용함수에 여가(leisure)가 포함됨으로써 가계의 노동공급곡선은 후방굴절의 성격을 갖게 된다. 다만 시장의 노동공급곡선은 가계의 노동공급곡선의 수평적 합으로 도출됨으로써 후방굴절이 아닌 우상향하는 모습을 갖게 된다.
- 노동시장에서 노동공급곡선과 노동수요곡선이 교차하는 지점에서 노동의 균형 공급량이 결정된다. 노동 투입이 결정되면 산출량은 생산함수에서 자동으로 결정된다. 이때 다양한 물가 수준이 실질임금을 통하여 노동량과 산출량에 영향을 미치게 되는바, 다양한 물가 수준과 산출량

그림 13 고전학파의 총공급곡선

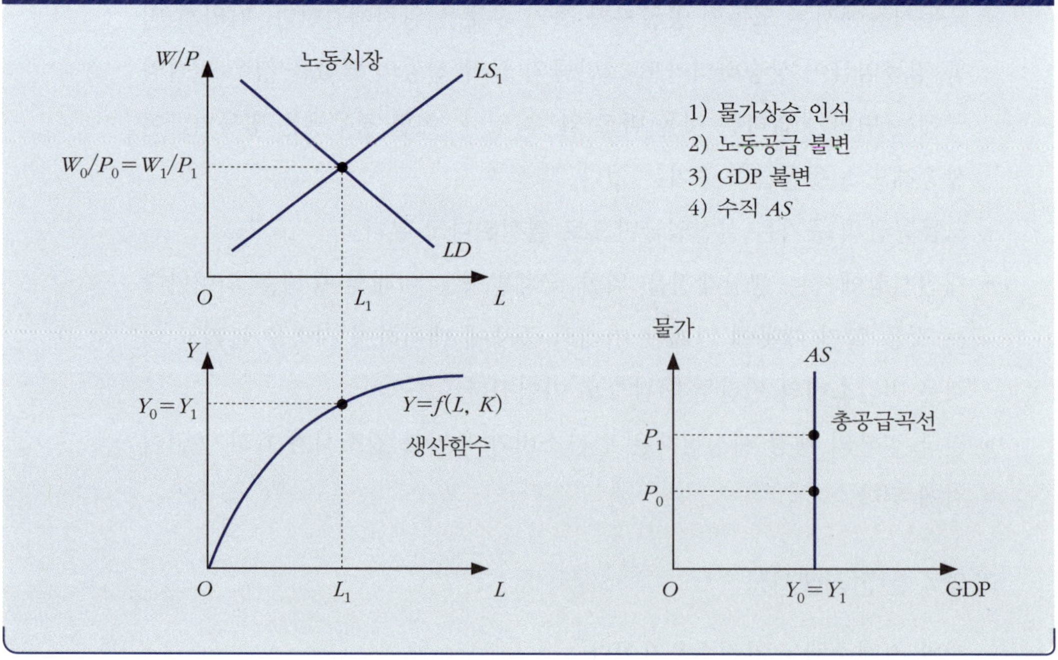

의 좌표를 연결하면 사회의 총공급곡선이 결정된다.

- 주목할 것은 완전예견가설로 인하여 고전학파의 실질임금은 변함이 없고, 이에 따라 물가 수준의 변화에도 불구하고 산출량은 변화하지 않아 수직의 총공급곡선이 도출된다는 것이다.

수직의 총공급곡선과 국민소득 결정

수직의 총공급곡선하에서 단기에서의 총수요(AD)의 변화는 균형국민소득에 영향을 미치지 못하고 물가 상승만을 유발한다.

- 물가가 상승하여 명목임금이 상승하더라도 가계는 새로운 물가 수준을 완전하게 예견하고 있어서 실질임금의 변화가 없다는 것을 알고 있고, 이에 따라 노동공급을 늘리지 않는다. 따라서 완전고용 상태가 유지되고 이때의 균형국민소득은 완전고용 산출량이 된다.
- 반면 장기에는 자본량, 인구, 기술수준 등 공급측 요인의 변화에 의하여 산출량(공급능력)이 변화한다. 이 경우 총공급곡선이 수평으로 이동하여 물가와 균형국민소득이 변화하게 된다.
- 고전학파는 소비, 투자, 정부지출 등 수요측 요인의 변화는 균형국민소득에 변화를 가져오지 못하고 공급측 요인만 국민소득 변화에 영향이

그림 14 수직의 장기공급곡선과 국민소득 결정

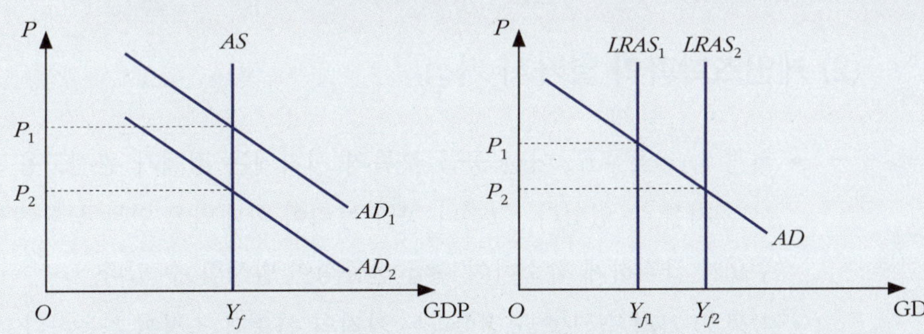

고전학파의 AS곡선은 수직선
수요증가는 물가의 상승만을 유발

기술발전 등으로 AS 이동하면, GDP 증가

있다고 본다(공급주의 경제학).

- 이에 따라 경제가 발전하기 위해서는 공급 능력을 확충하는 투자가 필요하고, 저축이 미덕임을 강조한다(저축이 투자로, 투자는 자본축적으로 이어지고 장기적으로 경제성장을 이룬다).

2 케인즈학파와 거시모형

(1) 시대적 배경

- 1929년 세계대공황이 발생하면서 급격한 실업난이 발생하였고, 이는 완전고용을 주장하는 고전학파이론에서 설명이 불가능하였다.
- 실업으로 인한 총수요 부족은 기업의 재고 증가, 생산 감소로 이어지고, 그것이 다시 고용 감소와 실업 증가로 이어지는 수요 감소의 악순환이 발생하였으나, 고전학파는 여전히 공급 부문의 해결책에만 치중하였다.
- 이에 케인즈가 재정정책(정부지출 확대, 세금 감면)을 통한 유효수요 창출이라는 해법을 제시하게 되었다(총수요관리정책으로 경기침체에서 벗어날 수 있다고 주장하였다).

(2) 케인즈학파의 몇가지 가정

- 가정 1) 유효수요: 이전 공급 부족의 시기에는 경제가 완전고용 수준에서 유지할 수 있었다. 그러나 공급 능력이 확대되어 있는 상황에서 유효수요가 급격하게 감소하여 수급 불균형이 발생할 수 있다.
- 가정 2) 가격 경직성: 고전학파는 가격의 신축적 조정이 가능하다고 봤다. 그러나 케인즈는 가격의 하방 경직성을 기본가정으로 한다. 특히 노동임금은 하방경직적이라 본다. 따라서 경제의 균형은 가격 조정이 아니라 소

비 중심의 수량 조정으로 달성된다(총수요관리정책을 제시한다).

- 가정 3) 적응적 기대: 고전학파는 완전예견가설을 기본으로 하고 있으나, 케인즈는 사람들의 기대가 적응적 기대로 형성된다고 보았다. 물가상승을 잘 알아차리지 못한다. 명목임금 상승보다 물가상승이 높아도 노동자들은 명목임금 상승만을 인식한다. 노동시장에서는 명목임금 상승으로 착각하여 명목임금 상승 시 노동공급이 증가하는 화폐환상(money illusion)이 존재한다. 노동자들은 물가의 변화를 완전히 인식하기 어렵다는 견해이다.

(3) 케인즈의 총수요곡선

소득·지출 분석의 기본가정

- 물가는 유동적이지 못한 변수이며, 일정 수준의 물가를 유지함을 가정한다(단기적으로 보면 물가는 유동적이지 않다).
- 가계의 소비지출은 가처분소득(소득−세금)에 의해 결정됨을 가정한다.
- 기업 투자, 정부 지출, 해외 순수출 부문은 고정된 값으로 주어짐을 가정한다.

총지출(Aggregate Expenditure)은 소비지출(C), 투자지출(I), 정부지출(G)과 순수출(NX)의 합이다.

- $AE=C+I+G+NX$

케인즈의 소비지출은 가계의 최종생산물에 대한 지출액이다.

- 케인즈는 소비를 소득의 증가함수로 보았다(절대소득가설).
- 저축도 소득의 증가함수이다.
- $C=a+bY_d=a+b(Y-T)$
- 여기에서 가처분소득(Y_d)은 소득에서 세금을 제외한 금액이다.
- 따라서 총지출은 다음 식과 같다.

그림 15 케인즈의 소득·지출 모형

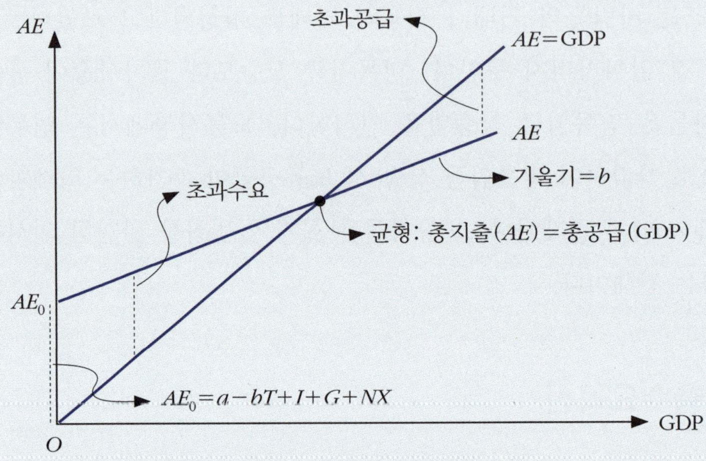

- $AE = a + b(Y - T) + I + G + NX$

- 여기에서 $(I + G + NX)$는 외생변수로 취급한다.

케인즈 소득·지출 모형의 균형상태

- 케인즈학파의 관점에서 소득·지출 모형에서 균형의 개념은 총지출(AE)이 산출량(GDP)을 결정한다는 것이다. 생산량을 높여서 총지출<총공급 상태이면, 초과공급, 다시 생산량이 감소하여, 총지출=총공급, 균형에 이른다.
- 균형 조건은 "계획된 지출=실제 지출=국민소득"
- 균형 상태: 총수요=총공급 → "총지출=총공급(GDP)"
- $Y = AE = a + b(Y - T) + I + G + NX$,
- Y로 정리하면 균형상태는 다음과 같다.
- $Y_e = \dfrac{1}{(1-b)}[a - bT + I + G + NX]$

그림 16 케인즈의 소득·지출 모형 & *AD* 곡선

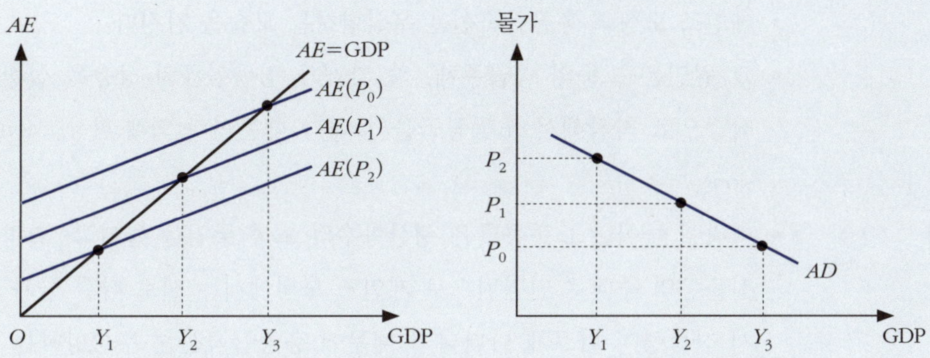

소득·지출 모형에서 물가하락을 가정하면,
자산효과, 이자율효과, 수입수출효과 발생

소비 및 투자지출 증가하면
총수요곡선 도출 가능함

총수요곡선 도출

- 소득·지출 모형에서 물가 상승은 총지출을 감소시킨다.
- 이를 통하여 총수요곡선을 도출할 수 있다(그래프 참조).

물가 상승이 총지출을 감소시키는 이유(우하향하는 총수요곡선)

① 실질자산 감소 효과에 따른 소비지출 감소

② 실질이자율 상승 효과에 따른 투자 및 소비의 감소

③ 순수출 감소에 따른 총수요의 감소

- 위의 내용은 총수요곡선이 우하향하는 이유에 대한 설명과 일치한다.

총수요곡선의 이동

- 물가변동 이외의 다른 요인으로 총지출이 변화하면 총수요(*AD*)곡선은 이동한다.
- 예: 외국인의 실질 소득 증가, 한류 열풍 확산 등은 국내상품의 수출을 증가시킨다.

(4) 케인즈의 총공급곡선

- 케인즈 모형의 총공급곡선은 우상향하는 모습을 가진다.
- 그 원인은 노동의 공급주체, 즉 가계가 명목임금의 상승을 실질임금의 상승으로 착각해서 노동공급을 늘리기 때문이다(화폐 환상, Money Illusion).
- 따라서 늘어난 노동공급은 생산함수의 노동 투입을 늘리고, 결과적으로 산출량의 증대로 연결됨으로 케인즈 모형에서는 서로 다른 물가 수준에서 산출량이 다르게 나타나기 때문에 총공급곡선은 우상향하는 모양을 가진다.

그림 17 케인즈의 총공급곡선

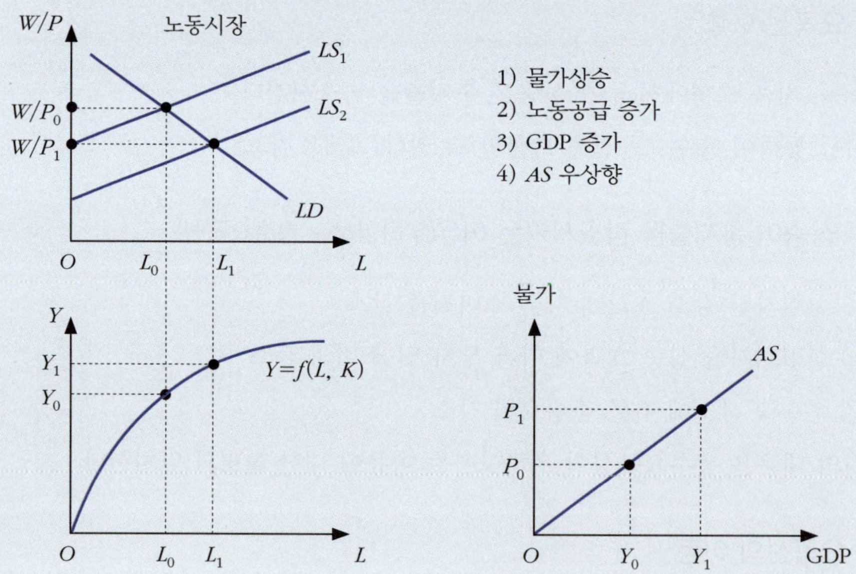

(5) 케인즈의 국민소득 결정

- 케인즈학파의 우상향하는 총공급곡선하에서 단기에는 수요가 공급을 창출한다.
- 물가의 변동은 명목임금의 변동을 가져오지만 가계는 명목임금의 변동을 실질임금의 변동으로 착각한다.
- 따라서 명목임금 상승을 실질임금 상승으로 착각한 가계는 노동공급량을 늘리게 되고, 결국 균형산출량(균형국민소득)이 늘어난다.
- 장기 균형국민소득은 공급측 요인의 변화에 영향을 받는다. 즉, 자본량, 인구, 기술수준 등의 증감에 의해서 공급곡선의 이동이 초래되고 이에 따라서 균형국민소득이 변화한다.
- 케인즈학파는 고전학파와는 달리 수요가 공급을 창출하는 것으로 본다.
- 가계가 저축을 늘리면(높은 저축률) 유효수요의 감소와 소비의 감소로 이어지고, 결과적으로 국민소득의 감소가 초래된다. 이것이 절약의 역설이다(단기적 시각에서 절약의 역설은 성립된다. 장기적 시각에서 저축은 투자, 자본축적으로 이어져 경제성장에 기여한다. 케인즈는 단기적 시각으로 경제를 바라보고 있다).

(6) 케인즈의 유효수요 이론(Effective Demand Theory)

유효수요의 개념

- 구매력이 뒷받침되는 수요이다. 즉 돈이 있어서 물품을 구입하려는 욕구이다.
- 총공급량은 총수요에 의해서 결정되며, 유효수요의 부족으로 실업이 초래된다.
- 고용 증가는 소득 및 소비 증가를 가져온다.
- 여기에서, 소득증가율이 소비증가율보다 크다.

유효수요 이론: 1930년대 대공황 설명

- 대공황 당시 고전학파는 "공급이 수요를 창조한다"는 세이의 법칙을 주장하였다. 즉, 시장의 균형 및 자원·노동시장의 가격신축성으로 시장의 자동조절기능이 원활하게 작동되고 시장의 불균형을 해소한다고 주장하였다.
- 반면, 케인즈는 장기계약, 노조의 영향력 등에 따른 "물가의 경직성"을 주장한다. 즉, 총수요가 부족한 상황에서는 경기침체 상황이 장기 지속될 가능성이 있음을 주장한다.
- 따라서 만성적인 장기침체에서 벗어나기 위해서는 "정부의 지출 확대", "조세 감면" 등 인위적인 수요팽창정책이 필요함을 주장한다.

케인즈의 균형: 1930년대 대공황 설명

- 총지출(*AE*)모형에서 경제의 완전고용 수준 이하 또는 이상에서 균형이 가능하다.
- 케인즈는 총지출 모형의 균형으로 완전고용 이하의 균형점에 장기간 머무르고 있는 대공황을 설명하였다.

그림 18 케인즈의 균형(소득 지출 모형)

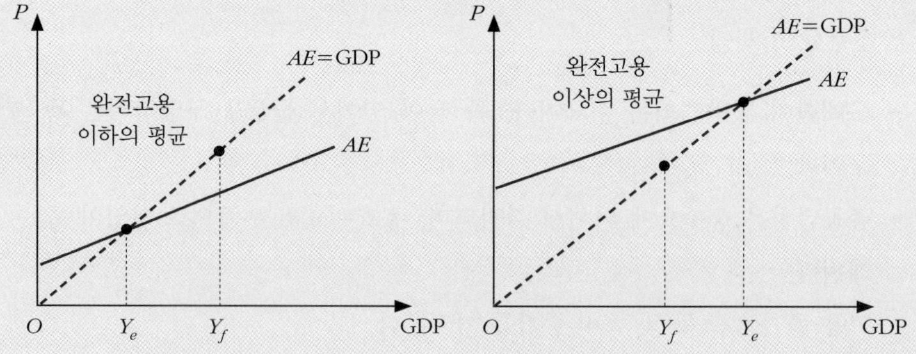

그림 19 극단적 케인즈학파의 AS

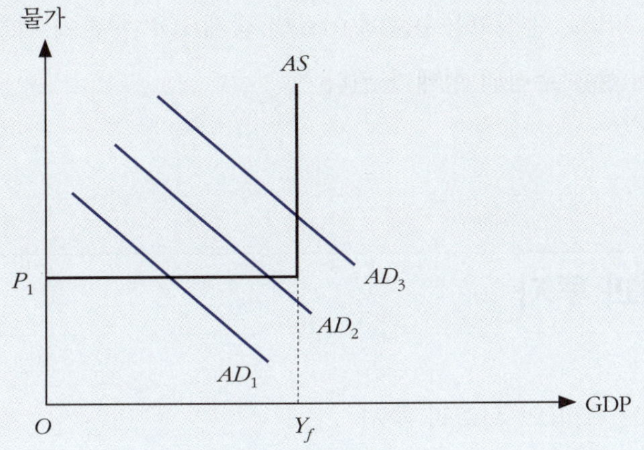

완전고용 수준의 국민소득보다 낮은 국민소득에 머물러 있을 수 있다.

- 고전학파는 자원 및 노동 가격의 조정으로 총지출(AE)곡선이 상향 이동하여 결국 완전고용 수준에 이르게 됨을 주장하였다.
- 그러나 케인즈는 물가의 하방경직성 때문에 완전고용 이하의 국민소득에서 발생하는 실업 및 자원수요 감소 등에 따른 물가하락 현상은 나타나지 않을 것이라고 주장한다.
- 즉, 시장의 자동조절 기능이 작동하지 않을 것이라는 설명이다.
- 따라서 경기침체에서 벗어나기 위해서는 정부의 역할이 필요하다고 주장한다.
- 장기 경기침체 상태에는 정부의 수요팽창정책으로 물가의 변동은 나타나지 않고, 임금은 그대로 유지될 가능성이 높다. 왜냐하면 많은 실업자가 존재하기 때문이다.
- 케인즈는 수요가 공급을 창출하는 역할을 수행한다고 주장하고, 정부의 수요조절 정책이 필요하다고 강조하고 있다.
- 경기침체시의 총수요의 증가는 물가수준 상승보다는 생산량 증가를 가져오고, 완전고용수준에 이르면 총수요의 증가는 물가의 상승을 유발한다.

- 이러한 극단적인 케인즈학파의 설명을 총공급곡선 그래프로 표현하면, 완전고용수준에 이르기까지 물가는 고정되어 있고, 총공급곡선은 수평이고, 완전고용수준에 이르면 잠재GDP 수준에 머물기 때문에 총공급곡선은 수직의 형태가 된다.

3 저축과 투자

고전학파의 저축과 투자

- 저축과 투자의 변화는 자금대부시장에서 이자율의 신축적인 조정 과정을 통하여 자금대부시장의 균형을 이루게 됨을 주장한다.
- 결국 저축과 투자가 일치하는 균형상태에 도달한다.
- 저축(자금공급)이 많으면 이자율은 하락하고 투자는 증가할 것으로 예상한다.
- 이자율은 저축과 투자에 의해서 결정된다고 주장하고 있다.

케인즈학파의 저축과 투자

- 저축이 증가하여 이자율이 하락한다고 하여도 저축과 투자의 균형이 발생한다는 보장이 없다.
- 왜냐하면 투자는 합리적인 계산보다 '미래의 경기', '정치상황', 기술개발' 등에 대한 기업가의 예상에 민감하게 반응하기 때문이다.
- 저축의 역설: 케인즈는 저축이 투자를 초과할 때, 소비지출이 감소하여 총수요 감소 및 생산위축에 따라 국민소득이 감소할 것으로 예상한다. 결국 소득의 감소에 따라 저축을 늘릴 수 없는 상황에 도달할 것이라고 주장한다.
- 소비는 미덕이다? 단기적으로 총수요가 부족하여 경기 불황인 경우에 해당된다.

4 승수효과

승수효과의 의미

- 정부지출이 증가할 때 총국민소득의 증가분이 정부지출 증가분을 초과한다.
- 정부지출은 소득을 증가시키고 소비는 소득을 증가시키는 소비 소득의 순환과정 결과 나타나는 현상을 승수효과라고 한다.
- 재정정책 승수의 크기는 균형 GDP 식에서 1/(1−b)이다.
- 여기에서 b는 한계소비성향이다.
- 따라서 한계소비성향이 높으면 승수의 크기, 재정정책의 효과도 크다.

소득·지출 모형에서 균형 GDP

- 소득·지출 모형의 균형 GDP는 다음식으로 찾을 수 있다.
- $Y_e = \frac{1}{(1-b)}[a - bT + I + G + NX]$

그림 20 재정정책의 승수효과

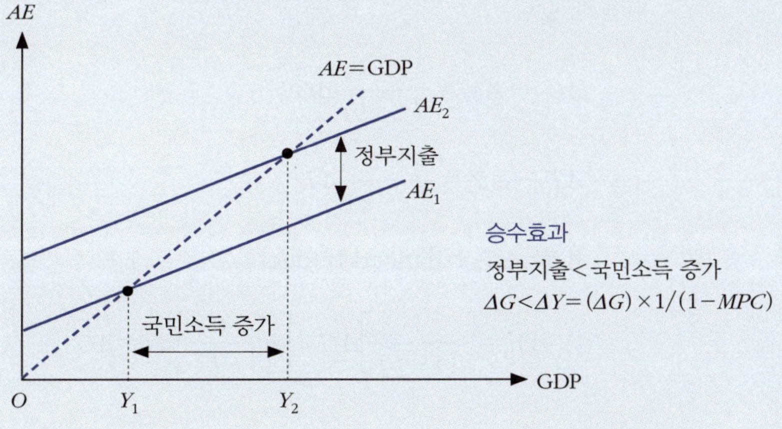

- 따라서 정부지출의 증가(ΔG)에 의해서 발생하는 국민소득 증가는 다음과 같다.
- $\Delta Y_e = \frac{1}{(1-b)}(\Delta G)$

한계소비성향과 승수의 크기

- 만일 한계소비성향이 안정적인 수준을 유지한다면, 정부지출 승수도 안정적이다.
- 케인즈는 절대소득가설에서 소비는 가처분소득의 함수하고 정의하였고,
- $C = a + b\,Y_d$, 여기에서 한계소비성향 b는 $(0<b<1)$ 안정적이라고 하였다.
- 이와 같은 방법으로 투자승수와 조세승수를 구하면 다음과 같다.
- 투자승수: $\frac{1}{(1-b)}$
- 조세승수: $\frac{-b}{(1-b)}$
- 만일 정부지출과 조세가 동일한 규모를 나타내는 균형재정을 달성하면 ($\Delta G = \Delta T$) 정부지출 승수와 조세 승수를 합한 균형재정 승수는 1이다.
- 따라서 재징균형을 달성하면, 경기부양효과를 기대할 수 없다. 수식은 다음과 같다.

$$\Delta G \rightarrow \Delta Y_e = \frac{1}{(1-b)}\Delta G$$

$$\Delta T \rightarrow \Delta Y_e = \frac{-b}{(1-b)}\Delta T$$

$\Delta T = \Delta G$, balanced budget

$$\therefore\ \Delta Y_e = \left[\frac{1}{(1-b)}\right]\Delta G + \left[\frac{-b}{(1-b)}\right]\Delta T = \Delta G$$

- 균형재정을 실행할 경우, 국민소득의 증가는 정부지출 증가분에 그칠 것이다. 따라서 경기침체 상황에서 균형재정은 의미 없는 정책이다.

투자와 순수출의 승수효과

- 승수효과가 존재하기 때문에 투자 및 순수출의 변화에 국민소득이 큰 폭으로 변화한다. 이와 같이, 케인즈는 경제를 근본적으로 불안정한 것으로 인식하고 있다.

승수효과의 크기

- 생각만큼 재정정책의 승수효과는 크지 않을 수 있다.
- 실제 재정정책의 승수효과는 균형식에서 찾은 승수효과보다 작을 수 있다. 그 원인은 세금부과 또는 국부의 해외 유출 등이 있다.
- 세금 부과의 영향: ($\Delta Y-T$) 소득 증가의 매 단계에서 세금을 부과하여 국민소득 증대 효과는 감소한다.
- 해외 유출: 해외의 상품 수입 등으로 소비 단계에서 국가의 부가 해외로 유출되면 국민소득의 증대 효과는 감소한다.

5 재정정책의 유효성

재정정책 유효성 논란

- 재정정책의 효과는 승수효과만큼 나타나지 못할 것이라고 주장한다.
- 정책효과 발생하는 데 소요되는 시간, 유휴자원의 유무, 그리고 정부가 민간을 밀어낸다는 구축효과 등이 그 원인으로 지목된다.
- 재정정책의 유효성 논란은 다음과 같이 정리할 수 있다.

첫째, 재정정책의 효과 발생까지 소요되는 시간

- 재정정책을 결정하고 시행하는 데 오랜 시간이 걸릴 수 있다. 입법 및 행정 과정을 거쳐야 실행 가능하다. 따라서 재정정책의 승수효과가 나타나기까지 오랜 시간이 소요될 수 있다.
- 정부지출은 1년 이상의 계획으로 나누어 지출된다(한번에 총액이 지출되지 않는다).
- 소비–소득–소비 등으로 소득이 이전되는 시간이 길다. 약 4회의 소득–소비의 회전에는 3년~4년이 소요될 수 있다.
- 따라서 단기간(약 6개월)에 나타나는 승수효과는 전체 승수효과의 1/2에 불과하다.

둘째, 유휴자원의 유무

- 만일 노동 및 자원시장에 실업자, 유휴자원이 충분치 않다면 물가상승 때문에 승수효과는 크지 않을 것이다(물가상승은 케인즈 소득지출모형의 총지출을 감소시킨다).
- 승수효과는 불경기에 자원에 대한 수요가 증가하여도 물가상승이 발생하지 않고, 소득 및 소비 지출 증가의 반복으로 산출량이 증가할 때를 가정하고 있다.
- 여기에 생산 증가 과정에서 노동 및 자원의 수요가 증가하고 노동 및 자원의 가격이 상승하면 산출량의 증가는 예상보다 낮을 것이다.

셋째, 구축효과(Crowding out Effect, 밀어내기 효과)

- 구축효과(Crowding out Effect, 밀어내기 효과)가 발생한다.
- 고전학파의 재정정책에 대한 견해이다.
- 정부지출의 증가는 정부의 채권을 발행하여 실행한다.
- 정부가 화폐발행량을 증가시켜서 정부지출을 확대하는 것은 금융정책이다.
- 그러므로 고전학파는 채권 발행만으로 정부지출을 확대할 때의 효과를

그림 21 구축효과

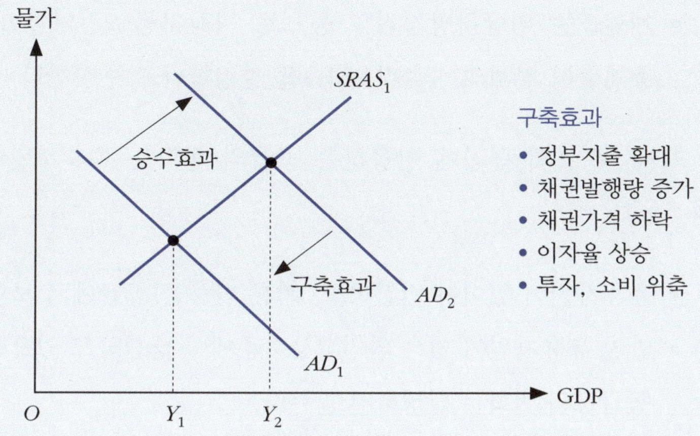

분석하면, 채권발행 증가는 채권가격을 하락시킨다. 이자율의 상승을 의미한다. 이자율이 상승하면 소비 및 투자 지출이 감소한다.

- 정부지출이 증가하면, 민간부문의 소비와 투자는 위축된다. 정부가 민간을 시장에서 밀어낸다는 구축효과(Crowding out)이다.
- 따라서 구축효과 때문에 재정정책의 소득증대 효과는 나타날 수 없다는 주장이다.

6 케인즈학파의 관점 재정리

첫째, 수요 및 산출량의 변화가 거시경제에서 국민소득 조정의 역할을 담당한다.

- 케인즈와 달리 고전학파는 물가, 가격이 거시경제의 주요 역할을 담당한다고 주장한다. 시장의 자동조정역할이 작동한다는 것이다.

- 근대경제학에서는 물가, 생산량이 모두 중요한 역할을 하고 시장가격은 시장의 변화에 빠르게 적응하지 못한다고 본다.
- 케인즈는 임금하방경직성 등으로 시장자동조정역할이 작동하지 않고 총지출이 경제의 산출량(소득)을 결정한다고 주장한다.

둘째, 수요의 변화에 반응하는 공급의 변화는 유휴자원이 있을 때 발생한다.

- 유휴자원이 있어야 민감하고, 빠른 반응을 공급에서 보인다.
- 만일 유휴자원이 없는 완전고용수준에서 생산하고 있으면 수요의 변화에 공급량의 변화는 발생하지 않는다.
- 경기침체기에 유휴자원이 존재하기 때문에 재정정책의 효과는 발생한다는 견해이다.

셋째, 총수요의 변동이 잠재적 경기불안의 근원이다.

- 케인즈는 소비 및 투자의 불안정성을 주장한다. 따라서 소비 및 투자에 의한 총수요의 불안정이 경기불안의 원인이다.
- 총수요를 안정시키면 경기불안을 줄일 수 있다.

케인즈의 경기변동

투자는 총수요 불안정의 주요 원인이다.

- 예를 들어 수요의 증가요인이 투자 부문에서 발생하였을 때를 가정하자.
- 투자증가는 승수효과 발생과 함께 생산량을 증가시킨다. 완전고용수준의 생산량에 도달하면 경제성장은 둔화되고 낙관적 전망은 감소한다.
- 이에 따라 투자는 감소하고 승수효과 발생과 함께 생산량이 감소하고 투자 및 소비지출이 감소한다. 이것은 수요감소, 재고증가 & 산출량 감소, 고용감소, 파산기업 증가, 경기불황으로 이어지게 된다. 즉 수요의 증가요인이 없으면 국민소득 증가요인이 없다는 입장이다.

- 경기변동의 원인이 투자의 불안정성에 있다는 설명이다.
- 경제성장이 둔화되고, 경기 위축 시기로 진입하면, 기업가의 '야성적 충동' 투자 결정 과정에서 투자는 급속하게 감소한다.
- 경기불황 시기에 기업가의 판단은 투자를 보류하는 것이다. 이러한 판단은 경기회복의 신호가 발생할 때까지 계속된다. 불황이 오래 지속되고 가격, 이자율 하락으로 경기회복이 불가능하다는 견해이다.
- 또한 승수효과의 영향으로 투자 변동의 파급효과가 크다는 것이다.

참고: 케인즈학파와 다른 견해 및 사례

- 1930년대 대공황이 발생한 원인을 보는 다른 관점으로는 금융정책의 잘못이라는 견해이다. 대공황 당시 미국정부는 금융확대 정책 등을 실행하지 않았고, 부실기업 퇴출의 기회로 삼았다는 것이다.
- 그리고 1990년대 초반에 미국은 경기침체 상황에서 실질임금 및 실질이자율을 하락시키면서 경기회복을 이루었다는 주장이다. 즉 시장기구의 역할이 시장을 균형으로 이끌었던 것으로 바라보는 사례이다.
- 하지만 경기침체 시기에 구조조정 등을 외면한 결과, 2008년 미국발 세계금융위기로 나타났다는 견해도 있다.

7 재정정책

재정정책의 의미

- 재정정책은 재화시장에서의 정부지출과 조세를 변화시켜 경제성장 등의 정책목표를 달성하려는 경제정책을 말한다. 즉, 세금수입을 정부지출 자금으로 활용하여 경기를 조절하는 것이다.
- 재정정책에는 확장적 정책(지출 증대, 감세)과 긴축적 정책(지출 축소, 증

세)이 있다. 정부지출 증대나 세금의 감소는 국민소득을 증가시킨다.

균형재정: 정부지출=세금수입
재정흑자: 정부지출<세금수입
재정적자: 정부지출>세금수입

- 불황기에는 세금수입이 감소하고, 실업 수당 등 재정지출은 증가한다. 반대로 경기과열 상황에는 세금수입이 재정지출을 초과하여 총수요는 자동적으로 조절되는 기능을 갖춘다.

정부의 조세 수입

- 조세수입: 소득세 등
- 세외수입: 수수료, 입장료, 벌과금
- 자본수입: 정부소유 토지, 건물매각 수입

정부지출과 재정지출

- 정부지출이란 정부의 재화 및 서비스 등 최종재에 대한 지출을 의미한다.
- 일반행정 등 정부 운영 비용 지출 및 국방, 교육, 공공사업 등을 포함한다.
- 재정지출은 정부가 행한 모든 지출을 포함한다. 실업수당 등 이전지출은 재정지출에 포함된다. 따라서 확장적 재정정책에는 정부의 이전지출 증가도 포함된다.
- 재정정책이란 세입 및 세출을 활용한 총수요 조절 정책이다.
- 국민경제의 안정적인 성장을 목표로 하여 세율 조정을 통한 조세수입과 정부 사업 등의 재정지출을 조절한다.
- 일반적으로 정부의 재정지출을 정부지출이라고 표기하는 경우가 많다.

세금 인하의 유효성

- 세금을 줄이면 경기회복 가능한가? 이에 대한 답이 학파의 견해에 따라 다를 수 있다.

그림 22 레퍼곡선

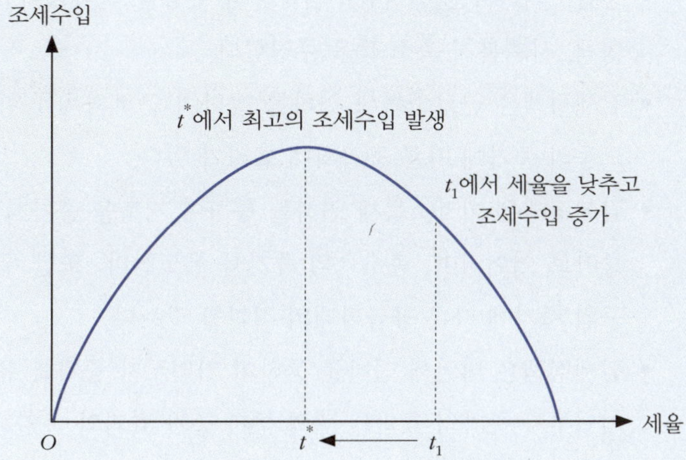

- 통화주의학파: 세금 인하는 영구소득에 영향을 미치지 못하기 때문에 효과가 없다고 주장한다.
- 합리적 기대학파: 합리적인 가계는 현재 세금의 인하를 미래 세금의 인상으로 보고, 세금이 인하된 만큼 저축을 늘리기 때문에(리카르도 동등성 정리) 세금 인하는 효과가 없다고 주장한다.
- 케인즈학파: 영구적인 세금 감면뿐만 아니라 일시적인 세금 감면도 수요에 영향을 미친다고 본다(절대소득가설).
- 공급주의학파: 세율 인하가 경제활동을 촉진하여 결과적으로는 전체 세수를 증대시킬 것이라고 주장한다. 그 배경으로는 래퍼곡선이라는 세수와 세율 간의 관계를 보면 특정 세율을 넘어서면 오히려 세수가 감소하기 시작한다. 공급주의학파는 1980년대 당시의 세율이 너무 높은 구간에 있어서 세율을 인하하여 오히려 세수를 증대시키는 결과를 가졌다고 주장한다.

공급주의학파의 세율 인하 효과

- 공급주의학파는 신자유주의학파의 주장을 받아들이고 작은 정부, 감세 정책, 사회복지 축소 등을 주장한다.
- 감세정책은 근로소득세 인하를 통하여 근로의욕을 향상시킨다. 따라서 노동의 증가에 따른 공급확대 효과가 있다.
- 감세정책은 이자소득세 인하를 통하여 저축을 증가시킨다. 저축은 투자 증가로 이어지며, 총수요의 증가를 유도한다. 또한 투자 증가는 자본재 구입 증가에 따른 공급확대의 결과를 갖는다.
- 감세정책은 법인세 인하를 통하여 기업투자 증가를 유도한다. 여기에서 기업투자 증가의 효과는 위의 투자 증가 효과와 동일하다.
- 종합하면 감세정책에 의한 총수요 및 총공급이 증가한다. 여기에서 총공급의 증가가 총수요의 증가를 초과한다.

8 재정적자와 국가부채

재정적자와 국가부채의 개념

- **국가부채(저량의 개념)**: 정부에서 채권을 발행하면 이자 지출도 발생한다.
- **재정적자(유량의 개념)**: 1년간 정부지출이 세금수입을 초과하여 발생한다.

정부부채의 문제 논쟁

- 정부부채, 자금조달 그리고 다음 세대의 부담에 대한 논쟁은 계속되고 있다.
- 긍정적인 입장과 부정적인 입장을 정리하면 다음과 같다.

정부부채 발생에 대한 긍정적인 입장

- 정부부채는 자본재 확대 및 경제성장으로 이어질 수 있다.

- 정부부채는 누군가에게 이자 소득을 발생시킨다.
- 정부부채는 미래 자원사용의 기회비용을 높이지 않는다(미래 자원사용과 상관 없음).
- 경제의 생산 능력이 있으면, 정부가 자금을 조달하여 경제성장 및 자본재 생산을 늘릴 수 있다(정부투자 확대의 긍정적인 영향이 있을 것이라는 견해이다).

정부부채 발생에 대한 부정적인 입장

- 재정적자에 대한 구축효과 문제는 고전학파의 전통적인 견해이며, 민간의 소비 및 투자는 감소할 것이라는 주장이다.
- 정부의 채권발행을 통한 자금조달이 "저축과 자본형성(capital formation)"에 영향을 미친다. 민간이 정부채권을 보유하고 이것을 부의 축적으로 느끼면서, 미래의 세금부담을 인식하지 못하면, 민간 저축은 감소하고, 이자율이 상승한다.
- 그리고 생산 및 지출 등 정부의 경제활동 확대는 민간 투자의 감소로 이어져 미래의 자본재는 감소할 수 있으며, 미래의 잠재 GDP가 감소한다.

리카르도 동등성(Ricardian Equivalence): 새고전학파의 견해

- 정부부채는 미래의 세금 부담을 증대시킨다.
- 재정확대 정책으로 재정적자가 증가하면, 세금을 납부하는 사람들은 미래의 세금 증가를 예측한다.
- 미래의 세금부담 증가에 따라서 저축증가 & 소비감소 현상이 나타난다.
- 이러한 행위의 결과는 국민소득 증가에 아무런 영향을 주지 못한다.

국가부채와 경제붕괴 가능성

- 국가의 재정적자 때문에 국가 경제는 붕괴 될 수 있는가?
- 이 질문에 대한 답은 다양하다. 이를 정리하면 다음과 같다.

첫째, 국가부채의 이자비용이 감소하면 위험성 없음

- 생산활동이 원활하면 이자비용/GDP 비율은 지속적으로 증가할 수 없다.
- 정부 채권의 이자비용이 증가하지 않으면, 세금수입으로 이자비용을 감당할 수 있다. 따라서 이자비용은 감소하고 경제붕괴 위험성은 없다.

둘째, 이자비용이 증가하면 문제 발생할 수 있음

- 그러나 생산활동이 원활하지 못한 상태에서 정부의 이자비용이 증가하고, 이자비용을 화폐발행으로 해결하면서 인플레이션이 상승하면 국가경제 관리문제가 심각한 것이다.
- 즉 재정적자의 증가 이유가 '빚을 갚으려는 것'이라면 다음 현상이 나타난다.
  - a) 정부의 자금수요 증가에 따른 실질이자율 증가
  - b) 화폐발행, 화폐공급이 증가하여 물가 및 명목이자율 증가
  - c) 명목 및 실질 이자율 증가에 따라서 이자 부담 증가
  - d) 이러한 형태의 재정적자 부담의 증가는 다음 세대의 세금 부담 증가로 나타난다.

셋째, 정부부채/GDP 비율이 높으면 국가부도 위험 있음

- 세금수입에서 이자비용 지출하고 나머지로 정부 지출을 실행한다.
- 미래의 세금 수입이 이자부담보다 크거나, 정부부채/GDP 비율이 낮으면 문제 없다.
- 그러나 세금수입보다 이자부담이 크면, 정부 운영이 불가능하고, 국내외에서 국가의 신용도 문제가 발생한다.
- 이러한 상황이면 국내외에서 더 이상 자금을 조달할 수 없고, 국가의 부도, 즉 '지급불능(insolvency)"을 선언하게 된다.
- 모라토리움(moratorium)은 상환할 의사가 있지만 일시적으로 상환을 연기하는 것이다.

평온한 세상

다 잘 될 거야. 별 일 있겠어? 사람이 하는 일에서 해서 안 되는 일은 없다. 낙관적인 사람들이 주로 하는 말이다. 때로는 '근거 없는 낙관주의', '무모한 공상가'로 보인다. 긍정적인 사고를 가지고 있는 사람들은 불행해질 수 없다고 한다. 불행이 다가온다고 해도 전생의 원한을 갚는 과정으로 생각하고, 행운이 온다하여도 잠시 스쳐가는 인연으로 여기는 달마대사의 경지까지는 아니어도 긍정적인 사고를 갖고 있는 사람들은 언제든지 일을 순조롭게 풀어간다.

자본주의 시장경제에서 생산부문은 효율성을 높여야 경쟁에서 생존할 수 있으며 많은 기업들이 대규모 생산시설, 규모의 경제를 선택한다. 그 결과 상품이 과잉 공급된다. 공급과잉 문제는 가격 하락, 기업 도산, 경기불황, 공황상태로 이어지고, 무역 분쟁, 국가 간 갈등, 극단적으로는 전쟁까지 발발할 수 있다. 식민지 쟁탈전 또는 세계대전을 경험하였고, 관세부과 등 국가 간 무역 갈등이 악화되는 상황을 보기도 한다. 긍정적인 시각을 갖기 쉽지 않은 상황이지만, 긍정적 마인드를 갖고 있는 사람들은 언젠가는 나아질 것이라고 믿는다. 시간이 지나면 공급과잉 문제와 국가 간 갈등도 사라진다는 견해이다. 이 견해는 아주 장기적인 시각일 수 있다. 미래 예측 능력이 뛰어난 인간의 합리적인 경제행위를 신뢰하고, 시장의 가격기구 역할이 빈틈없이 잘 작동할 것이라 믿는다. 국가 간 실리를 추구하는 행위, 잔혹한 경제현실을 보면서도 경제는 수요와 공급의 균형으로 안정적인 상태를 유지한다는 견해가 있다. 낙관적인 시각을 기반으로 비관적인 상황을 고려하지 않는 것이다.

세상을 바라보는 시각과는 관계없이 전문가들은 다양한 분석과정을 통해서 결과를 예상한다. 그들의 분석 방법은 정교하고 복잡하다. 정교한 수식, 수리 통계 분석방법을 활용한다. 현실을 엄청나게 단순화한 가정들이 포함되어 있지만 수학적으로 결함이 없다. 이론적 분석은 이상적인 세상을 꿈꾸는 사람들의 마음을 사로잡기에 충분하다. 시장은 균형 상태에 있고 미래예측이 정확하다는 가정으로 세상을 바라보면, 국가경제의 침체 또는 과열된 상황이 크게 걱정되지 않는다. 시장이 균형 상태에서 이탈해도 가격시스템은 시장을 다시

균형으로 돌아오게 한다. 따라서 정부의 시장개입이 필요 없다는 설명이 가능하다.

거래량이 감소하는 경기침체기에 생산량 감소, 노동 투입량 감소, 그리고 실업의 증가를 보게 된다. 실업자가 증가하면 노동시장의 임금이 하락하고, 생산자의 이윤이 증가하기 때문에 다시 국가의 생산량, 국민소득이 증가한다. 그러니까 경기가 침체한다고 가정해도 다시 균형국민소득으로 회복될 것이라고 주장한다. 이들의 주장으로는 실업은 잠시 나타나고 없어진다. 따라서 경기침체 때문에 정부의 시장개입은 불필요하다는 주장이 가능하다.

때로는 정부의 시장개입이 정치적인 목적을 달성하기 위해 만들어지기도 한다. 투표를 의식하고, 정치적 목적을 달성하기 위해 만들어지는 정부의 시장개입은 오히려 시장의 혼란을 부추긴다. 그냥 두면 다 해결될 경제문제에 정부가 개입해서 균형점으로 되돌아가던 경제의 움직임을 과도하게 만든다. 작은 정부의 실현을 추구하는 사람들은 정부의 개입을 반대한다. 공공부문이 확대 팽창하고 민간부문이 줄어들면 경제는 활력을 잃고, 민간의 이윤극대화를 위한 생산성 향상은 멀어지고, 공공의 비효율적이고 방만한 운영으로 세금부담만 늘어날 수 있다고 주장한다. 이들의 주장은 1980년대 이후 2000년대 초반까지 신자유주의 시대를 이끌었다. 완전고용과 안정적인 경제성장이 이루어지는 시기에 많은 사람들이 받아들이기 좋은 설명이다.

모든 노동자는 안정적인 일자리에서 어제보다 오늘, 그리고 내일이 더 나아지는 세상을 꿈꾼다. 다시 말하면, 태어나서부터 죽을 때까지 안정적인 경제성장과 실업 걱정 없는 세상에서 살아가기를 바란다. 대학을 졸업하고 어디든 취업이 가능한 세상, 수십 년을 그런 세상에서 살아온 사람들이 있다고 가정하면 이들은 대학입시를 고민하지 않을 것이다. 어떠한 일을 해도 시간이 지나면서 점차 나아지는 삶이 기다리고 있기 때문이다. 조기교육도 필요 없다. 영어, 수학 성적과 현실의 생활은 무관하다. 만일 정말로 그러한 세상에서 살고 있다면 우리는 어떠한 모습일지 상상해 본다. 아마도 실패한 선택이라도 자신이 진정으로 원하는 삶의 경험을 찾아갈 것이다.

불안한 세상

다 좋아질 거라는 낙관적인 상상을 할 수 없는 여건에서 살아가는 사람들이 많다. 하루하루 불안하게 살아가면 자신이 정말 뭘 원하고 있는지 잊게 된다. 미래의 삶을 계획하기보다 내일을 걱정하는 노예와 같은 노동자의 삶을 살아간다. 많은 노동자들이 그렇게 살아가고 있다.

내일 어떤 일이 일어날지 알 수 없다. 도대체 어디에서 어떠한 문제가 발생할지 모른다. 중동에서 전쟁이 일어날지, 유럽의 재정위기가 금융위기로 이어질지, 일본과 중국의 영토 분쟁이 국지전으로 나타날지, 미국이 전 세계를 대상으로 전쟁, 무역전쟁을 일으킬지 알 수 없다. 이런 문제들이 실현될 가능성이 높아지면 기업은 사업계획을 수립하기 어렵다.

매년 기업 회장님이 '우리는 위기 상황에 직면하고 있다' 이렇게 시작되는 신년사를 직원들에게 보내는 경우가 일반적이다. '올해도 호황의 혜택을 이어갈 것이니, 세상 걱정 말고 늘어나는 통장잔고를 잘 지켜보라'는 신년사를 접해본 기억이 없다. 낙관적인 면모는 찾아보기 어렵다. 세계 경기가 아무리 좋아보여도 기업은 위기 상황이라고 판단한다. 불굴의 투지로 싸워나가지 않으면 시장에서 도태되니 죽기 살기로 노력하자고 독려한다. 시장상황은 늘 불안하다. 기술이 급속히 변화하는 세상에서 새로운 경쟁자는 언제나 나타날 수 있다. 국내 1위 기업은 아무 의미 없다. 다국적기업이 1위 자리에 불쑥 도전한다. 늘 위기에 있다는 기업의 신년사는 세계 경제 현실을 잘 반영하고 있다.

경기변동은 피할 수 없다. 한번 위축되기 시작하면 경기는 급속도로 하강한다. 경기가 위축되기 시작하면, 기업은 투자를 보류한다. 단지 미래의 투자를 위한 현금 확보 차원이 아니다. 침체되는 경기를 보면서 과거의 어려웠던 경험을 떠올린다. 위기상황에 우량기업이 도산하는 경우를 수차례 지켜보았기 때문에 경기 침체라는 단어만 봐도 현금을 확보하려고 애쓴다.

경기는 투자와 소비 심리의 영향을 크게 받는다. 앞으로 안 좋아질 것이란 생각이 퍼지면 소비와 투자는 감소한다. 미래의 수입 감소는 저축을 늘리고, 수익 악화는 투자를 위축시킨다. 비관적인 기대 때문에 소비와 투자, 국민소득이 감소하고 실업을 유발한다. 간혹 체감경기는 정말 안 좋은데 신문 등 언론에서 정부가 현재 경기상황을 낙관적으로 발표하는 경우를 보게 된다. 사람들이 낙관적인 시각을 갖고 있어야 경기회복에 도움이 되기 때문에 의도적으로 그렇게 발표한다. 정부에서 경기회복을 위해서 사람들의 기대심리를 높이는 방법 이외에 다른 묘책이 없다는 것으로 해석된다. 보도 자료의 문제라고 평가하기엔 안쓰러운 발표다.

기업은 투자의 불안감을 피할 수 없다. 미래를 바라보는 기업가의 심리가 투자의 막대한 변화를 이끈다. 경기가 살아날 것으로 기대하면 투자가 급격히 증가하고, 경기가 위축될 것으로 보이면 반대 현상이 나타난다. 경기 회복시기에 투자, 생산 및 판매 과정을 거쳐 투자자에게 돌아오는 투자수익은 서서히 줄어든다. 같은 규모의 자본 투입에 추가로 증가하는 생산량이 점차 감소한다. 이러한 현상을 투자의 한계생산성이 점차 감소한다고 표현한다. 원자재에 대한 수요 증가는 원자재 가격을 상승시키고 그 결과 자본투입 대비 산출량은 감소한다. 이는 동일한 규모의 투자에 대한 산출량의 감소를 의미한다. 결국 일정시점에 도달하면 투자는 감소한다. 이것을 경기 하강의 신호로 바라보는 기업가들이 많아지면 투자의 감소 속도는 빨라진다. 투자 감소는 국민소득 및 소비 위축으로 이어진다. 결국 투자와 소비의 위축으로 경기는 침체되고, 침체국면에서 벗어나지 못하는 경우도 있다.

경기를 불안정하게 바라보는 사람들은 경기가 침체해도 임금은 하락하지 않는다고 주장한다. 생산량이 줄어도 노동자 임금이 하락하는 경우는 찾아보기 어렵다는 시각이다. 그러니까 경기가 위축되고 생산량이 감소해서 기업이 힘들면, 노동자가 자신의 임금을 낮춰서 자본가의 이윤을 늘려주고 고용을 늘리는 것은 찾아보기 어렵다는 설명이다. 한국의 자동차 및 조선업의 위기 상황에서 노조의 임금협상 과정을 보면 쉽게 수긍할 수 있다. 경기가 침체되어도 임금이 하락하지 않기 때문에 국민소득은 완전고용에 미치지 못하는 수준에 머물게 되고 경기침체는 장기화될 수 있다는 설명이다.

만일 이들의 주장이 옳다면 정부의 적극적인 시장개입이 필요하다는 주장이 설득력을 얻는다. 그냥 두면 언젠가는 임금이 하락하고 기업 이윤이 늘어나면서 고용도 회복되겠지만, 그게 얼마나 오랫동안 지속될 것이냐, 시간의 문제가 남는다. 현재 세대는 고통 속에 살아가다 죽고 난 이후에 경기가 회복된다면, 모두 만족할 수 없다. 시장에 모든 것을 맡겨서 경기침체의 문제가 해결되어도 당장 고통 받는 사람들에겐 아무런 의미가 없다. 현재를 살아가는 사람들이 편안하게 살기를 바라는 입장에서 정부의 개입, 정부의 지출, 정부의 공공사업이 필요하다고 주장한다. 정치인들과 정책담당자들의 역할이 중요하다. 1930년대 미국의 대공황 시기에 케인즈가 주장하였던 재정정책은 위기의 경제를 살렸다는 평가를 받는다. 물론 바라보는 시각에 따라 케인즈의 재정정책보다 통화량 확대가 경기 회복에 더 큰 영향을 미쳤다는 의견도 있지만, 케인즈는 대공황 당시의 경제 상황을 설명하고, 해결책으로 정부의 역할을 확대하는 해결책을 내놓았다. 자본주의 경제는 시장에 모든 것을 맡겨놓아야 한다는 입장에서 계획경제는 아니어도 경기조절을 위한 정부의 역할이 필요하다는 입장으로 전환한 것이다.

정부가 자신의 역할 이상으로 힘을 사용하면 권력남용이다. 권력남용을 막자고 정부의 역할을 완전히 제한하자는 주장은 설득력이 없다. 권력 남용의 문제점을 찾아서 해결해야 한다. 세상을 평온하게 만들어야 한다는 주장이 국가 시스템의 운영 주도권 문제 때문에 가로막히면 곤란하다. 권력에 취해서 감성적으로 판단하는 국가운영 시스템이라면, 냉정하고 정확하게 상황을 판단하는 '인공지능'을 국가운영 시스템에 도입해야 한다는 극단적인 주장을 견고하게 한다. 국가의 역할은 국민들의 편안한 삶을 위해 필요하다. 때로는 국가의 역할을 그 반대로 의심하는 경우도 있다. 폭력을 휘두르는 흉악범은 일부 시민을 괴롭히지만, 잘못된 정책은 모든 국민을 힘들게 한다. 올바른 정책은 국민 모두에게 필요하다.

소비 활성화

직장 동료가 핸드폰을 떨어뜨려 완전히 망가졌다. 요즘 핸드폰은 가격도 만만치 않아서 2년 동안 기기 값을 분할 납부한다. 이제 1년 사용한 핸드폰인데 아깝다. 핸드폰이 부서지는 광경을 바라보던 동료는 이렇게 말한다. "국가경제에 기여하는 거야, 애국하는 심정으로 새 핸드폰 구입해라." 밉지만 사실적 표현이다.

나의 소비는 주변 누군가의 소득으로 이전된다. 그렇게 소득이 발생한 사람도 소비하고, 또다시 다른 누군가의 소득으로 나타난다. 만일 증가한 소득과 소비의 크기가 같다면, 이러한 과정은 계속된다. 대부분 학생들의 소득 대비 소비는 1이다. 그러니까 10만원의 용돈을 받으면 10만원을 모두 소비한다. 소득이 10만원에서 15만원으로 인상되면 학생들은 늘어난 소득 5만원을 모두 소비한다. 추가소득 대비 추가소비, 한계소비성향이 1이다. 모든 국민들의 한계소비성향이 1이면, 소득-소비-소득-소비 이렇게 이어지는 현상이 영원히 계속될 수 있다. 학생들과의 소비행위와는 달리 일반적으로 추가로 발생한 소득에서 소비지출하는 범위는 1보다 작다. 경기가 침체되면 추가로 소득이 발생해도 소비하지 않는다. 한계소비성향은 거의 0에 가깝다. 만일 한계소비성향이 0에 가까우면 소득-소비의 연결은 지속되지 않고 국민소득의 증가에 전혀 도움이 되지 않는다.

국민소득은 '일정 기간 동안 한 국가 내에서 발생한 최종생산물의 가치'라고 한다. 일정 기간 동안 소득-소비의 연결이 계속되면 국민소득은 증가한다. 특히 경기침체 시기에는 소비 활성화가 경기회복에 도움이 된다. 그래서 망가진 핸드폰은 아깝지만 경기회복에 도움이 되는 소비행위로 이어지기 때문에 국가경제에 기여한다고 위로(?)하는 것이다.

한국의 한계소비성향이 0.5이고, 정부사업을 통해 100억원의 소득이 누군가에게 발생했다면, 국민소득은 100억원 이상 증가한다. 소득 100억원 중에서 50억원을 소비하면 다음 소득 발생자는 25억원을 소비하고 그 다음 소득 발생자는 12.5억원을 소비하여 소득이 0에 가까울 때까지 모든 사람들의 증가한 소득을 합산하면 국민소득 증가량을 추정할 수 있다. 독자들이 학교에서 배운 무한등비급수를 기억하고 계산하면, 국민소득은 200억원 증가할 것이라고 답했을 것이다. 한계소비성향이 0.5일 때, 만일 재정지출이 100억 원 증가하면, 국민소득은 200억원 증가할 것으로 추정한다. 1/(1－한계소비성향)＝2. 이것을 승수(乘數)라고 한다.

한계소비성향은 국가경제에 중요한 변수로 작용한다. 한계소비성향이 크면 소비가 원활하고 경기침체기에 국민소득을 빠르게 회복시킨다. 반면에 추가로 발생하는 소득에서 소비 비중이 크면 저축 비중은 작다. 저축은 투자와 자본축적으로 이어진다. 장기적으로 보면, 한계소비성향이 클 때, 국가경제의 성장을 견인하는 자본이 증가하지 못하기 때문에 경제성장을 기대하기 어려워진다. 경기가 회복된 시기에 소비지출의 증가는 경기과열, 물가상승, 자본축적 저해 등의 문제를 일으키기 때문에 반갑지 않다. 경기가 침체되었을 때에나 소비를 독려한다. 그러니까 경기침체기에 앞으로 소득이 더 증가할 테니까 소비하자, 이런 긍정적인 기대가 필요하다. 만일 주변사람들은 소비하지 않고 나만 소비하면, 나에게 돌아올 소득은 없다. 다른 사람들이 소비를 늘리고 나만 소비를 줄이면 나는 남보다 잘 살게 될 것이고 이렇게 기대하는 사람이 많다. 이런 상황을 알고 있는 사람들은 소비를 줄일 가능성이 높다. 가계와 기업은 경기회복을 직접 느껴야 소비를 늘린다. 그래서 국가의 리더는 국민들에게 희망찬 미래의 비전을 제시한다. 그래야 국민들은 경기 침체기에도 안심하고 소비한다.

재정지출과 유효성

불안정한 경제 상황에서 기업은 투자를 기피하고, 가계는 소비를 줄인다. 경기가 살아나기 어려운 이런 상황에서 경제성장률 7%를 선거공약으로 내세우면 정부의 고민은 쌓여간다. 경기를 살릴 수 있는 방법 중 하나는 정부지출을 확대해서 국가의 총수요를 늘리는 것이다. 정부지출을 어떠한 분야에 확대 투입해야 좋은지 결정해야 한다. 복지지출을 늘리면 일부 저소득 지지계층을 확보할 수 있지만, 한 번 늘어난 복지지출은 나중에 줄이기 어렵고 국민들의 세금부담이 커진다. IT 서비스 또는 제조업 등 고용 및 산업 연관효과가 높은 분야에 지출을 늘리면, 특정 계층의 기업을 지원하게 될 가능성이 높다. 정경유착 또는 고소득층을 위한 지원정책이라는 비난을 받기 쉽다. 건설업 등 사회간접자본에 대한 정부의 투자도 4대강사업 이후 조심스럽고 부동산 가격상승을 부추길 수 있기 때문에 기피한다. 어디건 사후에 여론의 비난을 피할 수 있는 분야를 찾기 힘들다. 그래도 어딘가에 정부가 지출하지 않으면 경기를 회복시키기 어렵다. 위험성 없는 사업은 없다. 과감하게 한 분야를 선택하고 정부지출을 확대해야 정부의 공약과 비슷한 성장률을 기록할 수 있다.

정부의 재정지출 확대가 국민소득을 목표치만큼 증가시킬 것이라는 정부의 사업 결과를 100% 확신할 수 없다. 정부의 지출은 위에서 설명한 소득-소비의 연결이 계속 이어지면서 국민소득을 증가시킨다. 한계소비성향이 0.5이면 국민소득은 정부지출 규모의 2배만큼 증가한다. 만약에 수입한 상품을 소비하면, 소비지출은 해외로 유출되기 때문에 국민소득의 증가로 이어지지 않는다. 그리고 모든 소득에는 세금이 있다. 소득이 증가하면 세율이 높아지고 지출할 수 있는 소득은 줄어든다. 위에서 계산한 2배의 승수는 이론적인 최대치이고 현실적으로 세금과 수입품 소비가 있기 때문에 국민소득의 증가 효과는 생각보다 낮아진다.

만일 정부가 어떠한 분야에 지출하면, 그 분야의 민간 사업자는 시장을 잃는다. 일부 민간사업은 정부사업으로 옮겨가면서 민간의 투자와 소비가 감소한다. 또한 정부는 재정지출을 위한 자금을 확보해야 한다. 만일 정부가 자금 확보를 위해서 채권을 발행하면, 채권 공급량이 증가하고, 이는 채권가격 하락, 즉 시장이자율이 상승하는 결과를 가져온다. 시장이자율이 상승하면 민간의 투자와 소비는 위축된다.

여기에서 잠시 채권가격과 이자율의 관계를 잠시 살펴보자. 채권은 자금을 일시에 조달하기 위해 발행하는 차용증서다. 채권에는 액면가, 만기일 그리고 확정된 이자율 등이 적혀 있다. 예를 들면 3년 만기, 확정이자율 5%, 100억원 채권이면 3년 동안 5억원의 이자를 매년 받고 만기에 원금 100억을 되돌려 받는다. 채권을 구입하면 만기일 이전에 원금을 청구할 수 없다. 채권을 보유하고 있는 사람이 급한 사정으로 당장 50억의 현금이 필요하면, 채권을 다른 이에게 양도해야 한다. 물론 100억원을 모두 받기 어렵다. 만일 90억에 현재 갖고 있는 채권을 매도했다면, 누군가는 90억원에 100억원 액면가의 채권을 갖게 된다. 채권가격이 100억원에서 90억원으로 하락한 것이고, 90억원에 채권을 갖게 된 사람은 동일한 이자조건을 인수하여 5억원의 확정이자를 받게 된다. 90억원에 대한 이자를 생각하면 이자는 약 5.5%가 된다. 그리고 만기에 액면가 100억원을 받는다. 따라서 채권가격이 100억원에서 90억원으로 하락한 것은 이자율이 상승한 것과 동일한 의미이다.

이러한 과정을 통해서 정부의 채권발행은 시장의 이자율을 상승시킨다. 이자율이 상승하면, 민간의 투자 및 소비가 감소한다. 결국 정부지출이 증가하면서 정부가 민간을 시장에서 밀어낸 모양새이다. 그래서 '밀어내기 효과(Crowding-out Effect)'라고 한다. 밀어내기 효과에 의해서 정부지출이 증가한 만큼 민간의 투자와 소비를 감소시킨다면, 정부 지출확대의 국민소득 증대 효과는 없다. 그렇다면 정부의 재정지출 확대를 위해 고민하는 인력 낭비만 발생한다.

정부의 재정정책이 필요하다고 주장하는 사람들도 밀어내기 효과를 완전히 부정하지 않지만, 밀어내기 효과가 그렇게까지 크지는 않다고 주장한다. 정부지출의 국민소득 증대효과는 생각보다 크지 않지만 재정지출의 국민소득 증대 효과는 분명 발생한다고 주장한다. 그리고 정부가 재정지출을 확대할 때 100% 채권을 발행하는 정부는 없다. 중앙은행이 화폐를 발행해서 정부에 빌려주는 형식을 사용하기 때문에 채권가격 하락과 이자율 상승의 문제는 크지 않을 것이다. 그러니까 정부 지출의 재정정책은 효과가 발생한다고 주장한다.

재정지출의 국민소득 증대효과의 규모를 정확하게 측정하기 힘들다. 상당한 시간이 소요되기 때문에 순수한 재정정책의 효과만을 측정할 수 없다. 재정정책을 시행하면 민간은 보다 나은 경제 상황을 기대한다. 경기가 나아질 것이라는 낙관적인 기대는 경기회복에 긍정적인 역할을 한다. 재정정책의 효과를 이론적으로 분석하고 정부지출의 찬반을 논의하기 보다는 많은 사람들이 재정정책으로 민간의 기대심리를 높이는 효과에 관심을 갖는다. 미래의 세금증가는 뒷전으로 미루고 현재의 정치적 목적을 달성하기 위한 재정정책을 추진하려는 모습도 있다. 민간의 모든 계층이 국가의 재정 운용에 대한 관심을 가져야 한다. 최근에는 국정감사에서 재정운용에 엄청나게 까다로운 관심을 보이면서 1960년대보다는 재정지출을 효율적으로 운용한다. 서민들이 어렵게 납부한 세금을 낭비하는 일은 줄었다고 믿는다.

골든타임

재정정책 효과에 의문을 제기하는 또 다른 이유는 정책 집행 지연 문제에 있다. 이미 침체된 상태에서 재정정책을 실행하기보다는 경기침체가 시작될 때 시행해야 최소의 재정 투입으로 최대의 효과를 기대할 수 있다. 정책실행 시기를 놓쳐서 이미 침체된 상태에서 재정정책을 추진하면 지출규모가 더 커야 한다. 경기과열 조짐을 보일 때에는 긴축재정, 경기침체 징후가 시작되면 확장재정 정책을 추진해야 정책효율성*이 높다. 따라서 재정정책을 정말로 효과적으로 실행하려면 현재의 경제상태를 명확히 판단해야 한다. 대충 파악하면 안 되고 확실하게 알아야 한다는 것인데 국가 경제동향을 '정확하게' 파악하기 어렵다. 만일 그런 능력이 있다면 경제동향 파악보다 더 생산적인 일에 종사할 것이다. 경제동향을 파악하는 사람들은 '정확하게'라는 수식어는 피하려 한다.

경제학자보다 재활용품 처리업자의 경기판단 속도가 빠르다. 재활용품 처리업자는 '재활용 폐지가 이렇게 많은걸 보면, 이 지역 사람들의 소비가 지난주보다 많이 늘었다.'고 판단할 수 있다. 반면에 경제학자는 통계청의 데이터를 활용해야 하는데 발표되는 최근의 소비 추정치는 6개월 이전의 데이터이다. 1개월, 1주 전, 현재의 소비지출 데이터는 없다. 과거의 데이터를 갖고 현재의 상황을 추정한다. 오차가 발생할 가능성이 크다. 정책 추진 시점의 오류가 발생하면 정책효과는 예상보다 낮을 수 있다. 그렇다고 전국의 폐기물 처리업자의 의견을 묻기도 어렵다. 상당한 시간이 소요될 것이니 정책 시점이 늦어진다.

정책시점을 잘 찾았다 해도 행정 처리가 지연될 수 있다. 정부예산 증액 등 국회 동의를 요구하면 여야 의원들은 늘 그렇듯 서로의 정책에 반대하면서 논쟁한다. 예산증액은 적기에 의회를 통과하기 어려워진다. 정책추진이 늦어지면서 '골든타임을 놓치면 안 된다'라는 하소연을 듣는 일이 너무 빈번하다. 빈번

---

* 정책효율성 : 효율적인 정책이라고 표현해도 좋다. 목표를 달성하는데 최소한의 행정비용이 투입되는 정책을 의미한다. 1% 경제성장률을 추가로 높이기 위해 1조원의 재정을 투입하지 않고 1천억원의 재정을 투입할 수 있는 정책이 효율적이다. 경기가 완전히 가라앉기 전에 경기를 원상태로 복구하는 데 소요되는 재정투입 비용과 경기가 바닥을 향해 추락하는 속도가 빨라질 때 투입되는 재정투입 비용은 다르다. 초기에 대응하면 효율적인 정책이 될 수 있다.

한 정책 집행 지연이 정쟁 때문이라면 국민들은 갑갑하다.

재정정책의 시차문제를 극복할 수 있는 방법은 일부 존재한다. 실업 급여와 같은 복지지출을 예로 들 수 있다. 실업급여는 경기침체의 영향으로 일자리를 잃은 사람들이 받을 수 있다. 새로운 재정확대 정책을 추진하지 않아도 이미 만들어져 있는 제도에 의해서 재정지출이 자동으로 증가한다. 실업급여와 같은 경제관리 시스템을 잘 만들어 놓으면 정책집행 시기지연의 오류를 최소화할 수 있다.

경제전문가들은 과거의 데이터를 사용해서 현재의 상태 그리고 미래의 경제를 전망한다. 이들은 상당히 정교한 수식 등을 활용하여 경기를 예측하고 있으며 이들의 예측능력은 뛰어나다. 이제는 인공지능 기술까지 활용할 수 있다. 경제 분석 및 예측 그리고 정책추진 시점 등을 찾아내는 것은 어렵지 않다고 주장한다. 경제관리 시스템과 기술을 활용하면 정치적으로 이용되는 정책 남발은 줄어들 것이다. 이론적으로는 그렇다.

경기를 안정적으로 유지하기 위한 국가의 예산 수립 및 집행 과정에서 정책이 정치적인 목적으로 오용되기도 한다. 공약을 지키려고 무리한 정책이 추진되는 경우도 있고, 지역구민의 요구에 과도한 예산집행이 이루어지기도 한다. 공개되지 않는 밀실 예산, 마지막 예산 타협을 하면서 나타나는 쪽지 예산 등이 계속된다면 정책 신뢰도는 약해진다. 이상적인 사회를 꿈꾸는 학자들에게 실망감을 안겨주는 안타까운 현실이다. 국민의 세금이 효율적으로 사용되어야 하는데, 특정 집단의 이익을 위한 지출만이 증가하면 국민의 분노는 하늘을 찌를 것이다.

정부지출 확대는 재정을 악화시킨다. 훗날에 세금을 더 거둬서 적자를 해소해야 한다. 현재 세대가 세금부담을 후손에게 전가한다. 현재 세대가 만들어 놓은 문제를 우리의 후손들이 책임져야 하기는 죄책감 때문에 현재 세대들이 세금을 납부하려고 저축을 늘리면, 소비지출이 감소하고 국민소득의 증가는 예상보다 낮아진다. 만일 정확하게 미래의 세금 규모를 측정할 수 있다면, 보다 정확한 소비 감소의 크기를 결정할 수 있다. 재정지출 증가로 늘어나는 세금만큼 소비는 감소하고 국민소득의 증가는 전혀 나타나지 않을 수 있다. 이러한 논리에 따르면 재정정책의 효과가 전혀 발생하지 않을 수 있다는 주장이 가능하다.

경기침체기에 재정지출 확대 정책을 추진해도 효과는 의문이고, 정치적으로 이용되는 문제도 존재한다. 그래도 재정정책은 필요하기 때문에 국가를 운영하는 사람들의 능력을 믿고 맡긴다. 12월에 남는 예산을 소진하는 보도블록 교체작업은 많이 없어졌다. 이렇게 정부는 조금씩 신뢰를 쌓아가고 있다. 정부에 대한 믿음은 아주 조금씩 생긴다. 모든 분야에서 완고한 신뢰가 만들어지려면 상당히 오랜 시간이 필요하다.

Section 5

화폐금융

1 화폐 기능

화폐의 기능

- 첫째, 교환의 수단: 화폐의 본원적 기능으로서 재화 및 서비스의 간접 교환수단이 된다. 교환 수단의 화폐 기능은 경제의 거래비용을 낮춘다.
- 둘째, 가치 척도의 기능: 상품의 가치 척도 기능으로 활용된다. 화폐는 재화 및 서비스의 상대가치 관계를 표시하는 기준이 된다(물물교환 경제에서는 쌀과 옷을 교환할 때, 그 교환비율을 일일이 정해야 한다. 화폐경제에서는 모든 물건의 가치와 교환비율이 화폐단위로 표시된다).
- 셋째, 가치 저장 기능: 화폐를 보유함으로써 일반적인 구매력을 저장할 수 있다. 구매력을 저장하면서 지불 수단으로서의 기능과 유동성으로서의 기능도 수행한다.

화폐의 본원적인 그리고 일반적인 기능

- 화폐의 가장 본원적인 기능은 지급수단(교환의 매개)에 있다.
- 화폐는 상품을 매매하고 채권 채무관계를 청산하는 등 일상거래에서 일반적으로 통용되는 지불수단이다.
- 일반적인 지불수단으로 통용되기만 하면 화폐라고 할 수 있다. 왜냐하면, 지불수단으로 통용되면 본원적 기능을 수행하기 때문이다.
- 그래서 교도소 내에서 죄수들 간에 통용되는 담배, 통조림 등도 그 지역에서는 화폐의 역할을 수행한다.

2 화폐의 종류

화폐의 발달

- (본위화폐) 금, 은처럼 그 자체로서 가치를 지닌 물건이 화폐로 통용되는 것을 물품화폐 또는 본위화폐(commodity money)라고 부른다.
- 본위화폐는 일반적으로 화폐로서의 액면가치와 재화로서의 소재가치가 동일하다.
- **물품화폐:** 소금, 곡물, 돌, 담배
- **금속화폐:** 금, 은, 귀금속 등으로 화폐를 만들어 사용한다.
- (그레샴의 법칙) 소재가치가 큰 화폐와 작은 화폐가 동일한 명목가치(화폐가치)로 혼용될 때, 소재가치가 큰 화폐는 사라진다. 악화가 양화를 구축한다는 그레샴의 법칙이다.
- (본위제도) 본위화폐를 기초로 화폐의 가치를 정하는 제도가 본위제도이며, 금 또는 금으로 교환될 수 있는 물건을 화폐로 사용하는 경우는 금본위제도라고 부른다.
- 은의 경우에는 은본위제도, 금과 은을 동시에 사용할 경우 복본위제도라고 한다.
- (명목화폐) 그 자체로는 가치가 없지만 법으로 정하여 통용하는 화폐를 법화 또는 명목화폐(fiat money)라고 한다.
- (지폐) 명목가치가 소재가치보다 높다. 법화(legal tender)라고 하며 내구성을 갖추고 있다. 일정 금액 단위의 화폐를 발행하고, 원하는 단위로 나눌 수 없다는 가분성면에서 문제점이 있다.
- 금과 같은 본위화폐는 언제 어디서나 화폐로서의 기능을 수행할 수 있지만, 명목화폐는 국가가 국가로서 존재할 경우에만 화폐로서의 기능을 수행할 수 있다. 예를 들어 전쟁이 나면, 받는 것은 금으로, 주는 것은 화폐로 거래하기를 선호한다.

법화 발행

- 세뇨리지 효과가 발생한다. 정부가 화폐를 발행하여 갖게 되는 주조차익이다.
- 주조차익＝교환가치－발행비용(소재가치)
- (예금화폐) 가분성면의 문제를 해결하기 위해서 발행한다. 은행의 예금을 기초로 수표를 발행하고, 자유롭게 금액을 기재하여 사용할 수 있다.
- (예금화폐의 문제점) 대금 회수에 시간이 필요하고, 부도수표, 통용지역 제한 등의 문제점이 있다.
- (전자화폐) 신용카드, 패스카드 등을 활용한 전자 자금이체 제도, 온라인 뱅킹, 지로 제도, 현금자동출납기 등을 말한다.

상품 교환의 수단

'사랑에 속고, 돈에 울고.' '있다가도 없고, 없으면 생기기 어려운 돈.' '돌고 도는데 어디서 돌고 있는지 모르는 돈.' 그 돈을 바라보면 여러 생각이 겹친다. 오로지 돈만을 생각하고 일하는 사람, 돈을 좇지 않고 일하는 사람, 돈 때문에 시기 질투하는 사람, 남의 돈을 빌리고 연락 두절되는 사람, 이름을 남기지 않고 거액의 돈을 기부하는 사람, 몇 년 만에 수십억을 벌었다는 사람, 반대로 수십억을 날리고 세상을 떠난 사람, 돈이고 뭐고 다 싫고 산속에서 자연인으로 살아가는 사람, 돈은 벌 만큼 벌었고 이걸 지키려고 권력과 손잡는 사람, 권력과 손잡아도 불안하고 이제 권력을 직접 잡으려는 사람…. 사람들의 모습을 돈과 연결시키면 수많은 이야기 소재가 나온다. 자신의 모습은 어디에 있는지 찾을 수 있을 듯하다.

화폐는 상품 교환에 필요하다. 자신이 생산한 상품과 상대가 생산한 상품을 교환하는 매개체로 사용된다. 효율적으로 생산되는 경제시스템이 필요하고, 생산된 상품의 교환이 공정하게 이루어지는 시스템도 중요하다. 경제학을 생산, 가치, 교환 등에 대하여 연구하는 분야라고 협소하게 표현하면, 가장 간단한 경제학 소개가 된다.

모두 자신의 상품 생산에 노력하고 투자한다. 과거 수렵 채집의 사회에서 생산하고 교환하는 경우를 상상해보자. 나는 하루에 과일 30개를 채집할 수 있으니, 오늘 하루 당신이 사냥한 사슴 한 마리와 내가 채집한 과일 30개의 가치는 비슷하다고 주장할 수 있었다. 물론 사냥도구와 과일 채집도구의 가치가 동일한 경우에 그랬을 것이다. 누구나 만들기 쉬운 상품의 가치는 낮고 보다 많은 기술과 투자가 필요한 상품의 가치는 높다. 대량생산이 가능한 현대 산업사회에서 생산수단은 보다 고도의 기술을 요구하고 대규모 투자를 필요로 한다. 일부 대규모 자본가들이 생산 가치를 획득하기 쉬운 구조다. 산업이 고도화될수록 노동자들의 한계생산* 가치는 낮아진다.

아주 오래전 물물교환 시대의 생산물에 대한 가치는 다른 상품과 교환하면서 확인할 수 있었다. 당시에는 화폐의 역할을 하던 교환매개체로 사회적으로 합의된 물품을 사용하였다. 곡물, 소금, 조개껍질, 돌 등이 사용되었다고 한다. 현대사회에서도 물품이 화폐의 역할을 하는 '동네'가 있었다. 깡통음식, 담배, 우표 등이 교도소에서 죄수들 간에 교환되었다고 한다. 거래의 수단으로 사용되었던 물품은 내구성이 있고 동일한 가치를 장기간 유지할 수 있는 상품이다.

화폐가 없을 때 상품의 교환을 상상하면 '불편함', '불공정' 등의 단어가 떠오른다. 시장에서 물물교환하는 시골장터를 상상해도 그렇다. 소 한 마리를 다른 상품들과 교환하고 싶지만 아무도 소와 동일한 가치를 갖는 교환상품을 제시하지 않으면 교환할 수 없다. 사과 10개를 갖고 나가서 교환하려는데 사과의 품질이 모두 다르면 교환가치를 제대로 책정하지 못한다. 곡물, 소금 등과 같은 필수품은 작은 단위의 교환도 가능했지만. 품질이 다르거나, 대량 거래에서 나타나는 운반 또는 확보의 문제가 있었다.

경제가 성장하고 경제활동이 복잡해지면서 화폐는 소금, 곡물, 동, 은, 금

---

* 한계생산물 곱하기 가격. 한계생산물은 생산요소 투입대비 생산물량이다. 노동만이 생산요소인 경우 노동 1 단위가 추가로 투입되어 생산되는 생산물량은 노동의 한계생산이라고 한다. 한계생산물의 가치는 가격으로 나타낸다. 노동으로부터 발생하는 생산물의 가치가 점차 낮아지면 노동자의 임금도 낮아진다.

등 물품에서 금속으로 그리고 법으로 정한 법정화폐에서 전자화폐 등으로 변화했다. 교환 및 보관에 편리한 화폐를 사용해왔다. 소금이나 곡물보다 운반이 쉽고, 금속화폐 중에서 가장 많이, 오랜 기간 사용된 화폐는 은이다. 보유량이 부족한 유동성 문제 때문에 금은 경제규모가 확대되면서 화폐로 사용하기에 적합하지 않다. 산업이 발전하면서 상품 생산량이 증가했고 상품 교환에 필요한 금이 부족하게 되었다. 화폐는 유동성과 신뢰성을 모두 갖춰야 한다. 유동성과 신뢰성을 확보한 화폐는 경제시스템, 경제규모 등에 따라 계속 변화한다. 화폐는 '허상'처럼 보이기도 하지만, 국가에서 세금으로 납부할 수 있도록 법으로 정하여 사용하고 있다.

미래의 화폐는 어떻게 변화할지 의문이다. 4차 산업혁명의 기술의 변화가 생산 및 소비 체제를 어떻게 변화시키느냐에 따라서 화폐의 형태는 만들어질 것으로 생각된다. 암호화폐가 사용될지, 금본위제도로 돌아갈지, 숫자로 표시되는 형태로 남을지 알 수 없다.

3 통화량

통화량의 정의

- 시중에 통용되고 있는 화폐를 어느 시점에 측정한(저량의 개념) 총액이다.
- M1: 현금통화+예금통화(=민간보유 현금+요구불 예금), 화폐의 지불수단(교환수단) 기능을 중시하는 통화량이다.
- M2: M1+저축성예금+거주자 외화예금이다. 저축성 예금과 거주자 외화예금의 합을 준통화라고 한다. 가치축적의 기능을 포함하고 있는 M2를 총통화라고 한다. M2는 가치축적의 기능을 중시하고 있다. 여기에서 가치축적의 이자수익을 포기하면, 교환수단의 통화로 바뀐다.

- M3: 총유동성이라고 한다. M2와 모든 저축 수단들의 합이다. 비통화금융기관 예수금, 금융채권, 상업은행 매출액, 양도성 예금증서 등의 저축을 말한다.
- 여기에서 비통화금융기관이란, 개발기관, 투자기관, 저축기관, 보험기관 등이 있다. 예를 들면, 산업은행, 수출입은행, 종합금융회사, 투자신탁회사, 은행신탁, 생명보험 등이 있다.

4 본원통화

본원통화의 정의

- 중앙은행이 지폐, 동전 등 화폐발행의 독점적 권한을 활용해 공급한 통화를 말한다.
- 간단히 말하면 중앙은행의 창구를 통하여 시중에 나온 현금이다.
- 중앙은행의 창구를 통해 발행한 화폐로 민간 보유 현금통화와 지급준비금으로 구성된다. 이때에 지급준비금은 시재금(은행)과 중앙은행예치금(중앙은행의 예금취급기관에 대한 부채)으로 구성되므로 본원통화는 현금통화, 예금은행 시재금, 중앙은행 지급준비금 예치금의 합으로 표시할 수 있다.
- 현금통화와 시재금을 합하면 화폐발행액이 되므로 본원통화는 화폐발행액과 중앙은행 예치금의 합으로 표시될 수도 있다.
- 본원통화=현금통화+예금은행 지급준비금
- 여기에서 '예금은행 지급준비금'=예금은행 시재현금+중앙은행 지준예치금
- 화폐발행액=본원통화−중앙은행 지준예치금

본원통화의 공급 경로

- 본원통화의 신규공급량을 ΔBo, 지급준비금을 r, 시중에 증가하는 통화량을 ΔM이라고 한다면, ΔM과 ΔBo 사이의 관계는 공비가 $1/r$인 등비급수로 표시될 수 있다.
- 다음 식과 같다. $\Delta M = \left(\frac{1}{r}\right)\Delta Bo$: 통화공급방정식

통화공급방정식이 도출되기 위해서는 몇 가지 가정이 필요하다.

- 민간이 증가된 통화 전부를 은행에 예치한다고 가정해야 한다. 즉 민간이 증가된 현금을 보유하는 경우에는 통화방정식 만큼의 통화공급 증가는 발생하지 않는다.
- 은행은 증가된 통화에서 법정 지급준비금을 제외한 전액을 대출로 다시 공급한다고 가정한다. 즉 은행의 초과 지급준비금이 없는 경우이다.
- 그러나 이러한 가정들은 현실세계에 맞지 않는다. 따라서 현실세계의 상황에 적합한 다소 완화된 가정을 도출할 필요가 있다.

완화된 가정을 적용한 통화공급방정식

- 통화량을 M, 통화량 중 현금통화 비율을 c, 지급준비금 비율을 r, 본원통화를 RM이라고 하자.
- 그리고 민간의 현금보유 증가, 은행의 초과준비금 보유 등을 적용한 통화공급방정식은 다음과 같다
- $\Delta M = \frac{1}{\{c+r(1-c)\}} \times RM$, 여기에서 통화승수는 $\frac{1}{\{c+r(1-c)\}}$이다.

- 중앙은행의 대차대조표에서 본원통화가 증가하는 경우는 다음과 같다.
- 정부대출 증가 즉 정부대출이 정부예금을 초과하는 경우
- 시중은행의 순예금대출이 증가하는 경우
- 해외부문에서 매입외환이 매각외환을 초과하는 경우

표 4 중앙은행의 대차대조표

차변(자산)	대변(부채)
정부 대출	정부예금
예금은행 대출	**본원통화**
해외자산	해외부채
기타자산	기타부채

- 기타부문 매입: 중앙은행이 기타자산(건물, 시설, 국공채) 매입하는 경우
- 시중의 현금이 증가하는 경우들이다.

신용창조 및 통화공급의 가정

- 예금은행의 신용창조와 예금통화 공급에는 다음과 같이 가정한다.
  ① 요구불예금만 존재
  ② 예금은행 밖으로의 현금 누출 없음
  ③ 예금은행은 대출의 형태로 자금을 운용
  ④ 예금은행은 법정 지급준비금만 보유

본원적 예금 및 통화량 증가

- 본원적 예금의 발생으로부터 통화량이 증가한다.
- 본원적 예금의 발생이란 중앙은행으로부터 예금은행에 최초로 들어온 예금을 말한다.
- 본원적 예금이 10만원 발생할 경우, 이 예금은 대출과 예금, 그리고 또 다른 대출과 예금의 순환이 지속된다. 이 과정을 통해서 통화량이 증가한다.
- 은행은 예금 중 일정부분(비율)을 반드시 보유한다(지급준비금이다).
- 법정 지급준비율이 20%일 때, 예금 10만원 중에서 대출 가능금액은 8만원(10만원×0.8)이다.
- 대출된 8만원은 다른 금융기관의 예금되고 다시 8만원의 80%는 대출된다.

- 이러한 순환이 지속되면, 총예금(통화)창조액＝저축×1/ r (r: 법정 지급준비율)이 된다.

신용승수

- 예금은행의 신용창조 과정에서 찾을 수 있는 신용승수는 다음과 같다.
- 법정 지급준비율 $r=0.2$이면, 신용승수$=1/r=5$
- 신용승수는 예금－대출－예금의 순환과정에서 현금을 보유하지 않고 계속 순환된다는 가정을 적용하였다.

참고: 통화량 변화 측정의 예(통화량=현금통화＋예금통화)

- 갑돌이가 보유하고 있던 현금 100만원을 예금하면 통화량의 변화는 없다(현금 100만원 감소, 예금 100만원 증가).
- 갑순이가 은행에서 100만원을 대출 받으면 통화량은 100만원 증가한다(현금 100만원 증가).

통화승수

- 통화승수는 중앙은행의 본원통화 증가에 따라서 통화량은 몇 배 증가하였는지 보인다.
- 통화승수$(m)=\Delta$통화량$(M)/\Delta$본원통화(B)
- 통화량$(M)=$현금통화$(C)+$예금통화(D)
- 본원통화$(B)=$현금통화$(C)+$지불준비금(R)
- 통화량과 본원통화: $\dfrac{M}{B}=\dfrac{(C+D)}{(C+R)}$
- 분자 분모를 D로 나누면 $\dfrac{(C+1)}{(C+r)}=m$, 여기에서 $c=C/D$
- $c=$현금/예금 비율이며, 이것은 경제 사회의 관습에 의해 결정된다. 예금－대출－예금의 순환 과정에서 현금을 보유하게 되는 것을 포함하여 통화승수를 구한 것이다.
- 따라서, 통화량을 결정하는 요소는 지급준비율 및 본원통화이다.

- 통화승수는 예금은행 밖에서 현금을 보유하고 있을 때 나타나는 통화량의 증가량을 측정한다. 현금보유량이 많으면, 현금/예금 비율이 높아지고, 통화승수는 감소한다.

5 통화정책의 수단

통화정책

- 중앙은행이 통화량을 조절하여 정책목표(안정적인 경제성장)를 달성하려는 경제정책을 말한다.
- 통화정책은 확장적 통화정책(통화공급 확대, 금리 인하)과 긴축적 통화정책(통화 환수, 금리 인상)이 있다.
- 중앙은행이 통화량을 증가시키면 이자율은 하락하고, 총수요 증가를 통해 국민소득은 증가하게 된다.

(1) 지급준비율정책

- 상업은행의 지급준비율 조정을 통한 통화량 조절정책이다.
- 지급준비율은 법정지급준비율이며 지급준비율 조작은 통화량에 직접 영향을 미치는 정책이다.
- 통화정책의 수단으로 상업은행의 지급준비율 조설은 통화 빛 신용승수를 통하여 통화량을 조절하는 것이다.

지급준비율정책의 한계

첫째, 법적인 구속을 받아 자주 변경하기 어렵다.

- 법정지급준비율을 변경하기 위해서는 많은 시간이 소요된다.

- 따라서 경제상황의 변화에 따른 대응력이 떨어진다.

둘째, 모든 은행들에게 획일적으로 적용된다.

- 따라서 개별은행 간 규모, 경영상태 등의 차이를 감안할 수 없다.
- 개별은행의 수익구조의 차이 등을 감안하여 차별하여 정책을 적용할 수 없다.

셋째, 지급준비금에서는 이자 수익이 발생하지 않는다.

- 지급준비율이 높아지면, 금융기관의 수익 악화 요인으로 작용한다.
- 또한 지급준비금 제도에 적용되지 않는 증권사, 자산운용사 등 금융기관과의 형평성 문제가 발생한다.
- 지급준비율은 주로 금융기관이 발달하지 않은 개발도상국에서 이용한다. 금융기관이 몇 개 없는 국가에서 지급준비율 정책이 효율적일 수 있다.
- 개도국에 외자유입 등으로 유동성이 과잉 공급될 때, 지급준비율을 높여서 통화량을 조절한다.

(2) 재할인율정책

- 상업은행이 기업으로부터 할인 매입한 어음에 대한 중앙은행의 재할인율을 인상하거나 인하함으로써 통화량을 조정하는 것이다.
- 재할인율은 중앙은행에서 일반은행에 대한 대출금리도 포함된다.
- 재할인율은 금리 하한선으로서의 상징성과 파급효과를 보유하고 있다.
- 재할인율을 인하하면 중앙은행으로부터 일반은행의 대출이 증가하여 통화량이 증가한다.

재할인율정책의 한계

- 첫째, 일반은행 통제 수단으로 활용하게 되고, 금융시장 발달에 저해

된다.

- 둘째, 중앙은행으로 부터 대출받아야 하는 상업은행은 경영상태의 악화를 시장에 알리는 것과 같다. 상업은행은 중앙은행으로부터 대출을 피하고 콜시장을 이용하여 단기적 자금흐름의 문제를 해결하려 한다. 따라서 콜시장(은행 간의 금융거래)이 발달하면 정책 효과는 낮다.

(3) 공개시장조작정책

- 중앙은행이 국채 또는 정부의 지급보증 유가증권을 매매하여 금융기관의 자금사정을 변화시킨다.
- 시기 규모 대상 등을 신축적으로 조정할 수 있다.

공개시장조작정책의 전달 방법

- 첫째, 중앙은행이 정부채권을 매입하고 시중은행에 현금을 방출한다. 시중은행이 채권을 중앙은행에 매각하면 시중에 유통되는 현금, 통화량이 증가한다.
- 둘째, 중앙은행이 정부채권을 매도한다. 시중은행은 중앙은행으로부터 채권을 매입하면 시중의 현금이 감소한다.
- 셋째, 중앙은행이 민간부문과 거래할 수 있다. 중앙은행은 정부채권을 민간부문으로부터 매입 또는 매도한다. 시중은행과의 거래에서 발생하는 통화량 변동 효과와 동일하다.

공개시장조작정책은 본원통화인 현금과 지급준비금을 조절하는 통화정책이다.

- 중앙은행의 자산 계정: 정부채권
- 중앙은행의 부채 계정: 예금, 지급준비금
- 공개시장조작정책은 일반적으로 금융기관 상대로 채권을 매매하는 것이며, 이를 통한 '기준금리 조정'을 목표로 한다.

- 현재 중앙은행의 기준금리 대상 채권은 환매부조건채권(RP) 7일물이다. 과거에는 콜금리가 기준금리 대상이었다. RP7일물 가격변화는 기준금리 변화를 의미한다. 중앙은행의 단기채권 매매는 단기채권가격을 변동시키고, 이는 장기채권가격 변동으로 이어지며 장기이자율을 조정한다. 단, 채권시장의 규모가 충분해야 장기이자율의 조정이 가능하다.

6 이자율의 결정

고전학파: 대부자금설 또는 자금대부설(loanable fund theory)

- 고전학파는 자금대부시장에서 실물부문의 투자 및 저축으로 이자율이 결정된다고 본다.
- 즉 재화시장에서 결정된 명목금리는 남에게 빌려줄 수 있는 돈의 수요(투자)와 공급(저축)의 균형으로 결정된다고 본다.
- 자금대부시장에서 공급곡선은 가계의 저축이며, 금리 상승 시 공급량이 증가하는 우상향하는 모양을 가진다.
- 자금대부 공급곡선을 이동시키는 요인으로는 가계의 부의 증가, 채무불이행 위험의 감소, 타 금융상품의 기대수익률 하락, 기대인플레이션의 하락 등이 있다(동일한 이자율에서 대출이 증가하여 자금대부 공급곡선이 우측으로 이동하는 경우이다).
- 자금대부시장의 수요는 기업의 투자이며, 금리 상승 시 수요량이 감소하는 우하향하는 보습을 보인다.
- 자금대부 수요곡선의 이동을 초래하는 요인으로는 기업가의 미래에 대한 낙관적인 전망, 기대인플레이션의 상승 등이 있다(동일한 이자율에서 자금대부 수요곡선이 우측으로 이동하는 경우이다).

케인즈학파: 유동성 선호설

- 케인즈는 화폐시장에서 이자율이 결정된다고 본다.
- 사람들은 자산의 일부인 화폐를 유동성의 형태로 보유하고 싶어하며, 이와 같은 유동성의 선호와 통화공급량의 관계에서 이자율이 결정된다. 이자율은 유동성 선호 경향을 포기한 데 따른 대가 혹은 기회비용이라고 보는 것이다. 즉, 케인즈의 관점에서 금리는 저축이나 대차거래에 따른 보수가 아니다.
- 또한 화폐시장에서 이자율 결정과 채권시장의 채권가격 결정이 동시에 이루어진다.
- 화폐시장에서 균형이면 채권시장에서도 균형이 발생한다.
- 따라서 화폐시장만을 분석하여, 이자율과 화폐보유의 관계를 분석하고 있다.

그림 23 케인즈의 이자율 결정

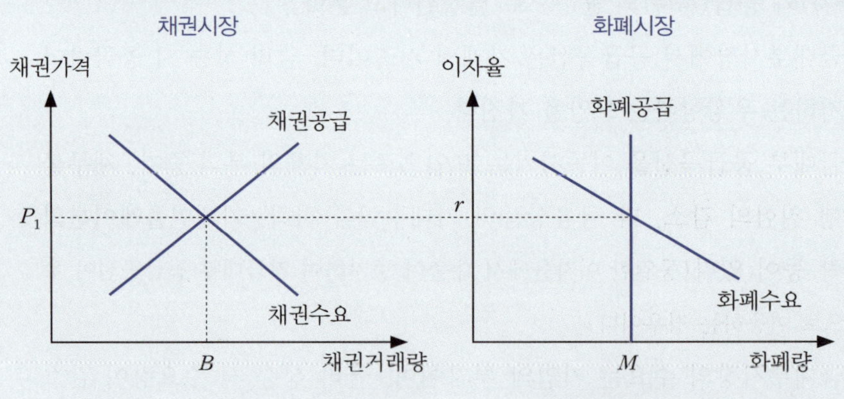

채권시장의 수급여건으로 채권가격 결정　　화폐시장의 수급여건으로 이자율 결정

일반균형의 원리에 따라서, 채권시장과 화폐시장은 동시에 균형점을 찾는다.

7 케인즈의 화폐시장

케인즈의 화폐수요(유동성 선호: 투기적 수요)

- 사람들이 화폐를 보유하는 이유는 채권 투자의 기회를 찾기 위함이다.
- 낮은 이자율은 채권가격이 높다는 의미이다.
- 따라서 현재(낮은 금리에서) 높은 채권가격은 향후에는 하락 가능성이 높다는 것이다. 따라서 투자기회를 기다리는 사람들의 화폐 보유량은 많다.
- 즉 이자율이 낮으면 화폐 보유량이 크고, 더 이상 하락하지 않을 것으로 생각하는 이자율 수준까지 이르면 화폐 보유량은 계속 증가한다. 화폐 공급량이 증가하여도 최저수준의 이자율에 도달하면 이자율은 하락하지 않고, 시중에 늘어난 화폐는 민간에서 보유하는 현상을 '유동성 함정'이라고 부른다. 즉 일정 수준의 낮은 이자율 수준에서 화폐보유량이 무한 증가한다.
- 화폐수요곡선은 이자율이 화폐보유의 기회비용이므로 우하향하는 모습을 갖으며, 이자율에 탄력적인 모습을 나타낸다.
- 수요곡선이 이동하는 요인은 소득이나 부, 물가수준의 변화이며 이 요인들이 증가하면 화폐수요곡선은 우측으로 이동한다.

케인즈의 화폐공급

- 화폐공급은 중앙은행의 정책으로 결정된다고 가정한다. 따라서 화폐공급곡선은 수직선의 모양을 띄게 되며, 중앙은행의 결정에 의해서만 공급곡선이 이동한다.

Section 6

금융시장 참고

단기금융시장 및 금융상품

- 콜시장: 은행, 증권사 등 금융기관 간의 자금거래의 이자율(콜금리, 1일물)
- RP 시장: 환매조건부 채권 시장(7일물 금리, 정책금리, 기준금리)

RP 7일물 금리(기준금리) 인하의 파급효과

- RP 7일물 금리 인하, 이것은 초단기 금리 인하를 의미한다. RP 7일물에 대한 투자 수익률이 감소한다.
- 이에 따라서, CD(91일물) 수요가 증가한다. 즉 CD 91일물의 가격 인상, CD 91일물 금리도 인하하게 된다.
- CD 수익률, 금리가 하락하면, 국채에 대한 수요가 증가하게 되고, 국채 가격이 인상한다. 즉 국채금리의 인하를 의미한다.
- 결국 RP 7일물 금리 인하는 실물부문에 영향을 미칠 수 있는 만기 3년 이상의 국채금리, 장기금리 인하 효과를 갖게 된다.

CD & CP 시장

- CD 시장: 양도성 예금증서(91일물 금리)이며, 주택담보대출과 연동되고 있다.
- CP 시장: 기업어음 시장을 말한다.

효율적 시장가설

- (가정) 사람들은 완전경쟁, 완전정보를 갖고 있다. 모든 사람들이 주식

관련 정보 등 금융시장 관련 정보를 완전하게 얻을 수 있다.

- 따라서 수익발생 가능성에 대한 정보를 모든 사람이 거의 동시에 확보하여 거래차익은 발생하기 어렵다.

랜덤워크 이론

- 주식 가격의 변동 추이는 임의보행의 모습을 보이고 있다.
- 따라서 주식 가격을 예측할 수 없다.
- 주식 전문가와 원숭이의 임의선택의 결과가 크게 다르지 않다고 주장하기도 한다.

Section 7

화폐수요

(1) 고전학파의 화폐수요이론

거래수량설(화폐수량설)

- 거래수량설은 고전학파의 이론으로 화폐공급량이 물가수준에 정비례한다고 본다(고전학파는 경제규모에 적합한 화폐공급량이 존재한다고 본다).
- 거래수량설은 고전학파 경제이론 체계의 근간이며, 통화주의도 화폐수량설을 기본으로 삼고 있다.
- 고전학파의 화폐이론에는 피셔의 거래수량설과 마샬의 현금잔고수량설이 있다.
- 피셔와 마샬의 이론은 화폐의 기능을 교환수단과 가치저장 수단이라고 하는 서로 다른 관점에서 접근한다. 하지만 화폐공급량과 물가가 정비례한다는 결론은 같다.
- 고전학파는 화폐수요에 대한 해석을 거래적 동기를 기본으로 하고 있다. 화폐를 거래수단으로 보유한다고 보고 있다.
- 화폐수량설은 단기적인 분석에는 설명력이 떨어진다고 볼 수 있다. 재화 서비스의 공급함수가 완전고용수준에서 고정되어 있는 장기적인 분석에서는 화폐수량설이 적합하다.

피셔(Fisher)의 거래수량설

- 피셔의 교환방정식(equation of exchange)은 다음과 같다.

- $MV=PT$, 여기에서 M: 통화량, P: 물가수준, T: 총거래량, V: 화폐 유통속도
- 또한 T는 최종생산물과 중간생산물을 포함한 총산출의 개념이다.

화폐의 유통속도 V

- 한 단위의 재화를 생산해내는 데 한 단위의 화폐가 몇 번 이용되었는지 나타내는 지표이다.
- $V=PT \div M$, 여기에서 유통속도 V는 일정한 수준을 유지한다고 가정한다.
- 왜냐하면 금융시스템의 발전 수준, 사회 일반적인 화폐 사용 습관, 소득·지출 방법 등 유통속도를 결정하는 요인들이 쉽게 바뀌지 않기 때문이라고 주장하고 있다.
- 이와 같이 고전학파는 화폐유통속도는 일정하다고 보았기 때문에 통화량이 증가하면 물가상승으로 이어진다는 결론을 도출할 수 있다.
- 그러나 실증분석에서는 화폐유통속도가 일정하지 않다는 결과를 찾을 수 있다(케인즈는 경기침체 시기에 화폐유통속도가 감소한다고 주장한다).

교환방정식을 해석하면 다음과 같다

- 교환방정식은 항등식이다. 즉 어떠한 상황에서도 성립한다.
- "재화 용역 구입을 위한 총화폐 지불액=재화 용역 판매를 통한 총화폐 수입 금액"
- 통화량×통화유통속도(지불측면)=(판매측면)거래의 평균 가격×총거래량
- 이와 같이 교환방정식은 판매측면과 지불측면에서 동등하다.

현금잔고수량설(통화잔고수량설)

- 캠브리지학파는 화폐의 수요를 현금잔고방정식으로 설명한다. 캠브리지 방정식이라고도 하며 다음과 같다.

- $M=k \cdot P \cdot T$
- 여기에서 k는 화폐유통속도의 역수($1/V$)이며 이것을 "마샬의 k"라고 부른다.
- k는 통화잔고의 형태로 보유되는 연간 판매량의 일부분을 말한다. 사람들은 연간판매량의 일부분만큼 화폐를 보유한다는 것이다. 이것이 교환방정식과의 차이점이다
- M: 통화량, $P \cdot T$: 연간 판매량, k: 판매량의 일부분
- 만일 $k=1/5$이면, 연간 판매량의 1/5만큼 평균적으로 통화잔고의 형태로 화폐를 보유한다는 것이다.

거래수량설 vs 통화잔고수량설의 차이점

- 거래수량설: 화폐 지불에 대한 설명, ($MV=PT$)
- **통화잔고설**: 화폐 보유에 대한 설명, ($M=kPT$)
- 캠브리지 방정식($M=kPT$)은 화폐의 수요(보유)와 공급의 관계로 나타낸다.

소득 이용 캠브리지 방정식(Income Version of Cambridge Equation)

- 캠브리지 방정식($M=kPT$)의 문제점을 해결하였다.
- 문제점은 첫째, 측정의 어려움(T: 거래량, P: 거래 평균가격), 둘째, P & T 개념의 불분명함에 있다. 여기에서 k는 보유하려는 판매량(거래량)이다.
- 이러한 문제를 극복하기 위해서 소득의 측면에서 설명한다.
- $Py=Y$ (여기에서 y는 실질 GDP, Y는 명목 GDP, 그리고 P는 GDP deflator)
- $M=kPy=kY$
- 이렇게 수정하면, k는 통화잔고 형태로 보유하려는 연간 소득의 일부가 된다.
- 또한 $M/P=ky$ (여기에서 M/P는 실질통화 잔고, 통화의 구매력 가치)
- $M/P=ky$에서 실질통화수요는 실질소득의 일정비율(k)로 결정됨을 의미한다.

- 즉 화폐수요는 (거래액÷명목소득)에 비례하기 때문에 화폐수요의 이자율 탄력성은 완전 비탄력적이어서 화폐수요가 이자율에 영향을 받지 않는 것으로 가정한다.

(2) 케인즈의 화폐수요 이론

케인즈의 화폐수요

- 화폐를 보유하려는 이유를 거래적, 예비적, 투기적 수요 이렇게 구분하여 설명한다.
- 케인즈는 화폐수요를 다음과 같이 설명한다.

첫째, 거래적 수요

- 계획된 지출을 위한 화폐수요이다.
- 가계의 의식주, 기업은 영업활동 등에서 발생하는 교환수단으로서 기능 측면에서의 수요를 말한다. 소득이 증가하면 화폐의 거래적 수요도 증가한다.

둘째, 예비적 수요

- 예측하지 못한 불행, 사고에 대한 예비로 보유하는 화폐수요를 의미한다.
- 만약에 발생할 수 있는 위급한 상황에 대비해서 예비적으로 현금을 보유하려 한다는 것이다. 소득이 증가하면 화폐의 예비적 수요도 증가한다.

셋째, 투기적 수요

- 수익성이 있는 자산에 투자하기 위해 보유하는 화폐수요를 말한다.
- 화폐는 수익이 보장되지 않는 반면 손실도 발생하지 않는다.
- 반면 투자수익률이 이자와 자본이득으로 구성되어 있는 증권은 이자수입보다 더 큰 자본손실이 발생할 경우 투자손실이 발생한다.

- 사람들은 이와 같이 증권의 투자손실이 예상될 때 화폐에 대한 수요를 늘린다.
- 채권의 가격, 이자율이 변화하면 화폐의 투기적 수요도 변화한다.

화폐수요는 소득과 이자율의 함수 관계

- 거래적 & 예비적 수요는 소득의 증가함수이고, 투기적 수요는 이자율의 감소함수이다. 즉 이자율이 높으면 채권에 투자하여 화폐 수요는 감소한다.
- 케인즈는 화폐 및 채권 시장에서 개인들은 투자 수익을 예상하고 화폐 또는 채권 보유를 결정한다고 가정하였다.
- 이자율에는 최고, 최저 수준이 존재한다. 즉 더 이상 오르지 않을 것으로 또는 더 이상 떨어지지 않을 것으로 생각하는 수준이 있다.
- 따라서 최저수준의 이자율(임계 수준)에 도달하면 통화량을 증가시켜도 이자율은 하락하지 않는다. 이 상태에서 사람들은 채권은 보유하지 않고 화폐만을 보유하려는 현상이 나타나며, 이를 유동성 함정(liquidity trap)이라고 한다.
- 낮은 이자율은 높은 채권가격을 의미하기 때문에 미래의 채권가격 하락을 예상하고 화폐를 보유한다는 것이다.
- 이러한 상황에서 중앙은행이 통화량을 증가시켜서 이자율을 낮추려는 통화정책은 무력해진다. 반면 최저 수준의 이자율 변화에 의한 구축효과는 전혀 나타나지 않기 때문에 재정정책의 효과는 최대한 발휘된다.

유동성 선호설

- 유동성: 자산이 그 가치의 손실 없이 얼마나 빨리 교환의 매개 수단으로 교환될 수 있는가 하는 정도를 말한다.
- 케인즈는 가치의 손실이 없는 교환가치를 유동성이라고 보았고, 이런 유동성은 화폐가 가장 크므로 통화수요를 유동성 선호라고 표현하였다.
- 화폐와 채권을 비교해보면 수익성 측면에서는 채권이 좋지만, 거래수단

그림 24 케인즈의 화폐수요 & 유동성 함정

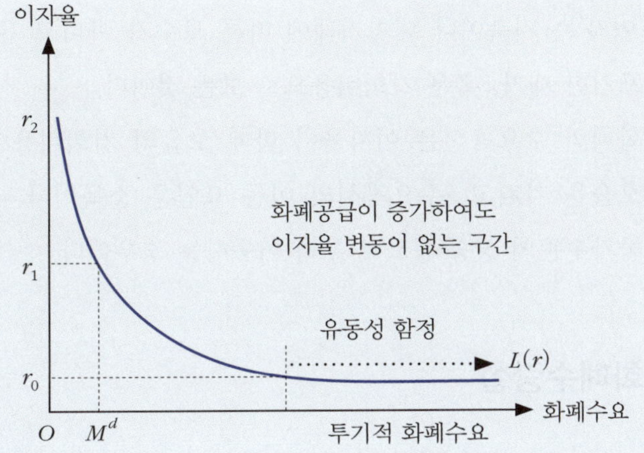

으로서는 화폐가 더 좋다.

- 유동성이 가장 큰 자산, 화폐에 대한 수요를 분석한다.
- 유동성 선호설에 의하면 화폐수요는 거래적, 투기적, 예비적 동기에 의한 화폐수요의 합이다.
- 케인즈의 견해로는 고전학파와 달리 화폐수요는 실질소득과 이자율의 함수이며, 이자율의 영향이 더 크게 나타나고, 화폐수요는 불안정하다고 본다. 케인즈의 견해로는 총수요 및 소득이 불안정하기 때문에 화폐수요가 불안정하다고 본다.
- 또한 화폐수요는 이자율에 탄력적이다.
- $M^d = ky + l(y)L(y, r)$ (여기에서 y=실질소득, r=이자율)

화폐의 수요와 공급의 균형에서 이자율 결정

- 케인즈는 균형금리 수준이 화폐시장에서 결정된다고 본다.
- 화폐의 공급은 중앙은행의 정책적 의지로 결정되는 외생적인 특성을 가정한다. 따라서 화폐의 공급곡선은 수직선의 모양을 띠게 되며, 중앙은행의 결정에 의해서만 화폐의 공급곡선이 이동한다.

- 사람들은 자산의 일부인 화폐를 유동성의 형태로 보유하고 싶어 하며, 이와 같은 유동성 선호와 통화공급량의 관계에서 이자율이 결정된다.
- '이자'는 저축이나 대차거래에 따른 보수가 아니고 유동성 선호 경향을 포기한 대가, 혹은 기회비용으로 보는 것이다.
- 화폐의 수요곡선은 이자율이 화폐 보유의 기회비용이므로 우하향하는 모습을 가지고, 수요곡선의 이동 요인은 소득이나 부(wealth)의 증가, 물가수준의 상승 등으로 우측 이동하는 경우이다.

(3) 신화폐수량설

프리드먼(M. Friedman)의 신화폐수량설

- 신화폐수량설은 실증분석 기반의 '귀납적(inductive) 접근'으로 화폐수량설을 재정립한 것이다.
- 화폐수량설은 일반적인 지식 및 사실 기반의 '연역적(deductive) 접근'으로 화폐수요를 정립하였다. 예를 들면 화폐유통속도는 일정한 수준을 유지할 것이라는 가정을 사용한다.
- 반면 신화폐수량설은 화폐유통속도 등 화폐수요 관련 데이터를 실증분석하여 화폐수요의 변수들의 관계를 아래와 같이 정리하였다.
- $M/P=k(r,\ r_b,\ r_e,\ P^e)Y$, 여기에서 r은 화폐의 예상수익률, r_b는 채권의 예상수익률, r_e는 주식의 예상수익률, P^e는 기대물가 상승률이다,
- 실증분석 결과, 유통속도 v는 일정하지 않다는 결과를 도출한다.
- 마샬의 k를 결정하는 요인에 대한 설명은 다음과 같다.
- 채권 및 주식의 예상수익률, 예상물가 수익률과 역의 관계를 보이지만 그 영향력은 크지 않다(프리드먼은 실증분석을 통하여 예상수익률, 예상물가 등은 통계적으로 유의하지 않다고 주장하였다).
- 프리드먼의 화폐수요는 실질소득의 변화에 영향을 많이 받는다고 주장한다. 따라서 화폐수요는 이자율 변화에 둔감한 반응을 보인다(화폐수요는 이자율에 비탄력적이다).

이자율의 결정에 대한 시각의 차이(재정리)

- 고전학파: 실물경제에서 이자율이 결정된다(총저축=총투자). 이자율은 자금대부시장의 수요와 공급에 의해서 결정된다. 자금대부시장의 공급은 가계의 저축이며, 금리 상승 시 공급이 증가한다. 대부자금의 수요는 기업의 투자이며, 금리 상승 시 수요가 감소하는 우하향하는 모습이다.
- 케인즈: 화폐적 이자론을 주장하였고, 이자율은 화폐 수요 및 공급에 의해서 결정되는 화폐적 현상임을 주장하였다. 또한 화폐공급은 중앙은행에 의해서 이자율과 관계없이 결정되므로 화폐공급을 일정수준으로 유지한다면 화폐수요에 의해서 이자율이 결정된다.

피셔 방정식

- 실질이자율=명목이자율−기대 인플레이션율
- 명목이자율은 사전적 개념이고 실질이자율은 사후적 개념이다. 피셔 방정식은 사전적·사후적 이자율을 분석하는 데 사용하게 된다.
- 현실적으로 이자율 측정은 명목이자율의 측정만이 가능하기 때문에 기대인플레이션율이 사후적으로 결정되면 실질이자율을 확인할 수 있다.
- 사후적으로 확인된 물가상승률이 명목이자율보다 크면 실질이자율은 영(0)보다 작은 마이너스 이자율이 되어 채무자의 부담이 줄어든다.
- 사후적으로 마이너스 물가상승률을 기록하면, 실질이자율이 명목이자율보다 높아진다. 5% 명목이자율의 3년만기 대출금은 3년 후에 2% 물가가 하락하면, 실질 이자율은 7%가 된다.

참고: 통화안정과 물가안정의 중요성

- 첫째, 물가상승이 지속되면 장기 투자 계약의 불확실성이 증가한다.
- 둘째, 물가상승, 통화 불안정성 등의 문제가 발생하면, 생산보다는 재산가치를 보호하려 한다. 즉 물가상승을 우려하여 부동산, 금 등 실물자산 구입을 확대하고, 금융시장 불안정 때문에 생산활동 관련 투자는 감소한다.

- 셋째, 물가상승, 통화 불안정성의 문제는 정부정책에 대한 신용도를 떨어뜨린다. 정부 정책을 믿지 않는 경제주체들이 늘어나면 정책효과는 나타나지 않는다. 따라서 새로운 정책에 대한 신뢰도는 더욱 낮아지는 악순환을 반복할 수 있다.

화폐수요

좋은 환경에서 편안하게 살고 싶다는 이유에서 돈을 갖고 싶다면, 꼭 돈을 보유할 이유는 없다. 부동산, 증권, 금이 많아도 편안하게 살 수 있다. 부동산, 증권, 금 대신에 화폐를 보유하고 있는 이유는 당장 뭔가를 구입하기 편하기 때문이다. 당장 병원이나 자동차 사고를 처리하기 위해서, 그리고 좋은 투자처가 나왔을 때 바로 투자가 가능하기 때문이다. 좀 더 정제된 단어를 사용하면, 거래, 예비, 그리고 투자 목적으로 돈을 소유한다. 물론 충분히 많은 현물 또는 현금 자산을 보유하고 있는 사람들의 이야기다. 월급으로 간신히 살아가는 사람들은 대출금 갚고, 생활비로 사용한 카드대금을 지급하고, 학비를 내고 나면, 남는 돈이 거의 없다. 눈앞에 놓인 카드만 바라본다. 이들은 조그마한 투자 자금을 모으면서 '종자돈을 마련한다'고 표현한다.

자동이체, 신용카드가 없던 시절에는 모든 거래에 현금이 사용되었다. 근로자가 현금을 담은 월급봉투를 들고 집으로 오는 길에 2~3시간 잠시 여유 있는 시간을 보내면, 집에서 기다리던 식구들은 긴장했다. 다행스럽게 아무런 문제없이 현금이 집으로 전달되고 다음날 은행에 입금되었다. 알뜰한 주부는 일주일에 한번 은행에서 현금을 인출해서 생활비 등으로 사용하고 나머지는 은행에 넣어둔다. 이들은 습관적으로 은행에 예금하고 필요한 만큼 현금을 보유하고 있었다. 현금을 보유하는 이유는 지불수단 또는 사고 등을 예비하는 목적에 있었다.

이제는 세상이 달라졌다. 월급은 직장에서 월급통장으로 바로 입금된다. 신용카드를 사용하면서 현금을 들고 다닐 이유가 없어졌다. 신용카드 도입 초기에 카드사용이 급속히 증가했다. 신용카드에 익숙하지 않던 소비자들은 자신의 은행계좌를 모두 신용카드에 담아 들고 다니고 있다는 사실을 나중에 고지서를 받고서야 깨닫게 되었다. 신용카드를 사용하면서 자신의 소득보다 많은 소비지출을 하는 소비자들이 나타났다. 게다가 소득이 없는 대학생들도 카드를 만들 수 있었다. 무분별한 소비가 발생했고, 카드 사용대금을 갚지 못하는 사람들이 생겼다. 2000년대 초반 한국의 신용카드 대란이 이러한 형태로 나타났다.

1970년대의 화폐에 대한 수요와 현재의 화폐수요는 많이 다르다. 금융 관습이 달라졌기 때문이다. 1970년대의 화폐수요 관련 연구는 그 당시의 시대 상황에 적합했다. 위에서 언급하고 있는 화폐수요는 케인즈의 화폐수요와 통화주의자*의 화폐수요로 볼 수 있다. 케인즈는 투기적 목적으로 화폐를 보유하는 경우 채권가격과 이자율이 화폐수요량을 결정한다고 본다. 물론 거래목적이나 예비목적의 화폐수요는 소득의 영향을 받는다. 반면에 통화주의자는 소득의 일정 비율만큼 화폐를 보유한다고 설명한다. 화폐수요는 오로지 소득에 의해서 결정된다고 한다. 소득 중 일부를 화폐로 갖고 있다는 것이다.

케인즈학파 그리고 통화주의자의 화폐수요 설명이 모두 틀린 것은 아니다. 단지 이자율이 화폐수요를 결정하는 변수에 포함되는지 다른 시각으로 설명한 것이다. 학파의 관점에서 벗어난 경제학자들이 바라보는 화폐수요를 결정하는 요인에는 이자율과 소득, 둘 다 포함한다.

일반적으로 직장생활에서 발생하는 소득으로 소비지출하는 노동자의 입장에서는 이러한 관점의 차이를 이해할 이유가 없다. 간신히 소비지출이 가능한 수준의 소득을 갖고 있는 노동자의 화폐 보유 목적은 단순하다. 저소득층 노동자는 소득이 부족하다. 이들이 화폐를 보유하는 이유는 하루를 살아가기 위함이다. 저축과 투자를 목적으로 화폐를 보유하는 수준의 소득 계층을 모두 고려하면 국가 전체의 화폐수요가 통화정책 방향 결정의 중요한 요인이 된다.

민간부문이 화폐를 많이 보유하고 있으면 문제가 될 수 있다. 시중에 통화량을 늘렸는데 5만원권 뭉칫돈을 집안이나 사무실 금고에 보관하고 있다면, 금

---

* 대표적인 통화주의자는 밀턴 프리드먼이다. 재정정책보다 통화량 등을 결정하는 통화정책을 중시한다. 통화주의자는 정부의 재량적인 정책은 바람직하지 않고 일관되고 지속적인 정책을 선호한다.

융기관에서 움직이고자 의도한 만큼 자금의 흐름이 나타나지 않는다. 그렇다면 통화량을 조절하여 경기를 안정적으로 유지하려는 통화정책의 효과가 나타나지 않을 수 있다. 통화량을 늘리고 이자율을 낮춰서 금융기관의 자금을 원활하게 순환시켜 침체된 경기를 회복시키고 싶었지만, 늘어난 통화량의 민간보유량이 증가하면 금융시장에서 돌아다닐 화폐는 그리 많지 않을 수 있다.

집안에 현금을 보관하는 이유는 다양하다. 신용불량 상태인데 현금으로 발생하는 소득을 저축할 수 없어서, 또는 아무런 증빙자료 없이 누군가에게 뇌물로 받은 돈을 자신의 현금자산으로 포함되는 저축이나 투자에 포함할 수 없어서, 그리고 도박 등 부정한 방법으로 발생시킨 현금 수입 등은 현금으로 보관하게 된다. 대부분 불법적인 행위와 연관되어 있다. 사회의 투명성이 낮으면 통화정책은 정부의 의도와 다른 결과를 갖게 된다. 사회가 너무 혼탁해지면 화폐개혁을 단행한다. 숨겨둔 자금은 출처를 밝히지 못하면 새로운 화폐로 교환할 수 없다. 화폐개혁은 어둠의 경로에서 움직이는 화폐의 움직임을 일시적으로 차단한다. 어둠의 경로를 직접 겨냥하면서 일반시민의 삶을 혼란스럽게 만드는 정책은 득과 실을 잘 헤아리고 추진해야 할 것이다.

금융정책의 쟁점, 화폐수요

돈을 보유하고 있는 이유를 명확히 밝히는 것이 중요하다. 화폐수요에 대한 케인즈와 통화주의자의 시각 차이는 정책 결정에 엄청난 영향을 미친다. 이자율을 안정적으로 유지하기 위해서 통화 공급량을 조절해야 하는가, 아니면 경제 규모에 적합한 통화 공급량을 안정적으로 유지해야 하는가? 학파에 따라서 기본적인 금융정책 방향이 완전히 다르다.

케인즈는 거시경제의 총수요 및 소득이 불안정하다는 관점에서 설명한다. 소득이 불안정하면 화폐수요도 불안정하다. 화폐공급량을 일정 수준으로 유지하면 불안정한 화폐수요의 변동에 따라 이자율이 변동한다. 이자율을 안정적으로 유지하려면 화폐공급량을 화폐수요와 함께 움직여야 한다고 케인즈는 주장한다.

통화주의자는 경제 규모에 적합한 통화량이 존재한다는 관점에서 설명한다. 예를 들어 1년 동안 100조를 생산하는 국가를 보자. 이 국가의 통화량이 10조이면, 화폐는 1년 동안 경제를 10번 회전하고 100조를 생산한다. 물가의 상승도 없고, 완전고용을 달성하는 통화 공급량이 존재한다는 시각이다. 만일 통화량이 너무 많으면 물가는 상승하고 생산과 소비의 혼란이 발생한다. 반면에 통화량이 부족하면 원활한 생산을 기대하기 어렵고 국민소득이 감소하고 물가도 하락하게 된다는 시각이다. 따라서 통화량은 경제 규모에 적합한 수준에서 안정적으로 유지해야 한다는 입장이다.

케인즈는 투기적 화폐수요를 설명하면서 이자율이 더 이상 낮아지지 않는 수준이 존재한다고 설명한다. 채권 가격이 너무 높으면 더 이상 올라가지 않을 것으로 판단한다. 그러한 최고 수준의 채권가격에 도달하면 사람들은 화폐를 보유하고 채권가격이 하락하기를 기다린다. 사람들이 더 이상 오를 것 같지 않은 채권가격의 최고치를 알아챘다고 본다. 채권의 가격은 이자율로 표현할 수 있다. 채권가격이 높다는 것은 이자율이 낮다는 것이고, 채권가격의 최고치는 이자율의 최저치를 의미한다. 따라서 더 이상 이자율이 낮아지지 않을 것으로 생각하는 최저의 이자율이 존재한다고 주장한다. 그렇게 낮은 이자율에 도달하면 아무리 통화량을 늘려도 이자율은 더 이상 하락하지 않는다. 통화량이 늘어난 만큼 사람들은 화폐를 더 보유할 것이라는 설명이다. 이러한 구간을 '유동성 함정'이라고 부른다. 통화량을 늘려도 이자율이 더 이상 내려가지 않으면 소비 및 투자는 증가하지 않는다. 따라서 유동성 함정에 빠지면 통화량을 확대해도 경기회복을 기대할 수 없다. 2000년대 일본의 장기침체 상태에서 아무리 통화량을 늘리고 이자율을 낮춰도 경기가 살아나지 않는 모습을 보면서 '일본이 유동성 함정에 빠졌다'는 보고서들이 나오곤 했다.

이론적으로 어떠한 시각이 옳다고 판정할 수 없다. 단지 경제를 바라보는 시각이 다를 뿐이다. 기본적으로 경제를 안정적으로 보느냐 불안정적으로 보느냐에 따라서 다른 설명이 가능하다. 그리고 단기적으로 보느냐 아니면 장기적으로 분석하느냐에 따라서 정책 결과는 다르게 나타난다. 경제의 안정성은 시기에 따라 다르게 보였다. 1980년대 이후 비교적 안정적인 경제를 유지하기도 했고, 1930년대 대공황과 같은 불안정한 시절도 있었다. 산업기술 및 생산방식도 계속 변하고 있고, 사람들의 생활방식도 달라지고 있다. 국내외 금융시스템이나 국제무역 조건도 변화한다. 측정하기 어려울 정도로 다양한 금융상품이 존재하고 해외자금의 유출입 경로도 엄청나게 다양해졌다. 따라서 이제는 더 이상 정확한 통화량의 규모를 측정하는 것이 불가능하다는 견해도 있다. 통화량을 정확하게 측정하기 어렵다면 통화정책을 수립하기 더욱 어려워진다. 게다가 생산, 교환 등 경제행위는 새롭게 태어나고 있다. 이제는 4차 산업혁명 시대라고 한다. 새로운 경제활동은 경제시스템을 변화시킬 수 있으며, 그렇다면 화폐의 형태 및 제도가 변화할 수 있다.

새로운 시대에 새로운 시각으로 경제체제가 설명된다. 잘 작동하던 정책이 과거와 달리 세상이 바뀌면서 필요 없어지곤 한다. 사람들의 소비습관 또는 생산방식 등의 변화에 적합한 시각으로 세상을 바라보고 정책을 수립하는 것이 옳다. 그런데 누가 그런 시대에 적합한 올바른 시각으로 정책을 만들어 낼 수 있을까? 만일 정책입안자가 정확한 시각으로 훌륭한 정책을 수립했다고 가정해도, 모든 국민들이 이해하고 수긍할 수 있는 정책을 설계하고 국회를 통과하고 시행할 수 있을지 의문이다.

국민들과 정책입안자들이 시대에 적합한 정책을 이해하려면 상당한 시간이 소요될 수 있다. 그러다가 이미 또 다른 새로운 시대가 찾아오면 새로운 정책을 다시 찾아야 한다. 이렇게 허무한 상상이 사실이면, 급변하는 시기에 필요한 제대로 된 정책은 집행될 수 없다. 급변하는 시기에는 행정과 정치 집단이 정책 수립 측면에서 실수하기 쉽다. 정책 실패는 사이코패스의 잔혹함보다 더 많은 국민들을 힘들게 한다. 정책은 국민들의 안정적인 삶을 위해 만들어져야 한다는 사실을 정치인과 공무원들이 마음 깊이 새겨야 한다. 그리고 그들은 늘 변화하는 세상에 적합한 정책 발굴에 매진해야 한다.

Section 8

통화정책의 효과

(1) 통화정책의 효과

통화정책의 효과: 일반적인 설명

- 통화정책이 경제에 중요한 영향을 준다.
- 통화정책은 이자율의 변화를 통해서 실물시장에 영향을 준다.
- 즉, 화폐수요는 일정한 수준을 유지하기 때문에 통화량 증가는 화폐의 초과공급을 발생시키고, 초과공급되는 화폐는 저축되고, 자금대부시장의 자금공급이 늘어나고, 이자율의 하락 및 총수요(투자 및 소비) 증가를 가져온다.

그림 25 통화정책의 효과

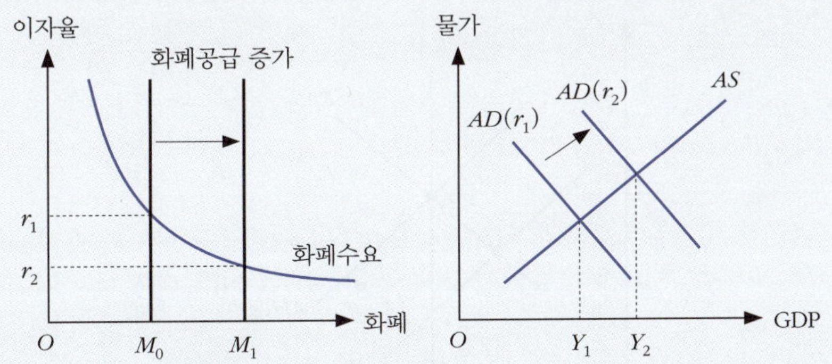

통화량 증가 → 이자율 하락 → 총수요 증가

통화정책 효과의 파급 과정, 이자율과 총수요의 변화

- 통화량 증가에 따른 이자율 하락이 투자와 소비를 증가시키는 이유는 다음과 같다.
- 이자율이 하락할 때, 다음과 같은 결과가 나타난다.
- 첫째, (자본유출입 변화 효과) 외국인의 국내투자가 줄어들고, 국내의 달러 공급이 감소한다. 그리고 내국인의 해외투자 증가, 달러 수요 증가, 환율의 평가절하를 통하여 순수출 증가 및 총수요 증가로 이어진다.
- 둘째, (자산가치 증가 효과) 이자율이 하락하면 증권, 채권 가격이 상승한다. 그리고 낮은 이자율에 의한 주택 담보대출 및 주택수요 증가 등으로 주택 가격이 상승한다. 따라서 부(wealth)의 증가, 소비 증가, 총수요 증가로 이어진다.
- 셋째, (통화량 증가 효과) 금융기관의 여유대출자금이 늘어나고 대출거래 및 투자 확대, 그리고 총수요의 증가로 이어진다.

통화팽창정책의 효과

- 통화팽창정책은 이자율 하락을 통하여 총수요를 우측으로 이동시킨다.

그림 26 경기침체에서 통화정책

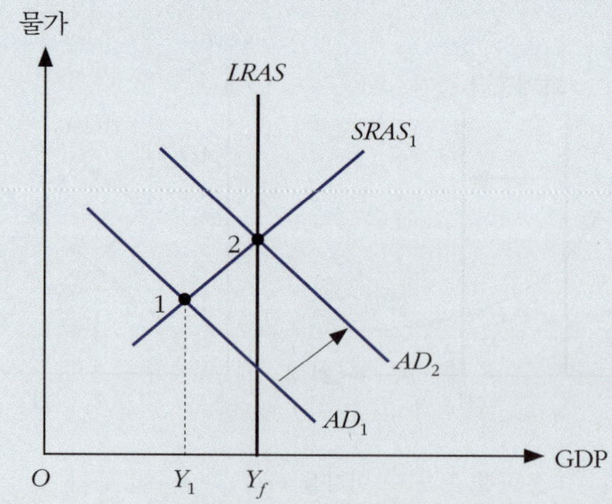

그림 27 완전고용에서 통화정책

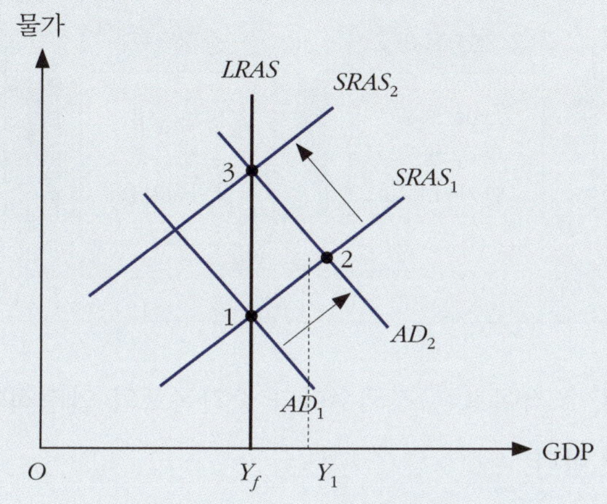

- 경기침체 상황에서 화폐공급이 증가하면, 총수요 증가를 통해서 완전고용 수준의 생산점에 이르게 할 수 있다.
- 완전고용 상황에서 화폐공급이 증가하면, 총수요를 증가시켜 일시적으로 완전고용 이상의 생산이 가능하지만, 자원 가격 상승 등으로 결국 단기공급곡선이 감소하고, 생산점은 완전고용 수준에 머물게 된다.

정책수단 & 최종목표

- 정책수단: 공개시장조작정책, 재할인율, 지급준비율
- 조작목표: 본원통화, 은행의 부채 및 자산, 단기이자율
- 중간목표: 이자율, 통화량
- 최종목표: 물가, 고용, 국제수지 균형, 경제성장

통화정책의 조작목표

- 통화정책의 목표는 통화정책수단과 중간목표를 연결시키는 역할을 수행하는 것이다. 이러한 역할을 수행하기 위해서 다음과 같은 속성을 갖추어야 한다.

그림 28 통화정책의 구조

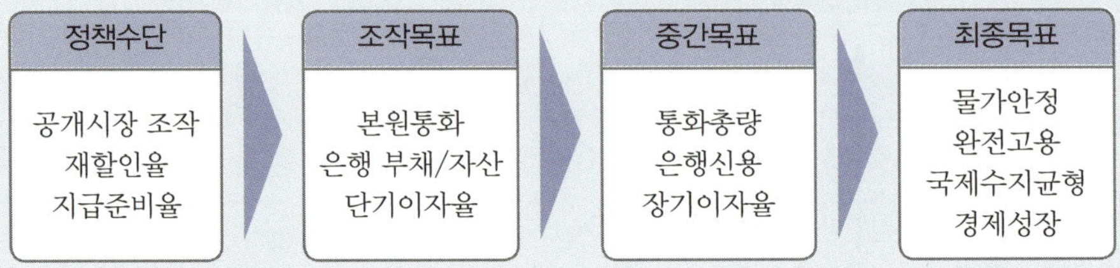

- 첫째, 조작목표는 정책수단과 중간목표와 안정적이고 긴밀한 관계를 가져야 한다.
- 둘째, 조작목표의 크기나 변동치는 객관적으로 관측될 수 있어야 한다.
- 셋째, 조작목표는 정책수단에 의해서만 주로 영향을 받아야 한다. 그리고 정책수단과 비정책수단에 의한 영향이 구분될 수 있어야 한다.

Keynes의 통화정책 중간목표: 이자율

- 케인즈의 관점에서 화폐수요는 불안정적이다(최근의 일반적인 설명과는 달리 케인즈의 관점에서 화폐수요는 소득과 이자율의 함수이고 총수요 및 소득이 불안정하기 때문이다).
- 유동성선호설에 따르면 투자기회가 변화하면 화폐수요도 달라진다.
- 따라서 이자율 수준을 안정적으로 유지하려면 통화량을 변동시켜야 한다.

프리드먼의 통화정책 중간목표: 통화량

- 프리드먼의 관점에서 화폐수요는 소득의 함수이다. 그리고 고전학파의 관점과 같이, 총수요 및 소득은 안정적이다. 따라서 화폐수요는 안정적이다.
- 프리드먼에 의하면 이자율은 불완전한 정보를 제공한다.
- 왜냐하면 명목이자율은 실질이자율과 인플레이션의 영향을 받는다.
- 통화량 확대는 물가상승을 자극하고, 명목이자율이 상승하게 된다.

- 따라서 통화량을 중간목표로 삼아야 한다고 주장한다.
- 프리드먼은 경제규모에 적합한 통화량을 유지해야 한다고 본다.

(2) 통화정책의 효과에 대한 학파별 주장

케인즈학파의 주장

- 경기과열 시 통화량을 줄이는 통화긴축정책은 총수요를 감소시키고, 물가를 안정시키는 효과를 갖는다.
- 초기 케인즈학파는 경기침체 시 통화팽창정책은 총수요를 증가시키지 못한다고 주장한다. 효과가 있어도 그리 크지 않다고 한다. 재정정책 우위론이다.
- 왜냐하면 불황기에 통화량 확대는 화폐유통속도를 감소시키고, 사람들의 현금보유만 증가한다는 주장이다.
- 후기 케인즈학파는 '통화량 증가가 이자율 하락, 투자 확대를 통해서, 국민소득이 증가하게 된다'고 본다. 특히 가계는 통화량 증가에 따른 명목임금 상승을 실질임금 상승으로 인식하여 노동공급량을 늘리고 이것이 국민소득의 증가로 이어진다고 주장한다(화폐환상; money illusion).

통화주의학파의 주장

- 유동성 효과는 단기적이고, 장기에는 유동성 효과에 의한 소득 증가가 화폐수요의 증가를 초래하여 이자율이 상승한다고 본다.
- 또한 통화량 증가에 따른 물가상승은 실질 통화를 감소시켜 명목이자율을 상승시킨다. 실질 변수는 변하지 않는다. 이것을 피셔효과라고 한다.
- 따라서 예측된 통화량 증가는 국민소득을 증가시키는 효과는 별로 없고 물가만 상승시킨다는 정책 무용론을 주장한다(고전학파와 같이 시장의 균형에 머물고, 완전고용 생산점에 도달해 있기 때문에 예측된 통화량 증가는 물가상승만 유발한다는 설명이다).
- 통화공급의 불안정성이 경제불안정성과 인플레이션의 주요 원인이다.

- 따라서 통화량을 자주 변동시키지 말고, 경제규모에 적합한 일정한 통화량 증가율을 유지하는 것이 좋다고 주장한다.

(3) 통화정책의 유효성

문제점 1: 통화정책의 시차(time lag) 문제이다. 장단기 금리 변화의 시차이다.

- 통화팽창정책은 단기 대출자금 확대 및 단기금리 인하를 유발한다.
- 투자 확대를 위해서는 장기금리 하락이 필요하다.
- 장기금리 하락을 위해서는 통화팽창정책(단기금리 하락)이 계속 유지되어야 한다.
- 단기금리 인하에서 장기금리 인하까지(RP7일물 인하에서부터 시장금리, 국공채3년금리인하까지) 이어지는 시간이 오래 걸릴 수 있다.

문제점 2: 장기금리에 대한 예측이 어렵다. 그리고 장기이자율의 변동폭도 작다.

- 이유 1: 장기이자율은 실물경기, 투자의 영향을 받는다. 즉 실물부문의 투자자금 수요 변화가 장기이자율에 영향을 준다. 정책금리 변화와 투자수요의 변화가 일치하지 않을 수 있다. 따라서 단기명목이자율의 통화정책 효과는 불투명하다.
- 이유 2: 장기이자율은 예측된 물가상승의 영향을 받는다. 즉 장기적으로 물가상승을 예상하면 장기이자율은 상승하게 된다. 하지만, 통화팽창으로 단기이자율이 하락하여도 미래의 경기회복 및 수요확대 그리고 물가상승을 기대할 수 없는 불안정한 경기상황에 놓이면 장기이자율의 변화방향을 예측하기 어렵다.
- 결론: 통화정책으로 장기이자율에 미치는 효과를 예측하기 어렵다.

문제점 3: 통화팽창정책은 화폐 '보유비용 및 유통속도'를 감소시킨다.

- 통화팽창정책은 단기금리 하락으로(화폐보유의 기회비용 하락) 사람들의 화폐보유량을 증가시키고, 화폐의 회전속도가 감소함에 따라서 통화팽

창정책의 경기부양 효과는 크지 않다.

- 그러므로 통화정책이 효과를 갖으려면, 지속적인 일관된 정책 시행이 필요하다. 즉 통화정책은 장기적으로 이루어져야 한다. 따라서 지속적 통화팽창정책이 요구된다.
- 지속적인 통화팽창정책은 '단기금리 하락' → '대출자금 증가' → '총수요 증가' → 물가 상승 → 미래의 물가 상승 예상 → 명목금리 상승(화폐보유의 기회비용 증가) → 화폐 회전속도 증가 → 총수요 증가로 이어진다.
- 이와 같은 통화팽창정책의 효과가 발생하는 데 소요되는 시간은 일반적으로 약 3년을 예상한다.
- 통화정책이 GDP, 물가에 영향을 미치기까지 오랜 시간이 걸리고, 예측도 어렵다.
- 통화정책이 진행되는 동안 경제의 다른 변수의 움직임이 나타날 수 있기 때문에 정책의 효과를 예측하기 어렵다.

참고: 미래에 대한 예측력과 통화정책의 유효성

- 미래 예측력이 정확한가? 이에 대한 답에 따라서 통화정책의 유효성이 달라진다.
- 통화정책의 유효성은 소비와 투자에 영향을 미치는 장기이자율의 조절 가능성에 있다. 장기이자율은 예상된 물가 상승 수준의 영향을 받는다. 즉 장기적으로 물가 상승을 예상하면 장기이자율은 상승하게 된다(투자는 장기이자율의 영향을 받는다).
- 따라서 통화팽창으로 단기 이자율이 하락할 때, 물가상승을 예상하면 장기(명목)이자율은 상승한다. 장기명목이자율은 실질이자율과 물가상승기대의 합으로 구성되어 있다. 기대인플레이션이 상승하고 정확하게 예측되었다면 실질이자율은 하락할 수 있고 통화팽창정책 효과는 나타난다.만일 기대인플레이션이 정확하지 않다면, 통화팽창정책의 효과는 발생하지 않는다.
- 미래의 물가상승에 대한 예측력이 정확한지 그렇지 않은지에 따라 통화정책의 효과가 다르게 해석될 수 있다.

Section 9

인플레이션과 기대이론

(1) 인플레이션

인플레이션(inflation)

- 물가수준이 지속적으로 상승함으로써 화폐의 구매력이 감소하는 현상을 말하며, 물가수준이 상승했다는 것은 그만큼 화폐의 가치가 떨어졌다는 것을 의미한다.

하이퍼인플레이션(hyper-inflation)

- 초인플레이션이라고도 부른다. 짧은 시간에 물가가 몇 배씩 상승하여 물가상승이 통제 가능한 수준을 벗어난 경우를 말한다.
- 하이퍼인플레이션이 발생하면 물가 상승이 기업의 생산원가를 상승시키고 그로 인하여 소비자 물가가 다시 상승하는 악순환이 지속되기도 한다.
- 중앙은행이 과도하게 통화량을 증대시킬 경우에 발생할 수 있으며, 하이퍼인플레이션이 발생하면 거래비용이 증가하여 실물경제에 커다란 타격을 미친다.

디플레이션(deflation)

- 물가수준이 하락하는 상황이다. 수요 위축 상황이 장기화되거나 기술혁신 등에 의한 기업의 생산성 향상 등이 디플레이션의 원인이 된다. 수요 위축에 의한 디플레이션은 기업의 투자와 생산활동을 위축시킨다.

스태그플레이션(stagflation)

- 스테그네이션(stagnation)과 인플레이션(inflation)이 합성된 용어로서, 경기침체와 인플레이션이 동시에 발생하는 상황을 말한다.
- 1970년대 오일쇼크 때 처음 발생했으며, 당시에는 유가급등이 물가급등과 경기침체로 이어졌다.
- 케인즈의 유효수요관리로는 이와 같은 경제문제를 해결할 수 없었으며, 케인즈학파가 퇴조하는 계기가 되었다.

에그플레이션(agflation)

- 농업(agriculture)과 인플레이션(inflation)의 합성어로 농산물 가격 급등에 의한 물가 상승을 의미하는 신조어이다.

참고: 고통지수

- 고통지수(misery index): 국민들이 피부로 느끼는 경제적 삶의 어려움을 계량화한 지수로 물가상승률과 실업의 합으로 고통지수를 간편하게 사용한다. 경제성장률을 제외한 수치를 고통지수로 사용하기도 한다.
- 고통지수＝물가상승률＋실업률－GDP 증가율

(2) 예상된 인플레이션과 예상치 못한 인플레이션

예상된 인플레이션

예상된 인플레이션 발생의 결과

- 예상된 인플레이션에 직면하면 사회적 비용이 거의 발생되지 않는다.
- 거래 당사자들이 모두 미래의 물가 변동에 대한 예측치를 갖고 있었기 때문에 손해를 보거나 이득을 얻는 사람이 없다.
- 근로자는 실질임금 하락을 방지하기 위해 임금인상을 요구하고 기업은 이를 수용한다. 채권자·채무자 사이에서도 같은 현상이 나타난다. 즉 채권자는 더 높은 이자율을 요구하고, 채무자는 이에 순순히 따른다.

피셔가설

- 완벽하게 예상된 인플레이션하에서 사람들의 행위를 가정한다.
- 피셔방정식(Fisher Equation): 명목금리와 실질금리 간의 관계를 설명한다.
- 명목금리=실질금리+기대인플레이션(예상된 물가상승률)
- 기대인플레이션이 상승하면 그만큼 명목금리가 상승한다(기대인플레이션을 정확히 알고 있어야 명목금리를 그만큼 인상할 수 있다).
- 따라서 피셔가설하에서 미래의 물가상승을 정확히 예측하기 때문에 인플레이션은 경제에 아무런 변화를 주지 않는다
- 인플레이션이 발생할 때 명목변수만 변화하고 실질변수에는 변화가 발생하지 않기 때문에 사회적 비용은 크지 않다.

피셔가설의 유용성

- 피셔방정식은 사전·사후적으로 이자율을 분석하는 데 쓰인다.
- 현실세계에서는 명목금리밖에 관측할 수 없기 때문에 실질금리 수준을 평가하기 위해서 '실질금리=명목금리−기대인플레이션율' 형태로 바꿔 사용하기도 한다.

피셔가설의 한계

- 첫째, 누진세를 시행하면, 인플레이션 때문에 명목소득이 증가할 때, 실질소득의 변화는 없으나, 세금 납부액은 증가하게 된다. 따라서 실질가처분소득은 감소한다. 실질 변수에 영향을 준다.
- 둘째, 물가상승이 예상되어 명목금리가 상승하면, 예금이 증가하고 현금보유는 감소한다. 따라서 은행을 자주 방문하는 등 교통비, 거래비용이 증가한다. 화폐보유 감소에 따른 은행방문 횟수 증가로 나타나는 비용을 구두창비용이라고도 한다.
- 따라서 인플레이션이 발생할 때, 실질변수의 변화 및 사회적 비용이 발생한다. 이것은 피셔가설의 한계를 보인다.

예상치 못한 인플레이션의 결과(영향)

예상치 못한 인플레이션이 발생할 때 부와 소득의 재분배 효과 발생

- 유리한 측: 실물자산 보유자, 채무자, 사업가 등이다.
- 불리한 측: 금융자산 보유자, 채권자, 급여 및 연금 생활자 등이다.

경제의 불확실성 증가: 장기계약의 어려움 발생

- 미래의 가격에 대한 예측 가능성이 떨어져서 경제활동이 위축되고, 단기적 관점에서 의사결정이 이루어지는 경향이 커진다.
- 물가의 불확실성으로 채권 채무자 사이에 장기계약이 어렵다. 따라서 단기계약이 장기계약보다 쉽게 이루어진다.

명목이자율 상승 유발

- 명목이자율은 실질이자율에 물가 상승분을 합산한 것이므로 실질이자율이 불변일 때 물가가 상승하면 명목이자율이 상승하게 된다.

상대가격의 변화

미래의 물가상승에 대한 예측력이 떨어지면 경제의 불확실성이 증가한다. 이러한 상황에서 경제주체들은 실물자산에 대한 투자가 증가한다. 부동산, 금 등 물가상승과 가격이 동일하게 움직이는 상품들에 대한 투자, 소비가 증가한다.

- 각 상품 사이의 가격 상승률 격차가 커지는 경향이 있다. 즉 상대가격 변화가 심해지면 가격 상승이 예상되는 상품(예를 들면 부동산, 골동품, 금, 외환 등)에 대한 투기가 더욱 성행하게 된다.
- 국내상품 가격이 상승하여, 외국상품 가격이 상대적으로 하락하면, 수입 증가 및 수출 감소의 결과가 발생한다. 이에 따라 경상수지의 적자가 발생한다.

메뉴비용

- 기업이 가격을 변화시킬 때 발생하는 비용을 말한다.
- 물가의 상승으로 기업이 자신의 판매상품 가격을 인상하는 데는 비용이 발생한다. 예를 들면, 수천 개의 상품을 생산하는 기업이 수만 개의 거래처와 상품가격 상승에 대한 통보 및 합의를 이루어야 하는 비용 등이 포함된다.
- 인쇄된 상품 포장, 카탈로그 변경 등에 발생하는 모든 비용도 메뉴비용에 포함된다.
- 메뉴비용은 새케인즈학파에서 가격 경직성의 원인으로 지목하는 원인 중 하나이다.

예상치 못한 인플레이션은 사회적인 비용을 발생시킨다.

- 임금계약 등의 오류를 바로잡는 과정에서 비용이 발생한다.
- 예상치 못한 인플레이션의 결과, 명목임금보다 실질임금이 낮은 경우 노동공급량 및 생산량이 증가한다. 즉 일시적으로 완전고용수준에서 벗어나는 생산, 완전고용수준 이상의 생산이 가능하게 된다.

수요의 예측

예측되지 않은 수요의 변화

- 물가상승을 예측하지 못하여 명목임금이 고정된 상태에서 만약에 물가가 상승하면, 노동자의 실질임금은 하락하고, 노동에 대한 수요가 증가하고 생산량이 증가한다. 때로는 생산량이 완전고용 수준 이상으로 증가할 수 있다.
- 총수요 증가에 의해 생산량이 완전고용 수준을 초과하면 노동자는 천천히 물가의 상승을 인식한다.
- 노동자의 명목임금이 상승하고, 시간이 지나면서 단기공급이 감소하면서 균형생산량은 완전고용 수준으로 복귀한다.

그림 29 예측되지 않은 수요의 변화

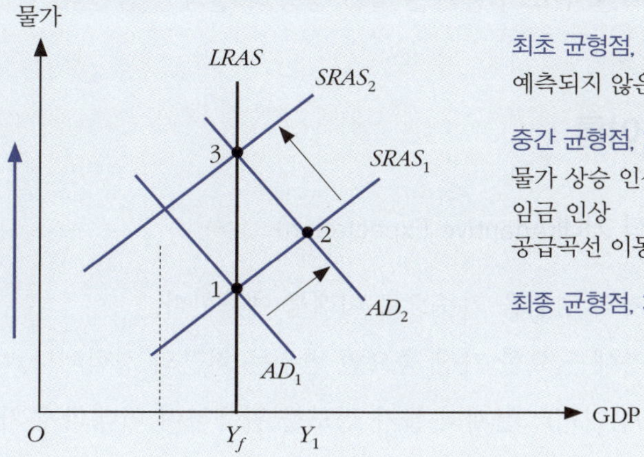

최초 균형점, 1
예측되지 않은 수요 증가

중간 균형점, 2
물가 상승 인식 후
임금 인상
공급곡선 이동

최종 균형점, 3

- 결과: 예측되지 못한 수요의 변화에 의해서 단기적인 생산의 증가, 완전 고용수준 이상의 생산이 가능하게 된다.

예측된 수요 변화의 결과

- 수요의 변화(증가)를 예상하면, 물가상승 예측은 자원 및 노동 가격 인상, 단기총공급곡선(감소) 이동으로 이어지고 결국 경제는 완전고용 수

그림 30 예측된 수요의 변화

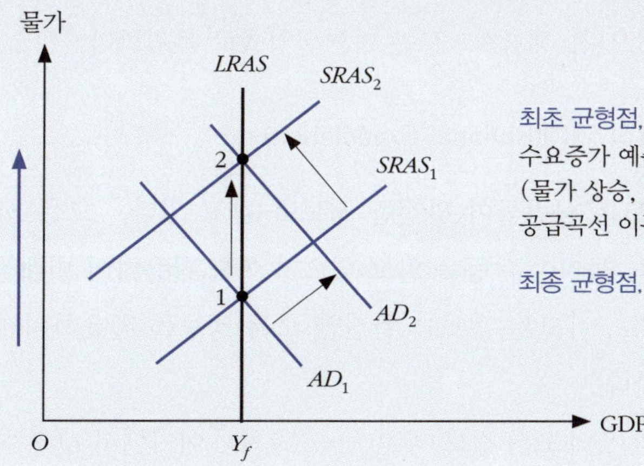

최초 균형점, 1
수요증가 예측
(물가 상승, 임금 인상)
공급곡선 이동

최종 균형점, 2

준의 생산을 유지한다.

- 예측된 수요의 증가는 물가 상승의 결과만 남긴다.

(3) 기대이론

적응적 기대(Adaptive Expectation)

- 과거의 경험을 기준으로 미래를 예측한다.
- 예측에 필요한 가장 중요한 변수는 최근의 경험이다.
- $E(P_{t+1}|P_t)$: 현재의 물가 정보를 활용하여 미래의 물가를 예측한다.
- 따라서 인플레이션율이 16년 4%, 17년 5%, 18년 6%와 같이 계속 증가하면, 미래 인플레이션 예측(17년 4%, 18년 5%, 19년 6%)에 오차가 발생한다. 실제 인플레이션보다 낮게 인플레이션을 예측한다.
- 인플레이션이 상승하는 상황에서 임금협상을 하면, 실질임금이 하락하고 고용량은 증가하여 생산량(GDP)은 증가한다(실제 GDP > 완전고용수준의 GDP).
- 실업률 = 자연실업률 − a(실제 물가상승률 − 예측 물가상승률), 이와 같이 실제 물가상승률과 예측 물가상승률의 차이가 발생하면 실업률이 변화한다.
- 수요팽창정책으로 자연실업률보다 낮은 실업률에 일시적으로 머물 수 있으나, 장기적으로는 자연실업률로 복귀한다.

합리적 기대(Rational Expectation)

- "모든 사람들이 완전한 정보를 갖고 있다." 모든 사람들이 이자율, 환율, 물가수준 등을 알고 있으며 이를 활용하여 미래를 예측한다.
- $E(P_{t+1}|$모든 정보$)$: 완전한 모든 정보를 활용하여 미래의 물가를 예측한다.
- $E(P_{t+1}|$모든 정보$) = P_{t+1} + E($오차$)$, 여기에서 $E($오차$) = 0$
- 예측의 오차는 발생하지만 평균 값은 영(0)이다.

- 같은 종류의 오류는 범하지 않으며, 과거의 실수(오차)로부터 배운다.
- 그래서 발생한 오차의 평균 값은 영(0)이다.

필립스곡선

- 실업률과 인플레이션은 역의 관계를 보인다. 실업률이 높아지면 물가는 하락하고 그 역도 성립한다.
- 필립스곡선은 케인즈학파의 이론을 실증적으로 뒷받침한다.
- 1950년대 말 영국의 경제학자 필립스(A. Phillips)가 1861년부터 1957년까지 영국의 실업률과 명목임금상승률 간의 관계를 실증분석하여 역의 관계가 있다는 사실을 찾았다.
- 그 당시 분석에서는 실업률과 명목임금상승률 간의 관계를 의미했으나, 지금은 실업률과 물가상승률 간의 관계를 나타내는 것이 일반적이다.
- 필립스곡선은 최근 맞지 않는다는 견해가 우세해지고 있다. 특히 1970년대 오일쇼크로 인하여 불황에 따라 실업은 늘어나는데 물가상승이 지속되는 스태그플레이션 상황이 발생하여 필립스곡선은 실증적인 측면에서 무용론이 제기되었다.

적응적 기대하에서 필립스곡선

- 적응적 기대하에서 미래의 물가예측은 정확하지 않다.
- 물가가 상승하는 시기에, 미래의 물가 예측에서는 과소평가의 오류가 발생하고, 물가가 하락하는 시기에, 미래 물가 예측에서는 과대평가의 오류가 발생한다.
- 정부의 경기확장정책(expansionary policy)은 실업률을 감소시키고, 물가상승 예측에서 오류가 발생한다.
- 따라서 사람들은 물가 상승을 과소평가하고,(실제 물가상승>물가상승 예측), 노동계약 과정에서 과소평가된 물가를 반영하여 임금을 결정하게 된다. 즉 노동자는 실질임금이 하락하는 것을 인식하지 못하고 임금계약을 한다. 노동공급이 증가하고 생산량이 증가한다.

- 정부의 긴축정책(restrictive policy)은 실업률을 증가시키면서 물가 상승에 대한 예측의 오류가 발생한다. 인플레이션을 과대평가한다(실제 물가상승<물가상승 예측). 따라서 예측된 물가를 반영하여, 실질임금 수준을 높인다.
- 노동자는 예측된 물가상승을 고려할 때, 제시된 명목임금을 낮다고 판단하여 노동계약을 늦추거나 계약을 하지 않는다. 따라서 노동공급이 감소하고 생산량은 감소한다.
- 인플레이션이 지속되면서 인플레이션 예측치와 실제치의 값이 같아지면, 노동계약을 체결하고 단기공급곡선이 이동하여 실업률은 자연실업률로 돌아간다.
- 이와 같이 적응적 기대하에서 인플레이션과 실업률에는 단기적인 상충관계(short run trade off)가 있다.
- 인플레이션과 실업률의 단기적 상충관계, 이것은 인플레이션에 대한 예측치와 실제치의 차이가 발생하기 때문에 나타난다.

합리적 기대하에서 필립스곡선

- 인플레이션과 실업률의 상충관계는 나타나지 않는다. 필립스곡선은 수

그림 31 필립스곡선

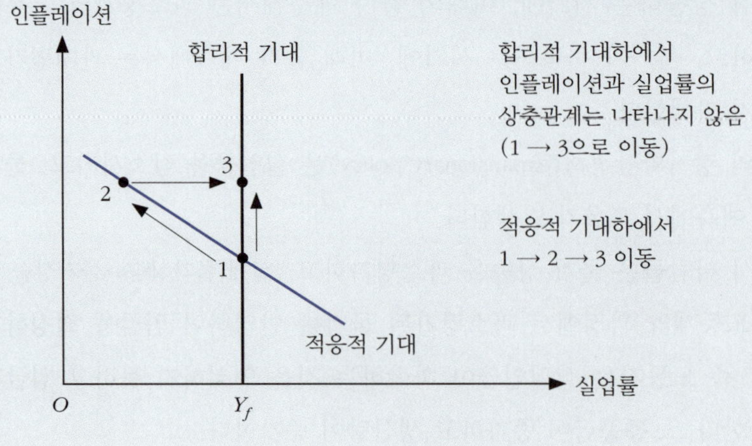

직선이다.

- 합리적 기대에서는 경제주체들은 정책효과를 정확하게 예측하고, 물가의 변동을 예측한다. 인플레이션 예상치와 실제치의 차이가 발생하지 않는다.
- 따라서 정부의 확장정책 등을 통하여 실업률 감소 효과를 가질 수 없다.
- 정책변화에 대하여 완벽하게 적응하기 때문에 재량적 정책(discretionary policy) 효과는 없다.
- 따라서 합리적 기대하에서 최선의 정책은 '예고된', '안정적인', '예측할 수 있는' 정책들이며, 정책의 '신뢰성 구축'이 필수적이라고 주장한다.

Modern View: 필립스곡선

- 수요 증가에 따른 인플레이션은 단기적으로 실업률을 감소시킨다. 그러나 장기적으로 실업과 인플레이션의 상충관계는 나타나지 않는다는 견해에 동의한다.
- 장기적인 관점에서 수요 증대 및 인플레이션 등으로 실업을 감소시킬 수 없다.
- 인플레이션의 실제치와 예측치의 차이가 실업에 영향을 주는 것이다. 인플레이션의 크기와는 관련이 없다.
- 인플레이션을 과소평가하면 실업률은 자연실업률보다 낮아지나, 반대로 과대평가하면 실업률은 높아진다.
- 인플레이션이 일정수준으로 유지되면 합리적 기대 및 적응적 기대하에서의 예측과 실제 인플레이션 수준이 같아지고, 단기적 상충관계는 발생하지 않으며, 실업률은 자연실업률 상태에 있게 된다.

합리적 기대와 적응적 기대의 주장을 간략히 요약하면 다음과 같다.

- 합리적 기대: 사람들은 물가를 예측할 때 물가 이외의 요소들도 정보로 활용하여 예측하며, 전문가들이 다른 모든 사람들을 위해서 일하고 있다.
- 적응적 기대: 평균적인 일반 사람들은 복잡한 경제와 그것이 어떻게 작

용하는지 모른다. 그리고 정책변수의 변화가 어떻게 될지 알기 어렵고 적응하기 힘들다.

기대이론의 논쟁: 합리적 기대 vs 적응적 기대

- 합리적 기대론자들은 다음과 같이 적응적 기대론자들을 비판한다. “사람들이 중요한 경제변수들에 영향을 주는 정보들을 잘 알아차리지 못한다는 적응적 기대론자들의 가정이 잘못되었다.”
- 적응적 기대론자들은 다음과 같이 반론을 제기한다. “세상에 존재하는 모든 정보는 무수히 많고 경제현상은 이해하기 어려울 정도로 너무 복잡하다. 따라서 모든 사람들이 세상의 모든 정보를 알고 있다는 가정은 비현실적이다.”
- 또한 장기계약 상태에 있는 경제주체들이 경제변수의 변화 상황을 인식하여도, 사람들은 그들의 계약상태 및 선택을 쉽게 바꿀 수 없다고 주장한다.
- 적응적 기대론자들의 장기계약의 문제에 대하여 합리적 기대론자들은 다음과 같이 반론한다. “장기계약 등 경제주체들의 계약은 거시경제정책의 영향을 받는다. 사람들은 거시환경의 변화에 따라서 계약기간을 변경하거나, 재협상을 한다.”
- 적응적 기대론자들은 과거 경제정책에 대한 예측이 불가능하였기 때문에 정부의 정책, 통화정책(확장 및 긴축)의 성과가 있었다고 주장한다. 이에 대하여 합리적 기대론자들은 과거 거시정책들이 예측할 수 없는 임의적인 정책의 결과라고 주장한다.

(4) 생산 및 고용 안정화정책

안정화정책 필요성

- “정책 행위주의자(Activism) vs. 비행위주의자(Non−activism)” 논쟁이다.

- 주요 논제는 경기안정화정책을 적극적으로 실행할 필요가 있는가?에 있다.
- 경기 변동의 폭을 줄이기 위한 정책, 즉 경기 안정을 위한 방안에 대한 논의들이다.
- Activism: 적극적인 통화 및 재정정책이 필요하다고 주장하는 행동주의자
- Non-activism: 일정한 정책 방향을 정하고 정책의 원칙을 제시하면 이것으로 충분하다고 주장하는 비행동주의자
- 행동주의자는 경기안정화정책(Activist's Stabilization Policy)을 선호한다.

행동주의자

행동주의자의 관점

- 경제는 불안정하다.
- 시장자동조절기능 역할은 잘 작동하지 않는다. 작동을 해도 너무 느리다.
- 예측할 수 없는 경제의 충격(변화)에 대한 유동적인 재량정책이 필요하다.

행동주의자의 주장

- 행동주의자는 정책효과가 나타날 것이라고 주장한다.
- 재량정책에는 정책의 시차 문제 등이 있지만 이 문제는 해결할 수 있다.
- **"경기선행지수"**: 통화량, 주가지수 등을 이용할 수 있다.
- **"예측모델"**: 과거의 데이터를 이용하여 미래의 경기를 예측하는 모델들이 있다.
- **"시장가격의 신호"**: 상품가격(물가), 환율 변화 등으로 현재의 경기상황을 판단할 수 있다.
- 선행지수, 예측모델, 시장가격 등으로 미래의 경기침체 가능성을 판단

할 수 있고, 선제적인 정책시행으로 완전고용 상태를 유지할 수 있다.

- 또한 실업수당, 저소득층 보호를 위한 지원은 상시 활용할 수 있기 때문에 경기침체가 진행되면, 정부지출은 자동적으로 확대된다. 따라서 정책시차의 문제는 발생하지 않는다고 주장한다.

비행동주의자

비행동주의자의 관점

- 경제는 안정적이다.
- 시차문제 때문에 재량적 정책 효과는 크지 않다.
- 시장의 자동조절 기능이 잘 작동하고 있다.
- 합리적 기대하에서 정책효과는 발생하지 않는다.
- 공공선택 분석 결과 거시정책은 정치적 목적으로 사용되고 있다. 따라서 경제적인 안정성과 상관없이 정책이 남용된다.
- 비행동주의자는 정부의 임의적인 재량정책 보다는 규범적인 정책을 선호한다.

비행동주의자의 경제정책

- 통화정책 중심이다.
- 이들이 제시하는 통화정책의 주요 내용은 다음과 같다.

첫째, 통화준칙(constant money growth rule)

- 통화량을 일정한 수준의 증가율로 유지하는 것이다.
- 일정한 수준의 통화량 증가율 기준은 장기경제성장률에 있다.
- 경제성장률=통화량 증가율, 이 조건을 장기적으로 지켜야 한다고 주장한다.

둘째, 명목소득 성장률 준칙

- 통화량의 증가율을 명목소득 성장률로 유지하는 것이다.
- 따라서 "통화량 증가율=물가상승률+실질 소득성장률," 통화량 증가율은 이러한 준칙을 따라야 한다.

셋째, 물가수준 준칙

- 물가안정을 목표로 통화량을 조절한다.
- 예를 들면 2000년대 초반 뉴질랜드에서 실행하여 2% 이내의 인플레이션을 유지하는 데 성공하였다.

참고: 정책 실행에 대하여 일반적으로 동의하는 관점

- 정책의 적절한 시기를 결정하는 데 어려움이 있다.
- 정책의 실수는 경제에 악영향을 미친다고 주장한다.
- 행동주의자: 정책결정의 유연성이 필요함을 주장한다.
- 비행동주의자: 정책남용 가능성 때문에 유연한 정책을 반대하는 입장이다.

장기금리와 미래 예측

신입사원이 이자율 현황을 정리하라는 지시를 받고 보고서를 작성한다. 한국은행 사이트에 나열되어 있는 많은 금리 중에서 한국은행 금융통화위원회에서 결정하는 기준금리는 포함시킨다. 기준금리는 초단기 금융상품, 7일물 환매조건부 채권의 금리이다. 구입한 채권을 7일 만에 되파는 금융상품이다. 7일물 환매조건부 채권금리는 2008년 3월부터 한국의 기준금리가 되었다.

만일 중앙은행이 기준금리를 인하하면 7일물 채권 수익률이 낮아지고, 채권수요자는 다른 채권이나 금융상품을 찾는다. 시장금리에 나열된 금리 중에 KORIBOR라는 항목이 있다. 3개월, 6개월, 12개월로 구분되어 있다. KORIBOR

는 은행 간 대출 금리다. 시중 예금은행들 간에 자금유통에 사용되는 금리인데 기업보고서에 이 금리를 포함시킬 이유는 없어 보인다. 그래서 보고서에는 포함시키지 않기로 하였다. CD91일물은 포함시켜야 할 것 같다. 7일물 환매조건부 채권수익이 낮아지면 투자자들은 CD91일물을 구입할 듯하다. 단기 채권을 구입하는 사람들이 7일에서 91일로 투자기간을 늘릴 가능성은 있다. CD91일물 구입의 증가는 CD91일물의 가격 상승, 이자율 하락을 의미한다. 이러한 금리의 연쇄 인하 효과는 국고채 1년물, 3년물로 이어지고 회사채 3년물에도 영향을 미칠 것이다. 그래서 기준금리, CD91일물, 국고채 1년, 3년 그리고 회사채 3년 금리를 보고서에 담았다.

국고채 3년물과 회사채 3년물은 금융시장에서 기업의 투자를 결정하는 기준으로 사용된다. 기업은 3년 이상의 대출 기간을 갖고 투자를 결정할 가능성이 높다. 회사채를 발행하기도 하고, 3년 이상의 채권금리를 확인하고 대출 및 투자를 결정하기도 한다. 3년 이상의 국공채 및 회사채 금리를 시장금리라고 한다.

주택담보대출 금리는 CD91일물 금리와 연동되어 있다. CD91일물 금리가 하락하면 주택담보대출 금리도 하락하게 되어 있다. 주택담보대출은 담보가 확실하기 때문에 부실대출 가능성이 낮다. 은행들의 주요 수익원 중의 하나가 주택담보대출이다. 예금은행은 주택담보대출과 연동되어 있는 CD91일물의 금리 하락이 반갑지 않다.

금융정책은 초단기 금리인 기준금리를 조정하는 것이고, 실제로 투자나 소비에 영향을 미치는 금리는 3년 이상의 금리가 된다. 중앙은행이 기준금리를 낮추면 3년 이상의 국공채 및 회사채 금리까지 영향을 미칠지 불확실해 보인다. 만일 CD91일물 금리 하락으로 인해 주택담보대출 금리도 하락하면 은행 수익이 악화된다. 경영악화를 우려하는 은행이 CD91일물 금리를 낮추지 않으면 기준금리 인하 정책의 효과는 나타나지 못한다. 그리고 3년 이상의 이자율은 '예상되는 미래의 물가상승률'을 포함하고 있다.

물가상승률이 장기이자율에 포함되어야 하는 이유는 돈을 빌려주고 3년 뒤에 원금을 회수하는 조건을 상상해보면 쉽게 이해할 수 있다. 1억을 빌려주고 3년 뒤에 5% 이자를 받는 조건으로 대출해주고 3년 뒤 대출금 회수시점에 물가가 5% 오르면 이자 수익은 발생하지 않는다. 물가가 3% 상승할 때 대출 금리 8%이면, 실질 이자율은 5% 발생한다. 따라서 미래의 물가에 대한 예측이 장기이자율에 영향을 미친다. 미래의 경기가 과열될 것이라고 생각하면 물가가 올라갈 것을 예상하여 장기이자율을 높이고, 경기가 침체될 것이라고 생각하면 물가가 낮아질 것이라 예상하여 장기이자율을 낮춘다. 사람들이 미래의 경기를 어떻게 예상하고 있느냐에 따라서 장기이자율의 수준이 달라진다.

미래 물가의 예측 능력이 정확하면 위에서 설명한 정책금리와 시장금리의 움직임으로 경기를 조절할 수 있다. 하지만 시장 참여자들의 미래 물가 예측 능력이 부족하면 정책금리와 시장금리의 움직임으로 경기를 조절할 수 없고, '기준금리 정책은 유효하지 않다'는 주장이 가능하다.

미래에 대한 예상이 정확하다면 세상을 편안하게 살 수 있을 것 같다. 지금까지 우리가 살아온 과정을 되짚어 보면서 이렇게 살아갈 것을 미리 알고 있었더라면 중요한 일을 결정할 때 크게 걱정하지 않았을 듯하다. 소득이 낮아도 사람들을 힘들게 만들지만 그보다 사람들을 더 힘들게 만드는 이유는 미래의 고통과 어려움을 알 수 없기 때문이다.

대부분의 평범한 사람들은 제한된 정보와 불확실한 상황에서 살아간다. 선택의 폭을 높이고 불확실성을 줄이기 위해 좋은 성적을 받으려 하고, 취업 및 창업 후에는 미래의 성공을 위해 자신의 능력개발에 힘쓴다. 불확실한 미래에 대비하기 위한 방안이다. 미래를 정확하게 예측한다면 누군가에게 속거나, 속일 수 없고, 경제위기를 맞이할 이유도 없다. 미래를 정확하게 예측할 수 있으면 미래를 걱정할 이유가 없다. 사람들은 미래를 '정확하게' 예측하기 어려워서 앞날을 걱정하며 오늘을 살아간다. 미국 대통령이 뭘 할지 누가 예측할 수 있나?

내일의 결과는 걱정한다고 달라지지 않는다. 정치적인 안정과 강한 외교력이 없어도, 국가의 경제기반을 탄탄하게 만들면 국민들의 근심을 줄일 수 있다. 만약에 경제기반도 약한데 정치와 외교도 불안하면 국민들은 국가를 믿지 않는다. 해외 이주를 계획하는 국민들이 있다면 그들을 비난하기보다 그들이 국가를 떠나려는 원인을 찾고 문제를 해결해야 할 것이다.

금융정책의 유효성

기준금리 정책으로 투자와 소비에 영향을 미치는 장기이자율을 조정한다면, 기준금리의 변화가 장기이자율을 조정하는 데까지 소요되는 시간에 대한 문제가 남아 있다. 기준금리 정책의 시차 문제는 다음과 같이 제기된다. (1) 기준금리가 바뀌었다고 3년 국공채 금리가 움직일 것 같아 보이지도 않고, (2) 7일물 채권에서 3년 채권으로 금융상품 수요가 변화하고 금리도 변화한다면, 단기 자금과 장기 자금시장의 반응이 계속 이어져야 하는데 엄청난 시간이 흐르면서 사람들의 물가예상이 어떻게 변할지 알기 어렵고, (3) 시간이 엄청나게 소요되면 시장의 자동회복기능이 작동한 것인지, 다른 여건이 변화한 것인지 구분하기 어렵다. 이와 같이 기준금리 정책의 효과를 명확하게 제시하기 어렵다. 정책 실행의 '시간문제' 때문에 금융정책의 유효성은 낮다고 주장할 수 있다.

금융정책은 통화량과 이자율을 조절하여 투자와 소비를 안정적으로 유지하고, '안정적인 경제성장'을 달성한다. 금융정책 수단으로는 ① 지급준비율, ② 재할인율 그리고 ③ 공개시장조작 정책이 대표적이다.

은행은 고객예금의 일정비율을 지급준비금으로 예치하고 있어야 한다. 법으로 정한 예금과 지급준비금 비율을 법정지급준비율이라고 한다. 지급준비금을 예치하지 않으면 예금소유주가 예금을 인출할 때 지급불능 사태가 발생할 수 있다. 극단적으로 모든 예금을 일시에 인출한다면 예금은행은 파산하기 때문에 강제적으로 지급준비금을 예치하도록 한다. 지급준비율이 높아지면 은행은 대출이 감소하고 통화량이 줄어든다. 저개발국의 경우와 같이 금융기관이 많지 않고 소수의 은행이 존재할 때 지급준비율로 통화량을 쉽게 조절할 수 있다.

지급준비율은 예금은행의 경영 상태와 상관없이 법으로 정한다. 증권 또는 보험회사 등과 같이 지급준비금 제도의 법적인 구속을 받지 않는 금융기관들이 많으면 금융정책의 효과를 기대하기 어렵다. 즉 금융기관이 잘 발달된 국가에서 지급준비율 정책의 효과는 나타나지 않는다. 그리고 법적인 구속을 받는 정책이기 때문에 경영상태와 상관없이 모든 은행들이 동일한 지급준비금을 유지해야 한다. 은행의 수익원인 대출이 제한될 수 있고 경영상태가 좋지 않은 은행은 도산할 가능성이 높아진다. 이러한 정책이 주로 사용되면 상업은행은 중앙은행의 통제에 따를 수밖에 없게 된다. 상업은행이 중앙은행의 통제에 따르지 않으면 도산할 수 있다.

재할인율은 중앙은행과 상업은행의 대출거래에 부과하는 금리를 말한다. 중앙은행이 재할인율을 낮추면 상업은행의 대출 증가에 따라 통화량이 증가한다. 재할인율 정책은 시중의 상업은행이 중앙은행에서 대출을 받는 자금을 조절하여 통화량을 조절하려는 의도를 갖고 있다.

상업은행은 재할인율 정책을 부정적으로 본다. 시중의 상업은행이 중앙은행에서 대출을 받아야 한다는 소문이 나면, 그 상업은행은 경영상태가 악화돼서 언제 파산할지 모른다는 의심을 받는다. 그래서 시중 상업은행들은 재할인율이 낮아도 중앙은행으로부터 대출을 받지 않으려 한다. 주변 상업은행들 간에 자금을 쉽게 융통할 수 있다면 주변 은행의 자금을 사용한다. 재할인율정책으로 시중의 자금을 조절해보고 싶은 중앙은행의 심정은 이해하지만, 금융기관이 발달되어 있으면 정책 효과는 나타나기 어렵다. 주로 금융기관이 발달되지 못한 국가에서 사용하는 금융정책이다.

공재시장조작정책은 간단히 말하면 채권으로 금리와 통화량을 조절하려는 정책이다. 중앙은행이 채권을 매입하면 중앙은행의 현금이 시중으로 유출된다. 그리고 채권가격이 오르고 금리가 하락한다. 중앙은행이 기준금리 목표에 도달할 때까지 채권을 매매한다. 입법기관의 동의는 필요 없고 중앙은행의 독자적인 결정으로 바로 시행할 수 있다. 신속하고 정확하게 기준금리 목표치에 도달할 수 있는 정책이다. 금융기관이 아주 잘 발달되어 있으면 기준금리 조정으로 통화정책 효과가 발휘될 것으로 보인다. 하지만 채권 거래에 참가할 금융기관이 부족하면 채권거래가 활발하지 못하기 때문에 기준금리 조절의 의미가 없다. 다양한 금융기관과 채권의 수급이 충분해야 한다. 미국 등 금융선진국에서는 공개시장조작정책이 원활하게 작동한다. 한국의 채권시장 규모를 고려할 때 한국의 공개시장조작정책이 과연 원활하게 작동할지 의문을 제기할 수 있다.

국가의 금융기관 발달 정도를 고려하여 금융정책 수단을 선택한다. 선택된 정책이 유효한지 살펴야 한다. 공개시장조작정책으로 초단기 금리 조정이 장기금리까지 이어질지 불분명하고, 장기이자율에 포함된 물가상승 예측이 정확한지에 대한 불확실하다. 일부 학자들도 금융정책의 유효성에 대한 의문을 제기한다.

공개시장조작정책을 꾸준히 추진하는 미국을 보면 금융정책의 효과에 대한 확신이 있는 듯하다. 일단 미국의 금융기관은 잘 발달되어 있다. 미국은 세계 금융시장을 선도한다. 미국 내의 금융기관도 충분한데 주요 선진국들이 미국에서 발행하는 국공채를 매매한다. 미국의 금융시장 규모 등을 보면 공개시장조작정책이 적합하다. 게다가 미국은 일관되고 지속적인 금융정책을 추진한다. 시장 참여자들이 미래의 경기상황을 예상할 수 있도록 만드는 것이다. 예를 들어 정책금리를 올린다고 발표하면, 금리인상 준비 기간을 3~6개월 갖고 일정한 시간을 두고서 조금씩 인상한다. 1% 금리 인상에 1년 이상의 시간이 소요되기도 한다. 일관된 정책추진의 의지를 사람들에게 보여준다. 시장에서 이런 정책 방향이 계속 될 것이라고 예상하도록 유도하고, 정책효과도 예상할 수 있도록 정보를 제공한다. 정부는 시장의 미래 물가 예측능력을 높여준다.

물가예측능력이 높건 낮건 모든 사람들이 동의하는 수준의 기대물가를 갖고 있다면 장기금리 결정에 혼란이 없다. 그렇다면 모두가 동의하는 장기금리의 실질 이자율이 형성되는 것이다. 여기에서 명목금리와 실질금리의 차이를 보면 다음과 같다.

$$\text{명목금리} = \text{실질금리} + \text{기대물가상승률}$$

미래의 경기가 좋을 것이라고 예상하면 기대물가상승률은 높고, 경기가 침체될 것으로 예상되면 낮다. 정부의 경기부양을 위한 정책을 신뢰하고, 앞으로 총수요가 증가하면 물가는 상승할 것으로 예상한다. 미래에 대한 낙관적인 기대를 하기 때문에 소비심리 등 경기부진의 위험성도 감소하기 때문에 경기부양을 위한 정책효과는 높아진다.

정책에 대한 신뢰는 상당히 중요하다. 시장에서 정부정책을 신뢰하지 못하면 경기회복을 기대하지 못하고 총수요 및 물가의 변화를 예상할 수 없다. 장기금리 예측실패는 투자 및 대출 결정을 어렵게 한다. 물가상승이 얼마나 나타날지 모르는 상황에서 장기 자금거래는 줄어들고 단기자금거래만 성사된다. 단기대출은 투자에 적합하지 못하기 때문에 투자도 줄어든다. 또한 낙관적인 기대도 어렵기 때문에 소비 투자 모두 감소하면, 경기침체는 심각해진다.

정책에 대한 신뢰가 정책효과를 결정한다. 국민은 정부를 믿어야 한다. 신뢰는 깨뜨리기 쉽고 무너지면 다시 쌓기 어렵다. 정부는 항상 신뢰할 수 있는 행동을 보여야 한다. 정부의 믿을 수 있는 행동과 믿을 수밖에 없는 시스템 구축이 필요하다.

미래 예측능력

세상의 모든 것은 변한다. 기후, 나뭇잎의 색깔, 소비패턴, 생산방식, 국제관계 등 변화는 일상이다. 이러한 변화를 감지하기 쉽지 않다. 매일 조금씩 변화하는 모습을 보이다가도 어느 한순간 변화의 방향이 완전히 달라지는 경우도 있다. 자연, 인간, 국가, 사회 등은 서로 유기적인 관계를 갖고 있다. 어느 하나가 변화하면 다른 분야도 움직인다. 그 방향성이 시대에 따라 다르게 나타나기 때문에 변수들의 유기적인 관계를 이해하고 있어도 섣불리 예단하기 어렵다. 불과 몇 시간 후의 일도 예측하기 어려운 복잡한 세상에서 경제 분야로 범위를 좁혀서 물가의 변화만을 예측한다고 하자. 국제관계, 기후 등 다른 분야의 변화는 전혀 없다는 가정이 필요하다.

물가는 경제활동의 시그널로 사용된다. 생산 소비활동이 급속히 증가하면 물가는 상승한다. 따라서 물가 변화는 경기 변동의 신호이다. 경제학자들은 안정적인 성장을 달성할 수 있는 방법을 찾으려 한다. 안정적인 성장이란 소득이 2% 증가하고 물가도 2% 상승하는 경제활동 증가 상황에서 실업이 없는 세상을 말한다. 생활수준이 높아지고 삶의 질적 수준은 향상되면서 유사한 소득수준과 일자리가 항상 존재하는 이상적인 경제를 꿈꾸는 사람들이 있다. 현실이 그렇지 못하다면 적절한 정책으로 경기를 안정적인 궤도에 올려놓아야 한다. 물가는 정책의 추진 여부를 결정하는 기준으로 사용된다. 물가가 하락할 것으로 예상하면 적극적인 경기부양정책이 필요하고, 반대의 경우 경기안정화정책이 요구된다. 물가 예측이 정책 방향을 결정할 수 있다.

시장참여자들의 물가 예측능력이 높으면 경기는 항상 안정적으로 유지될 수 있다. 예를 들어 앞으로 물가가 하락할 것이라고 예상하면 시장의 수급이 조정되고 이어서 '정상적인' 물가를 유지한다. 물가하락은 임금 및 생산요소의 가격 하락을 동반하여 '완전고용' 수준의 생산량에 도달하여 경기를 안정적으로 유지한다고 주장한다. 따라서 시장참여자들의 물가 예측능력이 높다면 경기하강에 의한 경기부양정책은 필요 없다. 반면에 물가 예측능력이 낮다면 경기부양정책이 필요하다고 주장한다. 물가 예측능력에 대한 견해가 정부의 시장개입에 대한 찬성과 반대를 결정한다.

미래의 물가예상을 바라보는 두 개의 시각이 있다. 하나는 미래의 물가를 거의 정확하게 예측한다는 시각이고 다른 하나는 구조적인 오차가 발생한다는 시각이다. 미래 물가 예측능력은 금융정책의 유효성에 영향을 미친다. 경제구성원들이 예측하는 미래의 물가에 모두 공감해야 금융정책이 유효하다. 만일 그렇지 못하면 장기이자율이 불안정하여 투자와 소비에 영향을 미치기 어려워진다. 만약에 미래 물가 예측의 구조적인 오류가 반복되어 예측 능력이 부족하다면, 금융정책의 유효성은 낮기 때문에 재정정책을 우선으로 추진해야 한다는 주장이 가능하다.

경제학을 미래를 예측하는 학문으로 받아들이는 이들은 경제 구성원의 미래에 대한 예측력을 높은 수준으로 평가한다. 수리계량모델이 발전을 거듭하면서 정교한 수식이 다양한 분야에 적용되었고, 경제 및 금융 활동을 수식으로 만들었다. 블랙숄즈(Black-Sholes) 방정식은 증권시장에서 옵션 가격결정에 사용되어, 미국 금융시장에서 많이 사용되었다. 공기 중 연기, 물 위의 꽃가루 등과 같은 불규칙한 운동을 수학적으로 설명한 이토(Ito) 이론을 응용하여 파생상품인 옵션의 가격결정 모델, 블랙숄즈 방정식이 만들어졌다. 이 모델이 나오고서 미국 금융시장에는 수많은 파생상품이 등장하였다. 미국의 투자은행들이 수익을 높일 수 있는 금융투자 상품들이 만들어졌다. 한때는 LTCM(long-Term-Capital-Management)를 설립하고 헤지펀드를 만들었던 물리학자, 수학자 등 학자들의 공헌으로 금융시장이 발전했다.

파생상품 옵션의 가격을 예상하고 결정할 수 있다면, 미래물가 예측은 그

보다 수월할 것으로 보인다. 선물 옵션 투자에 뛰어드는 사람들은 '운 좋으면 자살하고', '운 없으면 주변사람에게 돈을 빌려서 모두 망하게 하고 자살한다'는 우스갯소리가 있다. 일반인은 선물 옵션거래를 거의 도박과 같다고 평가한다. 미래의 주식, 유가, 금, 달러 등의 가격이 어떠한 방향으로 움직일지 그리고 얼마나 움직일지, 게다가 예측하는 가격에 어느 시점에 도달할지 시간까지 맞춰야 하는 도박 같은 투자 상품이다. 파생상품의 가격변화는 논리적인 인과관계로 설명되는 부분들도 있지만 그렇지 못한 경우가 더 많아 보인다. 해외 중앙은행의 기준금리 변경에 선물옵션의 가격이 달라지고, 아무 상관없어 보이는 국제관계 전망에 파생상품 가격이 미친 듯 날뛴다. 이렇게 예측 불가능한 어려운 파생상품의 가격이 결정되는 방법을 찾았다고 하니 정말 대단한 일이다. 그래서 블랙-숄즈 모형을 만들었던 블랙과 숄즈는 그들의 공헌을 인정받고 1997년에 노벨경제학상을 받았다. 블랙은 95년에 사망해서, 블랙 대신에 헤지펀드를 만들었던 머튼 교수가 받았다.

언젠가 이런 질문을 받은 적이 있다. '금융시장에서 블랙숄즈 방정식을 이용하면 나중에 문제가 있을 것 같지 않냐? 만일 문제가 생기면 금융시장 큰 일 아니냐?'는 질문이었다. 그 질문을 받았던 90년대 당시에는 파생상품 가격변동성이 2000년대보다 크지 않았다. '모든 금융투자가들이 동일한 방법으로 옵션 가격을 예상한다면 별 문제 없을 것 같다'고 답했다. 동일한 방법으로 예상하면 비슷한 가격이 형성될 것이고 그 가격의 변동성이 그리 크게 나타나지 않으면 금융시장의 문제는 크지 않을 것이라는 판단이었다.

사실 미래의 물가를 예측하는 것도 마찬가지다. 많은 사람들이 그럴 것으로 예상하고 경제활동을 한다면 예상하던 물가가 실현될 가능성이 높다. 그러니 미래의 물가 예측이 가능하네, 불가능하네, 결정하는 것은 어떠한 모델 사용의 문제라기보다 경제사회에 대한 구성원의 의견 일치 문제로 보인다. 다들 동일한 방향으로 물가의 변동을 예측하면, 실현될 가능성이 높아질 것이다. 거울을 보고 자기최면에 빠지라는 얘기가 아니라, 경기회복의 가능성을 확신하는 심리가 널리 퍼지는 것을 말한다. 사람들이 정책을 신뢰하고, 실제로 경기회복의 징후가 나타나고, 경기회복에 대한 기대가 높아지면, 미래물가에 대한 예측

능력이 보다 정확해진다. 즉 이러한 과정을 통해서 사람들의 '기대'가 '실현'될 가능성이 높아지는 것으로 이해해도 좋다.

만일 정책신뢰도가 낮고 경기회복의 움직임이 전혀 없다면 곧바로 케인즈와 같은 학자가 나타난다. 미래물가에 대한 예측은 어렵고, 예측을 해도 구조적인 오차가 발생한다. 그러니 금융정책의 효과는 없고, 정부가 나서서 확실하게 총수요를 견인해야 한다고 주장할 것이다. 케인즈는 1930년대 대공황을 설명하고 정부의 시장개입을 이끌었다. 그 당시에는 대공황에 대한 그의 해석과 해결 방법이 작동했다.

전문가도 아닌 일반인이 미래의 물가를 예측하려면 먼저 전년도의 물가상승률을 찾아본다. 그리고 현재 상황과 비교하여 당해 연도 또는 내년도의 물가를 예측한다. 한국의 경제성장률이 5% 이상을 기록하고, 물가상승이 매년 이어지던 시절, 물가상승률을 기준으로 직장인의 연봉이 매년 인상되었다. 기본급 임금이 상승하지 않더라도 물가상승률만큼 임금을 올려줬다. 그렇지 않으면 봉급생활자의 실질소득은 물가상승률만큼 하락한다. 이렇게 대부분 사람들이 내년의 물가상승률을 금년의 물가상승률과 유사한 수준에 머물 것으로 예상하고 연봉계약을 맺었다. 과거의 데이터를 이용해서 미래물가를 예상하는 방식이며, 이것은 적응적 기대이론의 미래물가 예측방식에 대한 설명이다. 이런 방식의 예측은 오차를 발생시킨다. 물가상승률이 매년 같으면 예측치가 잘 맞지만, 물가상승률이 증가하는 추세에서 예측치는 저평가되고, 동일한 오류를 반복하는 구조적인 오차의 문제가 발생한다.

사람들을 더 총명하게 생각하는 부류는 예측치의 구조적 오차가 발생하지 않는다고 주장한다. 합리적 기대이론이라고 불리는 예측방식을 보면, 인간이 활용할 수 있는 모든 정보를 이용한다. 이들도 오차를 부정하지 않는다. 오차가 발생하지만, 오차가 발생한 원인을 찾고 수정하고 보완한다. 동일한 오류는 반복되지 않는다. 즉 구조적인 오차는 발생하지 않는다. 게다가 오차 값의 평균은 0이기 때문에 오차를 고쳐나갈 수 있다. 현재 오차의 평균이 1이면 다음에 나올 오차는 0보다 작을 것이며 보다 상세한 예측도 가능하다.

모든 사람들이 전문적인 계량모델을 이용할 필요는 없다. 훌륭한 전문가들이 예측치를 찾고 일반인들은 이들의 실력을 믿는다. 따라서 정확한 물가예측이 가능하고, 장기금리 수준에 대한 의견일치도 가능하고, 금융정책의 효과는 분명히 나타난다는 입장이다. 재정정책보다 금융정책을 더 선호한다. 그리고 임의적이며 재량적인 통화량의 조절은 기피한다. 지속적이고 일관성 있는 금융정책으로 정책 신뢰도를 높이는 방안을 선호한다. 시장의 참여자에게 신뢰받는 안정적인 금융정책을 추진한다.

위에서 미래의 예측능력에 따라서 정책 선택이 달라질 수 있음을 설명하였다. 사람들은 보다 안정된 미래를 위해서 예측능력을 높이려 노력하지 정책을 선택하기 위해서 예측하지 않는다. 정책은 입법, 행정, 사법의 권력자들의 선택으로 결정된다. 예측능력에 대한 논쟁의 늪에 빠져 결론을 찾지 못하고 있을 때 정책은 이미 선택된다. 또는 권력자들이 선택한 정책과 부합하는 이론을 내세우고 정책을 통과시킨다. 그러니까 정책은 대부분 권력으로 결정된다. 정책실패로 이어진 불황이 지속되거나 불안정성이 높아질 때 학자들이 비난받을 이유는 별로 없다.

Section 10

국제경제

1 국제무역

(1) 고전무역이론

절대우위론(absolute advantage, 절대생산비이론)

- 유럽 중상주의하에서 국부로서 가장 중요한 것은 금(gold)으로 간주했다.
- 그러나 아담 스미스(Adam Smith)는 「국부론(*An Inquiry into the Nature and Causes of the Wealth of Nations*, 1776)」에서 중상주의를 비판하고 노동에 의한 생산물이 진실한 부라고 주장하였다.
- 노동은 분업에 의해서 효율적으로 재화를 생산할 수 있는데, 이 가운데 국제적 분업이 무역을 발생시킨다.
- 아담 스미스는 절대우위(절대생산비) 차이를 통해 국제무역 또는 국제분업의 원리를 설명하였으며, 자유무역의 타당성을 최초로 이론화하였다.
- 각국이 생산비에서 절대우위를 가진 재화에 특화하여 교환함으로써 상호간 이익이 증대될 수 있다.
- 그러나 절대우위론은 효율성에 대해서만 설명하고 형평성은 설명하지 못하는 한계가 있다. 또한 한 국가가 다른 국가에 비하여 모든 상품에서 절대우위에 있거나 절대열위에 있을 경우 국제거래가 불가능해진다는 한계도 있다.

비교우위론(comparative advantage, 비교생산이론)

- 데이비드 리카르도는 한 국가가 모든 상품에 절대우위에 있거나 절대열위에 있어도 교역이 가능하다고 주장한다. 교역으로부터 모두 이득을 얻을 수 있다고 한다.
- 비교우위가 있는 상품을 특화하여 교역하면 상호 이익이 발생할 수 있다.
- 국가 간 자유무역이 모든 국가에 유리하다는 주장으로 국제무역 및 분업에 관한 토대를 닦았다. 다만, 노동가치설과 단일생산요소를 전제로 하고 있는 한계가 있으며, 생산비 역시 불변으로 가정하여 현실성이 떨어진다.
- 절대우위론과 마찬가지로 효율성은 논하지만 형평성에 대해서는 언급이 없다.
- 2개 상품, 2개 국가의 생산가능곡선을 표로 전환하여, 각 국가의 상품별 기회비용을 추정하고 기회비용이 낮은 상품을 특화하여 교환하는 것으로 설명한다(주로 미시경제학에서 다룬다).

(2) 근대무역이론

기회비용설: 하벌러(G. Haberler)

- 기회비용설은 비교생산이론은 인정하지만 그 기반이 되는 노동가치설은 배격한다.
- 마샬이 주장한 실질비용의 측정도 불가능하다고 본다. 따라서 결국 실질비용 대신 대체비용이나 기회비용의 이론을 도입하여 비교생산이론을 설명하려고 시도하였다.

헥셔-올린 정리(Heckscher-Ohlin model)

- 비교우위의 원인, 즉 비교생산비 차이의 발생원인을 요소부존도를 가지고 설명하며, 자유무역은 궁극적으로 양국 간의 요소가격을 균등화시킨

다고 본다.

- 제1명제: 요소부존이론(비교생산비 결정이론)으로, 상대적으로 풍부하게 부존된 생산요소를 사용하여 생산한 재화에 비교우위를 갖는다는 내용이다.
- 제2명제: 요소가격 균등화 이론으로, 자유무역은 국가 간의 생산요소 이동을 유발하고, 그 결과, 교역당사국의 '요소의 상대가격'이 균등화된다는 내용이다.

레온티에프역설(Leontief's Paradox)

- 레온티에프는 1947년 미국의 산업연관표를 활용하여 미국의 수출산업과 수입산업의 요소집약도를 조사하였는데 그 결과는 헥셔-올린 정리의 제1명제와 반대되는 결과를 도출하였다.
- 미국은 타국에 비해 자본이 풍부하여 자본집약재를 수출하고, 노동집약재를 수입해야 하나 현실은 그 반대인 것으로 나타났다.
- 이 결과는 미국이 풍부한 자본을 보유하기 때문에 노동생산성이 높게 나타나고, 노동집약적인 산업의 수출이 많이 나타나는 것으로 설명하고 있으며, 결론적으로 헥셔-올린 정리가 증명되었다는 역설적인 주장이다.

(3) 현대무역이론

기존의 무역이론으로는 설명할 수 없는 부분이 많다. 고전무역이론의 문제점을 보완하면서 이론적 설명이 정립되고 있다.

대표수요이론(representative demand theory): 1961년 린더(S. B. Linder)

- 1인당 국민소득이 유사한 국가는 수요구조도 유사하고, 결과적으로 무역의 긴밀도가 높아진다는 것이다.
- 대표수요는 1인당 국민소득에 바탕을 둔 잠재수요를 말한다.
- 대표수요이론은 선진국 간의 요소집약도가 유사한 공산품 교역 설명에

적합하다.

기술격차이론(technological gap theory)

- 포스너(M. V. Posner)와 허프바우어(G. C. Hufbauer)의 이론으로 각국 간 생산기술 수준의 차이가 무역을 발생시키고, 무역패턴을 결정한다고 주장한다.
- 기술선진국은 신제품과 새로운 기술공정의 개발을 통해 세계시장에서 절대우위를 유지하고, 기술모방국이 모방할 때까지 절대우위가 유지된다고 주장한다.

제품수명주기론(product life cycle theory)

- 버논이 기술격차이론을 일반화시키고 확장시켜서 만들어 낸 이론으로 신제품의 수명주기에 따른 국가 간 비교우위와 무역 패턴의 변화를 밝혀냈다.
- 제품의 수명주기를 신제품단계, 성숙제품단계, 표준화제품단계로 구분하여 설명한다.

산업내 무역이론(inter-industry trade)

- 산업내 무역은 생산요소집약도가 유사한 동종산업 내 교역이며,
- 산업간 무역(intra-industry trade)은 생산요소집약도가 상이한 이종산업 간 교역을 말한다.
- 산업내 무역의 발생원인은 거래비용, 규모의 경제, 제품의 차별화, 기술혁신 등이 있다. 예를 들면 미국과 유럽의 자동차 무역, 한국과 미국의 반도체 무역 등이 있다.
- 또 다른 사례로는 국경무역, 시차에 따른 생산량과 소비량의 불일치, 중개무역, 정부개입 등을 꼽고 있다. 국경무역은 수송비가 클 경우 인접국 간의 동일산업 내에서 발생하는 무역을 들 수 있다.

스톨퍼-사무엘슨 정리

- 무역은 생산요소의 가격을 변동시키고 생산요소 간에 소득을 재분배하는 경향이 있기 때문에 국가 간의 임금수준이 같아진다는 주장이다.
- 미국은 노동자의 임금하락을 막기 위해 보호관세제도와 같은 보호무역 정책을 사용할 필요가 있다고 주장한다.

(4) 자유무역과 보호무역

자유무역

- 비교우위론에 입각하여 무역거래가 이익을 가져다주기 때문에 모든 무역거래를 자유롭게 해야 한다는 것이다.
- 국제 경쟁을 통하여 기술개발이 촉진되고, 혁신이 가속화되는 등 생산성 향상과 생산비 절감에 효과가 있다.
- 따라서 전 세계적으로 가장 저렴하면서 가장 품질이 좋은 제품을 소비할 수 있기 때문에 소비자 효용이 극대화되고 물가 안정에도 효과가 있다.

보호무역

- 국내산업이 발달초기에 있거나 경쟁력이 취약한 상태일 경우, 산업육성이 어렵다.
- 심할 경우 산업기반 자체가 붕괴되는 결과를 초래하기 때문에 일정한 수준에서 국내산업의 보호가 필요하다.
- 보호무역을 위한 수단으로는 관세, 수입할당제(쿼터제), 수출보조금 등이 있다.
- 비관세 장벽으로는 국내 세제, 제품의 품질기준, 환경 관련 법규, 사회·문화적 요인 등이 있으며, 보호무역의 주요수단으로 사용된다.
- 보호무역은 국내 유치산업을 육성하기에는 좋은 수단이 되지만 그만큼

소비자 후생이 저하되거나 기업효율성이 저하되는 문제점이 있다.

- 또한 교역상대국의 보복 조치를 초래할 가능성도 높다.

(5) 관세와 비관세 장벽

관 세

- 외국에서 수입되는 재화에 대한 과세로서 소비세의 일종이며, 관세에는 보호관세와 재정관세가 있다.
- 보호관세는 국내산업의 보호가 목적이며, 재정관세는 재정수입 증가가 목적이다.

관세의 종류

- 반덤핑관세: 원가 이하의 가격으로 판매하는 것으로 판정되면 관세를 부과한다.
- 상계관세: 수출국에서 수출기업에게 보조금을 지급하여 원가를 낮춘 것으로 판명되면 관세를 부과한다.
- 할당관세: 수입량의 정도에 따라 관세율을 달리한다. 수입량이 증가하면 고율의 관세를 부과하고 수입량이 줄어들면 저율의 관세를 부과한다.

관세의 효과

- 국가의 규모에 따라 다르게 나타날 수 있다.
- 소국의 관세효과: 소국에서 부과되는 관세에 따른 수입 수요의 감소가 국제 가격에 영향을 주지 못한다. 따라서 국내 가격은 원래의 수입가격에 관세를 더한 것이 된다.
- 대국의 관세효과: 관세부과에 따라 수입 수요가 감소하고, 해당 상품에 대한 국제시세가 하락한다. 따라서 국내가격은 하락한 수입가격에 관세를 더한 것이 된다.

비관세 장벽

- 관세 이외의 법적, 제도적, 사회·문화적 방법으로 국산품과 수입품을 차별하고, 수입을 억제하려는 장벽을 말한다.
- 비관세 장벽에는 직접적인 수입제한 조치로 수량할당, 수출자율규제, 수입허가제, 수입과징금, 외환할당 등이 있으며, 간접적인 수입제한 조치로는 보건위생규정, 품질기준, 환경기준 국내조세 등의 방법들이 사용된다.

관세부과와 수량할당

- 수입 수요를 조절하기 위한 정책으로 관세부과와 수량할당 등이 있다.
- 수량할당의 경우 관세부과와 동일한 수입수량을 할당하는 경우를 가정하자.
- 이 경우 국내 균형수량과 균형가격, 국내 생산량과 수입량, 소비자잉여, 생산자잉여, 총잉여에는 동일한 효과가 발생한다.
- 관세를 부과하는 경우에는 관세수입이 발생하는 한편, 수량할당을 실시할 경우에는 관세수입은 발생하지 않고 동일한 금액만큼 수입업자의 이윤이 증대된다.

(6) 교역조건

교역조건은 수출입에 있어서 가격측면에서 경쟁력을 측정한 것이다.

- **순상품교역조건**: 상품 1단위 수출로 벌어들인 외화로 몇 단위의 상품을 수입할 수 있는지를 나타낸다.
- **소득 교역조건**: 일정시점의 수출 총액으로 수입가능한 총수입량을 나타낸다.
- 수출가격이 하락하고 수입가격이 상승하면 교역조건이 악화된다. 교역조건 변화에 따른 무역손익은 국가 소득지표인 GNI에 포함된다.

- GNI=GDP+국외순수취요소소득+교역조건 변화에 따른 무역손익
- 여기에서 국외순수취요소소득= 국외수취요소소득−국외지급요소소득

(7) 국제수지

국제수지의 정의

- 일정기간 동안 한 나라에 수취한 외화와 지불한 차액을 말하며, 거래주체나 거래형태를 구분하지 않고 국내 또는 국외로 유출입된 외화를 기준으로 집계한다.

국제수지의 균형

- 한 국가의 대외거래에서 수입과 지출이 일치하는 것을 말한다. 경상적 거래에서 흑자가 날 경우 자본적 거래에서 적자가 발생하고, 또는 그 반대로 이루어진다.

경상수지 불균형

- 경상수지 불균형은 국가 경제에 다양한 문제를 유발한다.
- **경상수지 적자의 지속:** 차입이 불가피하여 대외채무가 증가하며, 결과적으로 국가의 대외 신인도가 하락하고 심할 경우 대외지급불능 상태에 이르게 된다.
- **경상수지 흑자의 지속:** 국내적으로 통화량이 증가하여 물가상승 압력이 상승하고, 외국과의 무역마찰을 초래하기도 한다.

국제 협약

국가 간 협약은 불안정하다. 어느 순간 파기될 수 있다. 국가 간 합의를 도출하는 과정은 거칠다. 힘센 국가들은 자신의 이익을 위해 상대 국가를 위협하고 전쟁도 한다. 온몸에 그림을 그리고 동네에서 힘자랑을 하며 자신들의 이익을 취하는 집단의 움직임과 크게 다르지 않다. 국제 협약은 국력으로 결정된다. 국가의 경제력과 군사력이 무역협상 또는 금융협약의 우위를 결정한다. 글로벌 패권을 차지한 국가는 세계의 질서를 결정하는 역할을 한다. 패권국의 국력이 약해지면 시장을 내어주고 불리한 계약조건에 서명하게 된다. 세력이 약해지면 도태되는 동네 폭력집단의 형태와 유사한 측면이 없지 않다.

국제경제 현실 문제는 순수 이론 경제학으로 다룰 수 없다. 시장의 역할과 시장의 균형이 자원을 효율적으로 배분할 수 있다는 논리적 전개를 합리적으로 포장할 수 있지만, 국제정치 현실의 역학관계를 현실적인 경제학 이론적 관점으로 해석하기 어렵다. 국제관계의 이상적인 목표를 제시하는 데 경제학이 적합하지만 국제경제의 현실적인 문제는 경제학으로 설명하기 어렵다.

국제무역 또는 국제금융 문제 등 국제관계를 경제학으로 다룰 때 현실과 이상을 구분하여 분석해야 한다. 시장 기능적으로 다루면 국제통화 체제의 변화 및 불안정 등은 설명하기 어렵다. 국제정치 시각에서 국가 간의 갈등이 전혀 없는 상태를 이익의 조화(Harmony of Interest) 상황이라고 표현한다. 이 상태에서 자국의 이익 추구는 전체의 이익을 증대하는 이상적인 결과를 초래한다고 가정한다. 그 반대로 국가 간 협력이 전혀 없는 상태를 교착상태(deadlock)라고 표현한다. 이 상태에서는 국가 간 대립과 갈등만 있고 협력은 없다. 수십 년간 남북한의 관계를 떠올리면 쉽게 이해할 수 있다.

글로벌 경제의 불안정성은 항상 존재한다. 현재도 세계의 최소한 한 곳 이상에서 전쟁이 진행 중이다. 국제관계의 최종 목표를 자국의 이익으로 삼고 있는 국가는 주변국을 무력 또는 경제제제로 위협하거나 경제적 도움을 주기도 한다. 이들은 상호의존적 관계를 확대하면서 자국의 이익을 위한 전략을 발휘한다. 글로벌 경제에서 발생하는 모든 이익의 배분은 국력에 의해 결정된다. 보다 나은 상태를 유지하기 위해서 국가는 결국 강한 경제력과 군사력을 갖춰야 한다는 결론에 이른다. 글로벌 경기위축이 장기화되면 관세 및 보호무역 등 국가 간 갈등은 더욱 고조되고 긴장감이 높아질수록 군사력 경쟁이 가열된다.

유치원, 초등학교에서 이런 내용을 가르치면 힘센 사람이 생존할 수 있다는 생각에 어린 학생들이 슬퍼할 듯하다. 어린 아이들은 모르는 게 더 나은 세상 이치가 있다. 세상은 공평하지 않다는 사실 등을 어린 아이들이 목격하는 현실이 가장 안타깝다. 잔인한 시장과 규칙 없는 세계는 입시준비 과정에서 천천히 알게 된다. 나중에 충격을 덜 받도록 아이들을 위해서 사회, 역사, 국제관계, 그리고 경제 등 '현실'에 집중한 교육 과정개발이 필요하다.

이상과 현실, 불안정성

국제 금융체제는 한 순간에 달라질 수 있다. 평화로운 시기에 모든 국가들이 고르게 발전하는 상황이면 국제 금융체제가 그대로 유지될 수 있다. 세계 경제의 움직임은 이상적인 방향으로 흘러가기 어렵다. 국제수지 불균형, 관세부과, 무역규제, 환율조작, 전쟁 등 다양한 국제 갈등은 국가 간의 협의를 불안정하게 만든다.

국제경제의 안정적인 발전을 위한 이상적인 방향을 제시하는 학문적 노력은 현실 세계에 도움이 되기 어렵다. 국제 갈등에 대한 현실적인 대안은 거칠게 마련된다. 각 국가들이 자국 경제 우선의 방안을 제시하면서 분쟁이 격화된다. 결국 경제력과 군사력이 국제 관계 질서의 기반을 만든다. 약소국의 선택은 그리 다양하지 않다. 다행스러운 것은 과거에 세계대전 등 불행한 경험을 바탕으로 수많은 생명을 희생하는 전쟁은 피하려는 모습이다. 불행한 결과는 신흥국을 포함한 저개발국가에서 나타난다. 이들의 미래는 안정적인 상태를 기대하기 어렵다. 국제분쟁에서 누군가의 희생이 필요한 상황에 대부분 약자가 노출된다. 약소국의 경제는 위기의 상황에서 자국의 자원 또는 금융 등의 이권을 선진국에게 넘겨야 하는 경험을 수차례하였다. 경제력 국방력 등 힘없는 약소국은 위기 상황에서 자국의 피해를 최소화하는 방안을 모색할 뿐이다.

약자는 어떠한 방법으로 국제분쟁의 위기에서 피해를 최소화할 수 있는

가. 다양한 시각이 존재할 수 있다. 누구의 시각이 옳다고 단정 지을 수 없다. 시대에 따라 새로운 시각이 나타난다. 지도층은 물론 낮은 계층에 속한 평범한 사람들도 세상을 멀리 바라보는 폭넓은 시각을 갖추고 있어야 한다. 국민들은 위기극복 방안을 선택할 때 주변인에게 휩쓸리지 말고 자신의 생각을 온전하게 제시할 수 있어야 한다.

2 외환시장과 환율

환율의 정의

- 서로 다른 통화 간의 상대적 가치를 보여주는 교환 비율, 통화의 대외적 가격이다.

환율의 표시 방법

- 직접표시법(American Terms): 외국통화에 대한 자국통화의 교환비율로 표시한다. 예를 들면, 1달러당 1,200원
- 간접표시법(European Terms): 자국통화에 대한 외국통화의 교환비율로 표시한다. 예를 들면, 1유로당 1.5달러, 1원=(1/1,200)달러, 여기에서 유로 및 원이 자국통화

(1) 환율제도

고정환율제도

- 자국통화의 환율을 기축통화인 달러에 일정하게 고정시키는 제도이다.
- 외환시장에서 외환의 수요·공급의 변동이 발생할 때, 일정수준의 환율

을 유지할 수 있는 외환의 수급조절 능력이 있어야 한다.

- 만일 외환시장에서 외환에 대한 수요가 증가할 때, 환율의 변화가 없도록 외환의 공급이 가능해야 한다.

외환 수요가 외환 공급을 초과할 경우, 고정환율제도에서 환율 유지 방안

- 첫째, 환율의 평가절하(고정환율 수준을 변화시킴)
- 둘째, 무역장벽 강화(관세, 쿼터 등으로 수입을 감소)
- 셋째, 정부의 긴축정책(재정 및 통화 긴축으로 물가인하, 이자율 상승 등의 수입 감소)
- 이와 같은 정책은 환율 고정 목표를 달성하기 위하여 국내물가 및 이자율(자본의 가격)을 조정하는 것이다.

고정환율제도의 장점

- 첫째, 환위험 제거(환차익 실현 목적의 투기성 자본이동은 없고, 국가 간 장기자본이동으로 외환의 수급이 안정된다).
- 둘째, 국제수지 적자 해소(수입이 수출을 초과할 경우, 외환의 초과수요가 발생하고 중앙은행은 외환을 판매하게 되며, 국내통화는 중앙은행으로 유입된다. 따라서 통화공급량이 감소하고, 물가는 하락하여 수입 감소 및 수출 증가에 영향을 주며 국제수지 적자는 해소된다).

고정환율제도의 단점

- 국제수지 불균형에 따른 외환시장의 불균형에도 환율은 고정되어 있다.
- 외환수급조절을 위해서 충분한 외환 준비금이 필요하다.
- 또한 국제수지 적자의 누적은 외환 고갈 문제를 발생시킨다.

변동환율제도

- 외환시장의 수급 요인에 의해 환율이 결정되도록 허용하는 제도이다.

장 점

- 국제수지의 불균형이 발생하면, 환율이 변동하면서 국제수지 균형을 이룬다.
- 국제수지와 관계 없이 국내 정책을 실행할 수 있다.
- 환율의 변동을 허용하면 외환준비금이 필요 없다.

단 점

- 환율변동은 보유외환의 가치를 변동시키는 외환리스크를 발생시키며, 장기적인 산업 활동 계획수립의 어려움 등의 문제점이 있다.
- 환율 인상은 수입물가 상승, 수출량 증가, 순수출 증가, 총수요 증가로 이어지면서 인플레이션 발생 위험이 있다.
- 외환에 대한 투기현상이 발생하면, 환율이 불안정하게 된다.

자유변동환율제도와 환율

- 자유변동환율제도하에서 환율은 외환의 수요와 공급에 의해서 결정된다.

외환 수요

- 외환 수요는 내국인이 외국 상품을 구입하면서 발생한다.
- 달러가치가 원화가치 대비 하락하여 1달러=1,000원에서 1달러=500원으로 변화하면, 내국인에게 미국 상품가격은 하락한다. 그러면 미국 상품 구입을 위한 달러 수요가 증가하게 된다.
- 따라서 환율과 외환 수요량을 나타내는 외환의 수요곡선은 우하향 기울기를 갖는다.

외환 공급

- 외환 공급은 외국인이 국내 상품을 구입하면서 발생한다.
- 달러가치가 원화대비 상승하여 1달러=500원에서 1달러=1,000원으로 변동하면, 외국인에게 국내 상품 가격이 하락하고(국내 상품 1,000원 구입

그림 32 외환시장

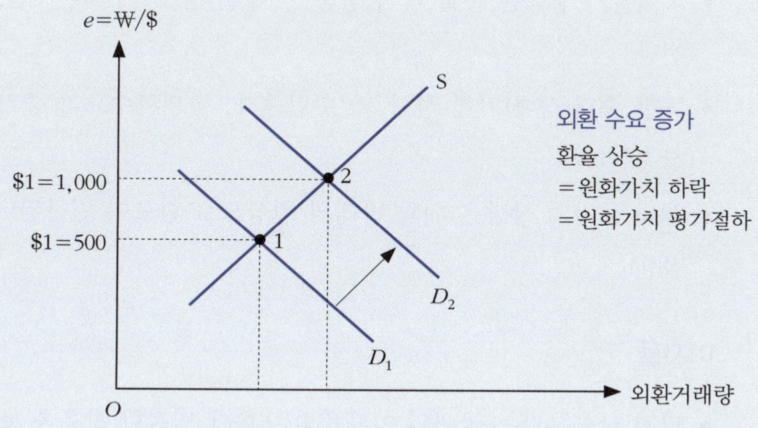

에 과거 2달러에서 1달러 지급으로 구입 가능) 국내 상품 수출이 증가하면서 달러 공급이 증가한다.

환율의 변동

- 환율 상승=원화가치의 하락=원화의 평가절하(depreciation)
- 환율 하락=원화가치의 상승=원화의 평가절상(appreciation)

수출, 수입의 변화는 환율을 변동시킨다. 수출입이 변화하는 요인은 다음과 같다.

소득 변화

- 내국인 소득 증가는 해외상품 수입에 대한 수요 증가(외환 수요 증가), 환율 상승
- 외국인 소득 증가는 국내상품의 수출 증가(외환 공급 증가), 환율 하락
- 이와 같이 국내외 소득의 변화는 수출입 수요변화 및 환율의 변화를 가져온다.

인플레이션

- 국내물가 상승은 수출 가격 상승 → 수출 감소 → 외환공급 감소로 이어진다.
- 또한 수입(상대)가격 하락 → 수입증가 → 외환수요가 증가하며 환율이 상승한다.
- 해외 물가의 상승은 위와 반대의 현상으로 환율이 인하된다(환율의 평가절상).

이자율

- 단기 금융투자는 국내외 이자율의 변화에 민감한 반응을 보인다.
- 국내이자율>해외이자율: 외국자본의 국내유입 증가, 환율 하락(평가절상)
- 국내이자율<해외이자율: 국내자본의 해외유출 증가, 환율 상승(평가절하)
- 이와 같이 국내외 이자율의 격차에 따라 외환의 수급이 변화하면서 환율이 변동한다.

환율, 통화의 교환가치(또는 상대가치)에 영향을 주는 다른 요인들은 다음과 같다.

- 단기적으로 시장 참여자의 환율에 대한 기대, 경쟁국 환율(위안화, 엔화) 변화 등이 영향을 미친다.
- 중장기적으로는 정부의 경제정책, 상대적 물가 변동, 상대적 금리 차이 등에 의해서 결정된다.

환율 변동이 국가 경제에 미치는 영향

- 교역조건의 영향: 교역조건의 변화는 수출입에 영향을 주고, 그에 따라 국내 투자, 고용, 물가 전반에까지 영향이 확산된다.
- 실물 부문에 영향: 환율의 평가절하 → 수출증가 및 수입감소 → 국내투자 증가 → 고용증가로 이어지는 경향이 있다.

- 물가 부문에 영향: 환율의 평가절하 → 수입물가 상승 → 국내 생산자 및 소비자 물가 상승으로 이어지는 경향이 있다.
- 금융 부문에 영향: 환율의 평가절하 → 외채 상환부담 증가의 영향이 있다.

환율의 평가절하는 내수를 살릴 수 있는가?

- 환율이 평가절하가 국내 고용 증가로 이어지는 실물부문의 효과는 과거에 비해 반감되고, 물가로 이어지는 파급력은 더 커져서 환율의 평가절하로 내수를 살리는 정책은 그 효과에 한계가 있다는 평가가 일반적이다.

(2) 환율 결정이론

환율 결정이론에는 대표적으로 구매력평가설과 이자율평가설이 있다.

구매력평가설(Purchasing Power Parity)

- 두 화폐 간의 명목환율은 두 나라의 물가수준에 의해 결정된다는 이론이다.
- 이에 따르면 환율은 각국 통화의 상대적 구매력을 반영한 수준에서 결정된다.
- 어느 한 국가의 물가가 낮을 경우, 수출이 증가하여 외환 공급이 증가하고 환율이 절상된다. 즉, 수출증가에 따른 경상수지 흑자는 환율의 절상을 유도한다. 이때 환율의 절상은 국가 간의 물가수준의 차이가 해소되는 수준까지 이루어진다.
- 구매력평가설 기준으로 각 국가의 환율 수준을 평가해보는 간단한 지수로는 빅맥지수가 있다. 빅맥 햄버거는 전 세계적으로 동일한 제품이라고 한다.
- 전 세계적으로 동일한 제품을 달러가치로 환산하여 가격을 비교해보면 어느 국가의 환율이 저평가 또는 고평가되었는지 알 수 있다는 간단한

논리이다.

- 예를 들어 빅맥 가격이 미국에서 3달러이고, 한국에서 3,000원이면 적정 환율은 1달러에 1,000원이 된다.
- 그런데 만일 외환시장의 원/달러 환율이 1달러에 1,200원이라면, 원화의 가치가 저평가되어 있다고 주장할 수 있다.
- 그리고 가격 차이에 따른 무역 발생이 가능하여, 위의 경우, 한국에서 3,000원에 빅맥을 구입하여 미국에 수출하면 3달러=3,600원을 받을 수 있다.
- 한국의 빅맥 수출이 증가하여, 외환 공급이 증가하고, 환율의 평가절상이 필요하게 된다. 환율의 평가절상으로 1달러=1,000원 수준으로 변동된다. 구매력 기준의 동일한 환율 수준이 유지되어야 한다는 이론이다.

구매력평가설을 수식으로 표현하면 다음과 같다

- $e \times P^{*} = P$ (여기에서 e: 환율, P: 물가, P^{*}: 해외물가)
- 따라서 실질환율=$(e \times P^{*}) / P$
- 국내물가와 해외물가 수준이 동일하면, 즉 국내외 화폐의 구매력이 같으면, 실질환율은 1이다.
- 만일 e=1,200, 한국 빅맥가격 3,000, 미국 3달러이면,
- 실질환율=(1,200×$ 3)/3,000=3,600/3,000=1.2
- 달러의 구매력이 큰 상태이다. 따라서 한국의 수출이 증가되고, 경상수지 흑자가 발생하며, 원/달러 환율은 1,200에서 1,000으로 하락하게 된다.
- 즉, 원화의 구매력을 높여서 달러의 구매력과 같은 환율이 결정된다는 것이다.

이자율평가설(interest rate parity)

- 환율은 양 국가의 이자율 차이를 반영하여 결정된다는 이론이다.
- 한 국가의 금융상품에 투자하여 발생하는 수익률은 다른 국가 금융상품에 투자한 경우의 수익률과 동일해야 한다.

- 달러화와 원화의 환율은 1:1이고 원화의 선물헤지비용은 1%라고 가정하자.
- 미국의 채권 수익률 5%, 한국의 채권 수익률 10%인 경우, 이때 미국에서 채권을 발행하여 그 돈으로 한국의 채권을 구입하면 무위험 재정이익(risk free arbtrage profit)이 4% 발생한다.
- 따라서 한국의 외환시장에 원화채권을 구입하기 위한 달러화가 유입되고, 원화가치가 상승한다.
- 이때 한국 채권의 달러표시 금액 기준으로 수익률이 6%(미국채권수익률 5%+헤지비용 1%)로 떨어지게 될 때까지 원화가치는 상승하게 된다.

금본위제도

국가 간 상품 교환은 화폐를 필요로 한다. 금은 국가 간 상품교역에 편리하게 사용되었다. 금본위제도에서는 금을 국제통화로 사용하고, 금의 가치에 화폐가치를 고정시켜 국가들의 환율이 결정된다. 각 국가의 화폐발행은 금 보유량을 근거로 삼는다. 금과 화폐의 교환비율을 정해놓고 은행은 금 보유량을 기반으로 화폐를 발행하고, 화폐를 가져오면 금으로 바꿔주었다. 금본위제도에서 화폐는 곧 금을 의미한다. 각 국가 간 환율이 금에 고정되어 있는 안정된 환율체계에서 각 국가들은 산업특화 및 장기발전 계획을 수립할 수 있었다. 따라서 안정적인 환율체제를 갖춘 금본위제도에서 국가 간 무역은 확대될 수 있었다.

금본위제도에서 무역수지는 안정적으로 유지된다. 금본위제도에서는 가치저장 및 국제무역의 유일한 결제수단으로 금을 사용한다. 금본위제도에서 무역수지의 흑자 또는 적자는 지속될 수 없다. 무역수지 흑자가 발생하는 국가에서는 금 유입량이 증가하고, 유입된 금을 기반으로 보다 많은 화폐를 유통할 수 있기 때문에 통화량이 증가하고 물가는 상승한다. 수출과 금 유입량이 증가하면서 경기 호황의 신호인 물가상승이 나타나는 것이다. 상품가격이 상승하면 해외 상품과의 가격경쟁력이 떨어지고 수출감소 및 수입증가의 현상이 나타난다. 무역수지 흑자는 감소하고 결국에는 무역수지 균형 상태로 움직인다. 무역수지의 적자상태도 계속 유지될 수 없다. 수입이 수출보다 많으면 금의 유출량이 증가한다. 금본위제도에서는 보유하고 있는 금을 기반으로 화폐를 발행하기 때문에 금의 유출량이 많으면 국내 통화량의 감소 및 물가하락에 따라서 수입보다 수출이 증가한다. 따라서 금본위제도에서는 무역수지의 흑자를 영원히 유지하거나 무역수지 적자에 끝없이 시달릴 수 없다.

이론상으로는 안정적인 무역수지를 유지할 수 있는 금본위제도의 현실은 불안정하였다. 금 보유량을 기반으로 화폐를 발행하지 않고 그 이상으로 화폐를 발행하게 되는 상황에 직면하였기 때문이다. 영국이 세계 패권국으로 자리잡고 산업화가 진행되던 시기에 세계무역의 60%는 영국 파운드화를 사용하였다. 그 당시에는 금본위제도의 문제를 찾기 어려웠다. 문제는 전쟁으로부터 시작되었다. 세계전쟁은 화폐발행과 군수품 생산을 확대한다. 세계 각 국가는 화폐를 발행하여 전쟁비용을 치렀다. 전쟁이 끝나면서 금으로 교환될 화폐가 넘쳤고, 영국은 금보유량과 화폐발행량을 비교할 때 화폐를 금으로 교환해 줄 수 없는 상황으로 판단하였다.

1914년 제1차 세계대전 발발과 함께 영국은 '금본위제도의 포기'를 선언한다. 따라서 고정 환율 체제는 중단되었고 국제금융체제는 혼란에 휩싸인다. 무역장벽 확대와 자국화폐 평가절하 등으로 국가 간 갈등도 악화된다. 영국은 파운드화의 가치를 낮추고 1931년부터 파운드화를 금으로 교환하거나 지급하지 않았다.

영국의 패권력 상실이 국제금융체제 변화를 가져왔다. 전쟁을 치르면서 영국의 국력이 쇠퇴되자, 영국 런던과 미국 뉴욕 금융센터의 경쟁관계가 형성된다. 1920년대 후반 대공황으로 경제적으로 위축된 국가들의 갈등이 표면화되면서 영국 파운드화 이외의 다른 국가의 화폐가 국제무역에 사용되기도 하였다. 세계 경제에 대한 영국의 영향력이 약화되고 국제금융체제는 불안정한 모습을 보이게 된다.

기축통화를 다른 국가에게 넘겨주는 과정은 부드럽지 않다. 패권국에서 나타나는 경제 문제의 악화 그리고 통제 불능 상황에서 국제경제를 장악하려는 새로운 국가의 패권도전이 시작된다. 1, 2차 세계대전 이후 서방 선진 국가들의 산업기반이 전쟁으로 파괴된 상태에서 홀로 건재한 생산시설과 엄청난 금 보유량을 자랑하던 미국의 요구에 따르지 않을 수 없었다. 경제력뿐만이 아니라, 미국의 군사력과 정보력 그리고 핵무기도 세계패권 장악에 큰 역할을 하였다.

최근 중국은 세계패권에 도전하지 않았다고 판단한다. 패권국인 미국은 단지 자신의 패권에 도전할 만큼 강해지는 중국의 경제력을 막기 위해 세계 경제를 더욱 혼란스럽게 만들고 있는 것으로 판단된다. 이들의 분쟁이 조금만 더 과격해지면 세계전쟁도 피할 수 없을 것이라고 예상하는 국가들은 전쟁 준비를 꼼꼼하게 챙길 것으로 보인다. 만일 우리에게 경제력과 군사력 중에서 하나만 선택해야 하는 상황이 주어지면 어떠한 선택도 우리의 안정된 미래를 보장할 수 없다.

브레튼우즈체제

1944년 세계 44개 주요국은 미국 뉴햄프셔 브레튼우즈(Breton Woods)에서 미국 달러화 기반의 금본위제도에 합의하였다. 금 1온즈당 35달러 교환비율을 고정하고 다른 통화는 달러화와 고정된 환율을 정하였다. 금과 교환될 수 있는 화폐를 영국 파운드화에서 미국 달러화로 바꾼 '브레튼우즈체제'가 출범한다.

기존 금본위제도에서 나타났던 문제점을 보완하기 위해 국제통화기금과 세계은행을 설립하였다. 국제통화기금은 무역 갈등의 원인이 되었던 국제수지 불균형 해소를 위한 자금지원 역할을 한다. 그리고 세계은행은 경제 부진 또는 저개발 국가에게 중장기 자금을 지원하는 역할을 한다. 국제금융기구를 설립하여 금본위제도의 문제를 보완할 경우 안정적인 국제통화체제가 유지될 것이라는 기대가 높았다. 브레튼우즈체제는 최소한 금본위제도보다 발전된 형태이다.

브레튼우즈체제의 기축통화인 미국 달러화는 유동성과 신뢰성을 동시에 유지할 수 없다는 근본적인 문제점을 학자들은 대부분 인식하고 있었다. 달러화는 국제통화이다. 달러화의 유동성이 충분히 공급되어야 국제무역이 원활하게 이루어질 수 있다. 하지만 미국이 보유하고 있는 금보다 많은 달러가 공급되면 달러와 금의 교환에 대한 신뢰성이 떨어진다. 신뢰성을 지키기 위해서 유동성을 낮추면 국제무역이 원활하게 이루어지기 어렵다. 이를 '트리핀(Triffin)의 딜레마'라고 부른다. 보유량의 한계가 있는 금을 기반으로 기축통화를 만들면 완벽한 국제통화체제를 유지하기 어렵다.

브레튼우즈 협정이 체결될 당시에는 세계 금 보유량의 80%를 미국이 소유하고 있었기 때문에 미국 달러화의 금태환에 대한 신뢰성은 높았다. 달러에 대한 신뢰는 오래가지 못했다. 1971년 8월 미국 닉슨대통령은 달러와 금을 교환하지 못하겠다는 선언을 한다. 닉슨의 불태환 선언이라고 한다.

1960년대 이전까지 주변 국가들이 보유하고 있던 달러 보유량은 미국의 금보유량을 밑돌았다. 그 당시까지는 미국의 경제력이 강하여 상품수출도 우위에 있고 무역수지 흑자를 기록했다. 1960년대 이후 서구 선진국의 경제 회복으로 상품경쟁력이 강해지면서 미국의 무역수지는 적자로 전환되었다. 또한 베트남 전쟁에 참여하면서 미국은 달러를 발행하여 전쟁 물자를 구입하였다. 해외원조, 해외투자, 미군의 해외주둔비용, 한국전쟁 등으로 막대한 달러가 해외로 유출되었다. 엄청나게 많은 달러화를 보유한 주변 국가들은 금태환의 가능성에 대한 의구심을 갖게 되었고, 달러의 금태환을 미국에 요청하였지만, 결국 미국은 '불태환 선언'을 하게 되었다. 미국의 무역적자와 재정적자가 동시에 발생하는 과정에서 주변국의 국력 신장이 국제금융체제에 대한 간섭으로 이어졌다.

1970년대 초반에 국제금융체제를 무너뜨린 원인은 전쟁비용, 주변국의 영향력 강화 등 비교적 약화된 미국의 패권력에서 시작되었다. 이렇게 패권국이 약해지면 주변국의 도전을 받게 된다.

브레튼우즈 이후의 국제금융체제

1971년 닉슨의 '불태환 선언' 이후 국제금융시장의 혼란은 가중되었다. 금으로 교환할 수 있는 기축통화인 달러를 더 이상 신뢰할 수 없는 상황이지만 국제무역에서 달러를 사용하는 기존의 방식이 유지되었다. 무역수지 적자를 기록하는 국가들은 자국의 화폐가치를 낮추었다. 각 국가들이 화폐가치를 조정하면 환율 변동 폭은 높아진다. 국제금융시장이 불안정한 상황에 놓이게 되었다.

1976년 자메이카의 킹스턴에서 국제통화기금 회원국들이 회의를 개최하였다. 여기에서 변동환율제 도입, 외환보유고로서 금의 역할 축소, 국제통화기금 할당금 확대, 저개발국에 대한 대출확대, 그리고 환율결정의 책임은 각 국가에 있는 것으로 합의하였다.

변동환율제에서 외환시장의 수요공급 기반으로 결정된 환율은 국제수지를 자동적으로 조절한다. 국제금융시장이 국내의 통화정책에 미치는 영향을 최소화하여 각 국가는 독립적인 거시경제정책을 수행할 수 있을 것으로 판단한 것이다. 그러나 이러한 기대와는 달리 국가들은 자국 상품의 가격경쟁력 강화를 위해 화폐가치를 낮추기도 하고, 자국의 물가상승을 억제하기 위해 화폐가치를 높이기도 하였다. 각 국가들의 외환시장 개입으로 환율의 변동성이 높아지는 불안정한 외환시장을 경험하게 되었다.

이론적으로는 변동환율제도에서 환율의 안정성과 국제무역 불균형의 자동조정 등으로 국가 간 갈등은 해소된다. 하지만 국제경제 현실에서 자신의 이익만을 추구하는 국가들의 환율조정 행위는 세계무역 체제를 불안정하게 만든다. 개인의 합리적인 행위가 집단의 비합리적인 결과를 만드는 구성의 오류가 국제관계에서도 나타난다.

한 국가 내에서 드러나는 개인의 이기적인 행동은 국제무대에서 보여주는 국가들의 행동보다 점잖게 보인다. 세계 모든 국가들이 상호 발전하는 단계보다 국가 간 소득격차가 벌어질 때 국제 갈등이 시작된다. 자국의 이익을 앞세우면서 분쟁이 격화되고 노골적인 상대국에게 해를 입히는 행위도 한다. 패권국의 지위가 흔들리면 이보다 더 거친 갈등이 나타난다. 국가 간 갈등이 격화되면 결국에는 힘으로 문제를 해결한다. 그 힘은 경제력을 포함한다.

국제 관계의 엄혹함에 대처하지 못하고 힘없는 국가의 평범한 사람이 세계 속에 비친 자신의 모습을 바라보면 초라함을 느낄 듯하다. 힘없는 국가 권력자라도 소득과 사회적 지위가 '낮은' 자국민들에게 권력을 행사하는 것으로 만족하지는 않을 것으로 믿는다. 국가발전을 위해 최선을 다하겠다는 사람이 권력자 후보에 오르는 세상이 정상이다. 지역 유권자를 의식하고, 이권배분에 골몰하고, 분열을 즐기고, 국가 이익에는 관심 없는 사람이 권력자 후보에 오르는 세상은 비정상이다.

거시경제 연습문제

001. 시장의 주체에 대한 다음 설명 중 옳은 것은 무엇인가?

> ㉠ 가계: 노동 공급의 대가로 받은 소득을 바탕으로 소비를 한다.
> ㉡ 기업: 투자를 통해 재화를 생산 및 공급하며 이윤극대화가 존재의 목적이다.
> ㉢ 정부: 조세를 통해 공공재를 배분하며, 민간 경제 조정과 규제의 역할을 한다.
> ㉣ 외국: 다른 나라의 기업 및 정부를 포함한 교역 상대방이며, 가계는 제외된다.

① ㉠, ㉡, ㉢　② ㉡, ㉢, ㉣　③ ㉠, ㉡, ㉣
④ ㉠, ㉢, ㉣　⑤ ㉠, ㉡, ㉢, ㉣

정답 ①

시장 주체로서의 외국에는 기업 및 정부, 가계까지 포함된다.

002. 다음의 '합리적 기대 가설(Rational Expectation Hypothesis)'에 대한 설명 중 가장 거리가 먼 것을 고르시오.

① 시장의 정부 개입을 묵인한다
② 기업 및 소비자들에 대한 신뢰가 중요하다.
③ 시장은 자율적인 정화 기능이 있다고 가정한다.
④ 정부의 과도한 개입은 부정적인 효과를 야기한다.
⑤ 소비자는 스스로 정보의 수집 및 분석 능력을 가지고 있다.

정답 ①

합리적 기대 가설에서는 정부의 개입에 부정적인 입장을 취한다.

003. 다음은 케인즈의 승수효과에 대한 설명이다. 옳지 못한 것은 무엇인가?

> ㉠ 독립변수의 변화에 대한 다른 변수의 변화 정도를 추적한 것이다.
> ㉡ 소비 1 증가 시 생산, 투자, 고용, 소비 증가로 이어져 최종 소비는 1보다 크다.
> ㉢ 저축률이 증가하면 이자를 통해 소득이 증가하는 효과가 생긴다.
> ㉣ 소비의 1 증가에 따라 최종 소비가 1.1 증가했다면 승수는 0.1이다.

① ㉠, ㉡　② ㉠, ㉢　③ ㉡, ㉢
④ ㉡, ㉣　⑤ ㉢, ㉣

정답 ⑤

저축률이 증가하면 사회 전체의 소득이 감소할 수 있다는 것이 절약의 역설이며, 소비 1 증가로 최종 소비 1.1 증가 시 승수는 1.1이다.

004. 커피농가가 커피를 생산하여 10원에 도매상인에게 팔았고, 도매상인은 100원에 스타벅스에 팔았다. 스타벅스는 이 커피 원두를 가지고 5,000원짜리 카페 라테로 만들어 팔았다. 이 과정에서 전체 부가가치가 4,300원이 발생하였다. 요소소득은 얼마인가?

① 5,000원　② 4,900원　③ 4,800원
④ 4,700원　⑤ 4,300원

정답 ⑤

3면등가의 원칙에 의하면 부가가치 = 요소소득 = 지출이다.

005. 조선족 근로자가 국내에 취업해서 200만원의 임금을 받고 이 중 50만원을 오피스텔 월세로 낸다면 우리나라의 국민총생산(GNP)과 국내총생산(GDP)에 기여하는 금액은 각각 얼마인가?

① 국민총생산(GNP) 200, 국내총생산(GDP) 200
② 국민총생산(GNP) 50, 국내총생산(GDP) 50
③ 국민총생산(GNP) 250, 국내총생산(GDP) 250
④ 국민총생산(GNP) 50, 국내총생산(GDP) 200

⑤ 국민총생산(GNP) 200, 국내총생산(GDP) 50

정답 ④

우리 국민에 의해서 생산된 것은 50, 중국 국민에 의해서 생산된 것은 150이다. 국내에서 생산된 것은 200, 중국에서 생산된 것은 0이다.

006. 다음의 설명 중 가장 옳은 것은 무엇인가?

A, B국의 GDP (단위: 십억 달러)

국가	구분	2008년	2009년	2010년	2011년
A국	실질GDP	4,000	4,400	4,800	5,200
	명목GDP	4,200	4,800	5,400	6,000
B국	실질GDP	8,000	8,600	9,200	9,800
	명목GDP	8,800	9,200	9,600	10,000

① 인구가 같다면 B국민의 생활 수준이 높다.

② A국의 경제규모가 크다.

③ A국 경제는 성장 속도가 가속화되고 있다.

④ B국은 10% 이상의 고속 성장을 경험한 바 있다.

⑤ 최근 2년간 B국의 물가 상승률은 A국 이상이었다.

정답 ①

인구가 같다고 가정하면 1인당 GDP가 큰 B국의 생활 수준이 높다고 할 수 있다.

007. 다음 중 옳은 설명은 무엇인가?

① 투자가 완전고용 저축을 초과할 때 그 차이가 머니 갭이다.

② 실제 투자가 완전고용소득 수준 시의 저축에 미치지 못할 경우 그 차액이 GDP갭이다.

③ M2를 명목 GDP로 나눈 마샬 K와 마샬 K의 장기 추세 간의 차이가 디플레이션갭이다.

④ 잠재 GDP와 실질 GDP 간의 차이가 머니갭이다.

⑤ 투자의 완전고용저축 초과 시 그 차액이 인플레이션갭이다.

정답 ⑤

완전고용상태에서 $I=S$. $I>S$이면 완전고용 상태를 넘어선 것이므로 인플레이션 갭.

008. 한 국가의 후생을 측정하는 지표로 국내총생산(GDP)이 가장 일반화되어 있으나 한계점도 많다는 평가이다. 한계점으로 지적되지 않는 것을 고르면?

① 여가나 행복 등 비계량적인 부분을 감안하지 않는다.
② 시장을 통해서 거래되지 않는 재화와 서비스는 제외된다.
③ 국방비 지출이 많은 나라는 GDP가 크게 나타나는 등 착시가 발생한다.
④ 환경 훼손과 같은 외부 효과도 반영된다.
⑤ 분배의 형평성이나 양극화 정도는 측정하지 못한다.

정답 ④

환경 훼손과 같은 외부 효과가 잘 반영되지 않는 측면이 있다.

009. 다음 중 지출 GDE 계산에 포함되지 않는 것은?

① 수출된 자동차
② 군대에 납품한 군함
③ 자동차 회사가 구매한 자동차 부품
④ 정부의 북한 지원용 쌀
⑤ 조선소가 수입한 후판

정답 ③

GDE$=C+I+G+(X-M)$
정부의 북한 지원용 쌀은 정부 소비에 들어간다. 후판은 조선용 철판을 말한다.

010. 다음의 표를 보고 2010년의 명목 GDP, 실질 GDP(2005년 기준), GDP 디플레이터를 바르게 계산한 것은? (소수점 이하는 반올림한다.)

		2005년	2010년
사과	가격	5,000원	5,500원
	생산량	100개	100개
배	가격	10,000원	12,000원
	생산량	100개	200개

① 명목 GDP는 250만원, 실질 GDP는 150만원, GDP 디플레이터는 167이다.

② 명목 GDP는 295만원, 실질 GDP는 150만원, GDP 디플레이터는 197이다.

③ 명목 GDP는 295만원, 실질 GDP는 250만원, GDP 디플레이터는 118이다.

④ 명목 GDP는 250만원, 실질 GDP는 295만원, GDP 디플레이터는 85이다.

⑤ 명목 GDP는 250만원, 실질 GDP는 150만원, GDP 디플레이터는 60이다.

정답 ③

명목 GDP는 해당 연도의 생산량×해당 연도의 가격, 실질 GDP는 해당 연도의 생산량×기준 연도의 가격, GDP 디플레이터는 명목 GDP÷실질 GDP×100.

011. 어느 해의 GDP 증가율은 −1.1%를 기록했는데, GNI 증가율은 0.5%를 기록했다. 이 지표로부터 바르게 추론한 것은?

① 수출제품의 가격상승률이 수입제품의 가격상승률을 초과했다.

② 요소소득이 감소했다.

③ 경상수지가 악화되었을 것이다.

④ 인바운드 FDI(국내로 유입된 외국인직접투자)가 크게 늘었다.

⑤ 내국인의 해외 주식투자가 늘었다.

정답 ①

GDP가 감소한 가운데 GNI가 증가했다면 교역조건이 개선된 것이다.

012. 다음은 국내총생산(GDP)의 계산과 관련된 설명이다. 옳은 것을 모두 고르면?

> ㉮ 개인이 직접 만들어서 자신이 사용하는 물건은 포함되지 않는다.
> ㉯ 요소 소득을 합산하여 GDP를 계산할 수 있다.
> ㉰ 생산단계별 부가가치를 합산하여 GDP를 계산할 수 있다.
> ㉱ 재고의 증감도 GDP에 포함된다.

① ㉮, ㉯　　② ㉮, ㉰　　③ ㉮, ㉯, ㉰
④ ㉯, ㉰, ㉱　　⑤ ㉮, ㉯, ㉰, ㉱

정답 ⑤

재고의 증감도 GDP에 포함된다.

013. 다음 신문기사의 자동차 생산과 관련하여 2008년 GDP와 2009년 GDP의 영향을 바르게 설명하지 않은 것은? (단, 2007년말 재고는 없었으며, 2008년말 재고는 2009년에 다 팔린 것으로 가정한다.)

> 지난 9월에 발생한 서브 프라임 금융위기로 연말 내구재 소비가 급감하고 있다. 이 같은 현상은 자동차, PC, LCD TV 등 거의 모든 내구재에 동시다발적으로 발생하고 있는데 특히 가격이 비싼 자동차의 타격이 가장 크다. 2008년 한해 국내 3대 메이커가 생산한 자동차 대수는 총 400만 대에 육박하고 있으나 국내 자동차 수요와 수출 수요가 동시에 급감하면서 야적장에 재고가 40만 대나 쌓이게 되었다. 특히 더 이상 자동차를 야적할 수 있는 공간도 남아 있지 않아서 경기 침체가 장기화할 경우 감산에 돌입할 수밖에 없는 상황이다.

① 2008년 GDP는 400만 대의 부가가치만큼 증가한다.
② 2008년 소비는 360만 대의 부가가치만큼 증가한다.
③ 2008년 투자는 40만 대의 부가가치만큼 증가한다.
④ 2009년 소비는 40만 대의 부가가치만큼 증가한다.
⑤ 2009년 GDP는 40만 대의 부가가치만큼 증가한다.

정답 ⑤

판매되지 않은 재고는 재고투자로 잡힌다. 2009년 소비는 40만대의 부가가치만큼 증가하나, 40만 대분의 재고가 감소하여 2009년 GDP에는 영향이 없다.

014. 녹색GDP에 대한 설명으로 옳지 않은 것은?

① GDP에서 환경 비용을 제외한 것이다.

② 1993년 UN에서 기존 GDP 계정의 보조형태로 자원고갈과 환경훼손을 감안한 녹색GDP 가이드라인을 제시하였다.

③ 일본도 1995년에 처음으로 환경파괴액을 공제한 녹색GDP를 발표했다.

④ 한국은 2001년 환경부의 '에코-2 프로젝트'의 일환으로 단계적으로 도입하기로 하였다.

⑤ 경제와 환경의 상호작용을 거시적이고 체계적으로 분석하는 것으로 국민계정체계에 공식적으로 도입이 되었다.

정답 ⑤

녹색GDP는 사회회계의 한 형태이며, 아직 학술적으로 정립되거나 국민계정체계에서 공식적으로 사용하는 용어는 아니다.

015. 다음 중 거시경제지표에 대한 설명으로 옳지 않은 것은?

① 국민소득계정은 명목가격과 불변가격 기준으로 작성하여 발표한다.

② 실업률은 원계열과 계절조정계열 모두 작성하여 발표한다.

③ 경상수지는 우리나라의 모든 대외거래를 총괄하여 나타낸다.

④ 경기종합지수, 제조업경기실사지수는 경기 순환을 파악하는 지표이다.

⑤ 물가지수로는 GDP 디플레이터, 생산자물가지수, 소비자물가지수 등을 작성하여 발표한다.

정답 ③

경상수지는 경상적 거래만 총괄하고, 자본거래는 포함하지 않는다.

016. 다음은 국민소득계정의 주요 변수에 대한 설명이다. 바르게 설명한 것을 모두 고르면?

> ㉮ 내수(소비와 투자의 합) 침체는 경상수지 적자요인이다.
> ㉯ 경상수지 흑자는 실질 GDP를 증가시킨다.
> ㉰ 통화가치의 절하는 국내 물가상승압력으로 작용한다.
> ㉱ 소비는 투자보다 변동성이 작아서 안정적이다.

① ㉮, ㉯　　② ㉯, ㉰　　③ ㉰, ㉱

④ ㉮, ㉱　　⑤ ㉯, ㉱

정답 ③

내수침체는 수입 수요를 위축시켜서 경상수지 흑자요인이 된다. 경상수지 흑자가 반드시 실질 GDP 증가요인은 아니다. 경상수지는 명목기준이며, 국민계정상의 순수출은 교역조건을 감안한 실질기준이다.

017. 다음에서 총공급곡선의 이동을 초래하는 요인이 아닌 것은?

① 혁신에 의한 생산성 향상

② 노동시장의 유연성

③ 화폐 환각(money illusion)

④ 유동성 함정(liquidity trap)

⑤ 철도, 전기와 같은 대발명

정답 ④

유동성 함정은 총공급곡선의 모양과 관련된 것이고, 총공급곡선의 이동을 초래하는 것은 아니다.

018. 다음은 케인즈학파의 경제 정책에 대한 설명이다. 옳지 않은 것은?

① 경기 침체시 정부는 시장개입을 통하여 유효수요를 창출해야 한다.

② 재정 정책의 효과가 크다.

③ 재량에 의한 경제정책운용을 주장한다.

④ 재정 정책은 그에 상응하는 만큼의 구축효과가 발생한다.

⑤ 추가적으로 투입하는 정부예산이 경기 부양에 효과적이다.

정답 ④

케인즈학파는 구축효과가 작다고 주장한다. 특히 유동성 함정이 존재할 경우 재정 정책의 효과가 극대화된다.

019. 개방경제 체제하에서 환율 안정, 자본자유화와 거시경제 운용의 자율성 확보를 동시에 달성하기 어렵다는 것을 의미하는 용어는?

① 대내외 경제정책의 트라이렘마
② 트리픈 딜레마
③ 용의자의 딜레마
④ 절약의 역설
⑤ 레온티예프 역설

정답 ①

트라이렘마(Trilemma): 환율, 물가, 이자율 중 하나는 안정성을 포기할 수 밖에 없음.

020. 소비성향에 대한 다음 설명 중 옳은 것을 고르시오

> ㉠ 가계에서 현재의 소비로 얼마를 배분하는가를 보여준다.
> ㉡ 평균소비성향은 소비를 총소득으로 나누어 산출한다.
> ㉢ 소득이 1단위 증가했을 때 소비가 0.5 증가했다면 한계소비성향은 2이다.
> ㉣ 평균저축성향은 1－평균소비성형, 한계저축성향은 1－한계소비성향이다.

① ㉠, ㉡　　② ㉠, ㉡, ㉢　　③ ㉡, ㉢, ㉣
④ ㉠, ㉡, ㉣　　⑤ ㉠, ㉢, ㉣

정답 ④

소득 1 증가 시 소비가 0.5 증가했다면 한계소비성향은 0.5이다.

021. 다음은 절대소득가설 및 상대소득가설에 대한 설명이다. 옳지 못한 것은 무엇인가?

> ㉠ 절대소득가설은 소비는 소득의 절대적 크기에 따라 결정된다는 이론이다.
> ㉡ 절대소득가설에 따르면 항상 평균소비성향은 한계소비성향 이하의 수치로 나타난다.
> ㉢ 상대소득가설은 소비가 현재 소득 및 과거의 최고 소득, 소득계층의 위치 등에 영향을 받는다는 이론이다.
> ㉣ 상대소득가설은 사회적, 시간적인 항상성을 주장한다.

① ㉠, ㉡　　② ㉠, ㉢　　③ ㉡, ㉢
④ ㉡, ㉣　　⑤ ㉢, ㉣

정답 ④

절대소득가설에서는 평균소비성향이 한계소비성향보다 크고, 상대소득가설은 소비의 사회적, 시간적 상대성을 주장한다.

022. ㉠, ㉡에 들어갈 용어로 가장 알맞은 것은?

> 미국의 금융위기가 실물경기에도 영향을 미치면서 파산하는 기업이 증가하고 실업률이 상승하였다. 결과적으로 최저 생계비 이하로 생활하는 (㉠)의 비율이 증가하였고, 빈부격차는 더욱 확대되었다. 정부에서는 경기회복을 위해 다양한 소비 진작 정책을 강구하고 있다. (㉡)을 강조하는 경제학자들은 빈곤층에 대한 정부의 일시적 소득 보전은 근본 대책이 아니며, 중산층 비율의 회복과 소비 확대가 경제 위기 극복의 방법임을 주장한다.

① ㉠ 절대적 빈곤층　㉡ 항상소득가설
② ㉠ 상대적 빈곤층　㉡ 항상소득가설
③ ㉠ 상대적 빈곤층　㉡ 상대소득가설
④ ㉠ 절대적 빈곤층　㉡ 상대소득가설
⑤ ㉠ 절대적 빈곤층　㉡ 절대소득가설

정답 ①

절대적 빈곤층은 최저 생계비라는 이하로 생활하는 계층을 일컫는다. 일시적 소득보전(임시소득)은 근본적 대책이 아니라고 하는 것은 항상소득가설의 주장이다.

023. 다음의 항상소득가설에 대한 설명 가장 옳지 못한 것을 고르시오.

① 프리드먼이 주장한 이론으로 항상소득의 비율이 높을수록 소비성향이 커지고 임시소득 비율이 높을수록 저축성향이 커진다고 본다.
② 실질소득은 항상소득과 임시소득의 합이며, 실질소비는 항상소비와 임시소비의 합이다.
③ 단기적으로는 임시 소득의 증가가 소비 증가에 미치는 영향이 크다.
④ 항상소득과 임시소득의 구분이 쉽지 않고, 임시소득과 임시소비 간의 상관관계가 없다는 가정이 임의적이라는 한계가 있다.
⑤ 정부의 일시적 세출 확대 혹은 세율 인하는 임시 소득 증가에만 효과가 있기 때문에 경기 부양효과가 미미하다.

정답 ⑤

항상소득가설에서는 정부의 일시적 세출 확대는 임시소득에만 영향을 미쳐 저축 증가로 이어지며 경기 부양 효과가 미미하다.

024. 경기 침체를 극복하기 위하여 정부가 확장재정을 편성하기로 하였다. 이때 필요한 자금을 조달하는 방법으로 통화 증발, 증세, 국채 발행의 세 가지를 검토한다고 할 때 각각의 영향에 대하여 바르게 설명한 것을 모두 고르면?

㉮ 국채 발행의 경우 구축효과(crowding-out)가 발생하여 민간투자가 위축될 수 있다. ㉯ 통화 증발의 경우 인플레이션 조세를 유발한다. ㉰ 증세를 통하여 확장재정을 편성하는 것이 단기적인 경기부양 효과가 가장 크다.

① ㉮　② ㉮, ㉯　③ ㉯, ㉰
④ ㉮, ㉰　⑤ ㉮, ㉯, ㉰

정답 ②

재정이 확대된 만큼 증세로 민간 구매력이 감소하여 경기 부양효과는 중립적이다.

025. 고전학파는 물가 수준이 사회의 총공급량에 영향을 미치지 못하는 것으로 가정하고 있다. 그 이유를 바르게 설명한 것은?

① 화폐시장의 유동성 함정 때문이다.

② 노동시장의 화폐환각(money illusion) 때문이다.

③ 재량적 통화 정책에 대하여 경제주체가 합리적으로 판단하기 때문이다.

④ 노동시장이 유연해서 물가가 명목임금에 곧바로 반영되기 때문이다.

⑤ 한번 상승한 물가는 좀처럼 내려가지 않기 때문이다.

정답 ④

물가의 변동이 명목임금에 곧바로 반영되어 실질임금은 항상 동일하기 때문에 물가수준의 변동에 노동공급이 반응하지 않는다고 본다.

026. 구축(crowding-out) 효과에 대한 설명으로 옳은 것을 모두 고르면?

㉮ 화폐 수요가 이자율에 대하여 완전탄력적인 유동성 함정 구간에서는 구축효과도 극대화된다. ㉯ 구축효과가 전혀 없을 경우 재정지출의 유효수요 창출효과는 극대화된다. ㉰ 정부 지출이 확대될 경우 구축효과의 정도만큼 민간 부문을 위축시킨다.

① ㉯　　② ㉮, ㉯　　③ ㉮, ㉰

④ ㉯, ㉰　　⑤ ㉮, ㉯, ㉰

정답 ④

화폐 수요에 대하여 이자율이 완전 탄력적인 경우는 소위 케인즈의 유동성 함정 구간이며, 이때에는 정부의 채권 발행에도 이자율이 변동이 없기 때문에 구축효과가 전혀 없다.

027. 경제가 더블딥에 빠지게 되면서 대량의 실업사태가 발생하고 있다. 이미 제로금리 상태라 금리 정책은 사용할 수 없는 상황이다. 따라서 이자율을 현 수준에서 묶어두고 국민소득을 늘리는 정책이 필요하다. 바람직한 정책조합은?

① 재정정책－긴축, 통화정책－긴축

② 재정정책－팽창, 통화정책－긴축

③ 재정정책－긴축, 통화정책－양적 완화

④ 재정정책－팽창, 통화정책－양적 완화

⑤ 재정정책－팽창, 통화정책－중립

정답 ④

국민소득을 늘리기 위해서는 유효수요의 확대가 필요한 상황이기 때문에 팽창 재정정책을 구사할 필요가 있다. 그러나 이때에 팽창 재정으로 이자율이 상승할 수가 있으므로 통화 공급 확대로 이자율을 유지할 수 있다.

028. 다음은 정부와 중앙은행이 사용할 수 있는 다양한 정책 조합이다. 이 중 경기 침체기에 적합한 것은?

① 정부－재정 확대, 중앙은행－지급준비율 인상

② 정부－소득세율 인상, 중앙은행－기준금리 인하

③ 정부－재정 확대, 중앙은행－국공채 매각

④ 정부－보조금 지급, 중앙은행－지급준비율 인하

⑤ 정부－흑자재정 편성, 중앙은행－기준금리 인하

정답 ④

정부는 팽장 재정을 편성하고, 중앙은행은 통화 확대, 금리 인하 정책을 펴야 한다.

029. 경기 침체와 물가 상승이 동시에 발생하는 경우를 표현하는 말은?

① 하이퍼인플레이션

② 스태그플레이션

③ 디플레이션

④ 애그플레이션

⑤ 리플레이션

정답 ②

스태그플레이션＝스태그네이션＋인플레이션

030. 다음 GDP 갭(gap)에 관한 설명으로 맞지 않는 것은?

① GDP 갭이란 잠재 GDP와 실질 GDP의 격차를 말하며, 총생산 갭이라고도 한다.

② GDP 갭이 양(+)이면 실질 GDP가 잠재 GDP를 초과하는 인플레이션 갭(Inflation Gap) 상태이다.

③ GDP 갭이 음(−)이면 디플레이션 갭(deflation gap) 상태이며, 한 경제가 최대한 생산할 수 있는 수준 이하에서 조업하고 있으므로 유효수요를 증가시킴으로써 성장률을 높이고 인플레이션을 가속화시키지 않으면서도 실업률을 낮출 수 있다.

④ 인플레이션 갭 상태에서는 경기가 과열돼 인플레이션을 가속화할 수 있으므로 총수요 억제 정책을 사용할 필요가 있다.

⑤ 디플레이션 갭이 존재할 경우 물가가 반드시 하락한다.

정답 ⑤

디플레이션 갭이 존재한다고 해서 물가가 반드시 하락하지는 않는다.

031. 비과세 저축 대상 상품이 확대되는 동시에 투자세액 공제 혜택이 증대될 경우 발생할 수 있는 경우가 아닌 것은?

㉠ 비과세 저축 대상 상품 확대로 대출금이 증가하는 동시에 이자율이 상승한다.
㉡ 투자세액 공제 혜택 증대로 대출금이 증가하는 동시에 이자율이 상승한다.
㉢ 두 개 정책의 동시 실시로 저축률과 민간 투자에는 큰 변화가 생기지 않을 수 있다.
㉣ 두 개 정책의 동시 실시로 이자율의 지나친 상승이 억제될 수 있다.

① ㉠, ㉡　　② ㉡, ㉢　　③ ㉢, ㉣
④ ㉠, ㉢　　⑤ ㉠, ㉡, ㉢

정답 ④

비과세 저축 상품이 증가하면 개인의 저축 수요가 확대된다. 투자세액 공제는 대출의 비용부담을 줄여줘 대출이 증가할 수 있다.

032. 레버리지에 대한 다음 설명 중 가장 옳지 못한 것을 고르시오.

> 레버리지 효과란 차입한 금액을 바탕으로 ROE를 제고시키는 것을 말한다. 동일한 이익에서도 자기 자본이 적으면 자본 대비 이익 비율은 상승한다.

① 보통 자기자본의 이자율보다 차입금의 이자율이 높기 때문에 레버리지는 없는 것이 보다 유리하다.

② 레버리지가 높다는 것은 상대적으로 차입금이 많다는 의미로 해석할 수 있다.

③ 일반적으로 금융 기업들이 제조 기업에 비해 레버리지가 높은 경우가 많다.

④ 불황 시에는 수익이 감소하게 되면서 차입금이 과도할 경우 이자 부담 증가에 따라 도산 위험도 커질 수 있다.

⑤ 차입금의 이자율이 기대수익률보다 낮으면 차입을 통한 투자가 유리하다.

정답 ①

일반적으로 자기자본비용이 타인자본비용보다 높다.

033. 다음의 T-Bill보다 기대수익률이 높은 국내 채권은 무엇인가?

> 미국의 신용등급 AA 1년 만기 T-Bill 연수익률은 5%이며, 원/달러 환율은 1,000원이다. 1년 후의 환율은 1,100원으로 예상된다.

〈국내 채권 연수익률(신용등급 AA)〉

채권	㉠	㉡	㉢	㉣
연수익률	12%	14%	16%	18%

① ㉣　　② ㉢, ㉣　　③ ㉡, ㉢, ㉣

④ ㉠, ㉡, ㉢, ㉣　　⑤ 없음

정답 ②

100,000원(100달러)을 미국 채권에 투자할 경우 1년후 기대수익률은 (105달러×1,100원−100,000)/100,000=15.5%

034. 다음 중 ㉠, ㉡, ㉢에 들어갈 내용으로 가장 올바른 것은?

> ㉠ 한 쪽의 이행 혹은 포기 의사에 따라 기초자산의 가격, 이자율 자체 혹은 이를 기초로 한 지수 등으로 산출한 금액 등을 미래 특정 시점에 인도하는 권리를 부여하는 계약
> ㉡ 미래의 일정 시점에 미리 약정한 가격에 따라 기초자산의 가격, 이자율 자체 혹은 이를 기초로 한 지수 등으로 산출한 금액 등을 교환하는 계약
> ㉢ 기초자산의 가격, 이자율 자체 혹은 이를 기초로 한 지수 등으로 산출한 금액 등을 미래 특정 시점에 인도할 것을 약정하는 계약

① ㉠ 선물 ㉡ 옵션 ㉢ 스왑
② ㉠ 옵션 ㉡ 스왑 ㉢ 선물
③ ㉠ 옵션 ㉡ 선물 ㉢ 스왑
④ ㉠ 선물 ㉡ 스왑 ㉢ 옵션
⑤ ㉠ 스왑 ㉡ 옵션 ㉢ 선물

정답 ②

옵션(한쪽의 이행 또는 포기), 스왑(교환), 선물(인도)

035. 실적 발표 직후 A기업 주가의 변화로 가장 올바른 것을 고르시오. 단, 다른 조건은 변화가 없으며, 효율적 시장 가설을 따른다.

> 애널리스트들은 A기업의 상반기 순이익이 전기기 대비 25% 증가할 것으로 추정하였다. 일주일 후 A기업은 20% 증가한 것으로 확정 발표하였다. 이 수치는 여전히 역사상 최고치이다.

① A기업의 주가는 단기적으로 변화가 없다.
② A기업의 주가는 단기적으로 하락한다.
③ A기업의 주가는 단기적으로 상승한다.
④ A기업의 주가는 상승과 하락을 거듭하며 변동폭이 확대된다.
⑤ 동종 산업에 속한 B기업 주가가 하락한다.

정답 ②

주가의 컨센서스보다 낮은 실적이 발표되면 주가는 단기적으로 하락한다.

036. 채권에 대한 설명 중 잘못된 것은?

① 회사채의 거래 수수료가 낮을수록 위험 프리미엄이 하락한다.

② 신용등급이 높을수록 위험 프리미엄은 낮다.

③ 유동성 프리미엄 이론에서는 장기 채권의 금리는 현재와 미래의 단기 채권 금리 평균과 같다.

④ 두 개의 채권이 만기는 다르지만 상호 완전 대체가 가능할 경우 양 채권은 동일한 방향으로 수익률이 이동한다.

⑤ 경기가 호황일 경우 회사채의 위험 프리미엄은 하락한다.

정답 ③

장기채권금리는 단기채권금리와 유동성 프리미엄의 합이다.

037. 다음 중 케인스의 '절약의 역설(paradox of thrift)'을 바르게 설명한 것을 모두 고르면?

> ㉮ 절약의 역설은 단기와 장기에 모두 유효하다.
> ㉯ 절약의 역설에 대한 비판에 대하여 케인즈는 '장기에는 우리 모두 죽는다(In the longrun, we are all dead)'라고 대답했다.
> ㉰ 불황기 저축 증가 노력은 소비 위축, 국민소득 감소로 이어져 결과적으로는 저축이 오히려 줄어들 수 있다.
> ㉱ 불황기 저축은 소비 감소에 따른 경기 위축 효과보다 투자 증가에 따른 경기 부양 효과가 더 크다.

① ㉮, ㉯　② ㉯, ㉰　③ ㉰, ㉱
④ ㉮, ㉱　⑤ ㉯, ㉱

정답 ②

불황기 저축은 단기적으로는 소비 감소에 따른 경기 위축 효과가 더 크다.

038. 한국은행의 기준금리 인하가 경기에 파급되는 과정이 아닌 것은?

① 통화 가치 하락 → 수출 증가

② 시장 금리 하락 → 투자 증가

③ 저축 감소 → 소비 증가

④ 주가 상승 → 자산효과(Wealth Effect)로 인한 소비 증가

⑤ 국공채 발행 증가 → 정부 소비 증가

정답 ⑤

국공채 발행은 금리인하와 독립적이다.

039. 글로벌 금융위기에 따른 양적 완화 정책 이후 미국 FRB는 경기 회복의 가능성이 보이자 시중 은행들이 보유한 지급준비금에 대한 이자 지급을 결정했다. 이에 대한 설명으로 가장 거리가 먼 것을 고르시오.

① 지급준비금이 급증한 상황으로 볼 수 있다.

② 시중 은행의 대출 확대를 유도하기 위해 선택할 수 있는 결정이다.

③ 시중 은행의 순이자수지가 개선된다.

④ 정책 금리 인상을 통한 통화 환수는 어려운 상황으로 해석할 수 있다.

⑤ FRB의 수지가 악화될 수 있다.

정답 ②

시중 은행의 지나친 대출을 억제하기 위해 결정한 정책이다.

040. 다음 지문을 읽고 가장 옳지 않게 설명한 것을 고르시오.

> 호주 중앙은행은 기준금리를 50bp 인상한다고 발표했다. 이에 따라 호주는 글로벌 금융 위기 이후 처음으로 금리 인상을 단행한 국가가 되었다.

① 호주 달러의 대미 달러 환율이 하락한다.

② 호주 기업들의 투자 증가세가 둔화된다.

③ 경기 침체에 대응하기 위한 호주 정부의 고육책이다.

④ 호주에 대한 외국인 투자가 늘어난다.

⑤ 호주의 경기동행지수가 상승하고 있다.

정답 ③

일반적으로 정부는 경기 부양을 위해 금리 인하 정책을 펼치게 된다.

041. 다음과 같은 사례가 발생하였다면 본원통화 및 화폐공급의 변화는?

> 미국 및 유럽의 재정위기 문제가 대두되면서 각국 정부는 은행에 지급준비금 공급을 결정했다. 하지만 은행은 지급준비금의 대부분을 초과 지급준비금의 형태로 보유하는 결과를 초래했으며, 기업들은 전에 비해 다량의 현금을 보유하며 불확실성에 대비하고 있다.

① 본원통화 증가, 화폐공급효과 증가

② 본원통화 불변, 화폐공급효과 증가

③ 본원통화 증가, 화폐공급효과 감소

④ 본원통화 증가, 화폐공급효과 미미

⑤ 본원통화 불변, 화폐공급효과 미미

정답 ④

지급준비금 증가는 본원통화 증가, 현금보유 증가는 통화량 증가 효과가 크지 않은 것.

042. 금융당국이 기준 금리 인상을 발표하였다고 가정 시 다음 중 가장 잘못된 설명은?

① 경기 부양을 목적으로 한 결정이라 할 수 있다.

② 해외로부터의 투자 유입량이 증가한다.

③ 금리 인상이 기업의 투자 심리에 부정적인 요소로 작용할 수 있다.

④ 물가가 크게 오를 경우 선택할 수 있는 결정 중 하나다.

⑤ 주택 담보 대출을 받은 개인의 입장에서는 부담이 증대된다.

정답 ①

경기를 부양시키기 위해서는 금리를 인하하는 것이 일반적이다.

043. 통화정책에 대하여 가장 옳지 못한 설명은 무엇인가?

① 확장적 통화정책에는 통화 환수 및 금리 인상, 긴축적 통화정책에는 금리 인하 등이 있다.

② 이자율이 지나치게 낮은 경우 채권 보유를 포기하고 모든 자산을 화폐로 보유하려는 현상을 유동성함정이라 한다.

③ 피구효과에 따르면 유동성 함정이 있어도 물가가 신축적이라면 불황에서 자동적으로 탈출할 수 있다.

④ 케인즈학파는 통화량 증가에 따른 이자율 하락 및 투자 확대로 국민소득이 증대되는 유동성 효과를 주장한다.

⑤ 통화주의학파는 유동성 효과는 단기적인 것이며, 장기적으로는 소득 증가가 화폐수요의 증가 및 이자율 상승을 유발한다고 주장한다.

정답 ①

통화 환수 및 금리 인상은 긴축적 통화정책, 금리 인하는 확장적 통화정책으로 볼 수 있다.

044. 다음 중 통화량이 감소하는 경우는 무엇인가? 단, 다른 조건은 불변한다고 가정한다.

① 저금리 상황이 지속되면서 저축이 감소하였다.

② 주택 경기가 회복되면서 민간 대출이 증가하였다.

③ 금융당국이 확장적 통화 정책을 실시하였다.

④ 정부가 적자 재정 정책을 실시하였다.

⑤ 정부가 대출 상한선을 상향 조정하였다.

정답 ①

대출 → 저축 → 대출의 신용창조 과정이 위축된다.

045. 다음의 신문기사에서 성격이 다른 재정 정책은?

> 세계 대공황 이후 사상 최악의 글로벌 경기침체를 맞이하여 정부는 긴급 정책 수단을 동원했다. 가장 먼저 시행한 것은 ㉮ 유류세 환급이다. 연소득 2천만원 이하의 근로자나 자영업자를 대상으로 유류세 환급금을 1인당 24만원씩 돌려주기로 했다. ㉯ 다음으로 시행한 것은 백두대간을 정비하는 희망근로사업이다. 정부 고용을 늘림으로써 민간 부문의 실업을 흡수하는 정책이다. ㉰ 한편 4대강 사업 등 대규모 토목공사도 조속히 진행하고, ㉱ 지방자치단체의 사업도 상반기 중에 조기 집행하기로 하였다. ㉲ 정부 차원의 R&D 사업도 규모를 대폭 키워나가기로 했다.

① ㉮　　② ㉯　　③ ㉰
④ ㉱　　⑤ ㉲

정답 ①

유류세 환급은 정부의 이전지출이다. 이전지출은 정부가 당기의 생산활동과 무관한 사람에게 반대급부없이 지급하는 보조금의 성격이다. 나머지는 정부 소비지출이다.

046. 2008년말 서브 프라임 금융위기가 발생한 직후에는 정부가 유류세 환급 등 각종 보조금을 지급했음에도 불구하고 소비의 급격한 감소세를 막지 못했다. 그 원인으로 가장 적절한 것은?

① 경제성장률 둔화
② 미래 불확실성 증가
③ 물가 하락
④ 수출 감소
⑤ 주가 하락

정답 ②

위기 발생 직후에는 소득 수준에 비해서 과도한 소비 감소가 나타난다.

047. 국민계정상 투자로 집계되는 항목을 모두 고르면?

㉮ 가계의 기존 아파트 투자 ㉯ 기업의 시설 확장 공사 ㉰ 기업의 주식 투자 ㉱ 정부의 고속도로 건설 ㉲ 기업의 재고자산 증가

① ㉮, ㉰　　② ㉯, ㉱　　③ ㉯, ㉲

④ ㉮, ㉰, ㉱　　⑤ ㉯, ㉱, ㉲

정답 ⑤

기존 주택 또는 주식매매는 소유권 이전이다.

048. 정부의 경제 및 재정적 기능과 역할에 대한 설명 중 옳지 않은 것은 무엇인가?

㉠ 보조금, 사회보장 등은 조세 측면의 소득 재분배 역할이라 할 수 있다. ㉡ 정부는 민간보다 원활하게 양방향적으로 시장에 개입할 수 있다. ㉢ 조세는 정부 서비스 수행을 위한 재정 수입의 기능을 한다. ㉣ 세금 징수 및 재정 지출 등은 정부의 강제적 시장 개입이라 할 수 있다.

① ㉠, ㉡　　② ㉡, ㉢　　③ ㉢, ㉣

④ ㉠, ㉢　　⑤ ㉡, ㉣

정답 ①

보조금, 사회보장은 재정 측면이다. 정부 개입은 일방적, 강제적이다.

049. 다음은 재정에 대한 설명이다. 가장 옳지 못한 것은 무엇인가?

① 국가의 살림살이를 의미하며, 세입과 세출로 구성된다.

② 원칙적으로 균형재정을 목표로 하나, 일정 범위 내에서 적자 재정을 펴기도 한다.

③ 재정 건전성을 유지하지 못할 경우 경기 침체시기에 재정정책을 수행하기 어렵다는 위험이 생긴다.

④ 흑자재정이나 적자재정은 경기 조절 기능이다.

⑤ 글로벌 금융 위기 시에도 미국이 부도를 면할 수 있었던 것은 국가부채비율이 낮았기 때문이다.

정답 ⑤

미국은 국가 부채비율이 높았다.

050. 다음의 세금에 대한 설명으로 옳은 것은 무엇인가?

> ㉠ 납세자와 담세자가 일치하지 않는 세금을 직접세라 한다.
> ㉡ 부가가치세와 같이 소비 행위에 부과되는 세금은 간접세에 포함된다.
> ㉢ 누진세는 소득 재분배의 효과가 있다.
> ㉣ 과세 대상 금액이 많을수록 세율이 낮은 경우 역진세라 한다.

① ㉠, ㉡, ㉢ ② ㉡, ㉢, ㉣ ③ ㉠, ㉡, ㉣
④ ㉠, ㉢, ㉣ ⑤ ㉠, ㉡, ㉢, ㉣

정답 ②

납세자와 담세자가 일치하지 않는 것은 간접세이다.

051. 다음은 콜렛-헤이그 규칙에 대한 설명이다. 바르게 설명하고 있는 것은?

① 보완재 세율은 인상하고 대체재 세율은 인하하는 등의 차등 세율 정책이다.

② 노동비용이 증가하여 생산성이 악화된다.

③ 사례로는 명품 지갑에 대한 높은 세율 부과 등이 있다.

④ 고속도로 이용료를 평일은 높게, 휴일은 낮게 받는 식으로 적용 가능하다

⑤ 여가 관련 세율이 노동 관련 세율보다 높아야 한다는 주장이다.

정답 ⑤

콜렛-헤이그(Corlett & Hague) 규칙은 노동 관련 세율은 낮게, 여가 관련 세율은 높게 매기는 것을 뜻한다.

052. 비용 편익 분석에 대한 다음 설명 중 가장 옳지 못한 것은 무엇인가?

① 사회적 자본에 대한 투자 기준으로 활용될 수 있다.

② 판매 수익 외의 사회적 이익에 대한 화폐 가치 환산이 필요하다.

③ 총편익이 총비용보다 작다면 투자하기가 어렵다.

④ 편익들의 가치에 대한 불확실한 요소가 많다는 단점이 있다.

⑤ 비용 대비 편익 비율보다 편익에서 비용을 차감하는 방법을 주로 사용한다.

정답 ⑤

비용 편익 분석에서는 비용 대비 편익 비율의 방식이 주로 사용된다.

053. 국채와 조세에 대한 설명 중 가장 옳지 않은 것은?

① 국채 발행은 단기간의 일시적 자금 조달 방법이라고 볼 수 없다.

② 국채 발행에 대해서는 현재의 자금 조달을 위해 상환 부담을 미래 세대로 전가시킨다는 비판이 있다.

③ 납세자 저항 때문에 세율 인상 조정 등과 같은 조세 정책 변화는 쉽지 않다.

④ 국채가 대규모로 발행될 경우 이자율이 상승하게 되어 민간투자가 감소할 수도 있다.

⑤ 조세는 징수 시 민간의 가처분소득이 감소하므로 민간소비가 감소한다.

정답 ①

국채는 일시적인 대규모 자금 조달 방법이라 할 수 있다.

054. 추경예산의 경제적 효과로 가장 옳지 못한 설명은 무엇인가?

① 추경예산을 통한 성장 촉진을 위해서는 지출의 적시성이 중요하다.

② 이전지출 승수 0.1 상황에서 GDP의 1%의 소득이전 확대 시 GDP 증가율은 1%p 상승한다.

③ 저소득층 중심의 선별 지원 예산이 성장에는 효과가 크다.

④ 지출의 한시성을 중시한다면 예산 편성을 기존 사업 완료에 집중해야 한다.

⑤ 지출의 집중성을 중시한다면 예산 편성을 저소득 지원 사업에 집중하는 것이 바람직하다.

정답 ②

이전지출 승수 0.1이면 GDP 1% 소득이전 확대로 GDP 증가율은 0.1%p 상승한다.

055. 다음 중 옳은 설명은 무엇인가?

〈소득 구간별 누진세율〉

과세 대상 소득 구간	세율(%)
1,000만원 이하까지	5
1,000만원 초과 3,000만원 이하	10
3,000만원 초과 5,000만원 이하	20
5,000만원 초과	30

① 과세 대상 금액 5,000만원에서 세액의 비율은 20% 미만이다.
② 과세 대상 금액이 3,000만원 시 세액은 300만원이다.
③ 동일 과세 대상 금액 구간에서 소득이 증가할수록 한계세율은 상승한다.
④ 과세 대상 금액이 5,000만원 시 세액은 1,000만원이다.
⑤ 과세 대상 금액의 증가와 세액 증가량은 비례한다.

정답 ①

누진세율 구조이다.

056. 재정정책에 대한 다음 설명 중 옳은 것을 고르시오

㉠ 재화시장에서 세입 및 세출의 변화를 통해 정책목표 달성하기 위한 경제정책이다.
㉡ 세출 증대 및 세입 감소는 IS 곡선을 좌측으로 이동시켜 국민소득이 상승한다.
㉢ 고전학파는 구축효과를 바탕으로 재정정책의 효과가 증대된다고 주장한다.
㉣ 케인즈학파는 재정정책이 유효수요를 만들어낼 수 있어 국민소득 증대가 가능하다고 주장한다.

① ㉠, ㉡　　② ㉡, ㉢　　③ ㉠, ㉣

④ ㉡, ㉣　　　　⑤ ㉢, ㉣

정답 ③

세출 증대 및 세입 감소는 IS 곡선을 우측으로 이동시키며, 고전학파는 재정정책이 효과가 없다고 주장한다.

057. 소득세율이 다음과 같이 변경될 경우 연봉 5,500만원(과세대상 소득 기준)에 대한 세금의 변화는?

종합소득 과세표준	종전소득세율	변경소득세율
5,000만원 이하	15%	10%
5,000만원 초과 10,000만원 이하	20%	25%

① 225만원 감소　② 275만원 증가　③ 변동 없음
④ 225만원 증가　⑤ 275만원 감소

정답 ①

세금: 850 → 625
5,000만원 소득의 세금(10% 세율): 500만원
500만원 소득의 세금(25% 세율): 125만원

058. 그리스의 재정위기에 대한 원인으로 가장 옳지 못한 것을 고르시오.

① 국가 경제 규모를 감안하지 못한 복지정책
② 그리스와 프랑스, 독일 등 다른 경제 대국과의 경제력 차이
③ 국제 채권 시장의 이자율 하락
④ 관광 산업에 대한 과도한 의존도
⑤ GDP 대비 국채 발행 비중의 과다

정답 ③

국제 채권 시장의 이자율 상승과 함께 그리스는 신용등급이 하락하고 국가 채무에 대한 이자 부담이 커졌다.

059. 투자이론에 대한 다음 설명 중 옳은 것을 고르시오

> ㉠ 기대수익률: 어떤 투자로부터 예상되는 수익률
> ㉡ 요구수익률: 투자로부터 얻을 수 있는 최대 수익률
> ㉢ WACC: 자기자본비용과 타인자본비용을 가중평균하여 구한 자본비용
> ㉣ 투자결정의 조건: WACC가 요구수익률보다 커야 투자를 결정

① ㉠, ㉡ ② ㉡, ㉢ ③ ㉢, ㉣
④ ㉠, ㉢ ⑤ ㉡, ㉣

정답 ④

요구수익률은 투자로부터 얻어야 하는 최소한의 수익률이며 요구수익률이 WACC보다 커야 투자를 결정한다.

060. 화폐의 기능에 대하여 가장 옳지 않은 설명은 무엇인가?

① 재화 및 서비스의 상대적 가치 관계를 표시한다.
② 시장에서 재화 및 서비스에 대한 직접 교환 수단이 된다.
③ 화폐의 보유를 통해 일반적 구매력 저장이 가능하다.
④ 지불 수단으로의 사용은 물론, 유동성의 기능도 한다.
⑤ 화폐 경제에서는 모든 물건의 가치와 교환비율이 화폐단위로 표시된다.

정답 ②

화폐는 시장에서의 간접 교환 수단이다.

061. 다음 중 통화에 대한 설명으로 옳은 것을 고르시오.

> ㉠ 교환수단으로서 기능을 지닌 은행권 및 정부 발행 화폐를 의미한다.
> ㉡ 한국은 본위제를 사용하기 때문에 실제 통화와 화폐 사이에 차이가 발생한다.
> ㉢ 통화는 본원통화와 통화량으로 구분된다.
> ㉣ 중앙은행의 예금취급기관에 대한 부채도 통화에 포함된다.

① ㉠, ㉡ ② ㉠, ㉡, ㉢ ③ ㉡, ㉢

④ ㉠, ㉢　　　　⑤ ㉠, ㉢, ㉣

정답 ⑤

한국은 명목 화폐를 사용하며, 통화와 화폐의 차이가 없다.

062. 통화 및 유동성에 대한 설명 중 옳지 않은 것은 무엇인가?

> ㉠ M1=현금통화+요구불예금+수시입출금식 저축성 예금
> ㉡ M1이 M2보다 커지는 경우도 발생한다.
> ㉢ 광의의 통화에는 M1, M2, Lf, L이 포함된다.
> ㉣ 한국은행의 관리대상은 Lf까지 포함한다.

① ㉠, ㉡　　　　② ㉠, ㉡, ㉢　　　　③ ㉡, ㉢

④ ㉠, ㉢　　　　⑤ ㉠, ㉢, ㉣

정답 ③

항상 M2가 M1보다 많다. Lf, L은 유동성의 범주에 들어간다.

063. 다음 중 예금은행의 기능으로 옳게 짝지어진 것은?

① 신용 창조－지급 결제

② 통화량 조절－지급 결제

③ 신용 창조－금리 결정

④ 예금통화 창출－가계 대출

⑤ 금리 결정－가계 대출

정답 ①

예금은행의 기능은 신용 창조와 지급 결제에 있다. 예금과 대출은 모두 신용 창조 기능의 일부이다.

064. 16세기 영국의 경제전문가 토마스 그레샴은 '악화가 양화를 구축한다(Bad money drives out good)'는 그레샴 법칙을 주창했다. 그레샴 법칙에 따라 다음 지문을 설명한 내용으로 옳지 않은 것을 고르면?

> 1944년 브레튼 우즈에서 달러화의 가치를 1트로이온스당 35달러로 고정시키고, 미국 정부는 달러와 금의 태환을 무제한적으로 허용했다. 그러나 달러화의 가치가 크게 하락하면서 1971년 경에는 금시세가 1트로이온스당 40달러를 넘어섰다.

① 영국이 보유외환 30억 달러의 금태환을 요구할 것이다.
② 달러화가 국제 기축통화로서 위상이 공고해질 것이다.
③ 미국은 달러화의 가치를 1트로이온스당 40달러로 낮추자고 국제사회에 요청할 것이다.
④ 미국은 금태환 정지를 선언할 것이다.
⑤ 금은 양화이고 달러화는 악화가 된 것이다.

정답 ②

달러화는 악화이고, 금은 양화인 상황이다. 1971년에 영국은 미국에 30억 달러의 금태환을 요구했고, 다른 나라들도 금태환 요구가 늘어날 조짐이었다. 달러화의 가치를 평가절하하기 위하여 1온스당 38달러로 교환비율을 변경했고, 결국 이런 상황에 닥쳐 1971년 닉슨은 금태환 정지를 선언했다.

065. 기준금리를 적절하게 짝지은 것은?

	한국은행	가계대출
①	콜 금리	CD 금리
②	CP 금리	국채 유통수익률(3년물)
③	RP 금리	CD 금리
④	RP 금리	콜 금리
⑤	국채 유통수익률(3년물)	콜 금리

정답 ③

한국은행의 기준금리는 RP 금리이다. 가계대출은 CD금리에 개인별 신용도를 감안한 위험프리미엄을 더하여 정한다.

066. 본원통화와 관련한 설명으로 옳지 않은 것은?

① 본원통화는 중앙은행의 창구를 통해 발행한 화폐 총액이다.
② 본원통화는 중앙은행의 금융기관에 대한 대출에 외환 및 국공채 매입을 통하여 공급한 화폐를 합산한 것이다.
③ 본원통화는 민간의 화폐보유액과 금융기관의 지불준비금을 합한 것이다.
④ 금융기관의 지불준비금은 지급준비예치금과 보유시재를 합한 것이다.
⑤ 통화량에 화폐유통속도를 곱한 것이다.

정답 ⑤

본원통화에 화폐유통속도를 곱한 것이 통화량이다.

067. 다음의 화폐수요이론들 가운데 가장 옳은 설명은 무엇인가?

① 화폐공급량과 물가 수준은 정비례한다고 보는 관점이 거래수량설이다.
② 케인즈는 화폐를 거래 수단 외에 가치 저장 수단으로도 보았다.
③ 마샬은 거래적 동기를 근간으로 하는 현금잔고수량설을 주장했다.
④ 거래수량설에서는 유동성을 가치의 손실이 없는 교환가치로 정의한다.
⑤ 유동성 선호설은 이자율이 재화시장에서 결정된다는 시각을 견지했다.

정답 ①

고전학파는 경제의 공급능력은 고정되어 있다고 보기 때문에 이자율은 재화시장에서 결정되고 화폐시장에서는 물가 수준이 화폐공급량과 정비례하게 된다.

068. 다음 중 피셔 방정식에 대한 설명으로 옳은 것을 고르시오.

㉠ 명목금리와 실질금리 간의 관계를 설명한다. ㉡ 시중 명목금리는 실질금리와 기대인플레이션의 합이다. ㉢ 피셔방정식을 통해 기대인플레이션의 산출이 가능하다. ㉣ 기대인플레이션의 변화 시 실질금리는 불변이며, 기대인플레이션만이 변한다고 본다.

① ㉠, ㉡, ㉢ ② ㉡, ㉢, ㉣ ③ ㉠, ㉡, ㉣

④ ㉠, ㉢, ㉣　　　　⑤ ㉠, ㉡, ㉢, ㉣

정답 ③

피셔방정식에서 명목금리는 실질금리와 기대인플레이션율의 합으로 산출되나, 현실 세계에서 기대인플레이션율은 관측이 불가능하다.

069. 다음 중 옳은 설명은 무엇인가?

> ㉠ 인플레이션: 물가 수준의 상승에 따른 화폐의 구매력 감소
> ㉡ 하이퍼인플레이션: 초(超)인플레이션이라고도 하며, 1970년대 오일 쇼크로 처음 발생
> ㉢ 디플레이션: 수요 위축 상황의 장기화 혹은 기술 혁신에 따른 기업 생산성 향상이 원인
> ㉣ 스태그플레이션: 경기 침체와 인플레이션이 동시에 발생하는 상황

① ㉠, ㉡　　　　② ㉠, ㉡, ㉢　　　　③ ㉠, ㉢, ㉣
④ ㉡, ㉢　　　　⑤ ㉡, ㉢, ㉣

정답 ③

스태그플레이션이 19070년대 오일 쇼크로 처음 발생했다.

070. 한국은행은 2008년 3월부터 기준금리를 변경했다. 변경 전 금리와 변경 후 금리를 바르게 짝지은 것은?

	변경 전	변경 후
①	3년 만기 국고채 금리	통화안정채권 금리
②	통화안정채권 금리	양도성예금증서(CD) 91일물 금리
③	콜금리	환매조건부채권(RP) 7일물 금리
④	콜금리	통화안정채권 금리
⑤	통화안정채권 금리	환매조건부채권(RP) 7일물 금리

정답 ③

과거에는 콜금리를 기준금리로 하였다.

071. 다음은 은행의 BIS 자기자본비율에 대한 설명이다. 바르게 설명되지 않은 것은?

① 자기자본은 tier 1과 tier 2가 있으며, tier 1 자기자본은 순수한 의미의 자기자본이며, tier 2 자기자본은 후순위채권과 같이 자기자본에 가까운 부채를 포함한다.
② BIS 자기자본비율은 1988년 7월 바젤위원회에서 마련한 것으로 은행이 고객의 자산으로 고위험투자를 하는 도덕적 해이를 막기 위한 제도이다.
③ 은행의 건전성과 수익성 간의 적절한 조화를 이루기 위해 도입되었다.
④ BIS 비율은 위험자산으로 자기자본을 나누어준 값으로 수치가 클수록 건전성이 높다.
⑤ 국내 예금취급기관은 모두 최소 8%의 권고치가 적용되고 있다.

정답 ⑤

시사 상식 문제이다. 은행 중 외국환업무를 취급하는 외국환은행에 대해서는 최소 8%의 비율이 적용되나, 이외 지방은행, 저축은행 등 예금취급기관이기는 하지만 외환 관련 업무를 취급하지 않는 기관은 외환위험이 없으므로 낮은 비율이 적용된다.

072. 중앙은행에 대한 다음 설명 중 옳지 않은 것은?

① 공개시장조작(open market operation)은 중앙은행이 공개시장에서 채권을 매매함으로써 통화량을 조절하는 것이다.
② 본원통화는 시중에 유통 중인 현금과 은행의 지급준비금을 더한 것이다.
③ 한국은행의 대출금리는 시중은행의 대출금리보다 낮은 것이 일반적이다.
④ 재할인율은 한국은행이 시중은행의 어음을 재할인해 줄 때 적용하는 대출금리이다.
⑤ 한국은행은 기준금리로 콜금리를 사용하고 있다.

정답 ⑤

과거에는 콜 금리를 기준금리로 사용했으나 지금은 RP금리를 사용한다.

073. 한국은행은 통화량을 다음과 같이 구분해서 정의하고 있다. 이에 대한 설명으로 적절한 것을 모두 고르면?

통 화	M1	현금통화+요구불예금+수시입출식 저축성예금
	M2	M1+만기 2년 이내 금융상품
유동성	Lf	M2+만기 2년 이상 금융상품
	L	Lf+정부 및 기업 등이 발행한 유동성 시장금융상품

> ㉮ 과거에는 M2를 주요 지표로 관리했으나 지금은 Lf까지 확장하여 관리한다.
> ㉯ 시중 부동자금이 늘어나는 것은 만기 2년 이상의 금융상품, 즉 Lf가 늘어난다는 것이다.
> ㉰ 경제가 발전하고 금융시장의 규모가 커질수록 Lf의 중요성이 커진다.
> ㉱ 유동성이 가장 높은 통화는 L이다.

① ㉮, ㉰　　② ㉯, ㉱　　③ ㉮, ㉯, ㉱

④ ㉯, ㉰, ㉱　　⑤ ㉮, ㉯, ㉰

정답 ①

시중 부동자금은 통상 현금통화, 수시입출금식예금, 머니마켓펀드(MMF), 종합자산관리계좌(CMA), 6개월 미만 정기예금 등을 지칭한다. 유동성이 가장 높은 통화는 현금이다.

074. 다음 물가 상승 압력별 대책으로 잘못 짝지어진 것은?

① 높은 통화량 증가율: 통화안정채권 발행

② GDP 갭 확대: 금리 인상

③ 가계 대출 증가: 지급준비율 인상

④ 국제유가 상승: 금리 인상

⑤ 부동산 가격 상승: 재할인율 인상

정답 ④

국제유가 상승은 비용상승 압력으로 금리를 인상할 경우 물가는 잡히지 않고 경기 침체만 가속화한다.

075. 인플레이션 기대 심리가 높아질 경우 한국은행이 취하는 예방적 통화정책으로 맞지 않는 것은?

① 기준 금리를 인상한다.
② 통화안정증권을 매입한다.
③ 지급준비율을 인상한다.
④ 재할인율을 인상한다.
⑤ 보유 국공채를 매도한다.

정답 ②

통화안정증권을 매입하면 시중에 통화를 풀어주는 결과로서 물가 상승 압력을 높이게 된다.

076. 한국은행이 금융시장 경색을 해소하기 위하여 양적완화(Quantitative Easing) 정책을 쓰기로 했다. 이에 대한 설명으로 옳지 않은 것은?

① 양적완화 정책은 통화 당국이 금융시장에 직접 유동성을 공급하는 것이다.
② 양적완화 정책의 일환으로 한국은행은 금융기관으로부터 국채를 매입할 수도 있다.
③ 양적완화 정책은 통화량 증가에 따른 인플레이션 압력을 높이기 때문에 위기 국면이 끝나면 풀린 돈을 곧바로 회수한다.
④ 양적완화 정책은 금융기관을 상대로 직접적으로 사용하기보다는 자산시장을 통하여 간접적으로 사용하는 것이 더 효과적이다.
⑤ 시중에 공급된 유동성이 주식시장이나 부동산시장으로 흘러들어가 버블을 만들어내기도 한다.

정답 ④

양적완화 정책은 위기가 심각한 금융기관에 직접 유동성을 공급하는 것이 훨씬 효과적이다.

077. 다음은 화폐수량설에 대한 주요 이론별 특징이다. 이 중 옳지 않은 것은?

① 화폐수량설은 장기적으로 통화량이 물가수준을 변화시킨다고 본다.
② 이전의 화폐수량설들과 마찬가지로 프리드먼의 신화폐수량설도 경기변동에서 통

화가 미치는 영향이 없다고 본다.

③ 피셔의 거래수량설은 교환의 매개수단으로서의 기능에 초점이 맞춰져 있다.

④ 프리드먼의 신화폐수량설은 화폐에 대한 실질적인 수요를 계산할 수 있다고 본다.

⑤ 마샬의 현금잔고수량설에서는 구매력의 저장수단으로서의 기능에 초점이 맞춰져 있다.

정답 ②

프리드먼은 경기변동에 있어서 통화가 영향을 미친다는 점에서 케인즈와 생각을 같이한다.

078. 직접세와 간접세의 차이에 대한 설명이다. 옳지 않은 것을 고르면?

① 직접세는 납세자와 담세자가 동일하고, 간접세는 동일하지 않다.

② 직접세는 소득에 대해 부과하는 세로서 소득세, 재산세 등이 있고, 간접세는 소비에 대해 부과하는 세로서 부가가치세, 유류세 등이 있다.

③ 직접세는 누진세를 적용하는 것이 일반적이고, 간접세는 수요의 가격탄력성이 클수록 조세 전가가 어렵다.

④ 직접세는 소득재분배효과가 있고, 간접세는 빈부의 격차가 확대된다.

⑤ 직접세는 조세저항이 작고, 간접세는 조세저항이 크다.

정답 ⑤

직접세는 저항이 크고, 간접세는 저항이 작다.

079. 다음은 조세의 특성에 대한 설명이다. 옳지 않은 것은?

① 조세는 법률에 의해서만 정할 수 있다.

② 조세는 강제적으로 부과되고, 세액 결정이 일방적으로 이루어진다.

③ 조세는 일부 목적세를 제외하고는 징수 목적이 불확실하며, 사용 용도가 미리 정해져 있지 않다.

④ 조세는 소득재분배의 목적도 있다.

⑤ 조세는 국가만이 부과할 수 있다.

정답 ⑤

지방세는 지방자치단체가 부과한다.

080. 적자 재정을 메우기 위한 정부의 정책 수단으로는 국채 발행과 증세가 있다. 이 두 가지 방식에 대한 비교로서 옳지 않은 것은?

① 국채 발행은 증세와는 달리 물가 상승을 초래한다.
② 증세는 현재 세대의 소비를 위축시키지만 국채 발행은 미래 세대의 소비를 위축시킨다.
③ 증세는 재정 건전성을 유지하지만 국채 발행은 원리금 상환 부담이 있어 재정 건전성을 악화시킨다.
④ 증세는 대규모 자금 조달이 어렵지만 국채 발행은 상대적으로 용이하다.
⑤ 증세는 민간의 저항이 크지만, 국채는 저항을 유발하지 않는다.

정답 ①

국채 발행이나 증세 모두 물가 상승을 초래하지 않는다. 물가 상승을 유발하는 것은 통화 증발을 통한 재원 확충의 경우이다.

081. 물가지수에 관한 설명으로 잘못된 것은?

① 소비자물가지수는 5년, GDP 디플레이터는 10년에 한 번 기준연도를 변경한다.
② GDP 디플레이터는 명목 GDP를 실질 GDP로 나누고 100을 곱하여 산출한다.
③ 소비자물가지수는 개별품목의 가중치는 바꾸지 않고 가격만 변경한다.
④ 소비자물가지수는 생산자물가지수와는 달리 농산물이나 서비스의 가중치가 높다.
⑤ 소비자물가지수는 통계청에서, GDP 디플레이터는 한국은행에서 작성한다.

정답 ③

소비자물가지수는 개별품목의 가중치를 생활 양식의 변화를 감안하여 정기적으로 바꾼다.

082. 다음은 필립스곡선에 관한 설명이다. 옳지 않은 것은?

① 장기에서는 실업률과 물가상승률 간에 특별한 관계가 없다.
② 기대 인플레이션에 의한 물가상승의 경우도 필립스곡선으로 설명할 수 있다.
③ 실업률을 낮추기 위한 확장적 통화정책의 결과로 인플레이션이 발생한다.
④ 필립스곡선은 1970년대 1, 2차 석유파동을 거치면서 그 유용성에 한계가 나타났다.
⑤ 단기에서는 일반적으로 실업률과 물가상승률은 반대의 방향으로 움직인다.

정답 ②

기대 인플레이션에 의한 물가상승의 경우에는 실업률이 반드시 하락한다고 볼 수는 없다.

083. 다음 인플레이션 세금(inflation tax)에 대한 설명으로 잘못된 것은?

① 인플레이션 조세는 정부가 통화증발을 통해 민간으로부터 구매력을 가져가는 것이다.
② 일반 조세와는 달리 세금고지서가 발급되지 않는다.
③ 인플레이션 조세는 화폐를 적게 보유할수록 많이 내게 된다.
④ 인플레이션 조세로 인하여 하이퍼인플레이션 현상이 나타나기도 한다.
⑤ 인플레이션 조세는 '군주의 특권'을 의미하는 세이뇨리지(seignorage) 조세라고도 불린다.

정답 ③

인플레이션 조세는 화폐를 보유한 사람으로부터 무차별적으로 가져가는 것으로 화폐를 많이 보유할수록 많이 내게 된다.

084. 다음은 인플레이션의 효과이다. 맞는 것을 모두 고르면?

> ㉮ 인플레이션은 가계가 노동 공급을 늘리게 만드는 효과가 있다.
> ㉯ 인플레이션은 항상 자원 배분을 왜곡시킨다.
> ㉰ 인플레이션은 소득 재분배의 효과가 있다.
> ㉱ 인플레이션은 구매력을 감소시킨다.

① ㉮ ② ㉯ ③ ㉮, ㉯, ㉰
④ ㉮, ㉰, ㉱ ⑤ ㉮, ㉯, ㉱

정답 ④

예상된 인플레이션은 자원 배분을 왜곡시키지는 않는다.

085. 다음은 물가 변동과 이에 따라 이익을 보는 사람을 연결한 것이다. 틀린 것은?

① 인플레이션 – 부동산 보유자
② 인플레이션 – 채무자
③ 인플레이션 – 금융자산 보유자
④ 디플레이션 – 채권자
⑤ 디플레이션 – 급여 생활자

정답 ③

인플레이션 발생시 금융자산 보유자는 손해를 보게 된다.

086. 정부의 공식물가와 가계의 체감물가가 차이나는 이유를 바르게 설명하지 못한 것은?

① 소비자물가지수 계산에 사용하는 라스페이레스 방식이 물가 상승을 실제보다 적게 반영하기 때문이다.
② 가계는 제품의 질적 수준이 향상된 부분을 감안하지 않기 때문이다.
③ 공식물가와 체감물가가 차이나는 점을 감안하여 정부는 생활물가를 별도로 관리한다.
④ 가계는 장바구니 물가를 중심으로 물가를 체감한다.
⑤ 정부는 여러 가지 품목의 물가를 가중평균하여 발표하기 때문이다.

정답 ①

라스페이레스 방식은 과다 반영하는 경향이 있다. 과소 반영하는 경향이 있는 것은 GDP 디플레이터 계산에 사용하는 파셰 방식이다.

087. 다음은 인플레이션에 대한 설명이다. 옳지 않은 것을 고르면?

① 화폐수량설에 따르면 물가수준은 통화공급에 비례한다.

② 케인즈에 의하면 인플레이션은 경제성장을 이끌어내는 효과도 있다.

③ 인플레이션이 발생할 경우 연금 생활자들은 불리하고 실물자산 보유자들은 유리하다.

④ 일반적인 인플레이션은 경기가 과열될 때 나타나지만, 경기가 침체되는 상황에서 발생할 때도 있다.

⑤ 인플레이션은 항상 민간의 구매력을 정부로 이전하는 결과를 가져온다.

정답 ⑤

인플레이션 조세는 정부가 적자 재정을 메우기 위해 통화를 증발하는 경우에 발생한다. 일반적인 인플레이션은 민간의 구매력을 정부로 이전하지 않는다.

088. 다음의 사례를 바르게 설명한 것은?

> ㉮ 1978년 제2차 석유파동이 발생하면서 우리나라 경제는 급속도로 위축되어 갔다. 석유류 가격 상승의 영향이 경제 전반에 파급되면서 물가는 급등했고, 기업 활동이 위축되면서 실업이 크게 늘었다.
> ㉯ 1980년대 초반 아르헨티나에서는 외식을 하러 식당에 갈 때에 돈을 여행용 가방에 담아서 가야만 했다. 특히 주문할 음식 종류를 최대한 빨리 골라야 했는데 그 이유는 음식을 고르는 동안에도 음식 값이 계속 올랐기 때문이다.
> ㉰ 1990년대 중반 이후 세계 경제는 물가가 안정된 상태에서 고성장세를 지속했다. 그 원인으로는 IT에 기반한 생산성 혁신과 중국의 저물가 수출이 꼽힌다.

① ㉮ 인플레이션 ㉯ 디플레이션 ㉰ 동조화

② ㉮ 디플레이션 ㉯ 스태그플레이션 ㉰ 골디락스

③ ㉮ 스태그플레이션 ㉯ 하이퍼인플레이션 ㉰ 골디락스

④ ㉮ 스태그플레이션 ㉯ 하이퍼인플레이션 ㉰ 동조화

⑤ ㉮ 인플레이션 ㉯ 스태그플레이션 ㉰ 동조화

정답 ③

골디락스: 뜨겁지도 차갑지도 않은 경제호황. 낮은 실업률과 인플레이션을 유지하는 호황

089. 다음 인플레이션을 지칭하는 용어를 바르게 짝지은 것은?

> ㉮ 수요가 공급을 초과하면서 발생하는 인플레이션
> ㉯ 생산원가가 상승하여 발생하는 인플레이션
> ㉰ 농산물 가격 상승으로 발생하는 인플레이션

	㉮	㉯	㉰
①	디맨드풀 인플레이션	인플레이션	애그플레이션
②	코스트푸시 인플레이션	애그플레이션	디맨드풀 인플레이션
③	디맨드풀 인플레이션	코스트푸시 인플레이션	애그플레이션
④	애그플레이션	스태그플레이션	코스트푸시 인플레이션
⑤	인플레이션	애그플레이션	디맨드풀 인플레이션

정답 ③

디맨드풀=수요견인, 코스트푸시=비용견인

090. 비용인상(cost push) 인플레이션에 대한 설명으로 맞지 않는 것은?

① 원유, 농산물 등 자원 가격 상승이 원인이 된다.
② 긴축적 통화 정책으로 대처해야 한다.
③ 가계의 소득 보전이 필요하다.
④ 물가가 오르는 가운데 실업률도 상승한다.
⑤ 노사분규로 인한 임금 상승에 의해서 발생할 수 있다.

정답 ②

물가 상승의 원인이 과잉 유동성에 기인한 것이 아니므로 통화 긴축은 물가는 잡지 못하면서 경기를 더 위축시킨다. 물가 상승으로 인한 가계의 구매력 감소를 보전하기 위한 소득보전 정책이 바람직하다.

091. 필립스곡선이 $PC(0)$에서 $PC(1)$로 이동하였다. 다음 중 맞는 것을 고르시오.

필립스곡선과 비용인상 인플레이션

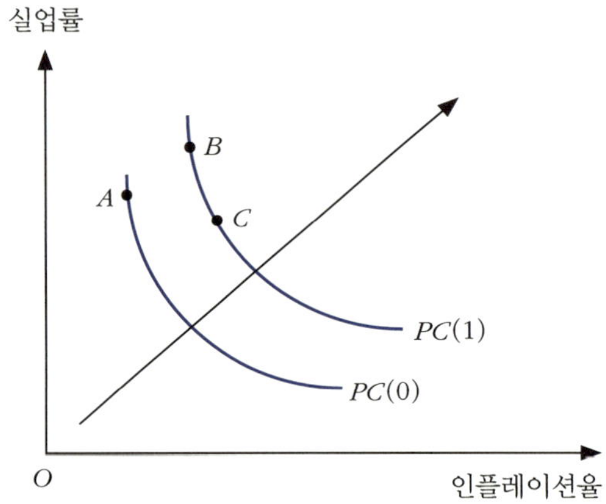

> ㉠ 고통지수가 상승한다.
> ㉡ 실업자 수가 증가하고 물가가 상승하였다.
> ㉢ 고통지수의 변화와는 관련이 없다.
> ㉣ 고용이 확대되고 물가가 상승하였다.

① ㉠, ㉡ ② ㉠, ㉢ ③ ㉠, ㉣

④ ㉡, ㉢ ⑤ ㉡, ㉣

정답 ①

고통지수=실업률+인플레이션율−실질 GDP 증가율

092. 체감물가가 빠르게 상승하는 가운데서도 소비자물가지수는 상승하지 않고 있다. 그 이유가 아닌 것은?

① 체감물가와 소비자물가 구성요소들 간의 차이가 있다.

② 일반 소비자들의 체감물가에 많은 영향을 미치는 식재료의 비중이 소비자물가지수에서는 크지 않다.

③ 소비자들의 소비 트렌드 변화를 소비자물가지수가 반영하지 못한다.

④ 복잡한 유통구조로 실제 물가 상승 폭이 소비자물가지수보다 높다.

⑤ 부동산 거래 비용은 소비자물가지수에 포함되지 않는다.

정답 ④

복잡한 유통구조는 생산자물가와 소비자물가의 괴리를 가져온다.

093. 다음 중 잘못된 설명을 고르시오

① 스태그플레이션: 경기 침체하의 물가 상승
② 애그플레이션: 농산물 가격 상승에 따른 물가상승
③ 디플레이션: 물가 하락
④ 슬럼플레이션: 경기 상승기의 물가 상승
⑤ 아이언플레이션: 철강 가격 상승에 따른 물가 상승

정답 ④

경기 침체하의 물가 상승

094. 다음 중 아이언플레이션에 대한 설명으로 옳지 못한 것은 무엇인가?

① 중국의 수요 증가로 철강재 국제 가격이 상승한다.
② 인도의 제철소가 철강재 가격을 인상하자 중국 제철소가 생산을 늘린다.
③ 브라질의 철광석 생산이 감소하고 한국 건설 자재 가격이 상승한다.
④ 세계 최대 유연탄 탄광이 무너지면서 제철원가가 상승한다.
⑤ 한국의 철강재 판매단가가 상승하자 컨테이너선 생산원가가 증가한다.

정답 ②

중국에서 생산량을 늘리는 것은 시장가격 하락 요인이다.

095. 애그플레이션(agflation)의 원인에 해당하지 않는 것은?

① 세계 인구 급증에 따른 곡물 수요 증가
② 가뭄, 홍수, 온난화 등 기상 이변으로 인한 작황 부진
③ 신재생에너지 수요 확대

④ 세계 주요 곡물 생산국들의 자원민족주의 경향 확산

⑤ 유전자조작식물(GMO) 개발 가속화

정답 ⑤

GMO 개발은 공급 증가 요인으로 농산물 가격 하락의 원인이 된다. 곡물가 상승의 원인은 이외에도 국제유가 상승에 따르는 생산비 및 물류비 증가, 경작지 감소, 가축사료 수요 증가 등도 원인이 되고 있다.

096. 인플레이션에 대한 다음 설명 중 가장 옳지 않은 것을 고르시오.

① 인플레이션의 원인은 크게 수요 견인과 비용 인상으로 구분할 수 있다.

② 수요 견인 인플레이션은 초과 수요가 물가를 상승시킨다고 본다.

③ 20세기 중반까지 인플레이션의 원인은 수요 견인이 대부분이었다.

④ 비용 인상 인플레이션은 상품의 시장 가격 상승이 생산원가를 상승시켜 발생하는 것으로 수요 측이 원인이라 할 수 있다.

⑤ 관리가격 인플레이션은 독과점 기업들의 가격 관리에 따라 발생하는 인플레이션이다.

정답 ④

비용 인상 인플레이션은 공급 측이 원인이다.

097. 실업에 대하여 바르게 설명하지 않은 것은?

① 취업을 위해 학원에 다니는 청년은 실업자에 포함된다.

② 직업은 있으나 병원에 입원하여 일을 하지 못한 사람은 취업자로 분류된다.

③ 취업이 되지 않아 대학원에 진학한 학생은 실업자로 분류되지 않는다.

④ 매월 15일이 포함된 주에 1시간 이상 일한 사람은 취업자로 분류된다.

⑤ 남편의 가게에서 무료로 일을 봐주는 부인은 취업자로 분류된다.

정답 ①

취업을 위해 학원에 다니는 청년, 대학생, 대학원생은 비경제활동인구로 분류된다.

098. 다음은 고용과 실업에 관한 설명이다. 바르게 설명되지 않은 것은?

① 한 산업분야에 노동의 초과수요가 있는 상태에서 다른 산업분야는 노동이 초과공급인 상태는 구조적 실업이다.
② 새 케인즈(New Keynesian) 학파의 이력현상(hysteresis)은 실업률이 한번 올라가고 나면 다시 원래 수준으로 돌아오는 것이 쉽지 않다는 뜻이다.
③ 단기적 차원에서 실업 해소방안은 공공근로사업 확대, 실업급여 지급, 전직교육프로그램 활성화 등이다.
④ 장기적인 차원에서 가장 좋은 실업 해소방안은 공공투자사업을 확대하는 것이다.
⑤ 취업 정보의 불충분 등으로 직장 이동시 일시적으로 발생하는 실업은 마찰적 실업이라고 한다.

정답 ④

공공투자사업의 확대는 정부 부문의 비대화를 초래하여 오히려 민간 부문이 위축되는 결과가 발생한다. 장기적으로는 민간 부문에 의한 경제 성장이 실업 해소의 방안이다.

[099~100] 다음 지문을 읽고 질문에 답하시오.

> 상반기 미국경제 성장률은 잠재수준을 웃돌 정도로 '인플레이션 갭'이 발생하고 있지만 ㉮ 실업률은 9%대 중반에서 떨어지지 않고 유지되고 있다. 이를 가리켜 ㉯ ＿＿＿＿＿＿＿＿ (이)라고 하는데, 한 나라의 실질 GDP 증가율과 실업률 간의 안정적인 음(−)의 상관관계가 있다는 ㉰ ＿＿＿＿＿＿＿＿ 가(이) 더 이상 성립하지 않는다는 의미이다.

099. ㉮에 대한 설명으로 맞지 않는 것은?

① 신규투자 중에서 노동 절약적 투자 비중이 늘어난 것이다.
② 기술 진보에 따라 고용절감이 발생하고 있다.
③ 인플레이션 발생을 예상한 기업들이 고용을 늘리지 않기 때문이다.
④ 노동보다 자본이 비용측면에서 더 저렴한 선진국에서 주로 발생하는 현상이다.
⑤ 이력현상(hysteresis)이라고 부른다.

정답 ③

실제성장률>잠재성장률이면 경기호황이며 물가는 상승한다. 생산량 증가는 고용을 확대시킨다.

100. ㉯와 ㉰에 들어갈 용어로 적절한 것은?

	㉯	㉰
①	자연실업가설	오쿤의 법칙
②	이력현상	골디락스 경제
③	고용없는 성장	오쿤의 법칙
④	자연실업가설	골디락스 경제
⑤	골디락스 경제	이력현상

정답 ③

오쿤의 법칙: 실업과 산출량은 음의 관계
골디락스: 뜨겁지도 차갑지도 않은 호황

101. 한국의 근로장려세제에 대한 다음 설명 중 가장 잘못된 것을 고르시오.

① 근로빈곤층에 대한 근로장려금 지원으로 실질소득을 지원하는 제도이다.
② 소득, 부양가족, 주택, 재산 요건을 충족한 근로자 가구를 대상으로 한다.
③ 근로장려금은 연간 근로소득에 따라 산정되며 최대 지급액은 120만원이다.
④ 장기간 국민기초생활보장급여 대상자, 저소득 외국인도 대상자로 포함된다.
⑤ 근로 의욕 제고를 통한 빈곤 탈출 및 경제적 자립이 제도의 주된 목표이다.

정답 ④

3개월 이상의 장기 국민기초생활보장급여 대상자 및 외국인은 대상자에 포함되지 않는다.

102. 다음 중 장기적으로 실업률 하락에 효과가 있는 정책을 모두 고르시오.

㉠ 고용노동부의 해외취업 연수 프로그램이 확대된다.
㉡ 산업인력공단의 직업훈련 교육 대상자 수를 늘린다.
㉢ 교육인적자원부가 대기업들을 초청하여 취업박람회를 실시한다.
㉣ 최저임금을 물가상승률 이상으로 상향 조정한다.
㉤ 고용노동부가 실업급여 지급 대상 범위를 확대시킨다.

① ㉠, ㉡, ㉣ ② ㉡, ㉢, ㉣ ③ ㉠, ㉡, ㉢
④ ㉠, ㉢, ㉤ ⑤ ㉡, ㉢, ㉤

정답 ③

최저임금의 상향조정 및 실업급여 지급 대상 범위 확대는 실업률 증가를 발생시킬 수 있다.

103. 어떤 국가의 총 인구는 8,000명이며, 15세 미만 인구는 2,000명이다. 한편 취업자는 3,000명이며, 실업자가 1,000명이다. 이 국가의 실업률 및 경제활동참가율을 산출하시오.

① ㉠ 25.0% ㉡ 37.5%
② ㉠ 50.0% ㉡ 66.7%
③ ㉠ 25.0% ㉡ 66.7%
④ ㉠ 12.5% ㉡ 37.5%
⑤ ㉠ 16.7% ㉡ 50.0%

정답 ③

실업률 = 실업자 수 ÷ (취업자 수 + 실업자 수)
경제활동참가율 = (취업자 수 + 실업자 수) ÷ (총인구 − 15세 미만 인구)

104. 다음의 고용 창출력 하락 요인 중 가장 옳지 못한 것을 고르시오.

① 국내에 있던 제조업체들이 중국, 동남아 등으로 이전했다.
② 자본집약산업의 비중이 증가하고 노동집약산업의 비중은 감소했다.
③ 내수가 확대되면서 부가가치가 유발되고 수입 유발 효과는 감소하였다.
④ 고용유발 효과가 큰 서비스업의 성장이 부진하다.
⑤ 기술집약산업이 노동집약산업을 빠르게 대체하고 있다.

정답 ③

내수 확대는 고용 증가, 수입 유발은 고용 감소

105. 한국의 고용창출에 긍정적인 현상이 될 수 있는 것을 고르시오.

> ㉠ 한국의 산업 구조가 자본 및 기술 집약형 산업 중심으로 빠르게 변화한다.
> ㉡ 국내에 공장을 두고 있는 제조업체들의 수출이 확대되고 있다.
> ㉢ 한국의 서비스업 국제 경쟁력이 향상된다.
> ㉣ 일본으로부터 수입되는 부품, 소재 제품이 국산으로 대체되고 있다.

① ㉠, ㉡, ㉢ ② ㉠, ㉡ ③ ㉡, ㉢
④ ㉡, ㉢, ㉣ ㉠, ㉣

정답 ④

자본, 기술 집약화는 고용 감소

106. 국내 경기 침체가 지속되면서 2012년에도 고용 불안 문제는 계속될 것이라는 분석이 많다. 통계청의 실업률에 대한 설명 중 가장 옳지 않은 것을 고르시오.

① 대학 졸업 후 1달 이상 구직활동을 했다면 실업자로 본다.
② 진학을 위한 일시적인 휴직은 취업 상태에 포함된다.
③ 대학생은 비경제활동인구의 분류에 속한다.
④ 분류상 취업자와 실업자를 더하면 경제활동인구 수치를 구할 수 있다.
⑤ 대학 졸업 후 취직을 하지 않고 외국으로 유학을 갔다면 실업자에 포함된다.

정답 ⑤

⑤의 경우는 경제활동인구에 포함되지 않는다.

107. 다음 지문에 대한 설명으로 바르지 않은 것은?

> 우리나라의 평균실업률은 외환위기 당시 4%대로 상승한 이후 원래 수준인 2%대로 내려가지 않고 3.5% 내외에서 유지되고 있다.

① 외환위기 이후 높은 실업률이 유지되는 것은 구조적 원인보다는 경기순환적 원인에 기인하고 있다.

② 외환위기 당시 높아진 실업률이 좀처럼 하락하지 않는 것은 새케인즈학파가 자연실업가설의 반박으로 제시하는 이력현상을 뒷받침하는 증거이다.

③ Friedman-Phelps의 자연실업가설에 따르면 높아진 실업률이 하락하지 않는 이유는 자연실업률 자체가 올라갔기 때문이다.

④ 실업률을 낮추는 것은 통화 금융 정책보다는 산업 구조 고도화, 경쟁력 제고 등 구조적인 여건을 개선하는 것이 더 효과적이다.

⑤ 자연실업률 분석에 의하면 실제 실업률이 3%대 중반을 지속할 경우 인플레이션을 가속하지도 감속하지도 않는다.

정답 ①

경기순환적 요인보다는 구조적 요인이 더 많이 작용하고 있다. 자연실업률에는 산업구조 변화와 같은 구조적 실업, 마찰적 실업, 경기순환적 실업이 반영된다. Friedman-Phelps의 자연실업가설에 따르면 실제 실업률은 장기적으로 자연실업률로 회귀하게 되어 있다. 새케인즈학파는 높아진 실업률이 다시 낮아지지 않는 이력현상으로 자연실업가설을 비판하고 있다. 또한 자연실업률 수준에서는 인플레이션을 가속시키지도 또 감속시키지도 않기 때문에 실제 실업률이 3%대 중반이면 인플레이션 중립적이다.

108. 미국의 이란 제재가 강화되면서 국제 유가가 급등함에 따라 물가가 상승하는 가운데 경기 침체가 발생하고 있다. 다음 설명 중 잘못된 것은?

> ㉠ 경기 부양을 위해서는 재정 확대 정책이 필요하다.
> ㉡ 물가 안정에 정책 우선순위가 주어진다면 금리 인상이 가장 좋은 대안이다.
> ㉢ 통화 긴축과 재정 확장의 정책 조합은 물가 상승을 억제하면서 경기를 부양한다.
> ㉣ 석유류 절약을 위한 국민 의식운동 및 대체에너지 발굴 노력을 해야 한다.

① ㉠, ㉡, ㉢　　② ㉠, ㉡　　③ ㉠, ㉢
④ ㉡, ㉢　　⑤ ㉠, ㉡, ㉢, ㉣

정답 ④

공급 부문 충격이므로 수요를 억제하는 금리 인상은 효과가 제한적이다. 통화 긴축과 재정 확장의 정책조합은 서로 상쇄되어 효과가 없다. 경기를 부양하기 위해서는 재정 확대가 필요하나 이것은 장기적으로 물가 상승을 가속화하는 결과를 초래할 위험이 있다.

109. 다음은 경기 순환 국면을 나타낸 곡선이다. 각 시기별 특징으로 잘못 짝지어진 것은?

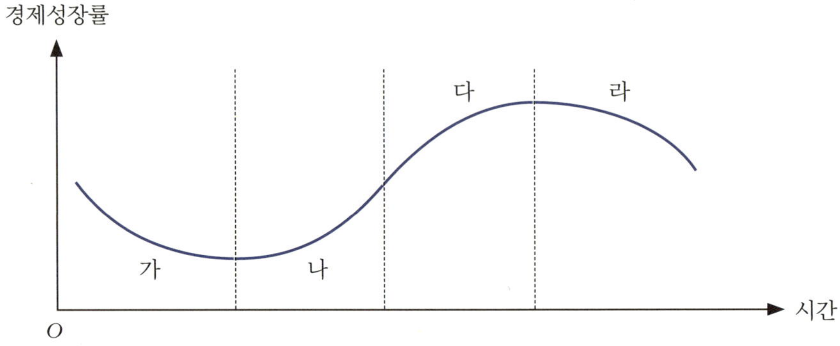

① ㉯와 ㉰를 합하여 확장 국면이라고 부른다.

② ㉮와 ㉱를 합하여 수축 국면이라고 부른다.

③ 실업은 ㉯국면에서 최고조에 이른다.

④ 생산, 소득은 ㉰국면에서 최고조에 달하게 된다.

⑤ ㉱국면은 생산, 소득, 소비 등은 감소하고 재고는 늘어난다.

정답 ③

실업은 ㉮국면에서 최고조에 이른다.

110. 다음은 2010년 2사분기 현재 우리나라의 재고-출하 사이클이다. 잘못 설명한 것은?

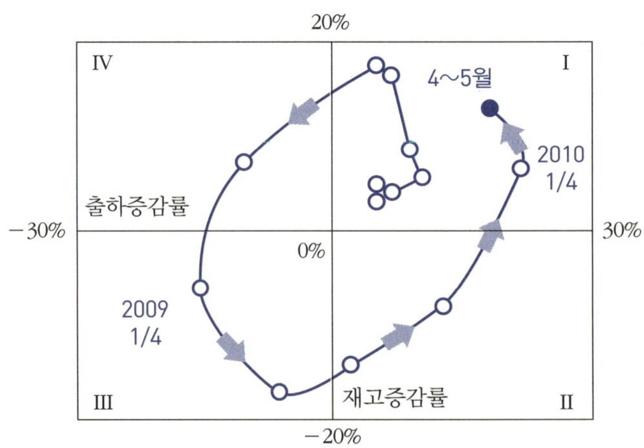

① 재고출하사이클은 단기순환인 키친순환을 그래프로 표시한 것이다.

② I분면은 경기 호황국면이다.

③ II분면에서는 출하가 증가하면서 재고가 감소한다.

④ III분면에서는 실업이 최고조에 달한다.

⑤ IV분면은 경기 회복기이다.

정답 ⑤

IV분면(재고 증가, 출하 감소)은 경기 후퇴가 시작되는 국면이다.

111. **다음은 경기 변동의 원인에 관한 설명이다. 옳지 않은 것은?**

① 수요측 요인(demand shock)으로는 미래 기대의 변화로 투자가 변동하는 데 따른 것으로 케인즈학파에서 중점을 두는 부분이다.

② 공급측 요인(supply shock)으로는 기술 변화나 혁신 등으로 발생하는 실물적 충격으로 슘페터가 중시하는 부분이다.

③ 화폐적 요인(monetary shock)은 통화량의 변화에서 오는 충격으로 프리드만과 같은 통화론자들이 주장하는 바이다.

④ 불완전 정보(imperfect information)는 루카스와 같은 합리적 기대학파에서 주장하는 것으로 경제 주체의 미래에 대한 기대가 정확하지 못하여 경기 변동이 발생한다고 본다.

⑤ 경기 국면의 지속성이나 국면 전환 요인으로는 외부효과, 비경쟁적 시장 환경, 내생적인 원인 등이 있다.

정답 ⑤

외부효과, 비경쟁적 시장 환경, 내생적인 원인 등은 경기 변동의 원인들 중 하나이며, 국면의 지속성이나 전환 요인으로는 유발투자, 고정자본 건설기간 등이 꼽힌다.

112. **다음은 경기 변동과 원인을 나열한 것이다. 부합하지 않는 것은?**

① 키친 순환－금융제도의 불완전성

② 한센 순환－소비의 변동

③ 쥬글러 순환－기술 혁신

④ 콘드라티예프 파동－대발명

⑤ 키친 순환－재고 증감

정답 ②

한센 순환은 주택투자의 변동에서 온다고 본다. 소비는 가장 안정적인 거시 지표로 이것을 경기 변동의 원인으로 보는 경우는 없다.

113. 서브 프라임 금융위기에서 보듯이 금융위기는 항상 경기침체로 연결된다. 금융위기가 경기 침체로 확산되는 연결고리 중 가장 중요한 것을 두 가지 고른다면?

> ㉮ 예금자나 투자자의 원금 손실이 크게 발생한다.
> ㉯ 실물 부문에 대한 자금 공급에 경색이 일어난다.
> ㉰ 미래에 대한 불확실성이 커진다.
> ㉱ 금융기관의 경영활동이 위축된다.
> ㉲ 금융기관의 구조조정이 일어난다.

① ㉮, ㉯　　② ㉯, ㉰　　③ ㉰, ㉱

④ ㉱, ㉲　　⑤ ㉮, ㉲

정답 ②

금융기관의 실물 부문에 대한 자금 공급이 원활하지 못하고, 가계나 기업의 미래 전망이 불확실해지면서 소비와 투자 지출을 축소하는 것이 실물 경기 침체로 연결된다.

114. 공포지수(Fear Index)에 대한 설명으로 틀린 것은?

① 공포지수는 시카고옵션거래소(Chicago Board of Options Exchange)에서 발표한다.

② 원래 이름은 변동성지수(volatility index, VIX)라고 한다.

③ S&P500 지수 옵션의 향후 1개월간 변동성에 대한 시장 기대를 지수화한 것이다.

④ 사람들의 공포 심리를 이용한 주식투자 기법이다.

⑤ 공포지수는 평소에는 10% 내외로 안정적이지만, 서브 프라임 금융위기 직후에는 80%를 넘기도 했다.

정답 ④

시사 상식 문제이다. 공포지수는 사람들의 공포 심리를 측정한다고 해서 공포지수로 불리기도 하지만 주식투자 기법은 아니다.

115. 경기흐름을 판단하는 보조 지표로 기업 경기실사지수(BSI)라는 것이 있다. 다음의 설명 중 옳지 않은 것을 모두 고르면?

> ㉮ 100이 기준 지수로서 100을 넘으면 비관적인 전망이, 100을 미달하면 낙관적인 전망이 많음을 의미한다.
> ㉯ 일본의 단칸지수와 유사한 성격을 가지고 있으며, 단칸지수는 50이 중립선이다.
> ㉰ 숫자가 100에서 위로 또는 아래로 멀어질수록 미래에 대한 불확실성이 커진다.
> ㉱ 설문조사로 조사대상자의 주관적인 판단이다.

① ㉮, ㉰ ② ㉯, ㉱ ③ ㉮, ㉱
④ ㉯, ㉰ ⑤ ㉰, ㉱

정답 ①

경기실사지수(BSI)가 100을 넘으면 낙관적, 100을 하회하면 비관적 전망이 많은 것이다. 또한 불확실성과는 관계가 없다.

116. 다음 중 경기선행지표 구성항목이 아닌 것은?

① 제조업 재고율 ② 종합주가지수 ③ 총유동성
④ 수출액 ⑤ 제조업 고용

정답 ⑤

제조업 고용은 경기동행지수 구성 항목이다.

117. 다음 중 경기동행지표 구성항목이 아닌 것은?

① 제조업 가동률 ② 생산자 출하 ③ 산업 생산지수
④ 도소매 판매액 ⑤ 수출액

정답 ⑤

수출액은 경기선행지수 구성항목이다.

118. 다음 중 옳은 설명은 무엇인가?

> ㉠ 경기선행지수는 1년 후의 경기 상태를 알려주어 경기 변동의 예비 신호 역할을 한다.
> ㉡ 경기동행지수는 현재의 경기 상태를 알려주며, 순환변동치로 표시한다.
> ㉢ 재고-출하 사이클은 4분면의 위치에 따라 호황, 후퇴, 불황, 회복을 보여준다.
> ㉣ 전통적으로 제조업이 강한 국가일수록 재고-출하 사이클이 정확한 경향을 보인다.

① ㉠, ㉡　② ㉠, ㉡, ㉢　③ ㉠, ㉡, ㉣
④ ㉡, ㉢　⑤ ㉡, ㉢, ㉣

정답 ⑤

경기선행지수는 3~6개월 후의 경기 상황을 알려준다.

119. 실생활에서 경기를 판단할 수 있는 방법이 있다. 다음 중 경기 호황으로 판단할 수 있는 사례는 모두 고르면?

> ㉮ 산업용 전력 소비가 줄고 있다.
> ㉯ 택시 승객이 늘고 있다.
> ㉰ 소주 판매가 늘고 있다.
> ㉱ 국제 유가가 상승하고 있다.

① ㉮, ㉰　② ㉯, ㉱　③ ㉮, ㉯, ㉰
④ ㉯, ㉯, ㉱　⑤ ㉮, ㉯, ㉰, ㉱

정답 ②

소주 판매가 늘어나는 것은 경기 불황의 신호이다. 일반적으로 호황에는 맥주나 양주 판매가 늘어난다.

120. 한동안 미국 경기 흐름과 다르게 움직이던 세계 경기가 최근 미국 경기 하강에 따라 다시 동조화하고 있다는 것을 의미하는 용어는?

① 디커플링(decoupling)

② 뉴 노멀(new normal)

③ D-트라우마(D-trauma)

④ 커플링(coupling)

⑤ 리커플링(recoupling)

정답 ⑤

뉴 노멀은 글로벌 금융위기 이후 5~10년간의 세계경제를 특징짓는 현상으로 저성장, 저소비, 고실업이 거론되고 있다. D-트라우마는 '디프레션(Depression)'과 '트라우마(Trauma)'의 합성어로서 경기침체가 가져온 외상증후군(양극화, 가정 붕괴, 범죄 등)을 일컫는다.

121. 경기변동의 원인에 대한 다음 설명으로 옳지 않은 것은 무엇인가?

㉠ 케인즈학파가 주장하는 수요 측면의 충격은 기업의 전년도 매출 변화에 의한 지출 규모의 변동에 따라 발생한다.
㉡ 기술 변화 및 혁신 등으로 발생하는 실물적 충격이 공급 측면의 충격이다.
㉢ 현재의 상태에 대한 정보가 완전하지 못한 집단의 선택에 따라 발생하는 경기변동을 불완전정보에 의한 경기변동이라 한다.
㉣ 화폐적 충격이란 통화량의 변화에 따라 발생하는 충격을 의미한다.

① ㉠, ㉡　　② ㉡, ㉢　　③ ㉢, ㉣

④ ㉠, ㉢　　⑤ ㉡, ㉣

정답 ④

수요 측면의 충격은 미래의 기대 변화에 따른 기업의 투자 변화로 발생하며, 불완전정보에 의한 경기 변동은 미래에 대한 부정확한 기대와 판단의 오류에 따라 발생한다.

122. 다음은 중국의 경제성장에 대한 설명이다. 맞지 않는 것은?

① 중국은 지속적인 경제 발전으로 일본을 제치고 세계 제2대 경제 대국으로 성장했다.

② 중국과 미국이 공동으로 세계경제를 선도할 것이라는 의미로 차이메리카(Chimerica)라는 합성어가 생겼다.

③ 덩샤오핑 정부에서 사회주의 정치와 시장경제를 잘 접목한 결과이다.

④ 중국은 한국 경제와는 달리 균형적 발전전략을 추진해왔다.

⑤ 지금까지는 중국이 세계의 물가 안정에 기여했지만, 향후에는 물가를 수출하는 국가가 될 것이라는 지적이 지배적이다.

정답 ④

중국도 한국의 전략을 배워 불균형적 발전전략을 추진해왔다.

123. 경기선행지수가 하락세로 전환될 경우에 대한 설명으로 옳지 않은 것은?

① 금리 인상을 자제해야 한다.

② 향후 경기가 침체국면으로 빠질 가능성이 있다.

③ 유동성 환수 조치를 중단해야 한다.

④ 한국은행 보유 국채를 매각해야 한다.

⑤ 재할인율을 낮춰야 한다.

정답 ④

한국은행 보유 국채를 매각하는 것은 시중 현금 유동성을 환수하는 조치이다.

124. 경제 성장론에 대한 다음 설명 중 가장 옳지 않은 것을 고르시오.

① 고전학파는 경제는 단기적으로 순환하면서도 장기적으로 성장을 지속한다고 주장했다.

② 해로드는 실제성장률과 자연성장률이 일치하는 경우에만 완전고용하에서의 균형성장 달성이 가능하다고 봤다.

③ 솔로는 재화의 수급균형을 통해 자연성장률과 적정성장률을 일치시킬 수 있다고 주장했다.

④ 내생적 성장이론에서는 경제의 장기 성장은 외생 변수보다는 경제체제의 내생적 결과물로 본다.

⑤ 로머는 자본 축적에 따른 외부효과를 통해 장기 경제 성장을 설명했다.

정답 ③

솔로(Solow)는 생산요소의 투입 비율 조절로 자연성장률과 적정성장률을 일치시킬 수 있다고 주장했다.

125. 내생적 성장이론이 중요시하는 성장 동력을 모두 고르면?

> ㉮ 기술 변화
> ㉯ 연구개발 투자
> ㉰ 저축
> ㉱ 인적 자본

① ㉮, ㉰　　② ㉯, ㉱　　③ ㉮, ㉯, ㉰

④ ㉯, ㉰, ㉱　　⑤ ㉮, ㉯, ㉰, ㉱

정답 ②

저축(자본축적)은 고전학파의 성장 이론이며, 기술 변화는 외생적 성장 이론이다.

126. 성장회계분석에 따르면 경제성장의 기여도는 자본스톡, 노동, 총요소생산성으로 구분된다. 최근 우리나라의 성장은 자본스톡이나 노동보다는 총요소생산성의 성장기여율이 높아지고 있는 추세이다. 총요소생산성을 높이는 방법으로 적절할 것을 모두 고르면?

> ㉮ 물적자본의 자본스톡 확충
> ㉯ 무형자본의 R&D스톡 확충
> ㉰ 교육제도 개편
> ㉱ 협력적 노사관계 정립

① ㉮, ㉰　　② ㉯, ㉱　　③ ㉮, ㉯, ㉰

④ ㉯, ㉰, ㉱　　　　⑤ ㉮, ㉯, ㉰, ㉱

정답 ④

자본스톡은 물적 자본을 늘리는 것이며, 노동은 노동의 양적 투입에 관한 것이다. 기타 모든 것은 총요소생산성으로 구분된다.

127. 폴 크루그먼은 아시아의 경제기적은 영감(Inspiration)이 아니라 땀(Perspiration)에 의한 것이며, 따라서 오래가지 못할 것이라고 논평하였다. 그의 주장을 반박할 수 있는 논리로서 맞는 것을 모두 고르면?

> ㉮ 높은 교육열
> ㉯ 숙련 노동자의 임금 상승
> ㉰ 낮아진 저축률
> ㉱ 높은 R&D 투자율

① ㉮, ㉯　　　　② ㉯, ㉰　　　　③ ㉰, ㉱

④ ㉮, ㉱　　　　⑤ ㉯, ㉱

정답 ④

1997년 아시아 금융위기 이전에 크루그먼은 동아시아의 경제 성장이 노동과 자본의 투입 증대에 의한 것이기 때문에 숙련 노동자의 임금이 상승하고 저축률이 낮아지면 성장 모멘텀이 한계를 맞을 수밖에 없다고 주장하고 있다.

128. 과거 경제개발 시기에 우리나라는 불균형 경제발전 전략을 추진해왔다. 이에 대한 설명으로 틀린 것을 모두 고르면?

> ㉮ 경제구조가 수출 중심으로 치우쳐 있다.
> ㉯ 기업구조는 대기업과 중소기업의 균형이 이루어졌다.
> ㉰ 분배구조는 양극화가 심화되었다.
> ㉱ 산업구조는 제조업과 서비스업이 적절한 균형을 이루고 있다.

① ㉮, ㉰　　　　② ㉯, ㉱　　　　③ ㉮, ㉯, ㉰

④ ㉯, ㉰, ㉱　　　　⑤ ㉮, ㉯, ㉰, ㉱

정답 ②

과거 불균형 경제개발 전략에 의하여 우리나라는 경제구조, 기업구조, 분배구조, 산업구조 모두가 불균형적인 구조를 가지고 있다.

129. 브로큰 윙 곡선에 대한 사례로 가장 가까운 것을 고르시오.

① 일본은 경기가 회복세를 보이다가 대지진 여파로 다시 침체에 빠졌다.
② 유럽은 글로벌 금융위기에 재정위기가 겹치면서 장기침체가 진행중이다.
③ 미국 경기는 장기침체가 마무리되면서 경기 회복의 조짐이 보이고 있다.
④ 중국은 정부의 강력한 경기 부양책으로 위기 국면에서 회복될 수 있었다.
⑤ 한국은 환율 상승에 따른 수출 증가로 위기 탈출에 성공했다.

정답 ①

시사 문제이다. 브로큰 윙 곡선이란 경기 침체기 이후 일시적으로 회복되는 모습을 보이다가 다시 침체기로 접어들게 되는 경기 곡선 형태를 지칭한다.

130. 다음은 정부 출산 장려 정책의 딜레마이다. 옳지 못한 것은 무엇인가?

① 대기업의 여성 고용비율은 중소기업보다 낮고, 근로시간 역시 낮기 때문에 대기업이 주도하는 대책은 실효성이 낮다.
② 대책을 통해 수혜 받을 수 있는 계층은 저소득층이나 사실은 소득이 높을수록 출산율이 높다.
③ 정책 자금 투입 후 실제 효과는 장기간에 걸쳐 발생하는 것으로 당장의 가시적인 효과가 나타나지 않는다.
④ 여성의 경제활동이 증가하고 있음에도 부부 간의 가사 분담률은 큰 변화가 없다.
⑤ 20대 여성의 결혼 기피가 증가하고 있음에도 출산 장려책의 주요 대상은 미혼여성이다.

정답 ⑤

정부 저출산 대책의 주요 대상자는 기혼 여성이다.

131. 다음 중 국제거래의 발생을 초래하는 근본적 원인이 아닌 것은?

① 부존자원　② 경제 발전 정도　③ 기술 수준
④ 인건비 수준　⑤ 법과 제도의 차이

정답 ⑤

법과 제도는 국제거래에 영향을 미치는 요인이다.

132. 국제거래에 대한 다음 설명으로 옳은 것은 무엇인가?

> ㉠ 국가 간 자원, 기술 수준, 인건비 등의 차이가 존재한다.
> ㉡ 산업 발달 초기에는 내수 시장 보호를 위해 수입차별 정책을 실시하기도 한다.
> ㉢ 부존자원 및 내수시장이 큰 선진국은 수입물가 안정 및 소비 촉진을 위해 무역적자를 허용하기도 한다.
> ㉣ 관세 및 수입 할당, 환율 조정 등을 통해 수출입을 간접 조절한다.

① ㉠, ㉡, ㉢　② ㉡, ㉢, ㉣　③ ㉠, ㉡, ㉣
④ ㉠, ㉢, ㉣　⑤ ㉠, ㉡, ㉢, ㉣

정답 ⑤

부존 자원이 많고 내수시장이 큰 미국은 수입물가 안정과 내수 활성화 등을 목적으로 의도적인 무역적자를 펼치기도 한다.

133. 다음은 한국과 미국의 제품 생산에 있어서의 노동 투입량을 비교 분석한 표이다. 표에 대한 설명으로 옳지 않은 것은?

	자동차	LCD TV
미국	10명	12명
한국	9명	8명

① 한국이 제품 자동차와 LCD TV를 생산하고 미국은 아무것도 생산하지 않는다.
② 미국은 자동차에 특화하고, 한국은 LCD TV에 특화하면 양국 모두 교역의 이익이 있다.

③ 미국은 자동차에 특화하고, 한국은 LCD TV에 특화하면 한국이 교역의 이익을 모두 차지하고 미국은 손해는 보지 않는다.

④ 미국은 LCD TV에 특화하고, 한국은 자동차에 특화하면 양국 모두 교역의 이익이 있다.

⑤ 미국은 LCD TV에 특화하고, 한국은 자동차에 특화하면 미국이 교역의 이익을 모두 차지하고 한국은 손해는 보지 않는다.

정답 ②

미국 생산비 자동차 10/9, LCD TV 12/8. 한국 생산비 자동차 9/10, LCD TV 8/12. 따라서 한국은 비교우위가 있는 LCD TV에 특화하고, 미국은 비교우위가 있는 자동차에 특화함으로써 양국 모두 교역의 이익을 얻을 수 있다.

134. 무역 발생 이론에 대한 다음 설명 중 옳지 않은 것은?

① 아담 스미스에 의하면 무역은 절대우위를 바탕으로 이루어진다.

② 리카르도는 어느 한 나라가 모든 상품에서 절대우위를 가지고 있더라도 다른 나라가 비교우위를 가진 상품에 특화할 경우 무역이 발생할 수 있다고 본다.

③ 헥셔－올린 정리에 의하면 부존량이 풍부한 요소를 집약적으로 사용하는 상품에 비교우위를 가진다.

④ 헥셔－올린 정리와는 달리 자본풍부국인 미국이 자본집약재를 수입하고 노동집약재를 수출하는 현상을 레온티에프의 역설이라고 한다.

⑤ 스톨퍼－사무엘슨 정리에 의하면 보호무역정책은 사용할 필요가 없다.

정답 ⑤

스톨퍼－사뮤엘슨 정리에 의하면 무역은 생산요소가 소득재분배 효과가 있기 때문에 미국 노동자의 임금 하락을 막기 위해서는 보호관세제도와 같은 보호무역이 필요하다고 주장한다.

135. 다음 중 옳지 못한 설명은 무엇인가?

> ㉠ 대표수요이론에서 대표수요는 1인당 국민소득에 바탕을 둔 잠재 수요를 의미한다.
> ㉡ 기술격차이론은 R&D 활동과 시장점유율의 상관성을 바탕으로 한 비교우위에 근거하며, 그루버, 베타, 버논 등이 주장했다.
> ㉢ 스톨퍼와 사무엘슨은 무역을 통해 생산요소와 가격의 변동이 발생하고 생산요소 간 소득 재분배가 이루어져 국가 간 임금 수준이 같아진다고 주장했다.
> ㉣ 산업내무역이론은 제품 수명주기에 따른 국가 간 비교우위와 패턴의 변화를 규명했다.

① ㉠, ㉡ ② ㉡, ㉢ ③ ㉢, ㉣

④ ㉠, ㉢ ⑤ ㉡, ㉣

정답 ⑤

㉡은 연구개발 요소이론이며, ㉣은 제품수명주기이론이다.

136. 다음의 사례를 보고 유추한 내용으로 적절하지 못한 것은?

> A학생은 B학생에 비해서 음악, 미술, 체육이 모두 뛰어난 만능학생이며, B학생은 모든 면에서 A학생에 비해 조금씩 뒤처진다. 학교를 졸업한 후 A학생은 프로 축구선수가 되었고 B학생은 지휘자가 되어, A학생은 B학생의 오케스트라를 감상하고 B학생은 A학생의 축구경기를 관람한다.

① A학생은 B학생에 비하여 모든 면에서 절대우위를 갖고 있다.

② A학생은 음악, 미술, 체육 중에서 자신이 더 잘하는 분야에 특화한 것이다.

③ B학생은 음악, 미술, 체육 중에서 비교우위를 가진 분야가 하나도 없다.

④ A학생과 B학생은 분업 및 교환이라는 사회적 협동을 하고 있는 것이다.

⑤ 사회적 분업은 비교우위에 기반하여 발생한다.

정답 ③

B학생은 음악에 비교우위를 가지고 있다.

137. 미국 정부의 경기부양법 중 바이 아메리칸 조항에 대한 설명으로 옳지 않은 것은?

> ㉮ 다른 나라들의 보호무역 경향을 촉발하게 되어 세계 대공황을 야기할 수 있다.
> ㉯ 자국 산업이 보호되고 글로벌 경제 위기를 극복하는 데 커다란 효과가 있다.
> ㉰ 수출 중심의 경제구조를 가지고 있는 나라들이 내수 중심의 경제구조를 가진 나라보다 더 큰 어려움에 처할 수 있다.
> ㉱ 무역 적자를 해소하기 위해서는 보호무역을 강화할 필요가 있다.
> ㉲ 일종의 쇄국주의로 경제 위기를 극복하는 데 도움이 되지 않는다.

① ㉮, ㉯ ② ㉯, ㉰ ③ ㉰, ㉱
④ ㉮, ㉱ ⑤ ㉯, ㉱

정답 ⑤

1929년 금융위기가 대공황으로 발전하게 된 가장 큰 이유는 보호무역주의가 세계 각국으로 확산되어 세계 교역이 크게 줄어들었기 때문이다.

138. 관세 및 비관세 장벽에 관한 설명으로 옳지 않은 것은?

① 관세는 외국에서 수입되는 재화에 대한 과세로서 소비세의 일종이다.
② 보호관세는 국내산업의 보호가 목적이고, 재정관세는 재정수입 증가가 목적이다.
③ 관세를 부과하는 경우 교역조건은 수입 수요의 탄력성에 따라 개선정도가 결정된다.
④ 비관세 장벽(non-tariff barrier) 중 직접적인 수입제한 조치는 수량 제한(Quota), 수입허가제 수입과징금, 외환할당 등이 있다.
⑤ 비관세 장벽 중 간접적인 수입제한 조치는 보건위생규정, 품질 기준, 환경 기준, 국내 조세 등이 있다.

정답 ③

수입 수요의 탄력성은 관세 전가의 문제이다.

139. 비관세장벽의 설명으로 가장 옳지 못한 것은 무엇인가?

① 생산 과정에서 환경 오염 물질을 배출하는 제품의 수입을 제한하는 방법도 포함된다.
② 관세장벽에 비해 보호무역의 효과가 크지 않다.

③ 수입의 통관절차를 복잡하게 규정하는 방법도 포함된다.

④ 특정 제품에 대하여 관세 부과 외의 방법을 통한 수입 제한을 의미한다.

⑤ 국제 무역마찰 발생 시 당사국 간 협상이 어려울 수 있다.

정답 ②

수출 국가의 피해 측정이 어려우며, 이의 제기가 쉽지 않아 관세장벽보다 효과가 클 수 있다.

140. 관세에 대한 다음 설명 중 옳은 것을 고르시오.

> (A) 자국의 수출품이나 선박, 항공기가 차별적 관세 혹은 부당한 대우를 받는 경우, 자국에 불이익이 되는 대우를 받는 경우 상대국 제품 수입 시 고율의 관세 부과
> (B) 수출국의 수출산업 장려금 혹은 보조금 지급에 따라 수입국이 누진관세를 부과하는 것으로 수입국이 국내 산업의 피해 가능성이 클 것으로 예상될 때 부과

① (A) 상계관세 (B) 보복관세

② (A) 반덤핑관세 (B) 보복관세

③ (A) 보복관세 (B) 상계관세

④ (A) 보복관세 (B) 반덤핑관세

⑤ (A) 상계관세 (B) 반덤핑관세

정답 ③

상대로부터의 부당한 대우에 대한 관세 부과를 보복관세, 상대 국가의 보조금 등에 대한 관세 부과를 상계관세라 한다.

141. 다음은 관세 및 교역조건에 대한 설명이다 가장 옳지 못한 것은 무엇인가?

① 관세란 수입품에 대한 과세로서 소비세라 할 수 있다.

② 보호관세는 국가 산업 보호가 목적이며, 재정 관세는 세수 확대가 목적이다.

③ 순상품 교역조건이란 1단위의 상품 수출을 통하여 획득한 외화로 수입할 수 있는 상품의 단위이다.

④ 특정 기간의 수출량으로 증가하는 국민소득을 소득 교역조건이라 한다.

⑤ 상호수요곡선이란 다양한 교역조건에서 무역 당사국들의 수출 및 수입량을 표시한다.

정답 ④

소득 교역조건이란 일정 시점의 수출 총액으로 수입할 수 있는 수입 총량을 의미한다.

142. 다음은 교역조건에 관한 설명이다. 옳지 않은 것은?

① 순상품교역조건은 상품 1단위의 수출로 수입할 수 있는 상품의 단위를 측정한 것이다.

② 소득교역조건은 일정 시점의 수출 총액으로 수입 가능한 총 수입량을 나타낸다.

③ 관세를 부과하면 교역조건이 개선된다.

④ 오퍼곡선은 상호수요곡선이라고 하며, 여러 가지 교역조건에서 무역 당사국들의 수입량과 수출량을 표시한다.

⑤ 교역조건은 수출입에 있어서 품질 측면의 비가격 경쟁력을 측정한 것이다.

정답 ⑤

교역 조건(terms of trade)은 가격 측면에서의 경쟁력을 측정한 것이다.

143. 산업간 무역(inter-industry trade)과 산업내 무역(intra-industry trade)에 대한 설명으로 옳지 않은 것은?

① 산업간 무역은 비교우위와는 무관하게 발생한다.

② 선진국과 선진국 사이에서는 산업내 무역이 발생할 가능성이 높다.

③ 선진국과 후진국 사이에서는 산업간 무역이 발생할 가능성이 높다.

④ 생산기술의 차이가 클수록 산업간 무역이 활성화된다.

⑤ 산업내 무역은 규모의 경제로 인해 발생하고, 산업간 무역은 자원부존도의 차이에서 발생한다.

정답 ①

산업간 무역이나 산업내 무역 모두 비교우위에 근거하여 발생한다.
산업간 무역은 생산요소집약도가 상이한 산업간 교역이다.

144. 다음 각종 관세에 대한 설명으로 바르지 않은 것은?

① 반덤핑관세: 부당염매된 상품이 수입되어 국내산업에 손해를 입힐 경우에 수출국의 덤핑효과를 제거하기 위하여 부과하는 관세
② 보복관세: 외국이 자국의 수출품에 대해 부당한 차별관세나 차별대우를 취하는 경우 보복적으로 부과하는 고율 관세
③ 조정관세: 관세 수입이 감소할 경우 일시적으로 세율을 조정하여 부과하는 관세
④ 상계관세: 수출국이 수출품에 장려금이나 보조금을 지급하는 경우 수입국이 이에 의한 경쟁력을 상쇄시키기 위하여 부과하는 누진 관세
⑤ 할당관세: 수입할당제와 관세제도를 결합한 것으로, 수입품의 일정한 수량을 기준으로 부과하는 관세

정답 ③

조정관세는 국제경쟁력이 취약한 물품의 수입이 증가되어 국내시장이 교란되거나 산업기반이 붕괴될 우려가 있을 때 사용한다.

145. 다음 중 세이프가드 제도에 대한 설명으로 잘못된 것은?

① 특정상품의 수입급증으로부터 국내 산업을 보호하기 위해 취하는 긴급수입제한 조치다.
② GATT에서는 제19조에 '세이프가드 조항' 또는 '에스케이프 조항'으로 명시하고 있다.
③ 미국의 슈퍼301조에서도 세이프가드가 용이하게 발동될 수 있도록 규정하고 있다.
④ 우리나라는 중국산 마늘에 적용된 적이 있다.
⑤ 세이프가드는 이해당사국과의 협의 없이 일방적으로 발동할 수 있다.

정답 ⑤

세이프가드는 비교적 엄격한 요건하에 발동될 수 있다. 이해당사국과의 사전협의, 발동의 기준, 제한조치의 한계와 방식 등이 요건에 해당한다.

146. 다음 지문으로부터 추론한 것으로 적절하지 않은 것은?

> 미국은 자국 농민 보호를 위해 1990년부터 설탕의 수입을 연간 130만t 이내로 제한해왔다. 이에 따라 미국내 설탕가격은 국제시장에 비해 훨씬 높게 형성되어 있다. 이에 따라 설탕 소비자들의 수입 쿼터 확대 요구가 거세지고 있다.

① 설탕 수입쿼터가 늘어날 경우 미국내 설탕가격은 하락할 것이다.

② 설탕가격 하락으로 미국내 설탕소비는 늘어날 것이다.

③ 수입쿼터제도를 폐지할 경우 미국과 여타 국가간 설탕 유통가격 격차는 없어지게 될 것이다.

④ 미국 설탕 농가의 이윤이 감소할 것이다.

⑤ 미국 농가들은 약탈가격에 설탕을 낮은 가격에 판매하여 설탕 수입업자를 시장에서 몰아낼 것이다.

정답 ⑤

설탕시장은 완전경쟁시장으로 낮은 가격에 판매하여 공급업자를 몰아내는 전략은 먹혀들지 않는다.

147. 다음은 우리나라의 외국인의 국내 직접투자(FDI) 유치에 걸림돌이 되는 것을 나열한 것이다. 가장 적절하지 않은 것은?

① 법인세율 인하

② 불합리한 규제 및 과도한 인허가 사항

③ 땅값 상승

④ 노사 분규 증가

⑤ 언어 및 생활관습의 차이

정답 ①

과거 정부는 경쟁국에 근접한 수준으로 법인세 최고세율을 낮췄다.

148. 자유무역협정(FTA)이 불러올 수 있는 현상이 아닌 것은?

① 경쟁력을 보유한 산업은 매출확대 기회가 있지만 경쟁력이 없는 산업은 도태된다.
② 지적재산권, 회계기준, 환경기준 등 각종 제도와 기준이 엄격해진다.
③ 워킹 푸어의 문제가 발생할 수 있다.
④ 국내 경기의 세계 경기 동조화 현상이 심화된다.
⑤ 무역이 활성화되어 모든 산업 분야에서 일자리가 늘어난다.

정답 ⑤

FTA의 혜택을 보는 분야에서만 일자리가 늘어나고 피해 산업에서는 일자리가 줄어든다.

149. 우리나라는 FTA 허브 국가가 되기 위하여 미국, 유럽 등 세계 여러 나라와 자유무역협정(FTA) 체결을 추신하고 있다. FTA 체결로 예상되는 피해에 대한 해결방안으로 적절하지 않은 것은?

① 워킹 푸어의 문제가 발생할 수 있으므로 내수산업을 육성하여 괜찮은 일자리를 창출해야 한다.
② 취약한 산업의 도태로 인한 구조적 실업이 증가할 수 있으므로 전업/전직 교육훈련제도를 보완해야 한다.
③ 선진국과의 FTA 체결시 지적재산권 분야가 걸림돌이 될 수 있으므로 제도와 국민의식의 정비가 선행되어야 한다.
④ 글로벌 경기 침체의 국내 전염효과가 커지게 되므로 국내 경기 안정화 메커니즘의 마련이 필요하다.
⑤ 내수 및 서비스 산업의 약화가 우려되므로 피해산업에 대한 보조금 제도를 도입해야 한다.

정답 ⑤

산업 보조금 제도는 WTO나 GATT에서 허용되지 않는다. 민관 공동R&D 등과 같은 보조금 이외의 방법을 통하여 지원해야 한다.

150. 환태평양경제 동반자협정(TPP)에 대한 바른 설명은?

① 미국, 호주, 싱가포르가 최초 가입국으로 결성 초기부터 주목을 받았다.

② 태평양 연안 국가를 중심으로 결성된 외화 유동성 조정 집합체다.

③ 무역을 통한 각국의 경제적 효율성 제고를 목적으로 한다.

④ 국제 무역상의 효율적인 관세 부과를 목적으로 한다.

⑤ 가입국들은 유동성 위험 발생 시 TPP에게 자금 지원을 요구할 수 있다.

정답 ③

환태평양경제 동반자협정(Trans-Pacific Partnership)은 태평양 연안의 국가들이 상호 간 무역장벽의 폐지를 목적으로 결성되었으며, 싱가포르, 브루나이, 뉴질랜드, 칠레가 첫 가입국이다.

151. 2010년 중국과 대만은 양국 간 경제 협력을 체결하면서 이를 기초로 향후의 협상을 지속하기로 하였다. 이는 다음 중 어떤 것에 해당하는가?

① CEPA(포괄적 경제동반자협정)

② GATT(무역관세협정)

③ ECFA(경제협력기본협정)

④ FTA(자유무역협정)

⑤ RTA(지역무역협정)

정답 ③

중국과 대만간 ECFA(경제협력기본협정)은 양자간 관세의 단계적 철폐를 합의하는 FTA 수준의 경제협정으로 사실상의 경제 통합을 의미한다. 양안간 협정이라고 부르기도 한다.

152. FTA로 관세가 완전히 철폐된 특정 재화의 시장에 대한 변화로 가장 옳지 않은 설명을 고르시오. 단, 수입품이 국내 생산품보다 가격 및 품질 경쟁력이 높다고 가정한다.

① FTA 이후 해당 재화의 전체 수요량이 증가한다.

② FTA 이후 해당 재화의 전체 공급량이 증가한다.

③ FTA 이후 해당 재화의 국내 생산량이 감소한다.

④ FTA 이후 해당 재화의 국내 소비자들은 이익이 감소한다.

⑤ FTA 이후 해당 재화의 가격이 하락한다.

정답 ④

가격 및 품질 경쟁력이 높은 제품의 소비가 가능해져서 이익이 증대된다.

153. 다음 상황의 가정 시 가장 발생 가능성이 낮은 상황은 무엇인가?

> 인도는 노동력이 풍부하며, 미국은 자본력이 풍부하다. 인도와 미국은 자동차와 면화를 모두 생산하며 자동차는 자본집약적, 면화는 노동집약적 제품이다. 단, 세계에는 인도와 미국밖에 없으며, 재화는 두 가지만 존재한다.

① 양국 간의 FTA 체결 시 각국의 생산 요소 가격 비율이 동일해진다.

② 양국 간의 FTA 체결 시 각국의 산업구조가 보다 차별화될 수 있다.

③ 양국 간의 FTA 체결 시 인도의 임금이 상승한다.

④ 국제 무역이 없는 경우 자동차 가격 대비 면화 가격은 인도가 비싸다.

⑤ 인도는 면화를 수출하고 미국은 자동차를 수출한다.

정답 ④

노동력이 풍부한 국가는 노동집약적 재화의 가격이 낮으며, 자본력이 풍부한 국가는 자본집약적 재화의 가격이 낮다.

154. 다음 중 경제블록화와 관련하여 통합의 정도를 기준으로 강한 것에서 약한 것으로 바르게 나열된 것은?

① EU → MERCOSUR → NAFTA → CEPA

② MERCOSUR → NAFTA → CEPA → EU

③ NAFTA → CEPA → EU → MERCOSUR

④ CEPA → EU → MERCOSUR → NAFTA

⑤ CEPA → MERCOSUR → EU → NAFTA

정답 ①

EU는 단일시장, MERCOSUR는 공동시장과 관세동맹의 중간 형태, NAFTA는 북미간 자유무역협정, CEPA는 한국 인도 간 포괄적 경제협력 협정으로 낮은 수준의 FTA이다.

155. EU는 통화통합을 통하여 단일시장을 형성하고 이를 통하여 역내 교역이 증대되는 등 많은 경제적 효과를 이룩했다. 그러나 그에 상응하는 만큼 통화통합의 피해도 적지 않은 것으로 나타나고 있다. 통화통합의 피해로 맞지 않는 것은?

① 환율의 국가별 자동조절 메커니즘 상실
② 국가별 경상수지 양극화 심화
③ 통화정책의 독립성 상실
④ 적자 재정 편성의 도덕적 해이 초래
⑤ 자본수지 적자 발생

정답 ⑤

자본수지는 통화통합의 피해와 직접적인 관련이 없다.

156. 환경보호를 주된 의제로 삼는 협약이 아닌 것은?

① 교토의정서 ② 로마조약 ③ 리우협약
④ 마스트리히트조약 ⑤ 몬트리올의정서

정답 ④

마스트리히트조약은 EU 출범의 계기가 된 조약이다.

157. 다음 중 성격이 다른 국제협약은?

① 파리조약 ② 로마조약 ③ 마스트리히트조약
④ 리스본조약 ⑤ 바젤협약

정답 ⑤

EU 창설과 관련된 조약들로 바젤협약(유해폐기물 교역 규제를 위한 협약)은 관련이 없다.

158. 다음은 국제기구 및 협정에 대한 설명이다. 잘못 설명한 것은?

① 우루과이 라운드: 관세 및 무역에 관한 일반 협정(GATT)의 제8차 다자간 무역협상
② 바젤 III: 정부 투명성 제고를 위하여 스위스 바젤에서 맺은 국가간 협약
③ 세계무역기구(WTO): GATT체제를 대신하여 세계무역질서를 세우고 우루과이 라운드 협정의 이행을 감시하는 국제기구
④ ISO 26000: 정부, 노동계, 비정부기구(NGO) 등의 사회적 책임을 표준화한 국제규범
⑤ UN글로벌콤팩트: 투명성 제고를 위한 UN 차원의 국가간 협약

정답 ②

국제금융시스템의 안정성을 보장하기 위해서 바젤위원회가 금융기관에 대한 규제를 강화하기 위해 고안한 은행규제법이다.

159. 다음 중 국제기구에 대한 설명으로 옳지 않은 것은?

① WHO－세계보건기구
② WFP－세계식량기구
③ ILO－국제언론기구
④ WTO－세계무역기구
⑤ OECD－경제협력개발기구

정답 ③

ILO(International Labor Organization)는 국제노동기구로 노동자의 근로조건 개선과 지위 향상을 위해 실치한 국제기구이다.

160. 기업의 해외 생산기지 이전의 목적이 아닌 것은?

① 관세 및 비관세 장벽 우회
② 해외 원료, 부품, 저렴한 노동력 등 생산요소 확보
③ 소버린 리스크(soverign risk), 환위험(exchange rate risk) 등 각종 위험 회피
④ 투자대상국가의 혜택 향유, 운송비 절감 등 비용 최소화

⑤ 소비재 생산기업의 협력업체로서 동반 진출

정답 ③

해외 생산기지를 건설할 경우 위험 회피는 되지 않는다.

161. 국제 수지에 대한 다음 설명 중 가장 옳지 않은 것을 고르시오.

① 경상수지에는 상품수지, 서비스수지, 소득수지, 자본이전이 포함된다.
② 국제수지에는 경상수지, 자본계정, 준비자산 증감, 오차 및 누락이 포함된다.
③ 직접투자, 증권투자, 파생금융상품 등은 자본계정에 속한다.
④ 통화 당국이 보유하고 있는 금, 달러, IMF의 SDR 변화가 준비자산의 증감에 포함된다.
⑤ 한 국가의 대외거래에서 수입과 지출이 일치하는 것을 국제 수지의 균형이라 한다.

정답 ①

경상수지에는 상품수지, 서비스수지, 소득수지, 경상이전수지가 포함된다.

162. 다음 지문에 대하여 바르게 설명하고 있는 것은?(단, 다른 거래는 없다.)

㉠ 한국의 전자기업이 2억 달러를 투자하여 소니와 공동으로 일본에 LCD 공장을 설립했다. ㉡ 미쓰이 증권은 한국의 국공채 5천만 달러를 매입했다. ㉢ 이승엽 선수가 지난해 일본에서 받은 연봉은 5천만 달러다. ㉣ 소프트뱅크가 한국 벤처기업에 2억 달러의 투자를 실행했다.

① 한국의 경상 수지는 0이다.
② 한국의 자본 수지는 흑자다.
③ 일본은 경상 수지 흑자다.
④ 모두 무역 수지에 포함된다.
⑤ ㉡은 자본 수지에 포함되지 않는다.

정답 ②

㉠은 자본 유출, ㉡, ㉣은 자본 유입이다. ㉢은 이전적 거래로 경상수지 요인이나 이승엽 선수가 그 연봉 중 얼마를 국내로 가지고 들어왔는지 알 수 없다.

163. 다음 중 경상수지 산출에서 고려되지 않는 경우는 무엇인가?

① 론스타의 외환은행 투자
② SM엔터테인먼트의 해외 공연 수익 발생
③ 애플의 한국 사업을 통한 브랜드 로열티 수익
④ 프랑스 와인의 수입량 증가
⑤ 해외 원전에서 확보한 원유의 국내 도입

정답 ①

론스타의 외환은행 투자는 간접투자다.

164. 다음 중 경상수지에 영향을 미치지 않는 거래는?

① 수출대금의 수취
② 해상운임 지출
③ 이민자의 해외 이주비
④ 유학생 송금
⑤ 일본인 관광객의 달러 유입

정답 ③

해외 이주비는 자본수지의 자본이전 항목에 해당한다.

165. 다음 거래에서 경상수지를 바르게 계산한 것은?

〈20XX년 7월 중 외화 거래〉

구분	금액
자동차 수출 대금의 수취	10억 달러
내국인의 해외 주식투자 대금 송금	5억 달러
해외 유학생 자녀 송금	2억 달러
외국인의 국내 직접투자 유입	10억 달러
시중은행의 외화 차입	10억 달러
내국인의 해외여행경비 출금	1억 달러
해외 이민자 이주비 송금	2억 달러
해외 취업근로자의 급여 국내 송금	1억 달러
아프리카 구호기금 송금	1억 달러

① 11억 달러 흑자 ② 5억 달러 적자 ③ 7억 달러 흑자
④ 10억 달러 흑자 ⑤ 3억 달러 적자

정답 ③

경상수지에 포함되는 항목은 자동차 수출대금 수취(+), 해외 유학생 자녀 송금(−), 내국인의 해외여행경비 송금(−), 해외 취업근로자의 급여 국내 송금(+), 아프리카 구호기금 송금(−)이다.

166. 다음 중 경상수지에 흑자요인으로 작용하는 거래는?

① 국제 원유가 하락
② 내국인의 해외주식투자 증가
③ 외국인의 국내투식투자 증가
④ 해외교포의 국내 친지 송금 감소
⑤ 외국인의 국내 직접투자 증가

정답 ①

국제 원유가 하락은 원유도입단가를 낮춰 경상수지 흑자요인이 된다.

167. 경상수지에 포함되는 것을 모두 고르시오.

> ㉠ 한국 공장에서 근무하는 외국인 노동자의 월급
> ㉡ 워렌 버핏의 포스코 투자
> ㉢ 미국 지사에서 발행한 한국 자동차 기업 배당 수익
> ㉣ 아이돌 그룹이 받은 일본 음반 판매 로열티
> ㉤ 한국 전자업체의 스마트폰 순수출액

① ㉠, ㉡, ㉢, ㉣ ② ㉡, ㉢, ㉣, ㉤ ③ ㉠, ㉡, ㉢, ㉤
④ ㉠, ㉡, ㉣, ㉤ ⑤ ㉠, ㉢, ㉣, ㉤

정답 ⑤

㉡은 국제수지표의 자본계정에 포함된다.

168. 다음의 국제수지표를 보고 경상수지를 구하시오.

거래구분	지급(억원)	수취(억원)
상품거래	300	250
서비스거래	100	250
이전거래	100	50
장기자본거래	50	100
단기자본거래	100	50
오차와 누락	10	20

① 50억원 흑자 ② 90억원 적자 ③ 100억원 적자
④ 50억원 적자 ⑤ 40억원 흑자

정답 ①

경상수지＝상품거래수지＋서비스거래수지＋이전거래수지

169. 다음 중 자본수지가 개선되는 요인은 무엇인가?

> ㉠ 해외에서의 회사채 발행을 통한 자금 조달
> ㉡ 선진국 경기 침체의 장기화로 해외 투자자들이 상대적으로 매력이 큰 국내 증시에 투자액을 확대
> ㉢ 정부의 결혼 장려 정책의 성공에 따라 해외 신혼여행객이 증가
> ㉣ 국내 노동 시장 공급 개선을 위한 외국인 노동자의 유입이 증가
> ㉤ 원재료 가격 변화에 따른 리스크 감소를 목적으로 브라질 현지의 제철 공장 설립

① ㉠, ㉡, ㉢　　② ㉠, ㉣, ㉤　　③ ㉠, ㉡
④ ㉡, ㉣　　⑤ ㉠, ㉤

정답 ③

㉢, ㉣, ㉤은 수지가 악화되는 경우이다.

170. 다음 중 원화환율의 상승(원화가치 절하)을 초래하는 요인은?

① 글로벌 금융위기 발생
② 한국은행의 기준금리 인상
③ 해외 유학생 감소
④ 국제 유가 하락
⑤ 외국인 국내 관광 급증

정답 ①

글로벌 금융위기는 외국인 투자자금의 유출 원인이다.

171. 환율이 하락(원화가치 상승)할 경우 국내 경제에 미치는 파급 효과를 잘못 설명한 것은?

① 국제수지 악화
② 국내 물가 안정
③ 소비재 수입 증가
④ 기업의 외채상환부담 축소
⑤ 해외여행 증가

정답 ①

원화 가치 상승으로 경상수지가 악화되더라도 자본수지가 이를 상쇄하고도 남을 정도로 흑자를 기록하면 국제수지는 흑자를 기록할 수 있다.

172. 환율에 관한 다음의 설명 중 적절하지 못한 것은.

① 사람들의 기대심리는 단기적으로 환율의 변동을 초래할 수 있다.

② 구매력 평가는 각 국가의 물가 차이를 반영한다.

③ 이자율 평가는 각 국가의 금리 차이를 반영한다.

④ 우리나라는 고정환율제에서 복수통화바스켓제를 거쳐 현재는 자유변동환율제를 채택하고 있다.

⑤ 브레튼 우즈(Bretton Woods) 체제는 달러화를 기축통화로 삼는 변동환율제도이다.

정답 ⑤

브레튼 우즈 체제는 달러의 가치를 금에 고정시키고, 다른 나라 통화의 가치를 달러화에 고정시킨 고정환율제도이다.

173. 다음은 환율제도에 대한 설명이다 가장 옳지 못한 것은 무엇인가?

① 고정환율제도란 자국 통화의 환율을 외국의 특정 통화에 일정 수준으로 고정하는 것이다.

② 변동환율제도에서 환율은 시장에서 자유롭게 결정된다.

③ 고정환율제도는 환율방어 비용이 적어 변동환율제도보다 효율적이다.

④ 변동환율제도에서 외환당국의 무리한 개입 시 환투기 세력의 공격 대상이 될 수 있다.

⑤ 고정환율제도에서 적자 기조가 지속될 경우 환투기 공격에 노출될 가능성이 높아진다.

정답 ③

고정환율제도는 환율방어 비용이 크다는 단점이 있다.

174. 다음 중 한국의 환율제도의 변화를 순서대로 나열한 것을 고르시오.

> ㉠ 고정환율제도
> ㉡ 단일 변동환율제도
> ㉢ 복수통화바스켓제도
> ㉣ 시장평균환율제도
> ㉤ 자유변동환율제도

① ㉠, ㉡, ㉢, ㉣, ㉤　② ㉡, ㉠, ㉢, ㉣, ㉤　③ ㉠, ㉡, ㉢, ㉤, ㉣
④ ㉠, ㉢, ㉡, ㉣, ㉤　⑤ ㉠, ㉡, ㉣, ㉢, ㉤

정답 ①

고정환율제도(1945~1964), 단일 변동환율제도(1964~1980), 복수통화바스켓제도(1980~1990), 시장평균환율제도(1990~1997), 자유변동환율제도(1997~현재)

175. 다음 중 브레튼우즈 체제에 대하여 옳은 설명은 무엇인가?

> ㉠ 금환본위제와 고정환율제를 기초로 한다.
> ㉡ 각 국가들은 금을 준비자산으로 보유하며, 변동환율제도를 유지한다.
> ㉢ 미국 달러화와 금의 교환가치를 조정시킨다.
> ㉣ 미국의 금 보유량이 급격히 증가하면서 브레튼우즈 체제가 붕괴되었다.

① ㉠, ㉡　② ㉠, ㉡, ㉣　③ ㉡, ㉢, ㉣
④ ㉠, ㉢　⑤ ㉠, ㉢, ㉣

정답 ④

미국이 금을 준비자산으로 보유하는 고정환율제를 기초로 하였으나, 미국 달러화 가치 하락, 금 보유량 부족 등으로 붕괴되었다.

176. 다음은 국제통화제도에 대한 설명이다 가장 옳지 못한 것은 무엇인가?

① 브레튼우즈 체제는 미국의 금태환 정지로 붕괴되었다.

② 스미소니언 체제를 통해 10개 선진국은 미 달러화가치를 평가절하하고 고정환율제도는 유지하는 결정을 내렸다.

③ 브레튼우즈 체제를 대체한 스미소니언 체제는 일시적 적용을 전제로 하였지만 현재까지도 적용되고 있다.

④ 킹스턴 체제는 각국이 자유롭게 환율제도를 선택할 수 있도록 하였다.

⑤ 킹스턴 체제로 금의 공정가격이 폐지되었다.

정답 ③

스미소니언 체제는 브레튼우즈 체제의 근본 문제를 해결하지 못하고 일시적으로만 가동되었다.

177. 환율에 대한 시장의 기대심리가 원화가치 절하로 전체적인 의견이 모아지고 있다. 이때 예상되는 현상으로 옳지 않은 것은?

① 기업들이 리딩 앤 래깅 전략(leading and lagging strategy)을 적극적으로 사용한다.

② 기업들이 기존에 사용하고 있는 외화표시대출을 원화 자금으로 대체한다.

③ 수입업체들이 대금 결제를 최대한 앞당기고, 수출업체는 달러를 보유한다.

④ 금융기관들이 달러 선물을 매도한다.

⑤ 해외 유학생 송금을 최대한 앞당긴다.

정답 ④

원화 가치가 하락할 경우 현재 환율에서 달러 선물을 매수하여 달러 롱 포지션을 취한다.

178. 환율의 변화가 수출과 수입에 미치는 시차가 상이하여 발생하는 현상은?

① 오버슈팅 효과(overshooting effect)

② 임의보행 효과(random walk effect)

③ 베블렌 효과(veblen effect)

④ 1월 효과(January effect)

⑤ 제이 – 커브 효과(J-curve effect)

정답 ⑤

환율상승(원화가치하락)은 수출품 가격하락, 수입품 가격상승을 가져온다. 제이 – 커브 효과는 환율 변동이 수출 물량 변화에는 즉각 반영되는 반면 수입 물량에 반영되는 데에는 시간이 걸리기 때문에 환율상승이 단기에는 오히려 경상수지 적자를 악화시키는 것을 말한다.

179. 다음은 구매력평가설에 대한 설명이다. 올바르지 않은 설명은?

① 비교역재가 많은 경우 적용하기 어렵다는 한계가 있다.

② 일물일가의 법칙에 따른 것이다.

③ 비교적 장기적인 차원의 환율 변동을 설명한다.

④ 기대인플레이션은 직접적으로 환율에 반영된다.

⑤ 양 국가간 물가 차이가 환율에 반영된다.

정답 ④

미래의 물가상승에 대한 기대인플레이션은 명시적으로 반영되지 않는다.

180. 다음 설명 중 가장 옳지 않은 것을 고르시오.

① 환율 절하는 고용 등 실물 부문의 효과는 적고, 물가 파급 효과는 커서 내수 확대에는 한계가 있다는 평가가 일반적이다.

② 환율은 각국 통화의 상대적 구매력을 반영한 수준에서 결정된다는 이론이 구매력평가설이다.

③ 빅맥지수는 구매력 평가설에 의한 환율 평가라 할 수 있다.

④ 이자율 평가설이란 환율이 양국의 이자율 차이를 반영하여 결정된다는 이론이다.

⑤ 이자율 평가설에서는 한 국가의 금융상품에 투자한 수익률은 환위험 헤징 후 다른 국가의 금융상품에 투자한 수익률보다 낮다.

정답 ⑤

이자율 평가설에 따르면 한 국가에 투자한 금융 상품의 수익률은 다른 국가 금융 상품에 환위험 헤징 후 투자한 수익률과 동일해야 한다.

181. 다음 중 환율과 경상 수지의 관계를 나타낸 J-커브효과에 대하여 옳은 설명은 무엇인가?

> ㉠ 환율 절하 시 초기에는 경상수지가 악화되지만 일정 시간 이후 다시 개선된다.
> ㉡ 수출 가격은 미리 결정되고, 수출입량은 수요에 따라 변동한다는 것을 전제로 한다.
> ㉢ 환율 절하 시 초기에는 수출 단가는 하락하고 수입 단가는 상승하게 된다.
> ㉣ 장기적으로 가격 변화를 통한 물량 조정으로 무역 수지가 개선될 수 있다.

① ㉠, ㉡　　② ㉠, ㉡, ㉢　　③ ㉡, ㉢
④ ㉠, ㉢, ㉣　　⑤ ㉠, ㉢

정답 ④

수출입 물량은 수 개월 전에 미리 결정되고, 수출입 가격에만 절하된 환율이 반영된다.

182. 다음은 토빈세에 대한 설명이다. 옳지 않은 것은 무엇인가?

① 1978년 미국의 제임스 토빈이 주장했다.
② 핫머니의 급격한 유출입에 따른 환율 급변을 막기 위한 제도이다.
③ 단기성 외환거래에 대한 세금 부과를 의미한다.
④ 국가 재정 수입 증대의 효과도 발생한다.
⑤ 일부 국가에서만 시행에도 제도의 효과가 나타날 수 있다.

정답 ⑤

토빈세가 일부 국가에만 도입되면 국제 자본이 토빈세가 없는 국가로 이동하기 때문에 단기자본 규제를 위한 토빈세가 성공하기 위해서는 모든 국가가 동시에 실시해야 한다.

183. 원화의 대미 달러 환율은 점차 하락할 것으로 전망된다. 이의 영향으로 가장 옳은 것을 고르시오.

① 미국 시장에서 한국산 스마트폰의 가격경쟁력이 상승한다.
② 미 국채의 원화 표시 가격이 상승한다.
③ 미국산 농산물을 수입하는 식품회사의 생산원가가 하락한다.
④ 미국산 자동차의 국내 판매가격이 상승한다.
⑤ 중국 시장에서 한국 제품이 미국 제품보다 가격 경쟁력이 높아진다.

정답 ③

수입품의 원화표시 가격이 하락하여 생산원가 하락의 원인이 된다.

184. 한국의 달러화 수요 및 공급곡선이 다음과 같이 이동한다. (가), (나)의 원인으로 가장 옳은 것을 고르시오.

(가) 달러화 수요의 이동

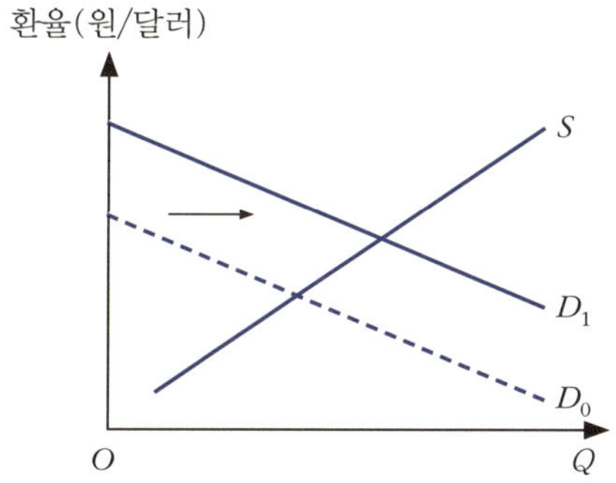

(나) 달러화 공급의 이동

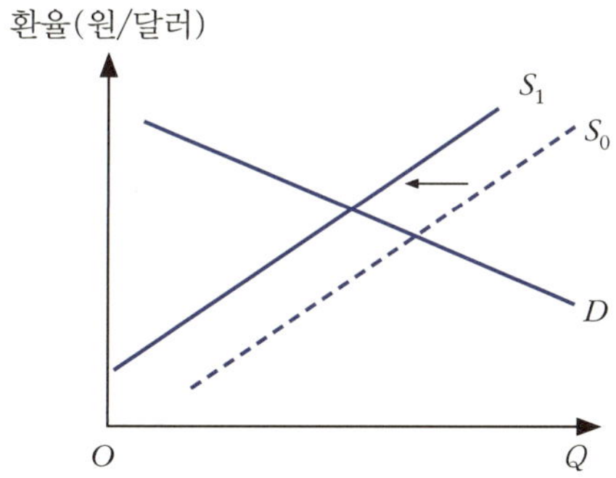

① (가) 해외 유학생 증가　　(나) 외국인 국내 주식투자 증가
② (가) 원유가 하락　　(나) 한류스타 음반의 대중국 수출 증가
③ (가) 와인의 대중화　　(나) 외국인 관광객의 한국 유입 감소
④ (가) 한국인의 해외 여행 감소　　(나) 유럽 재정위기 극복에 따른 수출 증가
⑤ (가) 미국산 아이폰의 대중화　　(나) 외국인 채권투자 회수

정답 ③

와인 대중화는 달러 수요 증가, 외국인 관광객의 한국 유입 감소는 달러 공급 감소

185. 유럽 각국에 재정 위기의 불안감이 확산되면 유로화의 가치가 크게 변동한다. 다음 중 가장 옳지 못한 설명은 무엇인가?

① 유로존 위기 원인 중 하나는 예산을 결정하는 정부와 통화정책을 결정하는 중앙은행 간의 분리라 할 수 있다.
② 영국은 독자적인 IMF 구제금융 요청이나 국내 통화 발권이 가능하다.
③ 재정위기 국가들이 유로존을 탈퇴하지 않으면 환율의 자동조절기능이 복원되지 않는다.
④ 유로존의 회원국들은 독자적인 통화정책이 불가능하다.
⑤ 남유럽국가들이 재정적자 축소에 어려움을 겪는 것은 구제금융 지원이 늦어지고 있기 때문이다.

정답 ⑤

유럽 재정위기는 2010년 그리스 구제금융으로 시작하여 아일랜드, 포르투갈 등으로 확산되었다. 이들에 대한 구제금융 지원이 지연되었던 이유는 재정적자를 축소하지 못했기 때문이었다.

186. 다음 중 신흥 개발도상국에서 자본유출이 급증하게 되는 원인이 아닌 것은 무엇인가?

① 해당국 통화의 가치가 실제 경제 상황에 비해 낮게 평가되어 있다.
② 핫머니가 FDI에 비해 다량으로 유입되어 있다.
③ 국제 투자자의 해당국 금융 시장에 대한 진입 장벽이 낮다.
④ 정부 및 금융기관의 신용등급이 하향 조정될 가능성이 높다.
⑤ 해당국의 외환보유액은 감소하는 반면 무역적자는 수개월 간 급증한다.

정답 ①

신흥국의 통화 가치가 실제보다 고평가된 경우 자본유출의 가능성이 높아진다. 외국자본(달러) 유출이 급속히 진행되면 신흥국의 통화가치는 급속히 하락한다.

187. 미국 달러화 대비 원화 가치의 하락 시 옳은 것은 무엇인가?

① 해외 자산이 많은 기업일수록 외환환산차익이 감소한다.
② 수출 비중이 높은 기업일수록 가격 경쟁력이 약화된다.

③ 원재료 수입 비중이 큰 기업일수록 이익이 감소한다.

④ 미국에서 투자한 한국 투자 자산의 달러화 환산 가치가 증대된다.

⑤ 미국으로의 여행자 수가 증가한다.

정답 ③

원화 가치가 하락할 경우 원재료의 수입단가가 상승한다.

188. 다음은 원/달러 및 원/엔 환율 변화이다. ㉠ 및 ㉡에 대한 바르게 설명하고 있는 것은?

환율의 변화

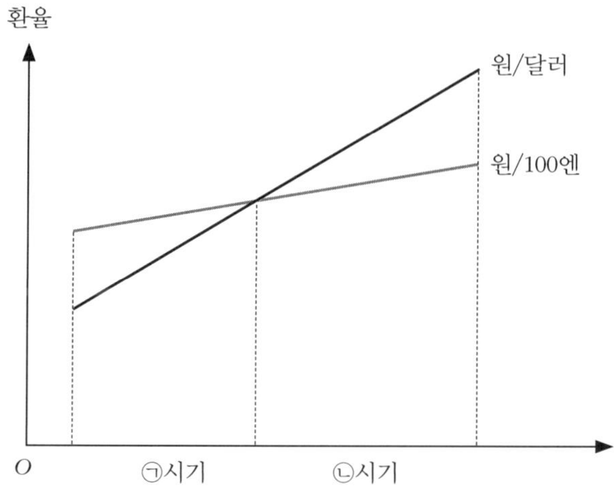

① 한국 시장에서 미국 기업은 일본 기업에 비해 ㉠시기가 보다 유리하다.

② ㉡시기에는 일본보다는 미국 여행이 유리하다.

③ ㉡시기는 달러화 대비 엔화 강세라고 할 수 있다.

④ 미국으로 수출하는 한국 기업은 ㉠시기가 유리하다.

⑤ ㉠시기는 원화 가치의 하락, ㉡시기는 원화 가치의 상승 시기다.

정답 ①

㉠시기: 달러가치<엔화가치, ㉡시기: 달러가치>엔화가치. 달러화 가치가 엔화보다 상대적으로 낮은 시기에 미국 제품의 가격 경쟁력이 높다.

189. 원화 대비 달러화의 가치가 하락하였다. 그 원인으로 맞는 것은 무엇인가?

> ㉠ 해외 여행자의 지출액 감소
> ㉡ 기업의 해외 채권 발행액 증대
> ㉢ 한국은행의 달러화 매입 계획 발표
> ㉣ 외국인 국내 채권투자 증가
> ㉤ 국내 달러화 매수 세력의 증가

① ㉠, ㉡, ㉢ ② ㉠, ㉡, ㉣ ③ ㉡, ㉢, ㉤
④ ㉠, ㉢, ㉣ ⑤ ㉠, ㉢, ㉤

정답 ②

㉠ 달러 수요 감소, ㉡ 달러 공급 증가, ㉣ 달러 공급 증가

190. 다음 중 엔화 대비 원화 가치 하락의 원인이 아닌 것은?

① 국내 기업의 엔화 수요 증가
② 일본인의 한국 여행 감소와 한국인의 일본 여행 증가
③ 일본 기업의 한국 투자 확대
④ 한국 정부의 엔화 표시 채권 발행 규모 감소
⑤ 한국인의 엔화에 대한 투기 심리 확대

정답 ③

엔화의 한국 유입량 증가

191. 차액결제선물환(NDF)에 대한 설명으로 가장 거리가 먼 것은 무엇인가?

① 만기 시점에 실물 인수가 없다는 점에서 일반 선물환과 차이가 있다.
② 일반 선물환에 비해 결제 위험이 작다고 볼 수 있다.
③ 만기 시점에 만기 시점 환율과 계약 환율 간의 차이만큼 정산된다.
④ 결제의 대부분이 미 달러화로 이루어지며, 원화에 대한 거래 역시 가능하다.
⑤ 적은 금액으로 거래가 가능하고 결제 위험이 작아 투기가 많지 않다.

정답 ⑤

상대적으로 적은 금액으로 거래가 가능하며, 투기적 성격이 강하다.

192. 다음은 외자도입에 대한 설명이다. 가장 잘못된 것을 고르시오.

① 외자의 국내 저축 대체로 단기적인 저축률 하락도 가능하다.

② 무상원조, 직접투자, 대외차입 등으로 구분될 수 있다.

③ FDI는 외채의 형태 중 하나라 할 수 있다.

④ FDI는 생산기술, 경영기법 전수 등 기업 생산성 향상과 연결될 수 있다.

⑤ 외채 누적에 따른 원리금 상환 부담 증대의 부작용도 있다.

정답 ③

FDI는 직접투자로서 외채가 아니다.

193. 외환건전성부담금에 대한 설명으로 옳지 않은 것을 고르시오.

① 자본 유출입의 과도한 변동성 방지가 목적이다.

② 외화 부채의 증가가 억제될 수 있다.

③ 금융기관 및 외환 거래가 많은 수출기업에 적용된다.

④ 비예금성 외화 부채 잔액이 과세 대상이다.

⑤ 부담금은 외환위기 발생 시 유동성 확보 등의 목적으로 사용된다.

정답 ③

외환건전성부담금은 은행을 대상으로 한다.

194. 다음의 외국환평형기금에 대한 설명 가장 옳은 것을 고르시오.

① 시중 은행들이 외환을 매매하기 위해 사전에 조성한 기금이라 할 수 있다.

② 한국은행이 발행 주체이며, 정부가 보증한다.

③ 외국환평형기금채권은 미국 달러화로만 발행할 수 있다.

④ 외국환평형기금을 통한 정부의 외환 시장 개입은 불가능하다.

⑤ 외국환평형기금채권을 발행하여 공공사업에 투자한 후 남은 금액이 재원으로 사용된다.

정답 ②

외국환평형기금채권은 외국환평형기금의 재원조달을 위해 정부가 지급보증형식으로 발행하는 채권이다.

195. 다음 중 보호 무역에 대하여 옳은 설명은 무엇인가?

㉠ 자국 산업의 경쟁력이 취약할 경우 정부는 보호 무역 정책을 선택하게 된다.
㉡ 관세, 수출보조금, 수입 할당제는 보호 무역의 금전적 수단이다.
㉢ 국내 세제, 제품 품질 기준, 환경 법규 등 비관세 장벽은 보호 무역이라 할 수 없다.
㉣ 보호 무역은 국가의 고유 권한으로 타국은 이에 대한 보복조치의 권리가 없다.

① ㉠, ㉡　② ㉡, ㉢　③ ㉠, ㉣
④ ㉡, ㉣　⑤ ㉢, ㉣

정답 ①

비관세 장벽 역시 보호 무역에 포함되며, 한 국가의 보호 무역에 대한 다른 국가의 보복도 빈번하게 발생한다.

196. 원/달러 환율이 하락할 경우의 변화가 아닌 것은?

① 외화표시 회사채를 많이 발행한 기업은 환율 변화에 따른 이익이 발생한다.
② 해외 현지 공장에서의 제조와 해당 제품의 현지 판매가 많은 기업의 경우 국내 본사는 회계 장부상 환율 변화에 따른 이익이 발생한다.
③ 반도체 및 조선 등 주요 수출제품 경쟁력의 하락 요인이 된다.
④ 철강 및 석유화학 산업의 기업들에게 제조원가 하락의 기회가 된다.
⑤ 해외 신혼여행을 계획하고 있는 예비부부들의 부담이 줄어든다.

정답 ②

원/달러 하락 시 해외 투자자산의 원화 환산 가치는 감소한다.

[197~198] 다음 지문을 읽고 질문에 답하시오.

> 적정환율의 대표적인 예는 ㉮ 이다. OECD의 ㉮ 지수에 의하면 적정환율은 1,000원 수준으로 나타났다. 영국 이코노미스트에서 국가별 햄버거 가격을 비교해 산출한 ㉯ 로 따져볼 경우에는 1,000원대 중반으로 나타났다. 외환당국이 평가하는 적정 환율은 외부로 공개하는 일은 드물기 때문에 최근의 시장 개입을 통해 유추해볼 수밖에 없다. 그동안의 정부의 개입 결과에 의하면 외환당국의 적정환율은 1,070~1,170의 사이에 있는 것으로 판단된다. 한편 수출기업 설문조사는 1,050~1,020원으로 나타났다.

197. ㉮와 ㉯에 들어갈 용어로 적합한 것은?

	㉮	㉯
①	실효환율	햄버거환율
②	실질환율	빅맥지수
③	실세환율	햄버거환율
④	실질실효환율	빅맥지수
⑤	NDF환율	빅맥지수

정답 ④

198. 위 지문으로부터 유추할 수 있는 내용으로 잘못된 것은?

① 외환당국이 적정환율을 언급하지 않는 것은 환율조작국으로 낙인찍히는 것은 우려하기 때문이다.

② OECD는 적정환율의 계산에서 구매력은 감안하지 않는다.

③ 가장 최근에 발생한 외환 당국의 매도개입은 1,170원, 매수개입은 1,070원 수준에서였을 것이다.

④ 지식경제부는 적정환율을 판단하는 데 있어서 수출기업의 경쟁력을 중요시한다.

⑤ 이코노미스트지는 적정환율을 판단하는 데 있어서 구매력만을 감안한다.

정답 ②

실질실효환율은 주요 교역국의 상대적 구매력 차이를 감안한 환율이다.

199. 주요 환율제도에 대한 설명 중 틀린 것은?

① 페그제도: 자국 통화의 환율을 기축통화나 복수통화바스켓에 고정

② 수평밴드페그제도: 고정환율에 상하한 밴드를 두고 그 범위 내에서 변동을 허용

③ 시장평균환율제: 시장에서 수급에 따라 결정된 환율의 가중평균을 다음날 시초 환율로 적용하는 변동환율제도

④ 통화위원회제도: 자유변동환율을 인정하되 통화위원회에서 시장 환율에 적극적으로 개입하는 관리변동환율제도

⑤ 달러리제이션: 자국 통화가 없이 미국 달러화를 법정통화로 사용하는 제도

정답 ④

통화위원회제도는 기축통화에 고정된 환율을 사용하며, 외화준비자산 한도 내에서 자국 통화를 발행하고, 자국 화폐를 기축통화로 부제한 태환하는 강력한 고성환율제노이다.

200. 다음은 국제통화제도의 변천이다. 잘못 설명한 것은?

① 금본위제도(the gold standard)는 1900년대 초반까지 사용되었으며, 화폐가치를 금에 고정시키고 화폐를 금과 태환시켜 주는 제도이다.

② 금본위제도는 대규모 금광이 발견되면서 제도를 유지할 여건이 마련되었으며, 영국을 중심으로 발전되었다.

③ 브레튼 우즈(Bretton Woods) 체제는 미국 브레튼 우즈에서 연합국 44개국이 합의한 달러 기축의 고정환율제도이다.

④ 킹스턴(Kingston) 체제는 자메이카의 수도 킹스턴에서 열린 IMF 잠정위원회에서 출범했으며 자유변동환율제도를 허용했다.

⑤ 스미소니언(The Smithonian) 체제는 선진 10개국이 스미소니언 박물관에 모여 개편한 환율제도로 현재까지 사용되는 국제통화체제이다.

정답 ⑤

스미소니언 체제는 브레튼 우즈 체제를 보완한 고정환율제도이며, 1971년부터 1976년까지 채택되었던 제도이다. 현재 사용되는 국제통화체제는 1976년의 킹스턴체제이다.

201. 브레튼 우즈 체제를 유지하기 위해 설립되어 특별인출권(SDR)의 창출 및 관리, 국제수지 조정자금의 지원, 가맹국의 환율정책 감시 등의 기능을 수행하는 국제금융기구로서 옳은 것은?

① 세계은행(World Bank)

② 국제결제은행(Bank for International Settlements)

③ 국제부흥개발은행(International Bank for Reconstruction and Development)

④ 국제통화기금(International Monetary Fund)

⑤ 유럽부흥개발은행(European Bank for Reconstruction and Development)

정답 ④

브레튼 우즈 체제를 뒷받침하기 위해 창설한 기구는 IMF, IBRD, WTO이다. 이 중 금융기구는 IMF와 IBRD이다. World Bank는 IBRD의 다른 이름이다.

202. 한국은행은 5.00%에서 2%까지 금리 인하를 단행하고, 미국은 5%에서 0%까지 인하할 경우 이자율결정이론에 의한 원화 환율의 변화는?(단, 다른 모든 여건은 동일하며 환율 변동에 영향을 미치지 않는다.)

① 원화 환율은 변화하지 않는다.

② 원화 환율은 상승한다.

③ 원화 환율은 하락한다.

④ 유로화 환율에 따라 결정된다.

⑤ 엔화 환율에 따라 결정된다.

정답 ③

한-미간 금리 차이가 0.00%p에서 2.00%p로 확대되었으므로 원화가치의 평가절상 요인이 된다.

203. 다음은 캐리 트레이드(Carry Trade)에 대한 설명이다 잘못된 것은?

① 캐리 트레이드는 금리가 낮은 나라에서 자금을 조달하여 금리가 높은 나라에 투자하는 것을 말한다.

② 캐리 트레이드는 경상수지 흑자에도 불구하고 고환율(낮은 통화가치)이 지속되게 한다.

③ 캐리 트레이드는 글로벌 금융위기를 맞으면 청산되는 경향이 있다.

④ 일본은 2000년대 엔 캐리 트레이드로 상대적인 고환율을 유지할 수 있었다.

⑤ 캐리 트레이드는 안전자산 선호심리가 확산될 때 활발해진다.

정답 ⑤

안전자산 선호심리가 확산되면 캐리트레이드는 청산되는 경향이 있다.

204. 최근 엔화 환율이 지속적으로 하락하여 슈퍼 엔고 현상이 지속되고 있다. 슈퍼 엔고의 우리니라에 대한 파급 영향으로 옳은 것을 모두 고르면?

> ㉮ 일본 수입의존도가 높은 소재 부문의 대일본 경상수지 적자가 확대된다.
> ㉯ 자동차, LCD TV, 반도체 등 대일본 경합제품의 수출이 늘어난다.
> ㉰ 일본인 국내 관광이 늘어난다.
> ㉱ 일본 자금의 국내 주식시장 투자가 늘어난다.
> ㉲ 우리나라의 경상수지가 개선된다.

① ㉮, ㉯

② ㉰, ㉱

③ ㉮, ㉯, ㉰

④ ㉯, ㉰, ㉱, ㉲

⑤ ㉮, ㉯, ㉰, ㉱, ㉲

정답 ⑤

205. 세계 경제에는 가끔씩 '글로벌 임밸런스(global imbalance)' 현상이 발생해왔고, 그때마다 국제통화체제 개편논의가 있었다. 글로벌 임밸런스에 대한 다음 설명 중 맞지 않는 것은?

① 글로벌 임밸런스는 어느 한 나라의 경상수지가 일방적인 적자나 흑자로 지속되어 심각한 국제 불균형 상태를 몰고 오는 것을 말한다.

② 1980년대 초 글로벌 임밸런스의 주된 원인은 일본의 세계 수출 증가였다.

③ 최근 글로벌 임밸런스 문제가 심화되면서 기축통화로서 달러화의 위상이 공고해졌다.

④ 2000년대 글로벌 임밸런스의 원인을 제공한 나라는 중국이다.

⑤ 1985년 플라자 합의는 글로벌 임밸런스 해소를 위한 국제 사회의 대책이었다.

정답 ③

글로벌 임밸런스는 중국 경상흑자, 미국 경상적자이며, 달러화의 기축통화 위상이 크게 흔들리게 되었다. 특히 중국을 중심으로 기축통화를 SDR로 바꾸자는 주장이 제기되었다.

206. 다음 근로빈곤층(working poor)에 대한 설명으로 옳지 않은 것은?

① 중국에 의해서 우리나라의 근로빈곤층이 증가하는 원인은 스톨퍼 – 사뮤엘슨 정리로 설명할 수 있다.

② 정보화 사회로의 빠른 진전은 지식근로자와 육체근로자 간의 임금 격차를 확대시킨다.

③ 그로스만 – 헬프만 성장모형에 따르면, 우리나라도 혁신형 경제로 전환되어 가고 있기 때문에 앞으로도 지식근로자와 육체근로자 간의 임금 격차는 지속적으로 확대될 것이다.

④ 근로빈곤층을 줄이기 위하여 정부가 가장 힘써야 할 것은 저소득층 자녀의 교육기회 확대이다.

⑤ 우리나라는 외환위기 이후 사회안전망을 잘 구축했기 때문에 근로빈곤층도 혜택을 볼 수 있다.

정답 ⑤

근로빈곤층 4대 보험 가입률은 건강보험 73.2%, 국민연금 12.1%, 고용보험 6.0%, 산재보험 7.2%에 머물고 있다. 따라서 이들은 현재 사회안전망의 사각지대에 놓여 있고, 사회안전망 보완이 시급하다.

207. 중국 금융당국이 위안화 절상을 결정할 경우 발생할 수 있는 상황으로 옳지 못한 것은?

① 한국의 무역수지 흑자가 확대되고 원/달러 환율은 하락한다.
② 중국에 생산 기지를 두고 있는 한국 기업의 경쟁력이 약화된다.
③ 중국 수입의존도가 높은 한국의 농산물 가격이 하락한다.
④ 한국으로 오는 중국 관광객이 증가한다.
⑤ 한국 기업의 가격경쟁력이 높아지고 중국 기업의 가격경쟁력은 낮아진다.

정답 ③

중국 화폐 가치의 상승으로 중국산 수입 제품의 가격은 상승한다.

208. 다음중 유럽 재정위기에 따른 한국 경제의 영향으로 옳지 않은 것은?

① 유로 캐리트레이드의 급증에 따른 국제 통화 시장에서의 원화가치 하락
② 안전자산으로서의 한국 국채 선호도 증가
③ 유럽에 대한 수출 감소
④ 교역 침체에 따른 한-EU FTA 효과 반감
⑤ 유럽 현지 금융기관의 자금 경색으로 한국 내 유럽 투자자금 이탈

정답 ①

유로 캐리트레이드가 증가하면 한국 자본시장에 유입되는 자금이 증가하여 원화가치는 상승한다.

색 인

ㄴ

ㄷ

ㅇ

ㅈ

ㅊ

기타

【저자 약력】

이원형 2000년 미국 플로리다 주립대학교에서 경제학 박사학위를 취득하였다.
육군사관학교, 단국대학교에서 시간강사로 경제학을 가르쳤으며,
한양대학교 경제연구소, 현대경제연구원에서 연구활동을 하였다.
경제학이 보다 많은 일반인에게 전파되기를 바라는 사람이다.
학자들을 위한 경제학이 아닌 일반인을 위한 경제학의 보급을 꿈꾸고 있다.

한종수 1995년 연세대학교에서 박사학위를 취득하였다.
미국 유타주립대학교 및 유타대학교에서 객원연구원으로 활동하였으며,
현재 단국대학교 국제통상학부 경제학과 부교수로 재직 중이다.
현재 경제학 분야에서 많은 후학들을 배출하기 위해 모든 노력을 다하고 있다.
열심히 노력한 사람이 성공할 수 있는 세상이 되도록 기여하고 있다.

제4판
경제학원론 Secret Note

초 판 발 행 2014년 2월 28일
제2판발행 2015년 8월 30일
제3판발행 2017년 8월 20일
제4판인쇄 2020년 2월 10일
제4판발행 2020년 2월 20일

지은이 이원형 · 한종수
펴낸이 박노일

총괄기획 김중용 · 최준규
편 집 심성보

펴낸곳 pnc publishing and culture 피앤씨미디어
경기도 고양시 일산동구 강송로 153 310-1501
등록 제396-2012-000203호
전 화 070)7550-3758 팩 스 02)718-8554
홈페이지 www.pncmedia.co.kr 이메일 pnc@pncmedia.co.kr
ISBN 979-11-5730-716-6 93320

정 가 25,000원